Skandinavisk Katolsk Tidskrift

Nummer 6, 2016

Skandinavisk Katolsk Tidskrift

Nummer 6

2016

PRO FIDE ET VERITATE

SVENSKA KATOLSKA AKADEMIEN

— *Academia Catholica Suecana* —

Skandinavisk Katolsk Tidskrift

Huvudredaktör: Jon Peter Wieselgren
Redaktör: Erik Persson
Webbadress: http://katolska-akademien.se/SKT.aspx
Kontakt: Erik.Persson@katolska-akademien.se

Prenumerationer:

Tidskriften utkommer oregelbundet, dock inte med mer än två nummer per år.

Prenumerationsavgift Norden: 160 kr (2 nummer)
Prenumerationsavgift utanför Norden: 200 kr (2 nummer)

Man prenumererar genom att sätt in prenumerationsavgiften på *Svenska Katolska Akademiens* bankgiro 589-6162 och samtidigt skicka ett e-postmeddelande till Erik.Persson@katolska-akademien.se. Ange den adress till vilken tidskriften skall skickas och från vilket nummer prenumerationen skall börja.

Artiklar för bedömning, förfrågningar, läsarbrev och annan korrespondens skickas till redaktören Erik.Persson@katolska-akademien.se.

Förlag: BoD - Books on Demand, Stockholm, Sverige
Tryck: BoD - Books on Demand, Norderstedt, Tyskland
ISBN: 978-91-7699-277-7
ISSN: 2001-9203

Innehållsförteckning

Ledare: Corruptio optimi pessima

Att den romersk-katolska kristendomen är **den enda sanna religionen** är något som man visserligen enligt tyckareliten idag knappast ens får tänka, än mindre uttala, ja, just denna sanning är det som hela den modärna världen synes göra allt för att försöka undertrycka, bekämpa och vederlägga, men inte desto mindre är just detta den heliga Romersk-katolska kyrkans grundval och strängt taget inte något som är svårt att inse, om man ägnar någon liten tid och möda åt att reflektera över tillvaron och granska de olika religionerna, filosofierna, ideologierna och världsåskådningarna och deras olika läror, påståenden och anspråk och den grund de har för dessa. Vi skall dock inte här och nu försöka oss på att göra detta eller ge oss in på de olika frågor som sammanhänger härmed, något som vi för övrigt redan ofta gjort i denna publikation, utan istället överväga ett korollarium härtill, nämligen att om denna enda sanna religion, vilken som sitt upphov har Gud själv – via troskällorna Uppenbarelsen och Traditionen – och vilken förvaltas och traderas av den av Guds egen Son instiftade Kyrkan, förvanskas, förfalskas, förfuskas eller kompromissas med, kan resultatet inte förväntas bli annat än ödesdigert, något som väl fångas och sammanfattas i den gamla sentensen "corruptio optimi pessima" – "Förvanskningen av det bästa är det sämsta"![1]

---

[1] Denna tanke har en lång historia och återfinns redan hos Sokrates (enl. Xenofon: *Mem. 4.1.3)* och Aristoteles *(Pol. 4.1289a, Nic. Eth. 8.10.2)* och senare hos många kristna tänkare, t.ex. Thomas ab Aquino (Summa Theologiae, I-II, 105, 1). Vem som är upphovsman till uttrycket i den här citerade ordalydelsen är ovisst; vissa, t.ex. Wm. Francis Henry King: *Classical and Foreign Quotations, Law Terms and Maxims, Proverbs, Mottoes, Phrases, and Expressions in French, German, Greek, Italian, Latin, Spanish, and Portuguese with Translations, References, Explanatory Notes, And Indexes,* Whitaker & Sons, Rev. uppl., 1889 s. 99f anger att

Ända sedan Kyrkans födelse har vi sett otaliga exempel på detta, främst i de olika heresier, som alltsedan evangeliet började predikas, dök upp som en mörk skugga till det glada budskapet om Jesus Kristus. Redan i den heliga skrift ser vi många exempel på varningar för olika irrlärare och sektbildare, som försökte leda de troende vilse, bort från Kristi kyrka, genom att förvanska Kyrkans lära på olika sätt och på hur apostlarna gång på gång och med stor kraft vände sig mot dessa t.ex. judekristna, gnostiska och nikolaitiska förförare.[2] Under de följande århundradena uppkom ständigt nya sådana heresier, varav några, som t.ex. arianismen, växte sig starka för att sedan mer eller mindre spårlöst försvinna, medan andra åter, t.ex. gnosticismen och de judaiserande tendenserna, tycks komma tillbaka gång på gång i nya former och varianter under århundradenas lopp. Nästan undantagslöst utvecklades inom dessa heresier också moraliska missförhållanden, ja, i vissa fall, t.ex. inom de gnostiska sekterna under senantiken eller bland vederdöparna i Münster på 1530-talet, tycks heresien t.o.m. ha lett till antinomianism och i vissa fall ren luciferianism. Och nog kommer sentensen "corruptio optimi pessima" väl till pass, om man vill beskriva hur Västerlandets storslagna kristna kultur förvandlats till den vämjeliga kloakström som idag kringsköljer oss!

Martin Luther och reformationen

I ledaren i *Skandinavisk Katolsk Tidskrift*, nr 4, 2015 s. 8 omtalades hur den i Apokalypsens nionde kapitel omnämnda, från himmelen fallna stjärna som öppnar avgrundens brunn av en rad katolska uttolkare och bibelkommentatorer identifierats med heresiarken Martin Luther, som den 31 oktober 1517 inledde sitt uppror mot Kyrkan och därmed det stora avfallet från den kristna tron genom avsändandet av sina 95 teser mot avlaten till biskop Albrecht av Brandenburg – huruvida han verkligen denna dag också uppspikade dem på porten till slottskyrkan i Wittenberg, som hans vän och medreformator Melanchthon påstod och den romantiserade protestantiska historieskrivningen gärna gjort ett nummer av, är omstritt. En av Luthers främsta samtida

---

det skulle komma från Gregorius den stores *Moralia in Iob* och ursprungligen ha syftat på dåliga präster, men en datorsökning i detta verk ger vid handen att det inte förekommer däri.

[2] Se t.ex. Apg. 8, Tit. 1:10-16, Fil. 3:2, Gal. 1:6-9, Gal. 5, 2. Joh. 7-11, Upp. 2:5, Upp. 2:15.

kritiker, Johannes Cochlaeus, menade att Luthers uppror i själva verket var motiverat av avundsjuka mot dominikanerna och deras berömde avlatspredikant Johann Tetzel, som framför näsan på Luther själv och augustinereremiternas orden, som han då tillhörde, till deras förtrytelse erhållit det ärorika uppdraget att predika en avlatskampanj som utlysts av påven och den nämnde furstbiskopen Albrecht av Brandenburg.[3] Konsekvenserna av Luthers uppror kom snart att stå i öppen dag: Hejdlös religiös individualism, sekterism, kristendomens och kristenhetens sönderbrytande, bondeuppror, religionskrig, blodiga förföljelser, en enorm våg av plundring och vandalism mot kyrkliga byggnader, reliker och konstskatter, klosterväsendets upplösning, eskalerande andlig och moralisk förslappning och till slut det stora avfall från den kristna tron som idag närmar sig sin fullbordan. Corruptio optimi pessima!

Den utslätade och överslätande ekumenismen

Genom Leo X: s bullor *Exsurge Domine* och *Decet Romanum Pontificem* och framför allt genom det tridentinska konciliets dekret fördömde Kyrkan en gång för alla och med all önskvärd tydlighet den lutherska och protestantiska heresien.[4] Också i senare tid har Kyrkan i förbindande dokument som Pius XI:s välkända encyklika *Mortalium animos* tagit avstånd från den av bl.a. den svenske lutherske liberalteologen Nathan Söderblom kraftigt promoverade ekumenism som i överslätande liberal-indifferentistisk anda velat borttrolla skillnaderna mellan den enda sanna katolska tron och lutherdomen och de andra heretiska eller schismatiska samfund som avsöndrat sig från Kyrkan.[5]

---

[3] Se Johannes Cochlaeus: *The Deeds and Writings of Martin Luther from the Year of the Lord 1517 to the Year 1546 Related Chronologically to all Posterity*, i Elizabeth Vandiver, Ralph Keen, Thomas D. Frazel (utg.): *Luther's Lives: Two Contemporary Accounts of Martin Luther*, Manchester University Press, 2002, ss. 53-351.

[4] Se Leo X: *Två bullor mot Martin Luther: Exsurge Domine och Decet Romanum Pontificem*, Acta Academiae Catholicae Suecanae X/Svenska Katolska Akademiens handlingar 10, BoD, Stockholm, 2016 och *Catechism of the Council of Trent for Parish Priests Issued by Order of Pope Pius V*, TAN Books and Publishers, 1982.

[5] Pius XI: *Påve Pius XI:s rundskrivelse om främjandet av den sanna religionsenheten*, bilaga till *Credo, Katolsk Tidskrift*, n:r 2, 1928. Se även nedan s. 53ff.

Desto märkligare ter det sig då att påven Franciskus i dessa yttersta dagar med sådan iver lovprisar och genom olika iögonenfallande utspel och gester ger sitt bifall till den lutherska heresien – eller snarare de ömkliga, genom liberalteologiens härjningar på varje spår av kristet innehåll så gott som helt uttömda rester av den som representeras av Antje Jackeléns svenska kyrka och den beryktade kulturmarxistiska politrukorganisationen *Lutherska Världsförbundet,* d.v.s. "lutheraner" som i sin apostasi från den kristna tron gått så långt att de inte ens längre visar försyn för den naturliga lagen, utan istället profilerar sig som vänsterpolitiska kamporganisationer och villiga medlöpare i allsköns antikristna, politiskt korrekta agendor. Redan den 13 oktober i år mottog påven i audiens deltagarna i en med de tyska biskoparnas välsignelse organiserad ekumenisk vallfärd "Mit Luther zum Papst", varvid en staty av Luther, enligt uppgift gjord av choklad, överlämnades och uppställdes i Vatikanen till allmän beskådan.[6] Nu senast har ju påven gjort en än mer enastående gest av detta slag genom sitt besök i Lund/Malmö i månadsskiftet oktober-november för att fira – eller som det heter på det orwellianska teologiska nyspråket "uppmärksamma"[7] – reformationen genom att delta i de två horribla ekumeniska spektakel som gick av stapeln i Lunds domkyrka och på Malmö Arena på 70-årsdagen av *Lutherska Världsförbundets* bildande och 499-årsdagen av Luthers förmenta tesuppspikning i Wittenberg.[8]

Till de värsta bottennappen under dessa spektakel hörde den gemensamma, på allsköns vagt indifferentistiska och med de sedvanliga fadda vänsterpolitiska klyschorna och klichéerna om t.ex. miljöpolitik och massinvandring

---

[6] Se Giuseppe Nardi: *Luthermanie: Martin Luther zu Besuch bei Papst Franziskus im Vatikan,* Katholisches, 14. Oktober 2016, http://www.katholisches.info/2016/10/14/luthermanie-martin-luther-zu-besuch-bei-papst-franziskus-im-vatikan. Jfr också Fr. Ray Blake: *Chocolate Luther,* October 16, 2016, http://marymagdalen.blogspot.se/2016/10/chocolate-luther.html.

[7] *Katoliker och lutheraner uppmärksammar reformationen tillsammans,* Stockholms Katolska Stift, 2016, se http://www.katolskakyrkan.se/katolska-kyrkan-i-sverige/ekumenik/katoliker-och-lutheraner-uppmarksammar-reformationen-tillsammans

[8] Se programmet *From Conflict to Communion: Together in Hope. Joint Catholic-Lutheran Commemoration of the Reformation. Lund Cathedral and Malmö Arena 31 October 2016,* https://static1.squarespace.com/static/56fb84fc4d088ebedd92cb93/t/58173cd15016e1b9d2ecc773/1477917915076/Lund+2016+program.pdf.

trypfferade deklaration som påven Franciskus och *Lutherska Världsförbundets* ordförande Munib A. Younan högtidligt signerade under den ekumeniska gudstjänsten i Lunds domkyrka, vari de förutom diverse annat bl.a. uttrycker sin djupa tacksamhet för "reformationens andliga och teologiska gåvor" ("we are profoundly thankful for the spiritual and theological gifts received through the Reformation") och gör gällande att om än det förflutna inte kan ändras, så kan och bör "vad som ihågkommes och hur det ihågkommes" med avseende på reformationen ändras ("While the past cannot be changed, what is remembered and how it is remembered can be transformed."), samtidigt som man implicerar att heretiker, schismatiker och katoliker är del av samma Kristi kropp ("As we recommit ourselves to move from conflict to communion, we do so as part of the one Body of Christ, into which we are incorporated through Baptism.")![9] Låt oss helt kort reflektera litet över dessa tre minst sagt häpnadsväckande utsagor!

---

[9] Se *Pope and President of LWF sign Joint Statement,* Vatican Radio, 31/10/2016, http://en.radiovaticana.va/news/2016/10/31/pope_and_president_of_lwf_sign_joint_statement/1269150. På sina ställen, t.ex. i Dominik Terstriep S.J.: *Påvens besök i Sverige - En historisk händelse med två ansikten -*, http://www.katolskakyrkan.se/media/2300/ledare-pavens-beso-k-i-sverige-1.pdf och *Katoliker och lutheraner uppmärksammade reformationen tillsammans,* Stockholms Katolska Stift, http://www.katolskakyrkan.se/katolska-kyrkan-i-sverige/ekumenik/katoliker-och-lutheraner-uppmarksammade-reformationen-tillsammans påstås istället påven och Younan ha undertecknat "fem ekumeniska imperativ" (här citerade efter Terstriep):

"Katoliker och lutheraner bör

- alltid börja i enhetens perspektiv och inte i splittringens,
- ständigt låta sig själva förändras genom mötet med den andre och genom det ömsesidiga trosvittnesbördet,
- på nytt förpliktiga sig till att söka synlig enhet,
- gemensamt återupptäcka kraften i evangeliet om Jesus Kristus för vår tid,
- vittna tillsammans om Guds barmhärtighet genom att förkunna och att tjäna världen."

Dessa återfinns dock inte i det publicerade gemensamma dokumentet, och av det ovan refererade programmet förefaller det som om de endast upplästes under det ekumeniska bönemötet. Imperativen härstammar från det av den sedvanliga ekumeniska relativismen och indifferentismen präglade dokumentet *Från konflikt till gemenskap: Gemensamt lutherskt-katolskt högtidlighållande av reformationsminnet 2017,* Rapport från evangelisk-lutherska/romersk-katolska enhetskommissionen, Lutherska världsförbundet och Påvliga rådet för främjandet av

Den första utsagan kan svårligen utläggas på annat sätt än att påven i öppet trots mot det första av dekalogens bud ger sitt bifall till, ja, prisar heresi och apostasi – därtill en heresi, som i ytterst kraftfulla ordalag fördömts av Kyrkans magisterium många gånger under århundradenas lopp med början i Leo X:s bullor mot Luther. Yttrandet ter sig också alldeles sällsynt malplacerat just i Lund, en gång Nordens katolska huvudstad, som genom "reformationens gåvor" förvandlades inte endast till ett andligt ruinfält, utan även ett materiellt dylikt, när som en följd av dessa "gåvor" alla stadens åtta kloster och alla dess 27 kyrkor så när som på Klosterkyrkan och Domkyrkan skövlades – att också Domkyrkan, där detta narrspel alltså tilldrog sig, genom reformationens bildstorm berövats mycket av sin storslagna katolska utsmyckning, sidoaltaren, helgonreliker o.s.v. hör givetvis till sakens natur.[10]

Men för att inte störa den ekumeniska kumbaya-klubben bör vi alltså enligt den andra ovan citerade utsagan inte längre låtsas om Luthers många skandalösa, mot Kyrkan hatiska och gudlösa yttranden och handlingar,[11] reformationens otaliga illdåd, helgerån, vandalgärningar och mordorgier eller det katastrofala tillstånd av apostasi, sekularism och nihilism som det av Luther

---

de kristnas enhet, 2015 (översatt av Mikael Löwgren från den tyska utgåvan från 2013), se https://www.lutheranworld.org/sites/default/files/dtpw-from_conflict_to_communion_swe_full.pdf s. 79ff. Det sista imperativet om "att tjäna världen" är i sanning både avslöjande och betecknande för dessa förvärldsligade modärna och postmodärna kyrkomäns målsättningar! Men "veten I icke, att denna världs vänskap är fiendskap mot Gud?" (Jak 4:4)

[10] Se K Arne Blom: *Klosterstaden,* Föreningen Gamla Lund, Årsbok 83, Lund, 2001. Det skall enligt Mattias Karlsson: *Konstruktionen av det heliga: altarna i det medeltida Lunds stift,* Skånsk senmedeltid och renässans, Vol. 23, Vetenskapssocieteten i Lund, Lund, 2015 ha funnits kanske 70 sidoaltaren i Lunds domkyrka i slutet av medeltiden. Jfr också Gunilla Gardelin: *Kyrkornas Lund,* Archaeologica Lundensia, Vol. 12, Kulturen i Lund, Lund 2015.

[11] Se t.ex. John Vennaris artikel längre fram i detta nummer (s. 171ff) och Father Celatus (pseud.): *Martin Luther in His Own Words,* The Remnant, Vol. 49, Nr 18, October 31, 2016, s. 16. Jfr även sammanställningen David L. Gray: *500 Years of Protestantism: The 38 Most Ridiculous Things Martin Luther Ever Wrote,* DavidLGray.info – a fresh Catholic Perspective, 09/11/2013, http://www.davidlgray.info/blog/2013/09/500-years-of-protestantism-the-33-most-ridiculous-things-martin-luther-ever-wrote och abbé Christian Bouchacourt: *Déclaration conjointe entre le pape et l'église luthérienne: Communiqué du Supérieur du District de France 2 nov. 2016,* La Porte Latin, http://laportelatine.org/district/france/bo/bouchacourt2016/bouchacourt_161102_pape_luther.php.

och reformatorerna inledda avfallet lett fram till![12] Ja här tycks de bägge kyrkopotentaterna ha förbundit sig till vad som framstår som ett försök till en gigantisk historieförfalskning i den urspårade ekumenismens tjänst. Se där vad en "postmodärn" påve kan tillåta sig, denna gång till synes oförblommerat görande våld på det åttonde budet: "Du skall inte bära falskt vittnesbörd!" Tillåt mig att häremot citera följande tänkvärda ord av en av denna tidskrifts vördade hjältar – av helt annat virke än Antje Jackelén och Bergoglio –, Msgr. Bernt David Assarsson:

Sanningen kan glömmas, förtigas och fördöljas, men icke förnekas.[13]

Att – som det hävdas i den tredje ovan citerade utsagan – döpta heretiker och schismatiker skulle vara medlemmar av Kristi mystiska kropp, som enligt katolsk lära är identisk med den Romersk-katolska Kyrkan, synes stå i klar strid med Pius XII:s encyklika *Mystici Corporis*, där det heter så här:

Såsom Kyrkans medlemmar kunna emellertid endast de räknas, som ha mottagit pånyttfödelsens dop och bekänna den sanna tron och som varken själva, till sin egen olycka, ha skilt sig från Kyrkans Kropp eller på grund av någon svår förgripelse blivit av den rättmätiga kyrkliga överheten uteslutna från Kyrkans gemenskap.[14]

Tydligen är det enligt påven Franciskus inte längre så noga med vad de förkonciliära påvarna lärt... Inte nog härmed, en kort tid före lundaspektaklet hade Franciskus under ett besök i Georgien aktat yttra att "proselytism" är en stor synd mot ekumenismen! Man erinrar sig att han redan häromåret väckte uppståndelse och skandal genom att avfärda "proselytism" som "rent nonsens".[15] För den som hör sådant kan frågan inte undvikas: Om påven

---

[12] Jfr mitt förord till Leo X a.a. s. 30ff.

[13] Bernt David Assarsson: *Fädernas kyrka: En programskrift,* Credos Förlag, Stockholm, 1918, s. 90.

[14] *Påven Pius XII's Rundskrivelse Mystici Corporis Christi: Om Jesu Kristi mystiska kropp och vår förbindelse med Kristus genom denna,* Katolsk Utgivnings-Tjänst, 1944, avsnitt 21, s. 13.

[15] Claire Chretien: *Pope: It's a 'very grave sin' for Catholics to try to convert Orthodox,* LifeSite News, Oct 4, 2016, se https://www.lifesitenews.com/news/pope-very-grave-sin-for-catholics-to-try-to-convert-orthodox.

anser det principiellt förkastligt att omvända andra till katolicismen, kan han då själv hysa någon katolsk tro alls? Gäller inte den av vår Herre och Frälsare utfärdade missionsbefallningen längre? Hur skulle kyrkan ha kunnat existera utan proselytism? Har vi i själva verket fått en påve som inte alls är troende katolik, utan snarare en typisk "tolerant" postmodärn relativist, kanske helt enkelt en "brödpräst" med de "rätta åsikterna", som råkat glida in i påveämbetet på ett bananskal genom S:t Gallen-kabalens och måhända även andra maktspelares intrigspel? Är inte i själva verket hemligheten bakom Franciskus' uppenbara samstämmighet med protestantiska avgrundstyper som Antje Jackelén en följd av att de är samma andas barn och att den andan förvisso inte är Jesu Kristi och Kyrkans, utan den modärnistiska eller liberalteologiska vantrons och den kulturmarxistiska politiska korrekthetens anda?

Låt oss än en gång citera den vise Msgr. Assarsson, som i *Fädernas kyrka* beskriver hur Nordens länder genomgått två katastrofala kyrkorevolutioner, den första reformationens på 1500-talet, vars inbyggda subjektivism och auktoritetsförakt dock i viss mån hejdades genom den "lutherska ortodoxismens" paradoxala, omedvetet katolicerande tendenser, den andra modernismens på 1800-talet som innebar ett "utdragande av protestantismens konsekvenser" och fullföljde de i Luthers lära inbyggda principerna, subjektivism och auktoritetsförakt.[16] Så här sammanfattar han resultatet (s. 75):

Vi hade föresatt oss att i denna djupt allvarliga skrift sorgfälligt undvika varje ord, som onödigtvis särar. Men vid åsynen av modernisternas hemlighetsfulla kyrkorevolution i Norden kan man inte behärska sig. Om man tege, det känner man —, skulle stenarna ropa! Särskilt i Sverige äro de kyrkliga förhållandena så beklagliga, att man gång på gång måste fråga sig: »Quo usque tandem?» De svenska modernisterna tyckas bedriva ett konstant dubbelspel. Det ser ut, som om de hade sin egen e s o t e r i s k a lära i studerkammaren och förkunnade en annan motsatt e x o t e r i s k från predikstolen. De använde ogenerat de gamla teologiska termerna från ortodoxismens tid och inlägga blott hemligen i dem en ny betydelse. De »mässa», sjunga psalmer, döpa och utdela nattvarden utan vidare, fastän deras tro på treenigheten, Kristi guddom och sakramentens kraft är

[16] Assarsson a.a. s. 64ff.

minst sagt suspekt. Därav kommer det sig, att Sveriges kyrkofolk i allmänhet inte anar, vad som försiggått och alltjämt försiggår inom statskyrkans murar.

Detta skrev alltså Msgr. Assarsson om svenska kyrkan 1918. I den katolska Kyrkan hejdades för en tid motsvarande "hemlighetsfulla kyrkorevolution" genom S:t Pius X:s strax dessförinnan timade ingripande mot de katolska modärnisterna, men genomfördes – efter ett långt undermineringsarbete – istället inför öppen ridå vid det andra vatikankonciliet.

För oss som på nära håll kunnat följa de svenska lutheranska biskoparnas och ärkebiskoparnas bravader genom åren är det omöjligt att inte tycka att Franciskus utgör en katolsk motsvarighet till de svenskkyrkliga Hammar och Jackelén. Och det är inte svårt för oss att inse att Antje Jackeléns, *Lutherska Världsförbundets* och påven Franciskus' ekumenism i själva verket inte vilar på någon kristen grund, än mindre en katolsk, utan är ett alltigenom vänsterpolitiskt, modärnistiskt och indifferentistiskt fenomen med en lätt touche av det vagt allmänreligiösa och deistiska. Corruptio optimi pessima!

Soros' kyrka?

I den ovannämnda delvis ganska starkt politiserade deklarationen framförs ironiskt nog som ett av skälen till att Kyrkans enhet under reformationen sönderbröts att religionen instrumentaliserades för just politiska ändamål ("religion was instrumentalized for political ends"). Att det är just detta som påven Franciskus och hans vänner bland de lutheranska potentaterna själva är i färd med genom sin vänsterradikala globalistiska agenda och sina urspårade ekumeniska strävanden mot "a one world religion", vars ännu något diffusa konturer enligt många i själva verket håller på att anta formen av den Antikrists falska religion, som det i storslagna och skrämmande bilder talas om i bl.a. Uppenbarelsebokens trettonde kapitel, tycks inte falla dem in.[17]

[17] De två häri beskrivna odjuren från havet (Leviathan) och land (Behemoth) representerar enligt en bland uttolkarna gängse uppfattning den antikristna tyranniska statsmakten (havet = människorna, Occidenten) resp. Antikrists falska religion (land = religionen, Orienten), som får människorna att tillbedja den förra istället för Gud.

I förra numret av *Skandinavisk Katolsk Tidskrift* skrev Niclas Andersson om hur svenska kyrkan under 1900-talet i själva verket förvandlades till ett instrument för den svenska socialdemokratins och vänsterns machiavelliska strävanden, ett ämne som också nyligen också tagits upp till debatt i den frikyrkliga tidningen *Dagen* av debattören Göran Skytte.[18] Det har länge varit känt att även den katolska kyrkan och Vatikanen, vars unika inflytande över själarna många är intresserade av att "instrumentalisera", har varit och är föremål för många mäktiga intressens och makters försök till påverkan, styrning och infiltration, ett ämne som vi redan berört i denna tidskrifts spalter.[19] Redan på 1930- och 40-talen drev olika kommunistiska organ och frontorganisationer ett lömskt spel för att influera kyrkan och lyckades med hjälp av såväl inflytandeagenter som mer eller mindre "nyttiga idioter" som t.ex. "personalisterna" Jacques Maritain och Emmanuel Mounier skapa en

---

[18] Niclas Andersson: *Svenska kyrkans väg mot avgrunden: kristendom och socialism,* Skandinavisk Katolsk Tidskrift, Nummer 5, 2016, ss. 195-204, Göran Skytte: *Det kungliga salighetsverket: Även jag har funderat på att lämna Svenska kyrkan,* Dagen, 23 september 2016, se http://www.dagen.se/kronikor/det-kungliga-salighetsverket-1.781751 och Göran Skytte: *S lyckades göra kyrkan till ett salighetsverk: Mycket pekar på att Svenska kyrkan håller på att bli en "religiös katastrof",* Dagen, 14 oktober 2016, http://www.dagen.se/kronikor/s-lyckades-gora-kyrkan-till-ett-salighetsverk-1.790838.

Det finns flera vetenskapliga arbeten, vari Svenska kyrkans förhållande till socialdemokratien skärskådas, t.ex. Berndt Gustafsson: *Socialdemokratien och kyrkan 1881—1900,* Samlingar och studier till Svenska kyrkans historia, 30, Svenska kyrkans diakonistyrelses bokförlag, 1953, Hans Wahlbom: *Socialdemokratins och Kyrkans första möte,* Carlsson Bokförlag, 1999, Urban Claesson: *Folkhemmets kyrka: Harald Hallén och folkkyrkans genombrott: En studie av socialdemokrati, kyrka och nationsbygge med särskild hänsyn till perioden 1905-1933,* Studia Historico-Ecclesiastica Upsaliensia, 42, Uppsala universitet, 2004 och Daniel Alvunger: *Nytt vin i gamla läglar: Socialdemokratisk kyrkopolitik under perioden 1944-1973,* Församlingsförlaget, 2006. Jfr även Dag Sandahl: *Vida hon famlar: Till kritiken av Folkkyrkan,* Bokförlaget Pro Veritate, 1973, Per-Olof Sjögren: *Kyrkans politisering,* Bokförlaget Pro Veritate, 1975, Göran Albinsson Bruhner, Kerstin Arthur-Nilson, Dag Sandahl: *Vems ärende går Svenska kyrkan,* Verbum, 1995, Dag Sandahl: *Kyrklig splittring: Studier kring debatten om kvinnliga präster i Svenska kyrkan samt bibliografi 1905 – juli 1990,* Verbum, 1993, Torbjörn Helmer: *Gud som metafor: En analys av KG Hammars teologi,* Vimedia, 2016 samt min recension av antologien *Arvet efter 1968* i *Skandinavisk Katolsk Tidskrift,* Nummer 5, 2016, ss. 568-580.

[19] Frågan diskuterades översiktligt i min recension av David Wemhoffs bok *John Courtney Murray, Time/Life, and the American Proposition: How the CIA's Doctrinal Warfare Program Changed the Catholic Church* i *Skandinavisk Katolsk Tidskrift,* Nummer 4, 2015, ss. 399-428.

spirande vänsterkatolicism som sedermera och särskilt genom konciliet fått ett enormt inflytande inom Kyrkan. En rad radikala organisationer och strömningar har som en följd härav uppstått och gjort sig gällande inom Kyrkan, och vissa ordnar, bl.a. påven Franciskus' egen jesuitorden, har förvandlats till bastioner för radikal ideologi och agitation, inte minst i den prokommunistiska "befrielseteologiens" skepnad.

På senaste tid har, genom vad som kommit ut via *Wikileaks* och *DCLeaks*, den vänsterradikala maffia, som under påven Franciskus fått ett sådant häpnadsväckande inflytande över Kyrkan och som påven själv utgör en väsentlig del av, visat sig till stora delar vara styrd och finansierad av ingen mindre än den beryktade vänsterradikale judiske finansmannen, valutaspekulanten och intrigmakaren George Soros (född som György Schwartz i Budapest 1930).[20] Soros är väl här i landet mest känd som mannen som låg bakom valutakrisen i Sverige 1992, då styrräntan under en kort period, den 16 september - den 21 september, höjdes till 500%, innan Riksbanken tvangs ge upp försvaret av den svenska kronan och lät denna flyta fritt, vilket ledde till en kraftig depreciering av kronans värde, varpå följde en förödande finans- och fastighetskris och en djup lågkonjunktur med kraftigt ökad arbetslöshet. Samma år utförde Soros ett snarlikt angrepp mot pundet med liknande konsekvenser för Storbritannien, och senare har han med samma metoder skapat djupa samhällskriser i t.ex. Malaysia, Indonesien och Thailand. Främst genom dessa på s.k. derivathandel baserade valutaspekulationer och delvis artificiellt framkallade finanskriser har Soros skapat sig en enorm förmögenhet som han använder för olika "progressiva" politiska syften.

---

[20] I *The Remnant* har Elisabeth Yore skrivit en avslöjande artikelserie i ämnet; se http://remnantnewspaper.com/web/index.php/fetzen-fliegen/itemlist/user/607-elizabethyore. Om Soros i största allmänhet se t.ex. Andreas von Rétyi; *George Soros: Die Multimilliardär, sein globales Netzwerk und das Ende der Welt, wie wir sie kennen,* Kopp Verlag, 2016 och Wayne Madsen: *Soros: Quantum of Chaos,* Lulu, 2015. Den berömda, mycket avslöjande, för att inte säga förödande, intervju av Soros som gjordes i det amerikanska TV-programmet *60 minutes* 1998 återfinns bl.a. här: https://www.youtube.com/watch?v=p8Ux5b6YM9A. Enligt Forbes är Soros f.n. världens 23:e rikaste man, god för 24,9 miljarder dollar; se *The World's Billionaires: 2016 Ranking,* http://www.forbes.com/billionaires/list.

Soros anses via sitt omfattande nät av vänsterradikala lobby-, aktivist- och frontorganisationer, vars epicentrum utgörs av den ohyggligt penningstinna *Open Society Foundations*, bl.a. ha haft stor del i en rad politiska manipulationer, uppror och katastrofer de senaste åren, t.ex. de s.k. ”färgrevolutionerna” i Georgien och Ukraina, som hart när förde världen till randen av ett kärnvapenkrig mellan *NATO* och Ryssland, den s.k. ”arabiska våren” som skapat kaos och anarki i flera länder i Mellanöstern och Nordafrika och kraftigt bidragit till att Europa invaderats av enorma vågor av migranter från dessa och även andra områden, olika våldsamma upplopp och protester i USA, t.ex. raskravallerna i Ferguson och de upplopp som organiserats av *Black Lives Matter* och *Occupy Wall Street* liksom de av bl.a. den radikala aktionsgruppen *MoveOn* organiserade protesterna mot Donald Trump efter hans valseger,[21] de obscena ”aktioner” som utförs av blotterskorna i den radikalfeministiska aktionsgruppen *Femen* och hetskampanjer och trakasserier mot politiskt oliktänkande på högerkanten som bedrivs med hjälp av Soros understödda privata underrättelsetjänster och åsiktspoliser som t.ex. *Expo* i Sverige. Han har förutom till de ovan nämnda organisationerna och många andra dylika också givit omfattande finansiellt och annat stöd till olika kända vänsterradikala politiker, bl.a. Barack Obama och Hillary Clinton i USA, ja, man talar i USA om den Soros-sponsrade extremvänstern som ”the shadow party”,[22] och han synes även ha en rad mer eller mindre kända svenska politiker över hela skalan från moderaterna till vänsterpartiet bland sina klienter.[23] Både Barack Obama och Hillary Clinton är ju kända för sina band till den vänsterradikale judiske agitatorn och provokatören Saul Alinsky och hans organisationer, vars machiavelliska taktik för att radikalisera och mobilisera ”gräsrötterna” genom s.k. ”community organizing” synes ha funnit en

---

[21] Jfr. Celia Farber: *Efter Trumps valseger – Uppror, George Soros och den osynliga ekonomin – Del 1*, NewsVoice, 17 Nov, 2016, http://newsvoice.se/2016/11/17/trump-valseger-2016-uppror-soros-del1.

[22] David Horowitz, Richard Poe: *The Shadow Party: How George Soros, Hillary Clinton, and Sixties Radicals Seized Control of the Democratic Party*, Nelson Current, 2006.

[23] Detta avslöjades först i ett par artiklar på den nationalsocialistiska *Nordiska Motståndsrörelsens* webbsajt *Nordfront* (se https://www.nordfront.se/?s=Soros) och har sedan uppmärksammats av flera högerorienterade webbpublikationer; se t.ex. *Svenska politiker mest Soros-lojala*, 12 oktober 2016, Fria Tider, http://www.friatider.se/svenska-politiker-mest-soros-lojala.

högst läraktig och energisk adept i George Soros. Inte minst har hans organisationer gjort sig kända för att med hjälp av bl.a. Alinskys metoder verka för upplösandet av samhällets moraliska grundvalar enligt Frankfurtskolans välkända kulturmarxistiska program, där t.ex. feminism, genusindoktrinering, normkritik, fri abort, HBTQ-propaganda, antirasism samt legalisering av narkotika och prostitution utgör några av komponenterna i kompotten.

Allt detta verkar ju stå i föga överensstämmelse med katolska kyrkans lära, men icke desto mindre har Soros länge även försökt influera denna i radikal riktning. Så här skrev den konservative journalisten Cliff Kincaid i en artikel 2009 om Soros' till synes paradoxala intresse för att påverka katolicismen:[24]

On the surface, it would appear that Soros would be opposed to many positions of the Catholic Church. A major financial backer of the ACLU, Soros supports such causes as drug legalization, the rights of "sex workers" and felons, euthanasia, radical feminism, abortion rights, and homosexual rights. He does all of this in the name of promoting an "open society."

Kincaid fortsätter därefter att diskutera hur Soros finansierat diverse radikala pseudokatolska grupper (ofta av sina kritiker kallade "CINOs", "Catholics In Name Only"), bl.a. "katolska" förespråkare för abort, "Obamacare", massinvandring, antirasism o.s.v. Men nu har alltså den radikalt antikristne ateisten Soros blivit avslöjad med fingrarna djupt nere också i den påvliga syltburken, ja, som en som via olika ombud ger påven idéer och instruktioner och utnyttjar hans moraliska auktoritet för att driva sina i grunden djupt antikristna agendor. Elisabeth Yore skriver så här i en artikel i *The Remnant:*[25]

Within a few short months of Argentine Bergoglio's papal election, the Soros inner circle was firmly entrenched at the Vatican, calling the shots, drafting documents, setting the Soros political agenda with the power and moral persuasion of

[24] Cliff Kincaid: *Atheist Soros Funds Catholic Groups,* Accuracy in Media, November 12, 2009, http://www.aim.org/aim-column/atheist-soros-funds-catholic-groups.

[25] Elizabeth Yore: *Pope Maker: The Soros Syndicate,* The Remnant, August 23, 2016, se http://remnantnewspaper.com/web/index.php/articles/item/2718-the-pope-s-boss

the Vatican. The global eco movement finally found their critical missing component, the voice of moral authority.

I Vatikanen har Soros tillvällt sig ett enormt inflytande via kyrkliga vänsterradikaler som påvens protegé kardinal **Óscar Andrés Rodriguez Maradiaga** och den argentinske biskopen **Marcelo Sánchez Sorondo**, som av Franciskus insatts som kansler för såväl den påvliga akademien för socialvetenskaperna *(Pontificia Academia Scientiarum Socialium, PASS)* som den påvliga vetenskapsakademien *(Pontificia Academia Scientiarum, PAS)*, bägge kända tillhåll för allsköns sekularism och radikalism. Dessa har öppnat famnen för Soros vänsterradikala hejdukar, av vilka påfallande många är sekulariserade judiska vetenskapsmän, t.ex. ekonomiprofessorn och miljöalarmisten **Jeffrey Sachs**, inbjuden talare i Vatikanen 18 gånger under det första året av Franciskus' pontifikat och för övrigt en av arkitekterna bakom den "chockterapi" och privatiseringsvåg som ledde till att Ryssland m.fl. länder på 1990-talet hamnade i en svår ekonomisk kris och dess näringsliv i händerna på – till betydande del judiska – "oligarker", ekonomiprofessorn och socialisten **Joseph Stiglitz**, den marxistiska miljözeloten **Naomi Klein** och en hel rad andra kända Soros-kumpaner med företrädesvis miljö- och klimatalarmistisk profil. Härtill kommer diverse klärobskyra, av Soros understödda "kristna" eller "katolska" vänsterorganisationer, bl.a. *PICO National Network*, en progressiv-befrielseteologisk organisation i Alinsky-traditionen grundad av jesuiten John Bauman 1972, och *FPL (Faith in Public Life)*, en form av ekumenisk kamporganisation för att befrämja den radikala vänsterns agendor bland kristna väljare på bekostnad av den kristna högern.[26] Denna vänsterradikala och ekologistiska kabal har mer eller mindre tagit kontroll över den av den ovannämnde Sorondo ledda påvliga akademien för socialvetenskaperna, som utnyttjas som en plattform för att predika klimatalarmism, radikal ekologism, massinvandring, globalism, antirasism, "ekonomisk rättvisa" (d.ä. socialism) genom global omfördelning o.s.v. I praktiken har denna kamarilla spelat en nyckelroll i utformandet av vissa kyrkliga dokument, särskilt den

[26] Se Jason Lee: *Barack Obama, George Soros and the Religious Left*, American Thinker, June 12, 2011, http://www.americanthinker.com/2011/06/barack_obama_george_soros_and_the_religious_left.html.

uppmärksammade miljöencyklikan *Laudato Si* och Vatikanens miljömanifest *Climate Change and the Common Good.* Därtill har de lyckats vinna Vatikanens stöd för fullständigt antikristna FN-program om s.k. *Millenium Development Goals (MDG)* och *Sustainable Development Goals (SDG),* vari befolkningskontroll, aborter, barnbegränsning, feminism, genusteori o.s.v. utgör centrala komponenter, och regisserat påvens USA-besök ifjol med dess olika radikala utspel, till stora delar avsedda att befrämja dessa FN-program – och Hillary Clintons presidentvalkampanj. En stor del av de läckta dokumenten är, mirabile dictu, rapporter riktade till ingen mindre än Clintons kampanjchef John Podesta![27] Elisabeth Yore sammanfattar:[28]

Sachs and his Soros allies timed their work at the Vatican with strategic precision. On May 25, 2015, the Pope released his eagerly anticipated environmental exhortation, Laudato Si, which called for the passage of the SDGs. On September 25, 2015, the UN scheduled Pope Francis to address the United Nations General Assembly, urging approval of the SDGs, which fortuitously passed on that date.

Francis proudly boasted that he hoped his environmental encyclical, Laudato Si, would be used to promote the passage of the UN Sustainable Development Goals in September 2015, and followed by the passage of the Paris Climate Treaty (Cop 21) in December 2015. Jeffrey Sachs acknowledged that Pope Francis and his encyclical "Laudato Si made the adoption of both the passage of the UN Sustainable Development Goals in Sept. 2015 and the Paris Climate Agreement in December 2015 possible."

An eleventh commandment is declared: Thou must reduce thy carbon footprint.

By the end of 2015, the Soros syndicate had delivered to its patron, George Soros, a 185 page global warming papal encyclical, passage of the SDGs, and most importantly, the green light to begin the implementation of the Paris Climate Treaty, global redistribution of wealth through carbon taxes on the industrialized world.

...

---

[27] Om dennes och brodern Tony Podestas likaledes av Wikileaks röjda förbindelser med den för obscenitet och bizarra ockulta ritualer beryktade "performance"-artisten Marina Abramović se t.ex. *WikiLeaks: Hillarys kampanjchef bjöds in till ritualmiddag,* Fria Tider, 4 november 2016, http://www.friatider.se/wikileaks-hillarys-kampanjchef-deltar-i-ockulta-ritualer.

[28] Yore a.a.

Soros and Bergoglio--a match made in the celestial ecosystems. Their carbon footprints align on many political issues. George Soros is the largest landowner in Argentina (half a million hectares) with more than 150,000 head of cattle, and he also owns massive Argentine financial assets. Jorge Bergoglio, the first Latin American Pope, the Peronist Argentine with a deep concern for the struggling Argentine economy. Two sides of the Argentine peso, one native born pontiff with deep Vatican Bank pockets, the other, a global billionaire power broker with even deeper pockets.

Both love power and chaos; Francis known for his infamous refrain "make a mess, create chaos," and Soros for his cryptic "discern the chaos and become rich." Both men understand that they emerge more powerful when institutions and governments are destabilized.

Jorge and George, identical political globalist ideologues: environmentalists, pro-Iran, pro-UN, pro-Cuba, pro-Argentina, pro-mass migration, pro-borderless world, anti death penalty, and, anti-Trump.

George Soros is now the boss of Pope Francis.

It's an inconvenient truth.

På liknande sätt visar de läckta dokumenten hur Soros' hejdukar noga följt och på olika sätt samspelat med och underblåst Franciskus' och Vatikanens radikala migrationspolitiska utspel, uttalanden och symbolgester för muslimsk massinvandring i Västerlandet – och mot dem som motsätter sig denna agenda som t.ex. Donald Trump och Viktor Orbán.[29]

Här kan man tala om att religionen "instrumentaliserats" för politiska ändamål – och därtill bland de mest dubiösa som går att finna i vår samtid:

For fairest things grow foulest by foul deeds;
Lilies that fester, smell far worse than weeds.

(Shakespeare: *Sonnet* 94, 13)

---

[29] Se t.ex. Elizabeth Yore: *DCLeaks Bombshell: The Soros/Francis Alliance Confirmed,* The Remnant, September 19, 2016, http://remnantnewspaper.com/web/index.php/articles/item/2763-dcleaks-bombshell-the-soros-francis-connection.

Brexit och Trumps valseger

Soros, globalisterna och deras "shadow party" synes dock på senaste tid ha stött på patrull genom de – i alla fall för dem som litar på opinionsundersökningar – oväntade valförlusterna i England och USA, varigenom Storbritanniens väljare röstat för att lämna det alltmer urspårade vänsterprojektet EU – ibland träffande benämnt "EUSSR"[30] – och den högerinriktade kandidaten Donald Trump valts till USA:s näste president i stället för det vänsterradikala skuggpartiets och mediadrakarnas favorit Hillary Clinton. I samma mån som mediavänstern inom "MSM" ("Mainstream Media") har råkat i gråtparoxysmer inför öppen ridå över dessa valresultat – som de nog själva bidragit en hel del till genom sin fantastiskt tendentiösa rapportering[31] –, har champagnekorkarna knallat hos s.k. alternativa media på högerkanten. Även i den traditionella katolska pressen har dessa valresultat hälsats med tillfredsställelse och glädje, då de synes antyda att den alltmer utrerat antikristna vänsterns makt i Västvärlden äntligen skulle vara på väga att brytas och att människorna till slut genomskådat vanvettet i dess politiska program, all indoktrinering och propaganda till trots. I det nya politiska läge som uppstått efter dessa omröstningar ter det sig, menar många, t.ex. inte längre fullständigt otänkbart att den nationella frontens Marine Le Pen skulle kunna bli Frankrikes nästa president, att Agneta Merkel skulle kunna störtas av sina partikamrater i Tyskland och ersättas av en mer traditionellt högerinriktad, visavi globalism, kulturmarxism och massinvandring mindre entusiastisk politiker, att sverigedemokraterna, om det parlamentariska läget efter nästa val skulle göra detta möjligt, skulle kunna ingå regering tillsammans med ett eller två av de minst kulturmarxistiska borgerliga partierna eller att försöken att med hjälp av klimatalarmism skapa globala regleringar, kontrollorgan, koldioxidskatter o.s.v. kollapsar p.g.a. att USA drar sig ur denna pinsamma charad.

---

[30] Så Vladimir Bukovsky, Pavel Stroilov: *EUSSR: The Soviet roots of European integration*, Sovereignty Publications, 2004-

[31] Dylik "useful negative coverage", som så uppenbart tycks motverka sitt förmenta syfte, tolkas av vissa mer konspiratoriskt inriktade kommentatorer som uttryck för en dubbel agenda snarare än för vanlig hederlig dumhet och enkelspårighet.

Vare därmed hur som helst – det är inte första gången som redaktören varit med om hoppingivande ”överraskningar”, som när det kommit till kritan inte alls visat sig leda till den vändning av den nedåtgående spiralen som många föreställt sig skulle bli följden. Vem minns inte de borgerligas valseger 1976, då äntligen socialdemokraternas 40-åriga maktmonopol bröts och en ny vår för Sverige troddes stå för dörren – och hur de borgerliga sedan svek alla förväntningar och snarare visade sig mer socialdemokratiska i sin politik än sossarna själva? Eller Ronald Reagans och Margaret Thatchers valsegrar som tycktes innebära slutet på 68-mardrömmen och början på en ny konservativ era – som utmynnade i en syntes mellan globalistisk kapitalism och degenererad kulturmarxism? Eller kommunismens efterlängtade fall – som visade sig leda till kulturmarxismens segertåg och att hela Västerlandet blev ”velourkommunistiskt”? Eller segern för ja-sidan i EU-valet 1994 som många hoppades skulle betyda att Sverige skulle ”normaliseras” och bli mer konservativt och likt övriga Europa – när det istället blev Europa som blev minst lika kulturradikalt och moraliskt dekadent som Sverige någonsin varit?

Även när det gäller Brexit[32] och Donald Trumps valseger[33] finns det gott om varningstecken som tyder på att dessa kanske inte är vad de verkar vara och inte kommer att leda till det som många traditionella katoliker hoppas på, ff.a. inte till den katolska pånyttfödelse och katolska kontrarevolution som utgör den enda verkliga lösningen på Västerlandets problem, som ju i grunden består i en av de progressivt-revolutionära krafterna framkallad antikristen, nihilistisk-modärnistisk kollaps och en därur springande motvilja mot att leva och fortleva hos de alltmer avkristnade, desillusionerade och håglösa europeiska folken. Låt oss först av allt göra klart att vi förvisso tillhör dem som menar att EU blivit en katastrof och att Brexit (och en kommande Swexit!) självklart är att föredra framför EU:s fortsatta utveckling mot ett alltmer totalitärt antikristet, kulturmarxistiskt och multikulturellt ”EUSSR”

---

[32] Se t.ex. Northsider (pseud.): *Brexit another Jewish dialectic?*, Fitzpatrick Informer, June 25, 2016, https://fitzinfo.wordpress.com/2016/06/25/brexit-another-zionist-dialectic.

[33] Det räcker att läsa de i och för sig på många punkter närmast komiskt tendentiösa artiklarna om Trump på *Wikipedia* för att inse att hans antecedentia och ställningstaganden i många avseenden är problematiska från katolsk och även allmänkristlig och allmänkonservativ ståndpunkt. Temat utvecklas i det följande.

och att mycket av det Trump sagt under valkampanjen är vällovligt och pekar i rätt riktning och att han ur katolsk och konservativ synvinkel utgör ett betydligt bättre val än Hillary Clinton och Soros' "skuggparti".[34] Vad man vill hoppas på är att dessa valsegrar åtminstone kan innebära ett litet avbräck och moratorium i den globalistiskt-kulturmarxistiska nedmonteringen av och kampen mot Västerlandets kristna grundvalar och den naturliga lagen, även om vi inte får glömma att utgångsläget är utomordentligt ogynnsamt, då kulturmarxisterna efter att ha fullbordat "den långa marschen genom institutionerna" idag behärskar rättsväsende, utbildningsväsende, forskningsvärlden, massmedia o.s.v. och därigenom har närmast obegränsade möjligheter att forma människornas attityder och tankar.

Donald Trump framställde sig själv under sin valkampanj som en "outsider" och ett alternativ till det i breda lager avskydda etablissemang, som representeras av såväl "skuggpartiet" inom demokraterna (Soros, Obama, Clintons m.fl.) som de neokonservativa republikanerna (Bush, Cheney, McCain, Romney m.fl.), och gick till val på en plattform ägnad att locka "den tysta majoriteten" med utfästelser om att stoppa massinvandringen, utflyttningen av jobb till tredje världen och det ständiga och ytterligt kostsamma amerikanska krigandet runtom i världen, bryta med globalismen och "the New World Order" och, sist men inte minst, "drain the swamp" genom åtgärder mot lobbyism och den korrupta finans- och politrukelitens "permanent government" i Washington: Kort sagt vill han, hävdar han, "make America great again" – och det för vanligt hederligt folk.[35] Det har dock påpekats från

---

[34] Mycket har skrivits om detta i den traditionella katolska pressen; låt oss nöja med att här anföra Rod Pead: *Being Not Hillary: Part I,* Christian Order, Volume 57, Number 10, ss. 2-34, se även http://www.christianorder.com/editorials/editorials_2016/editorials_oct16.html och Rod Pead: *Being Not Hillary: Part II,* Christian Order, Volume 57, Number 11, ss. 2-80, se även http://www.christianorder.com/editorials/editorials_2016/editorials_nov16.html.

[35] Enligt de s.k. "exit polls" som görs av Edison Research (se t.ex. *2016 National President Exit Poll,* http://www.foxnews.com/politics/elections/2016/exit-polls) röstade bl.a. merparten av ogifta, kvinnor, homosexuella, judar, hedningar, ateister, liberaler, svarta, "latinos", ungdomar, storstadsbor, låginkomsttagare och akademiker på Clinton, medan Trump fick en, mer eller mindre betryggande, majoritet bland just "vanligt hederligt folk", d.v.s. gifta, män, sexuellt normala, aktivt kristna (särskilt evangelikaler), konservativa, vita, äldre och mellan- och höginkomsttagare. Av katolikerna röstade 52% på Trump och 45% på Clinton.

många håll att Trump ingalunda är någon äkta "outsider", utan själv är en del av den elit, vilken hans sympatisörers missnöje i stor utsträckning riktar sig mot och som han själv vill framställa sig som ett alternativ och en fiende till: Inte bara är han utomordentligt förmögen,[36] utan han har också mycket goda förbindelser med det etablissemang som han kritiserar, inte minst New Yorks finansiella och politiska elit.[37]

Trots att Trump, som själv är presbyterian, ehuru inte särskilt aktiv, ofta uttalat sympati för den kristna religionen och att han förklarat att kristna alltmer förföljs idag och att han vill sätta stopp för detta,[38] har hans ställningstagande i många grundläggande moralfrågor långt ifrån varit särskilt klockrena: Han har t.ex. gått från att vara för till att vara mot abort utom i vissa fall (våldtäkt, incest, hälsoskäl) och från en ultraliberal syn på narkotika till en restriktiv, han har en oklar inställning till stamcellsforskning och han synes acceptera HBTQ-rättigheter och samkönade "äktenskap".[39] Eftersom

---

[36] Enligt Forbes är han f.n. världens 324:e rikaste man, god för 4,5 miljarder dollar; se *The World's Billionaires: 2016 Ranking*, http://www.forbes.com/billionaires/list.

[37] På Internet kan man t.ex. hitta fotografier där makarna Clinton brett leende uppvaktar Trump på hans senaste (tredje) bröllop den 22/1 2005 eller där han ses på golfrunda med Bill Clinton och andra toppolitiker. Särskilt påtagligt är det mycket stora judiska inslaget i hans inre krets: Av hans fyra vuxna barn är t.ex. tre gifta med judar eller judinnor, medan den fjärde har en judisk fästman. Härtill kommer att hans favoritdotter Ivanka t.o.m. har konverterat till judendomen. Om Trumps judiska förbindelser se t.ex. Armin Rosen: *Trump's Jews,* The Tablet, July 15, 2016, http://www.tabletmag.com/jewish-news-and-politics/207978/trumps-jews och Josefin Dolsten: *Meet the Jews in Donald Trump's inner circle,* Jewish Telegraphic Agency, November 14, 2016, http://www.jta.org/2016/11/14/news-opinion/politics/meet-the-jews-in-donald-trumps-inner-circle. Om fenomenet "Anglo-Zionism" och "den anglosionistiska eliten" se The Saker (pseud.): *The Essential Saker: From the Trenches of the Emerging Multipolar World,* Nimble Pluribus, 2015, s. 265ff och diverse artiklar på http://thesaker.is.

[38] Många exempel på detta ges i Vladmír Palko: *Die Löwen kommen: Warum Europa und Amerika auf eine neue Tyrannei zusteuern,* fe, 2014 (översatt från det slovakiska originalet *Levy prichádzajú,* Michal-Vaško-Verlag, 2012). Jfr också Mary Eberstadt: *It's Dangerous to Believe: Religious Freedom and Its Enemies,* Harper, 2016 och James Tonkowich: *The Liberty Threat: The Attack On Religious Freedom In America Today,* Saint Benedict Press, 2014

[39] Det kan med tanke på Trumps judiska förbindelser vara intressant att notera att de amerikanska judarnas attityder i dessa frågor genomgående är ytterst liberala, även om s.k. ultraortodoxa judar delvis avviker från detta mönster. Se Luis Lugo et al.: *A Portrait of Jewish Americans: Findings from a Pew Research Center Survey of U.S. Jews,* Pew Research, Oct. 1, 2013,

han knappast fått den i USA så inflytelserika kristna högerns stöd om han inte varit emot aborter, frågar sig många hur pass allvarligt menat hans ställningstagande är i denna fråga – att ändra abortlagstiftningen torde för övrigt inte vara möjligt utan stöd från Högsta domstolen, vilken för överskådlig framtid domineras av abortanhängare, varför ställningstagandet mot aborter väl mest har symbolisk betydelse. Att en person som i sin affärsverksamhet sysslat med kasinoverksamhet, modellagenturer, skönhetstävlingar och "reality TV" och som i sina bolag har bakom sig fyra konkurser[40] och ett mycket stort antal rättstvister[41] och i sitt privatliv två havererade äktenskap och diverse otrohetshistorier,[42] knappast kan förväntas bli en stöttepelare i en kristen renässans säger sig väl självt.

---

http://www.pewforum.org/files/2013/10/jewish-american-full-report-for-web.pdf s. 95ff. Att det inte är mycket bättre beställt bland de ganska sekulariserade amerikanska novus ordo-katolikerna framgår av Frank Newport: *Catholics Similar to Mainstream on Abortion, Stem Cells,* Gallup, Inc., March 30, 2009, http://www.gallup.com/poll/117154/catholics-similar-mainstream-abortion-stem-cells.aspx.

[40] Om de fyra, eller enligt vissa sex, konkurserna se t.ex. Lauren Carroll, Clayton Youngman: *Fact-checking claims about Donald Trump's four bankruptcies,* Politifact, September 21st, 2015, http://www.politifact.com/truth-o-meter/statements/2015/sep/21/carly-fiorina/trumps-four-bankruptcies.

[41] Se Nick Penzenstadler, Susan Page: *Exclusive: Trump's 3,500 lawsuits unprecedented for a presidential nominee,* USA Today, 2016, http://www.usatoday.com/story/news/politics/elections/2016/06/01/donald-trump-lawsuits-legal-battles/84995854. Det är kanske dock inte så konstigt att ett affärsimperium av sådan storleksordning som Trumps är indraget i rättstvister – det kan också noteras att nästan hälften av dessa 3500 rättstvister tycks gälla rutinärenden inom Trumps kasinoverksamhet, främst spelares obetalda skulder.

[42] Om Trump har i samband med valkampanjen florerat och spritts en hel del rykten, bl.a. om en sedeslöshet nästan i klass med Bill Clintons och om kuriösa förbindelser med säkerhetstjänster och även maffian – det senare dock enligt uppgift närmast något oundvikligt i kasinobranschen i USA och i byggbranschen i sådana maffiainfekterade amerikanska städer som New York och Atlantic City. Se vidare t.ex. Michael Collins Piper: *Who Towers Behind Trump?,* American Free Press, September 28, 2015, https://americanfreepress.net/who-towers-behind-trump, Linda Qiu: *Yes, Donald Trump has been linked to the mob,* Politifact, March 2nd, 2016, http://www.politifact.com/truth-o-meter/statements/2016/mar/02/ted-cruz/yes-donald-trump-has-been-linked-mob, F. William Engdahl: *A Mafia Don with a Pompadour,* New Eastern Outlook, 20.03.2016, http://journal-neo.org/2016/03/20/a-mafia-don-with-a-pompadour och ett stort antal kritiska artiklar och granskningar av Gordon Duff m.fl. i *Veterans Today* (http://www.veteranstoday.com) och även de olika skribenterna på

Vi skall inte här gå in på den svårbedömbara frågan om och i så fall i vilken mån valresultaten i USA manipulerats eller "riggats", något som Donald Trump själv gjort gällande under valrörelsen och många är övertygade om,[43] eller om det föreligger någon risk för att han nu kan bli föremål för mordkomplotter, ett riksrättsförfarande eller andra sammansvärjningar för att föra hans neokonservative, globalistiske och på påfallande många punkter från Trumps officiella, eller i varje fall offentligt förespråkade, politiska program divergerande vicepresident Mike Pence till makten som andra tror.[44] Vad som nu har hänt i USA likaväl som i Europa tycks vara att invandringskritiska strömningar och partier med vissa, men inte alltid särskilt markanta kultur- och värdekonservativa drag och knappast ens någon kristen fernissa

---

Global Research (http://www.globalresearch.ca), för att nu inte tala om Timothy Fitzpatrick i *Fitzpatrick Informer* (https://fitzinfo.wordpress.com). En del av det som hävdas i dessa artiklar, avfattade i den amerikanska "muckracking"-genrens speciella stil, synes förvisso spekulativt och svårbedömbart, men det kan knappast förnekas att Trumps bakgrund, karriär, affärsmetoder, och kontaktnätverk ger upphov till många frågor. Bland hans vänner och bekanta har t.ex. ingått den beryktade homosexuelle judiske maffiaadvokaten Roy Cohn, som dog i AIDS 1986 efter att på många sätt ha hjälpt Trump i början av dennes karriär, den osannolikt dekadente, för pedofili dömde judiske finansmannen Jeffrey Epstein, även nära vän till Clintons, som enligt under presidentvalkampanjen av bl.a. den judisk-amerikanske underrättelseexperten och Trump-anhängaren Steve Pieczenik *(The Clinton Pedophilia Connection,* YouTube, 1 nov. 2016, https://www.youtube.com/watch?v=12zVlaZyX3Q) spridda uppgifter vid ett stort antal tillfällen skall ha flugits till dennes beryktade "Orgy Island" i Karibien i hans privata Boeing 727 (känd som "the Lolita Express"), Epsteins för koppleri med underåriga dömda flickvän Ghislaine Maxwell, dotter till den brittisk-judiske mediamogulen Robert Maxwell, den ökände och besynnerlige libertinen och desinformatören Roger Stone o.s.v.

43 Så t.ex. i kampanjvideon https://www.youtube.com/watch?v=nFoYpXcZw9U. En humoristisk betraktelse över ämnet i form av ett blogginlägg ges i Brage Norin: *Stort röstfusk i USA! Planerna att komma åt Trump på annat sätt har inletts!,* Helena Palena, 17 november 2016, https://parnassen.wordpress.com/2016/11/17/stort-rostfusk-i-usa-planerna-att-komma-at-trump-pa-annat-satt-har-inletts. Andra, företrädesvis skribenter på vänsterkanten och i *Veterans Today,* menar bl.a. med hänvisning till skillnader mellan valresultatet och "exit polls" i vissa "swing states" att riggandet i själva verket gjorts till förmån för Trump och att hans uttalanden härom varit en avsiktligt vilseledande manöver; se t.ex. http://www.gregpalast.com.

44 Se t.ex. Joachim Hagopian: *President Trump: The Anti-Globalist USA Champion or Just Another Con Man Riding a Trojan Horse?,* Global Research, November 16, 2016, http://www.globalresearch.ca/president-trump-the-anti-globalist-usa-champion-or-just-another-con-man-riding-a-trojan-horse/5557261.

alls,[45] etablerat sig som ett alternativ till de traditionella partierna, som å sin sida under ett låtsat upprätthållande av en alltmer uppenbart blott skenbar höger-vänsterskala blivit alltmer ensartade, förenade i sin vaga och flummiga vänsterradikala och kulturmarxistiska "värdegrund" och acceptans av en globalistisk marknadsekonomi och massinvandring. Dessa delvis oväntade valresultat kan väl väsentligen förstås som en följd av de senares ostentativa och obstinata oresonlighet och extremism, vilka ju lett Västerlandet in i ett tillstånd som alltmer närmar sig ren anarki, ja, till sammanbrottets och avgrundens rand, något som till synes slutligen straffat sig även i valresultaten, men också gjort, att vissa grupper, som "bakom kulisserna" har ett utomordentligt stort inflytande på den världspolitiska händelseutvecklingen och som av olika skäl kommit att betrakta "skuggpartiets" agenda med stigande misstro, "fått kalla fötter" och därför valt att med delvis ganska subtila medel stödja och ge nödvändig draghjälp åt de populära antielitära invandringskritiska strömningarna och kandidaterna, även om de kanske egentligen skulle föredra den efter Irak-kriget och "den arabiska våren" alltmer svårsålda "neokonservativa" agendan.

Särskilt framstår Obama-Clinton-administrationens genomtrumfande av avtalet om Irans kärnkraftsanläggningar våren-sommaren 2015 mot den israeliska ledningens vilja nu som ett avgörande politiskt misstag för Hillary Clinton. Donald Trumps son Eric Trump har i ett radioprogram uppgivit att det som fick fadern att bestämma sig för att kandidera till presidentposten var just det för Israel och dess premiärminister Benjamin Netanyahu så

---

[45] I många av dessa invandringskritiska partier, t.ex. *Front National* och *Sverigedemokraterna,* har denna profil etablerats genom ofta traumatiserande utrensningar av en tidigare generation mer uttalat kristna och/eller nationalistiska, som oftast mot t.ex. HBTQ-agendan, abortindustrin, feminismen och vissa former av judiskt maktspel djupt kritiska, ledare och funktionärer, varpå ofta följt en kurtis med "moderata" feminister, homosexuella och sionistiska judar, som värvats till mer eller mindre framträdande positioner i partiapparaten. Dessa strömningar utmärks särskilt av sin skarpa kritik mot *muslimsk* invandring och kultur, sin ofta markant prosionistiska och Israel-vänliga karaktär och sin acceptans av valda delar av den liberala, kulturmarxistiska agendan. Att på så sätt dessa rörelser görs "rumsrena" och "safe for Jews" vill vissa förstå som ett resultat av för allmänheten dolda maktspelares manipulationer, kort sagt som ett skapande av en "kontrollerad opposition" enligt Lenins berömda recept: "Det bästa sättet att kontrollera oppositionen är att själv leda den".

förhatliga kärnavtalet, något som Trump själv också berörde när han offentliggjorde sin kandidatur.[46] Trump synes eftersträva och också ha fått till ett synnerligen gott samförstånd med *Likud* och den israeliska högern, inklusive Benjamin Netanyahu, och även med denna israeliska högers sympatisörer i USA, främst bland ortodoxa och ultrasionistiska judar. Så här skriver *The Times of Israel* i en valanalys:[47]

Donald Trump's victory seems to be a dream come true for the Israeli prime minister. The president-elect has repeatedly vowed to unconditionally back the Jewish state in any possible way: he promised not to try to force a solution on the Israeli-Palestinian conflict; slammed the Iranian nuclear deal; pledged to move the US embassy to Jerusalem and removed the two-state solution from the Republican party platform.

Så fick också Trump i slutet av sin kampanj viktigt finansiellt stöd från den utomordentligt förmögne sionisten och kasinokungen Sheldon Adelson, som den 13 maj förband sig att tillskjuta upp till 100 miljoner dollar till hans kampanj! Det är antagligt att dessa kretsar egentligen skulle ha föredragit en neokonservativ kandidat, t.ex. Jeb Bush, vars politiska program på det stora hela torde stå i bättre samklang med deras intressen och målsättningar, men insett att det skulle bli svårt för en sådan att vinna över Clinton, varför de istället valde att ställa sig bakom Trump, vars antiglobalistiska och invandringskritiska retorik visserligen kraftigt ogillas av merparten av de liberala och vänsterorienterade amerikanska judarna, som ju till allra största delen också röstade på Clinton,[48] och på sin höjd fick ett mycket svalt mottagande bland hans neokonservativa partivänner inom republikanerna, men hade en

---

[46] Se Ari Yashar: *Trump launched presidential campaign to fight Iran deal,* Arutz Sheva, 29/05/16, http://www.israelnationalnews.com/News/News.aspx/212958.

[47] Se Raphael Ahren: *Trump and Netanyahu — a match made in heaven?,* The Times of Israel, November 10, 2016, http://www.timesofisrael.com/trump-and-netanyahu-a-match-made-in-heaven. Jfr även Paul Gottfried: *Yes, Virginia (Dare), There ARE Righteous Jews for Trump,* The UNZ Review, October 30, 2016, http://www.unz.com/pgottfried/yes-virginia-dare-there-are-righteous-jews-for-trump.

[48] Se *2016 National President Exit Poll,* http://www.foxnews.com/politics/elections/2016/exit-polls.

förmåga att mobilisera och entusiasmera "den tysta majoriteten" som ju består av dem som i första hand drabbats av massinvandringens, globaliseringens och krigspolitikens många negativa konsekvenser.[49]

---

[49] Det har, särskilt i delvis ganska spekulativa artiklar i *Veterans Today,* också föreslagits att inte Ryssland, som Hillary Clinton velat göra gällande, utan Mossad, kanske i samspel med Israel-vänliga, mot Clinton kritiska kretsar inom de amerikanska säkerhetstjänsterna, skulle ligga bakom de läckor av Hillary Clintons, John Podestas och George Soros' mejl som så lägligt dök upp i valets slutfas, ja att *Wikileaks* rentav skulle vara en Mossad-operation – den israeliska säkerhetstjänsten har ju via amerikanska *NSA* fri tillgång till den mejl- och telefontrafik som övervakas av denna orwellianska skapelse och de israeliska propaganda- eller "hasbara"-aktiviteterna på Internet är ju välkända. Jfr även Richard Spencer: *Is Wikileaks a front for the CIA or Mossad?,* Daily Telegraph, 29.11.2010, ursprungligen publicerad som blogginlägg på http://blogs.telegraph.co.uk/news/richardspencer/100065816/is-wikileaks-a-front-for-the-cia-or-mossad (sparad som http://factsnotfairies.blogspot.se/2010/11/is-wikileaks-front-for-cia-or-mossad.html).

Att läckorna skulle ingå i en mot Clintons orkestrerad operation av grupper inom "the deep state" i USA, d.v.s. de amerikanska säkerhetstjänsterna, kritiska till Clintons, "skuggpartiets" och de neokonservativas korrupta styre har bl.a. hävdats av den politiske kommentatorn och "insidern" Steve Pieczenik (http://www.stevepieczenik.com), som själv säger sig ha varit invigd i och stött planerna; se t.ex. Baxter Dmitry: *Insider: FBI Gave Emails To WikiLeaks To Prevent 'Clinton Coup',* YourNewsWire.com, November 2, 2016, http://yournewswire.com/fbi-emails-wikileaks-clinton-coup. Jfr även Scott Humor: *President Trump and other geo-political oddities,* The Saker, November 21, 2016, http://thesaker.is/president-trump-and-other-geo-political-oddities-by-scott-humor, där denna förmenta "kupp" jämförs med den som genomfördes av patriotiska grupper inom säkerhetstjänsterna i Ryssland i slutet av 1990-talet och förde Putin till makten.

Att många av de ledande figurerna i den nya sekularistiska och "rasrealistiska" s.k. alternativa högern ("alt-right"), som spelade en viss, kanske inte helt obetydlig, roll för Trumps seger, är judar – och inte sällan därtill homosexuella – eller nära lierade med judiska intressen, liksom för övrigt Alex Jones' *Infowars,* som varit en av Trumps främsta mediala tillgångar under valkampanjen, har spätt på misstankarna om bakomliggande judiska machinationer; se t.ex. Chemi Shalev: *The Ties That Now Bind Trump to Netanyahu, Breitbart and Jewish anti-Semites,* Haaretz, Aug 19, 2016, http://www.haaretz.com/world-news/u-s-election-2016/1.737622 och Timothy Fitzpatrick: *The 'Alt Right' is Limited Hangout,* Fitzpatrick Informer, October 1, 2016, https://fitzinfo.wordpress.com/2016/10/01/the-alt-right-is-limited-hangout. Jfr även Kevin MacDonald: *The Alt Right and the Jews,* Occidental Observer, September 17, 2016, http://www.theoccidentalobserver.net/2016/09/the-alt-right-and-the-jews och Larry Solov: *Breitbart News Network: Born In The USA, Conceived In Israel,* Breitbart, 17 Nov 2015, http://www.breitbart.com/big-journalism/2015/11/17/breitbart-news-network-born-in-the-

Hur mycket, om något alls, av Trumps program som verkligen kommer att – och kan – genomföras återstår att se, men redan finns det, menar kritikerna, tecken på att många av Trumps utfästelser endast varit "valfläsk".[50] En sådan slutsats är det kanske ännu litet väl tidigt att dra, men det föreligger t.ex. en ganska uppenbar och fundamental motsättning mellan Trumps kritik av de neokonservativas och skuggpartiets krigspolitik i Mellanöstern och deras hets mot Putins Ryssland å ena sidan och å andra sidan hans kritik av avtalet om Irans kärnkraftsanläggningar och hans obegränsade uppbackning av Israel, i enlighet med vars intressen (eller kanske snarare på vars uppdrag) den kritiserade krigs- och destabiliseringspolitiken liksom hetsen mot Putins Ryssland efter dess inskridande på Assads sida i Syrien-kriget bedrivits och även den anti-ryska färgrevolutionen i Ukraina orkestrerades på Rysslands egen "bakgård", ögonskenligen som en liten vedergällning för Rysslands ingripande i Syrien och en "present" till Putin lagom till de olympiska vinterspelen i Sochi 2014 som skulle ha krönt hans politiska karriär.

Det ligger också nära till hands att tänka på Woodrow Wilsons valseger i presidentvalet 1916, byggd på fagra löften om fred och att till varje pris hålla

---

usa-conceived-in-israel. En läsvärd introduktion till "alt-right"-fenomenet ges i Vincent DeLarge: *The Alt-Right: A Comprehensive Overview,* Russia Insider, Oct 1, 2016, http://russia-insider.com/en/definitive-guide-alt-right/ri16587. Man har i vissa kretsar också börjat tala om "alt-light" och "alt-left", där det förra står för en mer "städad" variant utan antisemitiska inslag (t.ex. *Breitbart),* det senare för en vänsterorienterad (se t.ex. https://altleft.com). Jfr även Kumiko Oumae: *Alt-Right or Alt-Lite? It's worse than you think,* Majorityrights.com, 18 November 2016, https://majorityrights.com/weblog/comments/alt_right_or_alt_lite_18112016.

[50] Se t.ex. Ernst Wolff: *Will Donald Trump be the United States' last elected president?,* The Saker, November 20, 2016 http://thesaker.is/will-donald-trump-be-the-united-states-last-elected-president. Av kritisk betydelse i sammanhanget är givetvis särskilt vilka Trump nu väljer att utse till de ledande positionerna i sin ministär. Jfr även den neokonservative skribenten Norman Podhoretz' uttalande om Trump i en längre intervju i *The Times of Israel* (se Eric Cortellessa: *Norman Podhoretz, the last remaining 'anti-anti Trump' neoconservative,* The Times of Israel, September 7, 2016, http://www.timesofisrael.com/norman-podhoretz-the-last-remaining-anti-anti-trump-neoconservative):

"I once said that Trump is Pat Buchanan without the anti-Semitism," he said. "By that, I meant that he seemed to be a nativist, an isolationist, and a protectionist. Those are sort of the three pillars of the Buchanan political creed. But whereas Buchanan really believes that stuff, I don't think Trump does. I think he's perfectly capable of turning on a dime on each one of those issues."

USA utanför första världskriget, vilka så snart valet var överstökat visade sig vara vatten värda, när mäktiga "osynliga krafter" ville ha med USA i kriget.[51] Vem vet om inte ett nytt Lusitania, Pearl Harbor eller 9/11 nu planeras för att ge USA skäl att slå till mot Iran eller vilket land det nu kan vara som hamnar i skottgluggen för de cyniska världsmanipulatörernas strävanden? Låt mig gissa att många, när de med tiden vaknar upp ur sin Trump-yra och sitt önsketänkande om Trump-segerns konsekvenser och innebörd, kommer att få anledning att erinra sig det ständigt lika aktuella ordstävet:

Plus ça change, plus c'est la même chose...

Är det nu då så att kampen i det amerikanska presidentvalet i själva verket stod mellan två judiska partier, ett "vänsterjudiskt" eller "sadduceiskt" som närmast står för aggressiv kulturmarxistisk globalism och sekularism (Soros-Clinton) och ett "högerjudiskt" eller "fariseiskt" med aggressiv "judisk-kristen" sionism förklädd till invandringskritisk och antiglobalistisk "populism" på programmet (Netanyahu-Trump), så ser vi kanske här i blixtbelysning det politiska landskap som i litet olika varianter kommer att utbreda sig i det av de antikristna krafterna helt ramponerade Västerlandet ett tag framöver. Och vem vet om dessa till synes mot varandra stående agendor i själva verket egentligen inte syftar mot samma mål och allt ytterst bara är charader, falskspel och "kontrollerad opposition"? Så synes den en gång så storslagna västerländska kristenheten genom sitt avfall från Kristus och sin politisk korrekta somnambulism ha råkat i den ömkligaste träldom under Kristi och sina egna fiender och deras abstrusa kabaler: Corruptio optimi pessima!

Gottgörelsevallfärd till Lund och Malmö

Först när Västerlandets folk vänder åter till den katolska tron och åter gör Kristus till sin konung och Maria till sin drottning, finns det skäl att hoppas på sann fred i världen och en rättfärdig, i det gudomliga Logos självt grundad ordning i samhällena. Detta lär dock låta vänta på sig, så länge som påven

[51] Om bakgrunden till USA:s inträde i första världskriget kan man läsa t.ex. i Alison Weir: *Against Our Better Judgment: The hidden history of how the U.S. was used to create Israel,* If Americans Knew.org, 2014.

och de andra modärnisterna i Vatikanen låter sig "instrumentaliseras" av de världsliga antikristna makterna i deras lömska ideologiskt-politiska spel, ja, uppträder som partigängare för Soros' globalistiska vänsterradikalism:

Today, the Catholic Church assumes the degrading role of a kind of simpering courtier in the kingdom of the New World Order...[52]

En sådan sann fred kan idag te sig utopisk, men enligt syster Lúcia, ett av de tre herdebarn för vilken Vår Fru uppenbarade sig i Fátima i Portugal 1917, skall ju Vår Fru ha lovat att det skall bli fred i världen och att Ryssland skall omvända sig från sina fel, om påven i förening med alla biskopar samtidigt i hela världen viger Ryssland åt Hennes heliga hjärta. Bland traditionella katoliker har därför gång efter annan propåer framförts till påven om att göra

[52] Christopher A. Ferrara: *The Paris Attacks: An Exhausted Reply from an Exhausted Church,* Fatima Network Perspectives, November 16, 2015, http://fatima.org/perspectives/sd/perspective801.asp. Jfr även Roberto de Mattei: *Op-Ed: "With Democrats' loss in the US, Francis becomes the leader of the Global Left",* Rorate Cæli, 11/13/2016, http://rorate-caeli.blogspot.com/2016/11/op-ed-with-democrats-loss-in-us-francis.html (först publicerad på italienska i *Corrispondenza Romana,* November 11, 2016).

just detta, vilket dock man i Rom ställt sig ytterst kallsinnig till, bl.a. med hänvisning till de delvis snarlika vigningar Pius XII och Johannes Paulus II redan gjort, som dock, troligen som en följd av politiska och kanske även kyrkopolitiska hänsynstaganden, inte följt de instruktioner som gavs av Vår Fru. Särskilt känt är det av den nyligen framlidne fader Nicholas Grüner grundade *Fatima Center* för att verka för upplysning om Fátima-uppenbarelserna och att vigningen slutligen skall genomföras. Inom denna organisation har man också på senare tid inrättat något man kallar ett *Rapid Response Team* för att ingripa, när särskilt gräsliga skandaler inom eller utom Kyrkan inträffar, företrädesvis med någon form av katolsk, på det andliga planet fokuserad motåtgärd.

En sådan skandal inträffade ju som ovan beskrivits i Lund-Malmö i månadsskiftet oktober-november, då påven Franciskus kom till Sverige för att fira eller "ihågkomma" "reformationens gåvor". På initiativ av och i samarbete med *Fatima Center* organiserade *FSSPX* i Skandinavien därför en gottgörelsevallfärd ("pilgrimage of reparation") i samband med detta. Så här beskrevs syftet med vallfärden i ett mejlutskick som gjordes i samband härmed:

Först av allt kan det vara på sin plats att något klargöra vad som är ***syftet*** *med vallfärden, som alltså organiseras gemensamt av* ***Fatima Center*** *och* ***FSSPX i Skandinavien.*** *Detta är givetvis inte att "välkomna" eller "berömma" påven Franciskus, när han kommer till Sverige för att delta i ett firande av den för Nordens länder så ödesdigra reformationen, utan det handlar om en* ***vallfärd till gottgörelse*** *("reparation") för den skandal och den skymf mot vår Herre och Hans Kyrka som påven kommer åstad just genom att fira reformationen och Martin Luther tillsammans med ledande heretiker/apostater som Antje Jackelén och ledarna i Lutherska världsförbundet.*

Traditionen i Skandinavien är ju i sanning ingen massrörelse, men i samband med påvebesöket gjorde den en mindre kraftsamling, och den 30/10-1/11 samlades ett drygt tjugotal traditionellt sinnade katoliker till mässor, gemensam bön, utdelning av en av John Vennari författad broschyr om huruvida man som katolik bör fira Martin Luther, vars text publiceras på annan plats i detta nummer av *Skandinavisk Katolsk Tidskrift,* och som en höjdpunkt, i samband med det skandalösa firandet av den ekumeniska gudstjänsten i

Lunds domkyrka, en procession med sjungen rosenkransbön genom Lunds gator med *Fatima Centers* staty av Vår Fru av Fátima och plakat med budskapen "Hur kan firandet av en revolt ge enhet?", "Dölj inte den katolska sanningen!", "Lyd Vår Fru av Fatima – konsekrera Ryssland!" och "Sann fred kommer från Himlen – lyssna på Vår Fru av Fatima!"

Processionen omnämndes såvitt känt inte alls i svenska media, men fotograferades ivrigt av flanörer i Lund, och vissa av de av *Fatima Center* gjorda filmer av denna som lagts ut på webben har nått åtskilliga tusen visningar.[53] Flera videoklipp där Michal Semin, som är redaktör för en tjeckisk traditionell katolsk tidskrift, kommenterar lundaspektaklet liksom en intervju han gjorde med fader Håkan Lindström har också lagts ut av *Fatima Center* och *FSSPX* på webben liksom de tre predikningar som fader Lindström höll under denna vallfärd.[54] Bl.a. *Catholic Family News, Gloria TV* och *The Remnant* har också uppmärksammat vallfärden på sina respektive webbsajter genom att lägga ut några av de gjorda inspelningarna.

---

[53] Se http://www.fatima.org/rrt/2016/sweden/sweden.asp.

[54] Fader Lindström har också själv skapat en webbsajt kallad *Sine fictione, sine invidia,* där han lägger ut predikningar och föredrag: http://sinefictione.libsyn.com

Broschyren av John Vennari som trycktes i 5000 exemplar på svenska och 1500 exemplar på engelska utdelades bl.a. utanför S:t Thomas katolska kyrka i Lund i samband med novus ordo-mässorna där den 29/10 och 30/10, efter processionen i Lund den 31/10, efter det "ekumeniska eventet" vid Malmö Arena den 31/10 och före påvens mässa på Swedbank Stadion i Malmö den 1/11. Trots hård konkurrens från mycket välorganiserade sjundedagsadventister gick så gott som alla exemplar åt i samband med utdelningarna, och utdelarna blev inbegripna i ganska många samtal där de fick tillfälle att diskutera, försvara och vittna om den katolska tron.

Låt oss be för att denna vallfärd må ha upptagits nådigt i Himmelen och att den må ge riklig och god frukt! Må vi också be för att påven till sist skall göra vigningen av Ryssland till Marias obefläckade hjärta såsom Vår Fru själv begärt och att han och alla de världsliga ledare, heretiker, apostater, ateister, judar och kristendomsfiender som nämnts i denna ledare skall få nåden att omvända sig till den sanna traditionella katolska tron och skall upphöra att fåvitskt sätta sin lit till världen och dess makter och spel! Låt oss slutligen inte glömma att ofta be denna växelbön, särskilt för det på traditionella präster och katoliker alltsedan Luthers härjningar så fattiga Norden:

V: O Herre, skänk oss präster!
R: O Herre, skänk oss präster!
V: O Herre, skänk oss heliga präster!
R: O Herre, skänk oss heliga präster!
V: O Herre, skänk oss många heliga präster!
R: O Herre, skänk oss många heliga präster!
V: O Herre, skänk oss många heliga ordenskallelser!
R: O Herre, skänk oss många heliga ordenskallelser!
V: O Herre, skänk oss många heliga katolska familjer!
R: Herre, skänk oss många heliga katolska familjer!
Alla: Helige Pius X, bed för oss!

Erik Persson, redaktör

Reflexer och reflexioner

Jon Peter Wieselgren: Några reflexioner från konciliets tid

(På grund av sjukdom har det inte varit möjligt för vår huvudredaktör att sammanställa sina sedvanliga ”Reflexer och reflexioner” för detta nummer, varför vi istället valt att publicera ett längre utdrag ur de ”Reflexer och reflexioner” av hans penna som publicerades i *Katolsk kyrkotidning*, nr 19, 13 november 1965, ss. 2-3. I dessa, som ju tillkom precis då andra vatikankonciliet befann sig i sitt slutskede, presenteras som synes synpunkter som i många avseenden fortfarande ter sig märkligt aktuella, ja, med fördel skulle kunna framföras den dag som idag är.)

I olika sammanhang har på senare tid också katolska röster hörts i den kör, som söker göra gällande, att kyrkan svikit sin uppgift och evangeliets' krav i vad gäller sådana problem som exempelvis dödsstraff, krig, egendomsfördelning och liknande frågor. Uttalanden av denna typ är särskilt utmärkande för den allt talrikare grupp av kristna, som under inflytande av de stora ateistiska samhällssystemen och vår tids snabba tekniska utveckling, som synes lämna föga rum för en kristen meditation av medeltida typ, menar att enda utsikten för kyrkan att överleva är att följa med och inordna sig under dessa åskådningars sociala målsättningar, då dessa är ”renare” än kyrkans och mera hållbara. Till resonemanget hör också att man vill påskina att sådana företeelser, som exempelvis franska revolutionen och dennas tänkare på ett riktigare sätt än kyrkans män insett sin tidsålders behov och genom att genomföra dess reformer skapat möjligheter till en nyare och riktigare värld för miljoner människor. Att dessa, sedan de fått uppleva att kyrkan motsatte sig reformivrarnas humanitära reformer, avföll från denna anser man helt naturligt.

Ett resonemang som detta kan låta bestickande. Man ser framför sig förstockade kyrkomän i strid mot upplysta idealister och man måste, om också med ett beklagande för kyrkans skull, glädjas åt att det var idealisterna som vann. Nu hoppas man på att kyrkan skall besinna sig och sluta upp vid reformatorernas sida och sluta fred med dem, som fastän de är gudlösa och står Guds rike emot, ändå så villigt och med sådan iver kämpar för att alla människor skall ha det bra på jorden. När nu inte kyrkans män tycks förstå betydelsen av detta, blir man bitter och klagar över att "kyrkan ej vill besinna sin uppgift utan sviker evangeliet." Sådana klagorop väcker alltid uppmärksamhet och många inom och utom den katolska kyrkan frågar sig: Är det månne så, att kyrkan har svikit sin uppgift genom att på det sociala fältet inte uttala sitt fördömande eller sitt ogillande av den eller den företeelsen, det eller det uttalandet o. s. v.?

Nej, så är det nu en gång inte. Den katolska kyrkan har inte och kan inte heller ha som uppgift att som evangeliets sanningar proklamera de många olika och under årens lopp växlande teorierna om det mänskliga samhällets inrättande på bästa möjliga sätt utöver evangeliets bud: Älsken varandra! Den åskådning som i kyrkan ser primärt en organisation som under åberopande av vissa höga och i princip evigt förpliktande teorier har att med sin gudomliga auktoritet befrämja vissa mänskliga, ehuru i sig säkerligen förtjänstfulla samhällsreformer för att bereda människorna en så trevlig och dräglig tillvaro som möjligt, glömmer på ett förfärande sätt att Jesus gick inte in under korset, accepterade inte dödsstraffets vånda och dödens verklighet för att ge mänskligheten ett bekvämare, socialt mera rättfärdigt liv, som ju kan ha varit franska revolutionens syfte, utan för att ge mänskligheten frälsning från den eviga döden och öppna portarna till paradiset på andra sidan detta livet. Den dag som de gamla begreppen synd och nåd inför evigheten blir slutgiltigt ersatta av dessa nya krav på social rättvisa i denna världen, först då kan man verkligen säga, att kyrkan svikit sin kallelse och förlorat evangeliet.

Man kan säkerligen, om man så vill, anklaga kyrkans män för att ha sovit och ej ha hört tidens tecken. Men är det så säkert att det var de vakna, de brådyra radikalerna, som verkligen bragte mänskligheten de största lyckomöjligheterna? I våra läroböcker i skolorna utpekas exempelvis ofta franska revolutionen som den händelse, då framsynta unga män öppnade portarna till det nya paradiset och ändå synes man se bort från det faktum detta kostade Frankrike en kyrkoförföljelse av oerhörda mått, tiotusentals giljotinerade människor och tjugofem års oupphörligt krigande under vilket inte bara Frankrike utan stora delar av världen skövlades och plundrades. Värnpliktsarmén, mot vilken pacifisterna så riktigt vänder sig — dock utan att vända sig mot revolutionen, som gav anledning till densamma — är ett barn av denna tidsålder. En annan något avlägsnare följd är industrialiseringen med proletariatets uppkomst, ett proletariat som en utplundrad och av borgerskapets nåd uppehållen kyrka icke förmådde vare sig rädda eller än mindre hjälpa. Att förebrå kyrkan att den förlorat arbetarklassen är meningslöst därför att kyrkan aldrig har ägt den.

I konciliets schema 13 har man sökt att konkretisera kyrkans inställning till vissa, som man anser, moderna företeelser. Detta schema har utsatts för åtskillig kritik medan man från andra håll lovordat detsamma. Dess slutliga öde är ännu inte avgjort, men varje kyrkans attityd mot den s. k. ”moderna världen” — en värld, som växlar i varje ögonblick och där dagens modernitet snabbt blir morgondagens antikvitet — vilken inte förutsätter, att den kristne uppmanas att först söka Guds rike på det att allt annat därefter skall falla honom till måste med nödvändighet vara ett svek mot evangeliets budskap.

Frågan om kvinnans ställning inom den kyrkliga hierarkien har varit uppe till debatt utanför koncilieaulans murar. En rapport i svensk press berättar om ett nyvaknat intresse för att se kvinnliga präster och om en katolsk kvinnlig förening för detta ändamål. Men som vi tidigare kunnat konstatera i dessa spalter torde det inte finnas en enda biskop som är beredd att gå emot kyrkans klara tradition i denna fråga, och man bör betrakta den debatt som förts i frågan som synnerligen ”akademisk”. Betecknande är att en så radikal koncilieteolog som den franske dominikanpatern Yves Congar uttalat, att den obrutna traditionen inom kyrkan — vilken ju går tillbaka till Kristi instiftande av prästdömet vid den första nattvarden — helt förhindrar kvinnornas tillträde till prästämbetets tre grader: diakonatet, presbyteriet och episkopatet. Congar kunde däremot mycket väl tänka sig en särskild kyrklig tjänst för kvinnor, vilka skulle erhålla invigning till denna genom handpåläggning och bön, såsom nu sker, då exempelvis en abbedissa inviges till sitt ämbete.

...

Jon Peter Wieselgren

Fader Lindströms spalt

Där synden överflödade, där överflödade nåden ännu mer

Jairus' dotter

För att visa att han är herre över liv och död, och därigenom bevisa sin gudom, återuppstår Jesus inte bara själv ifrån de döda, utan återuppväcker också vid tre tillfällen i evangelierna andra från döden. Det första av dessa tre tillfällen beskrivs av samtliga tre synoptiker: ganska kortfattat av Matteus, men utförligt av både Lukas och Markus. Här återges den sistnämndes redogörelse (Mk. 5, 22–24 och 35–42):

Då kom en af synagogföreståndarne, vid namn Jairus; och när han fick se honom, föll han ned för hans fötter, bad honom enträget och sade: Min dotter ligger på sitt yttersta; kom och lägg handen på henne, att hon må komma sig och lefva. Och han gick med honom, och mycket folk följde honom... [Jesus botar kvinnan som lidit av blodflöde i tolv år] *Medan han ännu talade, kommo några af synagogföreståndarens folk och sade: Din dotter har dött; hvarför gör du ännu mästaren omak? Men då Jesus hörde det, som talades, sade han till synagogföreståndaren: Frukta icke, endast tro! Och han lät ingen följa sig utom Petrus och Jakobus och Johannes, Jakobi broder. Och de kommo in i synagogföreståndarens hus, och han förnam sorlet, och huru de gräto högt och jämrade sig. Då gick han in och sade till dem: Hvarför sorlen och gråten I? Flickan är inte död, utan hon sofver. Och de skrattade åt honom. Men han visade ut dem alla, tog flickans fader och moder med sig och dem, som voro med honom, och gick in, där flickan låg. Och han tog flickan vid handen och sade till henne: Talita kumi, hvilket betyder: Flicka, jag säger dig, stå upp. Och strax stod flickan upp och gick omkring; och hon var tolf år gammal. Och de häpnade öfvermåttan.*

Jesus återuppväcker alltså den tolvåriga flickan, som dött och ännu låg kvar hemma på sitt sjukläger. Notera att flickans död för Jesus endast är en sömn, något han både här och vid återuppväckandet av Lazarus ger uttryck för till viss förvirring och förvåning för åhörarna. Vad han menar är förstås att för honom, som är Herren över liv och död, är döden blott en sömn, ur vilken han kan väcka vem han vill.

Sonen till änkan från Naim

Vid ett annat tillfälle återuppväcker Herren också sonen till en änka från staden Naim (Lk. 7, 11–16):

Och det hände sig därefter, att han gick till en stad, som heter Naim; och med honom gingo hans lärjungar och en stor folkskara. Men då han nalkades stadsporten, se då bars där ut en död, sin moders ende son, och hon var änka; och mycket folk från staden var med henne. När nu Herren såg henne, rördes han af medlidande med henne och sade till henne: Gråt icke. Och han gick fram och vidrörde båren; och de som buro, stannade. Och han sade: Yngling, jag säger dig, stå upp. Och den döde satte sig upp och började tala; och han gaf honom åt hans moder. Och alla grepos af räddhåga, prisade Gud och sade: En stor profet har uppstått ibland oss, och Gud har besökt sitt folk.

Här har alltså den ende sonen till en änka dött i unga år, och är på väg att bäras ut ur staden för att begravas. Herren rörs av medlidande med den sörjande modern och återuppväcker sonen.

Lasarus

Inte långt före sitt eget lidande återuppväcker Herren också Lasarus, Maria Magdalenas och Marthas bror, som blivit sjuk och dött medan Jesus befann sig på andra sidan Jordanfloden, dit han dragit sig tillbaka eftersom judarna hade velat stena honom då han sagt att han och Fadern är ett, och därigenom påstått att han är Gud (Jo. 10, 30). Händelsen återges av evangelisten Johannes (Jo. 11, 1–46):

Och det var en man, som låg sjuk: Lasarus från Betania, Marias och hennes syster Martas by. Det var den Maria, som smorde Herren med smörjelse och torkade hans fötter med sitt hår; och det var hennes broder Lasarus, som låg sjuk. Och hans systrar sände bud till honom och sade: Herre, se, den du har kär ligger sjuk. Då Jesus hörde det, sade han till dem: Denna sjukdom är icke till döds, utan till Guds ära, på det att Guds Son skall förhärligas genom den. Och Jesus älskade Marta och hennes syster Maria och Lasarus. När han därför hörde, att denne var sjuk stannade han först på det ställe, där han var, två dagar; men sedan sade han till sina lärjungar: Låtom oss åter gå till Judeen. Lärjungarne sade till honom: Rabbi, nyss sökte judarne att stena dig, och du går åter dit! Jesus svarade: Är det icke tolf timmar på dagen? [...] och sedan sade han till dem: Vår vän Lasarus sofver; men jag går för att uppväcka honom ur sömnen. Då sade hans lärjungar: Herre, om han sofver, så kommer han att tillfriskna. Men Jesus hade talat om hans död, hvaremot de menade, att han talade om sömnens slummer. Då sade Jesus till dem öppet: Lasarus är död; och jag glädes för eder skull, att jag icke var där, på det att I skolen tro. Men låtom oss gå till honom! [...]

Då nu Jesus kom, fann han, att han [Lasarus] *redan fyra dagar hade legat i grafven. Och Betania låg nära Jerusalem, omkring femton stadier därifrån; och många judar hade kommit till Marta och Maria för att trösta dem öfver deras broder. När nu Marta hörde, att Jesus var på vägen, gick hon honom till mötes; men Maria satt hemma.* [Jesus talar med Marta, som bekänner sin tro på honom som Kristus, den levande Gudens son. Marta hämtar sin syster Maria, som kommer till stället utanför byn där Jesus befinner sig, faller ned för Herrens fötter och ber för sin döde bror. Jesus upprörs i anden när han ser Marias och de andras sorg:] *Då upprördes Jesus åter i sitt inre och kom till grafven. Och det var en grotta, och en sten låg framför henne. Jesus sade: Tagen bort stenen! Då sade den dödes syster, Marta, till honom: Herre, han luktar redan, ty han ligger på fjärde dagen. Jesus sade till henne: Sade jag dig icke, att, om du tror, skall du få se Guds härlighet? De borttogo då stenen. Och Jesus lyfte sina ögon mot höjden och sade: Fader, jag tackar dig, att du har bönhört mig. Jag visste väl, att du alltid hör mig; men för folkets skull, som står omkring, sade jag detta, på det att de skulle tro, att du har sändt mig. Då han hade sagt detta, ropade han med hög röst: Lasarus, kom ut! Och med detsamma kom den avlidne ut, lindad om fötter och händer med bindlar, och hans ansikte var ombundet med en svettduk. Jesus sade till dem: Lösen honom och låten honom gå. Då trodde på honom många av judarne, som hade kommit till Maria och Marta och sett, hvad Jesus hade gjort.*

Återuppväckandet av Lasarus, som redan legat i graven fyra dagar, var så imponerande att många började tro på Jesus. Detta oroade fariséerna och översteprästerna så till den grad att de samlade rådet för att bestämma vad de skulle göra åt saken: *"Då församlade öfverstepräSterna och fariseerna rådet och sade: Hvad göra vi? Ty denne man gör många tecken. Om vi låta honom fortfara på detta sätt, skola alla tro på honom, och romarne skola komma och taga vårt land och vårt folk."* (Jo 11, 47 f.) Därpå kommer översteprästen Kaifas med förslaget att *"det är bättre för eder, att en man dör för folket, än att hela folket förgås."* Evangelisten Johannes påpekar att Kaifas här i sin egenskap av överstepräst, utan att själv förstå den verkliga innebörden av sina ord, uttalar en profetia om Jesu död som ett ställföreträdande försoningsoffer för mänskligheten. Vi ser alltså hur Jesu underverk fyller en viktig funktion i den plan för mänsklighetens frälsning som han kommit för att sätta i verket: de får många att tro på honom och andra att börja konspirera för att få honom dödad, få honom att lida den offerdöd som Jesus kommit för att lida för människans frälsning.

Herren talar till oss med ord och genom händelser

Jesus är Gud och styr genom den gudomliga försynen allt som sker på jorden. Han talar därför till oss inte endast genom ord, utan också genom sina gärningar och alla händelser, i synnerhet händelserna under sitt eget liv här på jorden. När han talar till oss med ord använder han ofta liknelser för att förmedla ett djupare andligt budskap. Detsamma gäller ofta händelserna i hans liv: först och främst ägde dessa händelser rum precis som de skildras av evangelisterna, men samtidigt använder Herren dessa händelser som symboler, ett slags ord, för att liksom i en liknelse förmedla ett djupare andligt budskap. När han återuppväcker de döda visar han på sin gudomliga kraft och att han är herre över liv och död. Men han är inte bara herre över kroppens liv och död, utan också över själens övernaturliga liv som Guds barn och dess död. Eftersom han bevisligen är starkare än döden, så är han också starkare än det som orsakade döden, nämligen synden. Det var ju Adams och Evas synd som fick döden att komma in i världen: *"...såsom genom en människa synden har kommit i denna värld och genom synden döden, och döden så har öfvergått till alla människor..."* (Rom. 5, 12).

Det Jesus vill säga genom att återuppväcka dessa tre döda personer, som dött under olika omständigheter, är därför inte endast att han kan ge det kroppsliga livet åter, utan också att han kan ge själens övernaturliga liv åter till dem som på olika sätt förlorat det genom synden: att han är beredd att förlåta synderna och åter skänka den övernaturliga nåd som gör människan till Guds barn och vän, återuppväcka till det övernaturliga livet i förening med Gud. Så betraktat berättar dessa tre återuppväckanden om tre olika sorters synd och om Herrens beredskap att förlåta alla tre. Därmed skall inte förstås att de tre personerna själva hade begått sådana synder, utan att Herren använder deras död och omständigheterna däromkring som ord eller symboler i ett slags liknelse för att berätta något om själens död och återuppväckande genom syndernas förlåtelse.[1]

Tankesynd

Jairus' dotter hade dött och låg kvar på sjuklägret i sitt hem, när Jesus kom och återuppväckte henne. Hennes död symboliserar den synd, som ännu inte kommit till uttryck i synlig handling, alltså en tankesynd. Även sådana synder kan vara svåra synder, och kan därför leda till själens död. Herren själv ger i sin bergspredikan ett exempel därpå: *"Hvar och en, som ser på en kvinna, för att begära henne, han har redan gjort hor med henne i sitt hjärta."* (Mt. 5, 28)

Återuppväckandet av Jairus' dotter visar alltså att Gud är beredd att förlåta tankesynder. Naturligtvis måste syndaren, vare sig det gäller tankesynder eller

---

[1] Tolkningen som här ges bygger på den helige Augustinus' *Sermo XCVIII,* som återfinns i engelsk översättning i Toal, M. F., *The Sunday Sermons of the Great Fathers,* vol. iv, s. 115 och enligt Toals hänvisning även i *Patrologia Latina,* band 38.

andra synder, vara uppriktigt ångerfull för att kunna få förlåtelse. En sådan uppriktig ånger inkluderar alltid avsikten att när man har möjlighet använda det medel för syndernas förlåtelse som Jesus instiftat, dvs. botens sakrament, eller bikten. För den som inte är katolik innebär detta att man, utöver att ångra synderna, gör det man kan för att i enlighet med kyrkans anvisningar få bli upptagen i kyrkan och så beredas tillträde till sakramenten: att man låter sig undervisas i tron, ber och praktiserar tron så långt man har möjlighet.

Syndig gärning

Sonen till änkan i staden Naim hade dött och var på väg att bäras ut ur staden av ett stort begravningsfölje när Jesus mötte dem, lät sig röras av medlidande, och återuppväckte honom. Här symboliseras den synd, som inte stannar "hemma" i människans inre, utan "går ut" i konkret handling. *Allt annat lika* är en sådan synd värre än en ren tankesynd, eftersom det kräver mer viljekraft att verkligen göra något än att bara tänka på det. Samtidigt kan naturligtvis en tankesynd i en mycket allvarlig sak vara värre än en syndig gärning i en ringa sak. Också synder i gärning är Herren beredd att förlåta, om man ångrar dessa av hjärtat, vilket han visar genom att återuppväcka sonen till änkan från Naim.

Här tål särskilt att tänka på hur människor i alla dessa tre fall *ber för* de avlidna, och hur dessa böner hänger samman med att Herren återuppväcker dem. Jairus ber för sin dotter; änkan och de många invånarna från Naim ber för den döde unge mannen; Maria, Marta och många andra ber för den döde Lasarus. Precis som en avliden inte kan göra något, utan ligger livlös, så kan en syndare, som genom svår synd förlorat Guds nåd, inte av egen kraft hjälpa sig själv tillbaka till det övernaturliga livet. Det måste till en oförskylld gåva ifrån Gud. Gud vill ofta ge denna gåva, syndernas förlåtelse och den heliggörande nåden, som en följd av andra människors böner för sin nästa och för nästans omvändelse. Distinktionen är rätt fin, men viktig: det är inte för att människor ber, som Gud vill förlåta – Gud är ju oföränderlig och ändrar inte sin vilja på grund av människors böner; däremot anordnar han ofta att en sak skall vara orsak till en annan. Vi ber alltså inte för att ändra Guds vilja, utan för att det skall ske, som Gud vill skall ske som en följd av de rättfärdigas böner.[2] Det är egentligen inte konstigare än att Gud vill att tulpanerna i rabatten skall växa som en följd av att trädgårdsmästaren vattnar och gödslar; det är inte på grund av trädgårdsmästaren som Gud vill att tulpanerna växer, utan han vill att tulpanerna skall växa med hjälp av och tack vare trädgårdsmästarens mödor.

Vi påminns därför här också om den viktiga plikten och kärlekstjänsten till nästan att be för syndarnas omvändelse och för att Gud har förbarmande med dem.

Invand last

Det "svåraste fallet" av dessa tre, och det fall som därför imponerade mest, var förstås Lasarus, som hade dött, begravits och dessutom legat fyra dagar i graven när Jesus återuppväckte honom. Omständigheterna kring hans död och återuppväckande symboliserar ett flertal viktiga sanningar kring syndens framväxt och 'fullbordan' till en invand dålig vana eller last.

Av de fyra dagarna står den första för frestelsen till synd, som är början till synden, men i sig själv inte utgör någon synd – Herren själv kunde ju t ex frestas, men var naturligtvis fri från synd. Ofta kan det visserligen vara så att någon frestas av egen förskyllan, t ex för att han utan grund försatt sig i en situation där det är lätt att bli frestad. I så fall har som regel en synd begåtts, men själva frestelsen som sådan *kan* komma utan att någon synd begåtts.

Den andra dagen står för ett första samtycke till frestelsen i viljan: nu har frestelsen övergått till tankesynd. Det var detta som symboliserades av Jairus' dotter.

Den tredje dagen står för den syndiga gärningen, som symboliserades av sonen till änkan från Naim.

---

[2] Jämför här Thomas av Aquino, *Summa Theologica,* II-II q. 83, a. 2, c.: "Non enim propter hoc oramus ut divinam dispositionem immutemus, sed ut id impetremus quod Deus disposuit per orationes sanctorum esse implendum".

Den fjärde dagen står för den synd som genom upprepning blivit till ett invant beteende, en last, som tenderar att bli till en sorts 'andra natur'. Man tänker inte längre på att man begår något fel, man anser sig ha en självklar 'rätt' att göra detta, det är sådan 'man är', osv.

Den tunga stenen som låg framför graven symboliserar svårigheten att göra sig fri från en invand last. Det är en tung och svår uppgift, som kräver hjälp av Guds nåd. Viss hjälp att börja rucka på lasten kan syndaren också få av sina medmänniskor och genom Kyrkans fromhetsövningar och sakramentalier som Rosenkransen, välsignelser och vigvatten, osv. Detta symboliseras av att det inte är Jesus själv som tar bort stenen, utan han säger åt de andra att göra detta.

Stanken av den ruttnande kroppen symboliserar vanesyndarens högmod, som ofta är stolt över sitt syndiga handlande och tror att det är hans rätt, eftersom synden har blivit till en andra natur. Skriften kallar ofta ett fromt och gudfruktigt liv för en väldoft som uppstiger till himlen. Högmodigt syndande är då att jämföra med en stank. Ett exempel på sådant högmod i syndande, som stiger upp till himlen som en stank, ger syndarna i Sodom, när de säger till en som kommit dit och förebrått dem för deras ogudaktiga leverne: *"Du kom hit som en främling och sätter upp dig själv som domare?"* (1 Mos. 19, 9)

Själva återuppväckandet är det Jesus själv som utför genom att med hög röst ropa: *"Lasarus, kom ut!"* Det är den allsmäktige Gudens röst som ger livet åter. Det är också Guds allsmäktiga kraft som förmår förinta synden och ge förlåtelse. Kyrkan kallar just Guds barmhärtighet för det som mest visar hans allmakt, när hon tionde söndagen efter pingst i Mässans kollektbön ber: *"Gud, du, som mest visar din allmakt genom att skona och förbarma dig..."*.

De bindlar, som Lasarus var lindad med till händer och fötter, och som Jesus säger åt apostlarna att avlägsna, står för svårigheten att även efter det att synden förlåtits och det övernaturliga livet återvänt, helt göra sig av med den dåliga vanan och dess invanda beteenden. En ofta långvarig kamp måste tålmodigt utkämpas innan själen är helt fri att obehindrad tjäna Gud. Jesus säger åt Apostlarna att avlägsna bindlarna, vilket pekar på att medmänniskors böner och förebild och kyrkans sakrament och fromma övningar är viktiga hjälpmedel i denna kamp.

Krisen i Kyrkan

De fyra dagarna, som Lasarus legat i graven och som symboliserar syndens tillväxt från frestelse ända till invand last, kan också tillämpas på utvecklingen av den kris som kyrkan i vår tid genomlider. Vid många tillfällen under kyrkans historia har frestelser i form av irrläror av olika slag hotat. Den frestelse som framförallt gäller vår egen tid är de moderna idéer som nådde stort inflytande i samhället i stort kring tiden för den franska revolutionen; idéer som relativiserar betydelsen av den sanna tron på Gud och hans kyrka, religiös indifferentism, och tanken att Gud och religionen inte skall få inta någon officiell plats i samhället. Påvarna och biskoparna stod envist och modigt emot dessa frestelser i närmare 200 år.

Under det andra vatikankonciliet (1962–1965) gavs emellertid ett sorts samtycke till dessa idéer, som av alla tidigare påvar betraktats som direkt fientliga till kyrkan och själarnas väl, genom att de kom att utöva starkt inflytande på flera av konciliets officiella dokument. Som alla brister i kyrkan beträffar också dessa brister inte kyrkan såsom Kristi obefläckade brud, utan kyrkans mänskliga företrädare och medlemmar.

Efter konciliet omsattes så dessa idéer, motsvarigheten till en tankesynd, i praktiken, genom den nya mässordningen och kanske framförallt genom den nya kanoniska rätten.

Den moderna kyrkans företrädare och medlemmar, inklusive påvar, kardinaler, biskopar, präster och lekmän berömmer sig idag av att hysa dessa samma idéer som för knappt 100 år sedan av deras företrädare sågs som ett farligt gift för kyrkan och själarna. De moderna idéerna har blivit till en andra natur. Exempel på den därmed sammanhängande stoltheten ser vi i helgonförklaringarna av två av de viktigaste främjarna av desamma: Johannes XXIII, som öppnade det andra vatikankonciliet och Johannes Paulus II, som fullbordade dess genomförande genom att promulgera den nya kanoniska rätten och dessutom fördöma ärkebiskop Lefebvre och den av honom ledda traditionella rörelsen inom kyrkan.

Samhället

Det är uppenbart att också samhället i stort berömmer sig av och är stolt över det som i många fall är brott mot naturrätten när man stiftar lagar som går ut på att försvara "rätten" att obehindrat och skamlöst begå sådana brott. Dessa laster har kommit att bli till en samhällets andra natur, som man är stolt över.

Detta måste ha skett genom att samtycke givits till frestelsen att göra sig av med Gud och försöka att själv på egen hand "bli som Gud", ett eko av ormens ord i Edens lustgård. Samtycket har övergått till handling och upprepad handling har format en last, som blivit till en andra natur.

Där synden överflödade, där överflödade nåden ännu mer

Detta är förstås ett mycket bistert konstaterande, men låt oss inte glömma att den här givna tolkningen av de tillfällen då Jesus återuppväckte från de döda innebär just detta, att även den invanda onda lasten kan övervinnas, förlåtelse erhållas genom Guds allsmäktiga kraft och ett liv med Gud återfinnas. Som det heter i samma kapitel av Romarbrevet som citerades tidigare: *"...där synden öfverflödade, där öfverflödade nåden ännu mer".* Detta ingjuter hopp och inskärper vikten av att verka för att samhället omvänder sig till Gud och ber om försoning med sin Skapare. Ty endast den som uppriktigt ångrar sina synder kan få Guds förlåtelse: vare sig detta nu gäller den enskilde, den moderna kyrkan eller samhället i stort.

Roma locuta est

Pius XI: Om främjandet av den sanna religionsenheten

Denna påvliga rundskrivelse, mer känd under sin latinska titel *Mortalium animos*, promulgerades den 6 januari 1928 och publicerades i svensk översättning som bilaga till *Credo, Katolsk Tidskrift, n:r 2, 1928* under titeln *Påve Pius XI:s rundskrivelse om främjandet av den sanna religionsenheten.* I förhållande till denna utgåva har några obetydliga - särskilt utmärkta - rättelser införts i texten.[1]

EP

[1] Den latinska grundtexten återfinns på Vatikanens webbsidor: http://w2.vatican.va/content/pius-xi/la/encyclicals/documents/hf_p-xi_enc_19280106_mortalium-animos.html. Ytterligare en svensk översättning, gjord av en viss fil. mag. Yngve Englund, publicerades i den våldsamt antipapistiska pamfletten *Roma locuta: Påvens rundskrivelse »Mortalium animos»: Om befordrandet av den sanna religiösa enheten jämte reflexioner av Gustaf Norrman,* J. A. Lindblads Förlag, Uppsala, 1929. Detta sorgliga aktstycke rekommenderar vi dock ingen att taga del av.

Påve Pius XI:s rundskrivelse om främjandet av den sanna religionsenheten

Till de ärevördiga Bröderna, Patriarkerna, Primaterna, Ärkebiskoparna, Biskoparna och de övriga Överherdarna, vilka stå i frid och gemenskap med den Heliga Stolen.

Ärevördiga Bröder! Hälsning och apostolisk Välsignelse!

Väl aldrig förr ha människorna så starkt gripits av längtan efter att befästa det broderliga band, som på grund av samma härkomst och samma natur på det intimaste förenar oss, ej heller ha de så önskat att utnyttja denna samhörighet till mänsklighetens bästa, som just nu i våra dagar. Ännu kunna icke folken glädja sig helt över fredens gåvor, utan tvärtom giva sig nya och gamla oenigheter tillkänna i uppror och inbördes krig, icke heller vill det lyckas att lösa de många stridsfrågorna rörande folkens fred och välgång. Det skall uppnås, endast om nationernas ledare och styresmän med verkligt allvar vilja ägna sig åt denna uppgift. Därför förstår man tydligt — och så mycket mer som alla äro ense om mänsklighetens enhet — varför så många äro fyllda av önskan, att de olika nationerna genom en allomfattande broderskärlek alltmer måtte bliva ett.

Något liknande vilja även vissa kretsar åstadkomma på den av Kristus givna nytestamentliga ordningens område. De utgå från det för dem alla faststående faktum, att det blott sällan finnes människor helt utan varje religiös känsla. Och de leva i den förhoppningen, att folken därför utan alltför stora svårigheter dock skulle kunna broderligt enas om en bekännelse av några trossatser såsom gemensam grundval för det religiösa livet, om också deras religiösa uppfattningar skilja sig från varandra. I detta syfte anordna de talrikt besökta möten, sammanträden och föredrag. För frågans dryftande inbjuda de undantagslöst alla, icke troende av alla schatteringar såväl som kristna, och även sådana, vilka tyvärr avfallit från Kristus eller hårdnackat vägra att tro på hans gudomliga natur och sändning. Dylika försök kunna katolikerna icke giva sitt bifall. De grunda sig ju på den falska meningen, att alla religioner skulle vara mer eller mindre lika goda och lika aktningsvärda, enär de alla — om också inte på samma sätt så dock på liknande sätt — äro uttryck för och tecken på den av naturen medfödda känsla, som drager oss till Gud och får oss att troende erkänna hans herravälde. Förfäktarna av denna idé äro icke blott i villfarelse och illusion, de skilja sig även från den sanna tron, i det de vanställa dess begrepp och steg för steg falla in i naturalism och ateism. Av det sagda framgår med all klarhet, att var och en, som befrämjar dessa idéer och bemödanden, helt enkelt avvika från den av Gud uppenbarade religionen.

Genom detta falska sken av något gott låta emellertid många förvilla sig, när det är fråga om att främja alla kristnas enhet. Är det då icke rätt och billigt, så heter det åter och åter, ja en plikt för alla, som kalla sig kristna, att övergiva dessa ömsesidiga anklagelser för att nu en gång äntligen förenas i ömsesidig kärlek? Ty vem skulle väl kunna säga, att han älskar Kristus, om han icke av alla krafter arbetar på förverkligandet av Kristi önskan, att hans lärjungar måtte vara "ett"? (Joh. 17: 21). Har icke samme Kristus önskat, att kännetecknet på hans lärjungar skulle vara den ömsesidiga kärleken och att de därigenom skulle skilja sig från de övriga: "Därpå skola alla känna, att I ären mina lärjungar, om I haven kärlek inbördes" (Joh. 13: 35)? Om nu, så tillfoga de, alla kristna vore "ett", då skulle de vara bättre i stånd att bekämpa gudlöshetens farsot, som dag för dag griper allt mer omkring sig och vinner allt större terräng, hotande att beröva det glada budskapet om Kristus dess kraft och verkan.

Så och på liknande sätt uttala sig de s. k. "allkristna" i breda ordalag. Man får icke tro, att det här blott rör sig om några enstaka, sporadiska grupper. De ha tvärtom vuxit ut till organiserade föreningar och sammanslutit sig till vittomfattande förbund, vilka vanligen ledas av icke-katoliker, stående på olika trosståndpunkter. Det en gång började vinner stark anslutning. Det fängslar till och med icke så få katolikers sympati genom den lockande utsikten av en union, något som väl också syns överensstämma med den heliga Modern Kyrkans önskningar. Intet ligger ju henne mer om hjärtat, än att föra sina vilsegångna barn tillbaka till sitt sköte. Men i dessa tilltalande och förföriska ord ligger en mycket allvarlig villfarelse, som i grund förstör den katolska trons fundament.

Då nu medvetandet om Vårt apostoliska ämbete manar Oss att icke låta Kristi hjord bliva förledd av fördärvliga villfarelser, påkalla Vi, ärevördiga Bröder, Eder iver för att avvärja denna fara. Ty Vi äro förvissade, att genom ord och skrift från var och en av Eder de av Oss förelagda

GRUNDSATSERNA OCH ÖVERVÄGANDENA

lättare skola nå det troende folket och vinna förståelse. Då skola katolikerna erfara, huru de hava att förhålla sig till och bedöma aktioner med ändamålet att till vilket pris som helst sammanfoga alla, som kalla sig kristna, till ett.

Av Gud, alla tings Skapare, äro vi skapade för att lära känna honom och älska honom. Vår Skapare har alltså ett oinskränkt anspråk på vår tjänst. Nu skulle Gud vid ledningen av människan kunnat inskränka sig till *naturlagens* föreskrifter, vilken Han vid själva skapelsen skrivit i hennes hjärta, och så genom sin Försyn reglera hennes vidare utveckling. Men i stället har han föredragit att giva *positiva föreskrifter,* och i tidens lopp, från människosläktets begynnelse intill Jesu Kristi budskap och ankomst, har han själv lärt människorna de bud, vilka den förståndsbegåvade naturen har gentemot sin Skapare. ”Fordom talade Gud många gånger och på mångahanda sätt till fäderna genom profeterna, men slutligen har han talat till oss genom Sonen” (Hebr. 1: 1). Därav följer, att *ingen religion* kan vara *den sanna,* utom den, *som vilar på Guds uppenbarade ord.*

Denna uppenbarelse, som gavs i början av mänsklighetens historia och fortsattes i Gamla Förbundet, har Jesus Kristus själv i Nya Förbundet fört till fulländning. Om nu Gud har talat, och därom vittnar historien, så måste var och en inse, att människan har att utan förbehåll tro Guds uppenbarelse och att obetingat lyda hans bud. På det vi alla skulle kunna fullgöra dessa bägge plikter till Guds ära och vår frälsning, har Guds enfödde Son *stiftat sin kyrka på jorden.* Vi mena alltså, att alla, som kalla sig kristna helt enkelt måste tro på att Kristus grundat en Kyrka, och blott en enda Kyrka.

Om nu frågan blir den, hur denna Kyrka enligt Stiftarens vilja skall vara beskaffad, så stämma icke längre alla överens. Ett stort antal av dem äro t. ex. av den åsikten, att Kristi Kyrka icke behöver vara synlig, åtminstone icke på så sätt, att hon skulle behöva framstå såsom en gemenskap av troende, vilka överensstämma i en och samma troslära under ett gemensamt läroämbete och en gemensam ledning. Däremot förstå de med *en synlig kyrka* icke annat än ett förbund bestående av olika kristliga samfund, om också dessa samfund sinsemellan bekänna sig till olika och varandra motsägande läror. Men Kristus, vår Herre, har grundat sin Kyrka såsom ett *fullkomligt* och till sitt väsen *helt synligt samfund,* på det hon skulle föra hans frälsningsverk vidare genom tiden under ledningen av ett överhuvud (Matt. 16: 18, Luk. 22: 32, Joh. 2: 15—17), genom det levande läroämbetet (Mark. 16: 15) och genom meddelandet av sakramenten, de himmelska nådekällorna (Joh. 3: 5; 6: 48—59; 20: 22). Därför har han liknat henne vid ett rike (Matt. 13), ett hus (Matt 16: 18), ett fårahus (Joh. 10: 16), och en hjord (Joh. 21: 15—17). Denna så underbart grundade Kyrka kunde efter det hennes stiftare och apostlarne, pionjärerna för hennes utbredning, voro borta, icke gå under eller bliva förd i fördärvet, ty hon hade fått till uppgift att leda *alla människor utan avseende på tid eller rum till evig frälsning.* "Gån därför och lären alla folk" (Matt. 28: 19). Skulle väl Kyrkan kunna brista i verkningskraft vid det oavbrutet fortsatta uppfyllandet av sin uppgift, då Kristus städse bistår henne som han högtidligen lovat: "Se, jag är med eder alla dagar intill världens slut" (Matt. 28: 20)? Det kan icke vara annorlunda, än att Kristi Kyrka *icke blott i dag och alltid består* utan att hon även *alltid måste vara densamma, som i den apostoliska tiden,* såvida man icke, vilket vore absurt, ville säga, att Kristus icke varit sitt verk vuxen eller att han misstagit sig, då han försäkrade, att helvetets portar aldrig skulle överväldiga henne (Matt. 16: 18).

*

På detta ställe är det erforderligt att klarlägga och vederlägga en oriktig uppfattning, på vilken hela denna fråga och icke-katolikernas aktion och så mångfaldiga, gemensamma arbete för de kristna kyrkornas enande grundar sig. Idéns upphovsmän anföra oupphörligt Kristi ord: "Att alla må vara *ett* — — — det skall vara *ett* fårahus och *en* herde" (Joh. 17: 21; 10: 16), men så, som om orden uttryckte en Jesu Kristi önskan och bön, som ännu vänta på sin uppfyllelse. De äro nämligen av den meningen, att *enheten i tro och ledning,* som är Kristi sanna och enda Kyrkas kännetecken — knappast någonsin skulle ha bestått och icke heller nu för tiden består. Enheten skulle väl kunna vara föremål för en *önskan,* kanske även genom de troendes gemensamma strävanden en gång komma till stånd, men till dess är den icke annat än ett vackert ideal. De tillfoga, att Kyrkan vore till sin natur splittrad i olika delar, d. v. s. att hon består av många *separatkyrkor* eller *separatsamfund,* vilka ännu äro skilda från varandra och som visserligen överensstämma i några väsentliga läropunkter men i övrigt avvika från varandra. Dessa stode likaberättigade bredvid varandra. Kyrkan skulle ha varit den enda och ha varit enig på sin höjd från den apostoliska tiden intill de första ekumeniska koncilierna. Man måste alltså förbise och lämna å sido de gamla stridsfrågorna och meningsskiljaktigheter, som intill våra dagar splittra den kristna familjen och av de övriga lärorna framställa och förelägga en gemensam trosregel. Genom denna bekännelse skulle så alla veta sig och framför allt *känna sig vara bröder.* De olikartade kyrkorna eller samfunden skulle på så sätt genom sammanslutningen till ett allmänt förbund bliva i stånd att på allvar och effektivt kunna hämma otrons framfart. Detta är, ärevördiga Bröder, deras allmänna uppfattning. Det finnes nu även de, som gärna tillstå, att *protestantismen* alltför oöverlagt skulle ha förkastat en del väsentliga troselement och flera acceptabla och värdefulla riter i den yttre kulten, vilka däremot den katolska Kyrkan ännu fasthåller. Men de tillfoga samtidigt, att den senare dock skulle ha fördärvat den ursprungliga kristna läran; hon skulle nämligen till trossatserna ha fogat några läror, vilka äro främmande för Evangeliet, ja helt enkelt stridande mot detsamma. Till dessa läror räkna de i första rummet läran om *Jurisdiktionsprimatet,* som tillerkännes Petrus och hans efterträdare på den Romerska Stolen. Några bland dem, om än icke så många, vilja visserligen medgiva att den romerske biskopen skulle äga ett visst hedersföreträde eller en viss jurisdiktion eller överhuvudtaget någon slags makt, men detta företräde skulle icke härleda sig från gudomlig rätt utan till stor del från de troendes önskan. Andra skulle t. o. m. kunna tänka sig Påven i spetsen för deras för visso något brokiga möten.

Om man också för övrigt kan finna många icke-katoliker, vilka med vackra ord förkunna den broderliga gemenskapen i Kristus, så finner man dock ingen, som det fölle i sinnet att lydigt underkasta sig Jesu Kristi ställföreträdare i lära och ledning. Visserligen förklara de sig villiga underhandla med den romerska Kyrkan, men under förutsättning av samma rätt för bägge parterna. Kommo de nu att förhandla, så skulle de väl utan tvivel i förhandlingarna syfta till en överenskommelse, som skulle möjliggöra fasthållandet vid de uppfattningar, vilka förorsakat att de ännu vandra i villfarelse utanför Kristi enda fårahus.

Under dessa villkor kan helt naturligt den Apostoliska Stolen icke deltaga i deras underhandlingar. Ej heller få de troende medverka vid eller stödja sådana strävanden. Om de gjorde detta, skulle de hylla en falsk och för Kristi enda Kyrka helt främmande kristlig religion. Kunna vi väl tillåta — vilket vore orimligt och orätt — att sanningen, och därtill den av Gud uppenbarade sanningen, blir gjord till objekt för förhandlingar och överenskommelser? *Det<t> rör sig här om att försvara den uppenbarade sanningen.* Jesus Kristus har sänt ut sina apostlar över hela världen för att det glada budskapet skulle komma till *alla folk,* och han ville, att de till skydd mot varje villfarelse först av den heliga Ande skulle bliva införda *i all sanning* (Joh. 16: 13). Skulle väl apostlarnes lära i den Kyrka, som Gud själv leder och bevarar, gått förlorad eller någonsin fördunklats?

Om nu vår Frälsare uttryckligen bestämt, att hans Evangelium icke blott skulle tillhöra apostlarnas utan även kommande tider, skulle väl då trosinnehållet under århundradenas lopp kunnat gestalta sig så dunkelt och osäkert, att man nu måste fördraga t. o. m. varandra rakt motsägande uppfattningar? Vore så fallet, då måste man även säga, att den Hl. Andes utgjutelse över apostlarna och samme Andes fortbestånd i Kyrkan, ja, själva Jesu Kristi lära sedan flera århundraden helt förlorat sin verkan och sitt värde. Ett sådant påstående vore en hädelse. Guds enfödde Son har nu en gång *givit sina sändebud i uppdrag att lära alla människor,* å andra sidan har han *förpliktat alla människor att tro allt det,* som de "av Gud förutbestämda vittnena" (Ap. G. 10: 41) förkunnade för dem.

Denna sin befallning har han beseglat med orden: "Den, som tror och låter döpa sig, han skall varda salig; men den, som icke tror, han skall varda fördömd" (Mark. 16: 16). Nu skulle bägge dessa Kristi befallningar,läruppdraget och trosförpliktelsen, vilkas uppfyllande är nödvändigt till evig frälsning, emellertid icke en gång kunna förstås, om Kyrkan icke klart och tydligt framställde den kristna läran och därvid vore fri från all fara att falla i villfarelse. Oriktig är alltså även den uppfattningen, att den kristna tron väl finnes på jorden, men att man måste söka den med sådan möda och genom så vidsträckta studier och undersökningar, att ett människoliv knappt vore tillräckligt för att finna och tillägna sig den. Som om den allgode Guden hade talat genom profeterna och genom sin enfödde Son för att blott några få under en lång livstid skulle kunna tillägna sig de genom dem förmedlade uppenbarelserna. Har icke Kristus i stället framställt sin tros- och sedelära så, att den skulle förplikta alla människor och leda dem genom hela livet?

*

Det kan emellertid se ut, som om dessa "allkristna" genom försöket att förena alla kyrkor skulle komma att föröka *kärleken* bland alla de kristna.

Men hur är det väl möjligt, att kärleken skulle kunna nås på trons bekostnad? Vi veta dock, att just *Johannes,* kärlekens apostel, om vilken man kan säga, att han i sitt Evangelium öppnat Jesu heliga Hjärtas hemligheter och vilken ständigt i sina lärjungars hjärtan brukade inprägla det nya budet "älsken varandra", vi veta, att just han strängeligen förbjöd umgänget med dem, som icke bekände Kristi lära hel och oförfalskad. "Om någon kommer till eder och icke medför denna lära, så mottagen honom icke i edert hus och hälsen honom icke" (2 Joh.: 10). Då alltså kärleken vilar på en äkta och oförfalskad tros fundament, så måste Kristi lärjungar framför allt vara förenade genom trosenhetens band. Hur skulle man då kunna föreställa sig en kristen gemenskap, vars medlemmar, även när det är fråga om tron, obehindrat få hålla fast vid sin egen uppfattning, också om denna uppfattning skulle vara aldrig så stridande mot de övrigas. Hur skola väl sådana, vilka äro av rakt motsatta åskådningar, kunna tillhöra ett och samma förbund av troende. Hur skulle t. ex. de, vilka erkänna den heliga *Traditionen* som sann och äkta troskälla, och de, vilka förkasta den, kunna tillhöra samma religiösa samfund? Huru de, vilka återföra den kyrkliga *Hierarkien* av biskopar, präster och diakoner till gudomlig instiftelse, och de, vilka påstå, att den blott småningom skulle ha införts alltefter tidernas och omständigheternas behov? Huru de, vilka i *Altarets allra heligaste Sakrament* på grund av den underbara förvandlingen av brödet och vinet, den så kallade Transsubstantiation[en], tillbedja Kristus såsom verkligt närvarande, och de, enligt vilkas uppfattning Kristus blott är närvarande genom tron eller genom det sakramentala tecknets verkan? Huru de, vilka i Eukaristien erkänna *Offrets och Sakramentets väsen,* och de, vilka icke hålla den för annat än en högtidlig åminnelse av den sista Nattvarden? Huru de, vilka hålla det för rätt och nyttigt att ödmjukt anropa *helgonen,* vilka regera med Kristus, framför allt Guds Moder Maria, och att vörda deras bilder, och de, vilka bestrida rättmätigheten av denna kult, emedan den skulle inkräkta på den ära, som tillkommer Kristus, den "ende medlaren mellan Gud och människorna" (1 Tim. 2: 5)?

Vi förstå icke, hur vägen till Kyrkans enhet skall kunna banas genom en sådan meningsskiljaktighet, då ju Kyrkans enhet blott kan härleda sig från det enda läroämbete, den enda trosregeln och de kristnas en och samma tro. Men väl veta vi, hur lätt man i sådan villervalla faller offer för religionsförsummelse eller för *indifferentismen* och även för *modernismen,* vars beklagansvärda offer icke hålla den dogmatiska sanningen för absolut utan för relativ, d. v. s. överensstämmande med de olika ländernas och tidernas fordringar. emedan den enligt deras uppfattning icke bildar en oföränderlig uppenbarelse utan anpassar sig efter det mänskliga livets ständiga växlingar.

Vad vidare beträffar *trossatserna,* så är den skillnad helt omöjlig, som man vill införa mellan s. k. fundamentala och icke fundamentala trossatser, på så sätt, att alla skulle vara förpliktade att antaga de förra, under det att de senare skulle överlämnas åt de troendes fria samtycke. Ty trons övernaturliga dygd vilar endast och allenast på *den uppenbarade Gudens auktoritet,* vilken icke tål ett dylikt särskiljande. Därför måste alla sanna kristna, lika väl som de tro på den heliga Trefaldighetens hemlighet, även omfatta trossatsen om Guds Moders obefläckade avlelse, och lika väl som de tro på Kristi mandomsanammelse, även antaga den romerske Påvens ofelbarhet, såsom den definierats av det allmänna Vatikanska konciliet. Följaktligen, emedan Kyrkan genom högtidligt avgörande för alla århundraden har fastslagit och definierat dessa trossatser, den ena under en tid, den andra under en annan, kanske t. o. m. under den allra senast förflutna tiden, så äro de icke mindre säkra, få icke antagas med mindre trosvisshet. *Har icke Gud uppenbarat dem alla?* Det kyrkliga läroämbetet — som enligt gudomlig plan blivit instiftat på jorden, på det att de gudomliga sanningarna oförfalskade skulle bevaras och lätt och säkert komma till människornas kännedom — utövas visserligen dagligen av Påven och de i gemenskap med honom stående biskoparna. Dock har det kyrkliga läroämbetet även till uppgift, att i högtidlig form och genom högtidligt avgörande på ett ändamålsenligt sätt definiera bestämda trossatser, nämligen då ett verksamt motstånd måste sättas mot de annorlunda troendes villfarelser och angrepp, eller när det gäller att genom en klarare, mer djupgående utläggning i de troendes hjärtan inprägla vissa punkter av den heliga läran. Genom detta extraordinära utövande av läroämbetet införas inga nya läror. Ej heller lägges något nytt till summan av de sanningar, vilka uttryckligen eller åtminstone implicite (indirekt) inneslutas i den åt Kyrkan av Gud anförtrodda skatten av uppenbarade sanningar. Genom dessa avgöranden klarläggas blott sanningar, vilka förut måhända ännu synts dunkla för många, eller definieras sådana uppenbarade sanningar såsom trossatser, vilka tidigare av somliga blivit bestridda.

Det framgår alltså tydligt, ärevördiga Bröder, varför den Apostoliska Stolen aldrig tillåtit sina troende att deltaga i icke-katolikernas möten. Man får icke gynna arbetet för de kristnas enhet på annat sätt än genom att verka för *dc frånskildas återvändande till Kristi enda och sanna Kyrka, vilken dc fordom varit nog olyckliga att avfalla ifrån.* Till *Kristi sanna Kyrka,* säga Vi, som står synlig inför alla och som efter sin Stiftares vilja alltjämt skall förbliva som Han stiftat henne till alla människors frälsning. Kristi mystiska brud har under århundradenas lopp aldrig blivit befläckad och kan aldrig bliva befläckad. Redan den hl. *Cyprianus* avlägger vittnesbördet: ”Kristi brud”, så skriver han, ”kan aldrig bliva vanärad. Oförstörd är hon och ren. Hon känner blott ett hus, blott ett gemak[s] helighet bevarar hon i helig kyskhet” (Om den kat. Kyrkans enhet). Och denne helige martyr förundrade sig med rätta storligen över att någon kunde tro, att ”denna enhet, som har sitt fundament i Guds egen oföränderlighet och vars oförstörbarhet är tryggad genom himmelska hemligheter, skulle kunna förstöras i Kyrkan och genom oeniga människors avfall kunna splittras". Ty då Kristi mystiska Lekamen, nämligen Kyrkan, är en enda (1 Kor. 12: 12), sammanfogad och sammanhållen liksom hans fysiska lekamen, skulle det vara en stor dåraktighet, om man ville påstå, att denna mystiska Lekamen kunde bestå av frånskilda och från varandra söndrade lemmar. Den, som alltså icke är förenad med den, kan heller icke vara en lem av den och har ej heller något samband med dess huvud, Kristus.

I denna Kristi enda Kyrka är och förblir ingen utan att erkänna och lyda Petri och hans efterträdares auktoritet och myndighet. Hava icke förfäderna till dem, vilka nu äro fångna i Photius och protestanternas irrläror, böjt sig för den romerske Påven, själarnas överste herde? Sönerna ha tyvärr lämnat fädernehemmet. Men icke gick detta därföre under, ty det fann sitt stöd i Guds ständiga bistånd. Må de alltså vända åter till den gemensamme Fadern, som skall taga emot dem med all kärlek utan att tänka på den orätt, som en gång vederfarits den Apostoliska Stolen. Ty om de, som de så ofta säga, vilja förena sig med Oss och de våra, varför ila de då icke tillbaka till Kyrkan, "de kristtrognas Moder och lärarinna" (4 Laterankonci[l]iet) ? Må de höra Lactantius' ord: "Blott den katolska Kyrkan", utropar han, "bevarar den sanna kulten. Hon allena är sanningens källa, trons hemvist, Guds tempel. Den, som icke vill inträda i henne, eller den, som övergiver henne, är fjärran från hoppet om liv och frälsning. Ingen må söka bedraga sig själv genom hårdnackat motstånd. Det gäller liv och frälsning. Den, som icke med omsorg vakar, förlorar lätt bådadera" (Divin. Instit. 4, 30, 11—127).

Till den Apostoliska Stolen, som är rest i denna stad och som apostlafurstarna Petrus och Paulus helgat genom sitt blod, till den Apostoliska Stolen, säga Vi, "den katolska Kyrkans rot och livskälla" (Cypr. brev 48 till Cornelius III), må de frånskilda sönerna gå, icke med den avsikten och förhoppningen, att "den levande Gudens Kyrka, sanningens pelare och grundfäste" (1 Tim. 3: 15) skulle offra trons renhet och fördraga deras villfarelser, utan för att *anförtro sig åt ledningen av hennes läroämbete.* Måtte det dock förunnas Oss, vad så många av våra föregångare icke fått uppleva, att i faderlig kärlek få omfamna de söner, vilkas olyckliga söndrande från Oss Vi djupt sörja över. Måtte Gud, vår Frälsare, "som vill att alla människor skola varda saliga och komma till sanningens kunskap" (1 Tim. 2: 4), höra vår enträgna bön, att han i sin godhet värdes kalla alla vilsegångna tillbaka till Kyrkans enhet. I denna betydelsefulla och allvarliga angelägenhet anropa Vi den allra saligaste Jungfrun Maria om hennes förbön, henne den gudomliga nådens Moder, segrarinnan över alla irrläror och de kristnas hjälp. Och Vi uppfordra till hennes anropande, på det att genom hennes förböner så snart som möjligt den efterlängtade dag måtte gry, då människorna skola lyssna till hennes gudomlige Sons röst "att bevara Andens enhet genom fridens band" (Efes. 4: 3).

I veten, ärevördiga Bröder, huru Vi längta efter detta, och likaså skola våra söner veta det, icke blott katolikerna utan även de från oss skilda. Om de ödmjukt bedja om ljus från himmelen, skola de säkert lära känna Kristi enda och sanna Kyrka och i fullkomlig kärlek förenade med oss träda in i henne. I denna förväntning meddela Vi, såsom en underpant på den gudomliga nåden och som bevis på Vår faderliga välvilja, Eder, ärevördiga Bröder, Edert klerus och folk av hjärtat den Apostoliska Välsignelsen.

Givet i Rom vid S:t Peter, den 6 januari,

Herrens uppenbarelses fest i året 1928,

Vårt pontifikats sjätte år.

P I U S PP XI.

Teologiskt och filosofiskt

† Marcel Lefebvre: Principdeklaration den 21 november 1974[1]

Vi håller av hela vårt hjärta och hela vår själ fast vid det katolska Rom, väktare av den katolska tron och av de traditioner som är nödvändiga för denna tros bevarande, vid det eviga Rom, vishetens och sanningens lärarinna.

Vi vägrar däremot och har alltid vägrat att följa de neo-modernistiska och neo-protestantiska tendensernas Rom, som klart har manifesterats under det Andra Vatikankonciliet och efter konciliet i alla de reformer som hade sin upprinnelse i detta.

I själva verket har alla dessa reformer bidragit till och fortsätter att bidraga till Kyrkans förstörelse, till prästämbetets ruin, till avskaffandet av Mässoffret

---

[1] Bakgrunden till denna text är följande: Den 11-13 november 1974 företogs på order av en av påven Paul VI tillsatt kardinalskommission en visitation av det av ärkebiskop Lefebvre 1970 grundade prästseminariet i Écône, vilket väckt modernisternas vrede genom att locka till sig ett betydande antal seminarister ivriga att bevara den katolska tron och mässan som de alltid varit, medan deras egna seminarier gapade alltmer tomma. Till visitatorer utsågs två belgare, Msgr. Descamps, en bibelforskare, och Msgr. Onclin, en kanonist, som under visitationen väckte stor förstämning och skandal, bl.a. genom att plädera för kvinnliga präster, förneka att det fanns en evig sanning och uttrycka tvivel på Kristi uppståndelse. Som en reaktion härpå utfärdade ärkebiskop Lefebvre efter visitationen sin berömda deklaration. Den publicerades först i den franska tidskriften *Itinéraires* i januari 1975 och något senare i engelsk översättning i *Approaches* och *The Remnant*. Den engelska översättningen kan studeras närmare här: http://www.sspxasia.com/Documents/Archbishop-Lefebvre/Archbishop-Lefebvre-Declaration.htm. Det franska originalet återfinns här: http://www.fsspx.org/fr/la-d%C3%A9claration-du-21-novembre-1974.

och sakramenten, till upplösandet av det religiösa livet och till en naturalistisk och teilhardistisk[2] undervisning vid universiteten, vid prästseminarierna och vid katekeslektionerna, en undervisning som framsprungit ur den liberalism och protestantism, som redan många gånger har fördömts av Kyrkans ärevördiga Läroämbete.

Ingen auktoritet, inte ens den högsta i hierarkin, kan tvinga oss att överge eller att förminska vår katolska tro, såsom den av Kyrkans Läroämbete sedan nitton århundraden klart uttryckts och bekänts.

Den helige Paulus säger: *"Men om någon, vore det ock vi själva eller en ängel från himmelen, förkunnar evangelium i strid mot vad vi hava förkunnat för eder, så vare han förbannad!"* (Gal. 1:8).

Är det inte just detta, som den Helige Fadern i dag upprepar för oss? Och om en viss motsägelse manifesteras i hans ord och gärningar liksom i dikasteriernas[3] akter, då väljer vi det som alltid har lärts och vi vänder dövörat till gentemot de nya påfund som förstör Kyrkan.

Man kan inte företa djupt genomgripande förändringar i fråga om *"lex orandi"*,[4] utan att därmed förändra *"lex credendi"*.[5] Den nya mässan har sin motsvarighet i den nya katekesen, det nya prästerskapet, de nya prästseminarierna, de nya universiteten, den "karismatiska" Kyrkan, av "pingströrelse"-karaktär, idel ting som står i motsatsförhållande till ortodoxin och Läroämbetets undervisning genom alla tider.
Eftersom denna reform härleder sig från liberalismen och modernismen, så är den fullständigt förgiftad. Den härstammar från heresi och leder till heresi,

---

[2] Efter Pierre Teilhard de Chardin (1881-1955), fransk jesuitpräst, geolog och filosof. Denne sökte i sitt författarskap förena kristendomen och den naturvetenskapliga utvecklingsläran i en kontroversiell helhetssyn, manifesterad i bl.a. boken "Fenomenet människan" och belagd med Kyrkans publiceringsförbud. T:s grundsyn är panteistisk och monistisk, där det inte dras någon skarp gräns mellan Gud och skapelsen.

[3] D.v.s. de romerska kongregationerna.

[4] D.v.s. bedjandets lag eller liturgin.

[5] D.v.s. trons lag eller dogmatiken.

även om inte alla dess akter formellt är heretiska. Därför är det för varje samvetsgrann och trofast katolik omöjligt att acceptera denna reform eller att på något som helst sätt underkasta sig densamma.

Den enda attityden av trohet gentemot Kyrkan och den katolska läran är, för vår frälsnings skull, kategorisk vägran att acceptera denna reform.

Det är därför som vi fortsätter vårt arbete med prästerlig utbildning utan någon som helst upprorsanda, utan någon bitterhet och utan någon harm under det genom alla tider orubbliga Läroämbetets ledstjärna, övertygade som vi är om att vi inte kan göra den heliga katolska Kyrkan, påven och kommande generationer en större tjänst.

Det är därför vi håller fast vid allt det som av Kyrkan i alla tider trotts och praktiserats i tron, moralen, kulten, katekesundervisningen, prästutbildningen och Kyrkans institution och som kodifierats i böckerna publicerade före det modernistiska inflytandet från konciliet, medan vi väntar på, att Traditionens sanna ljus skall skingra det mörker som fördunklar det eviga Roms himmel.

Genom att med Guds nåd och den allra saligaste Jungfru Marias, den helige Josefs och den helige påven Pius X:s hjälp handla sålunda är vi övertygade om att förbli trogna mot den romersk-katolska Kyrkan såväl som mot alla Petri efterträdare och att vara *"fideles dispensatores mysteriorum Domini Nostri Jesu Christi in Spiritu Sancto"*.[6] Amen.

Rom, den 21 november 1974, festdagen för Marias frambärande i templet

† Marcel Lefebvre

(Översättning: Roland Allnert)

[6] D.v.s. "trogna förvaltare av Vår Herres Jesu Kristi hemligheter i den Helige Ande"; jfr 1 Kor. 4:1.

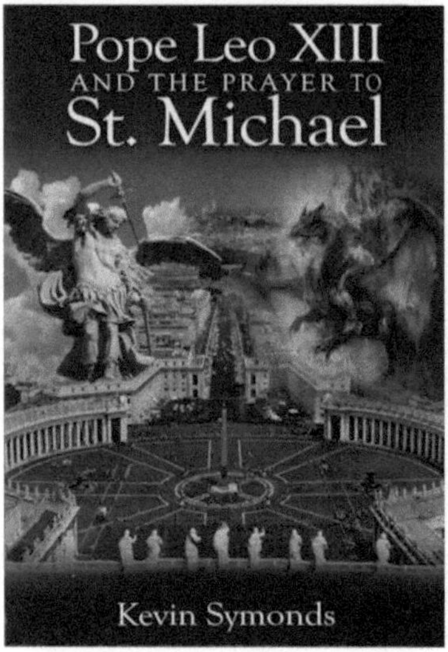

Preserving Christian Publications is pleased to announce the release of *Pope Leo XIII & the Prayer to St. Michael.*

Written by Kevin J. Symonds of Waco, Texas, *Pope Leo XIII & the Prayer to St. Michael* offers a comprehensive examination into the famous story that Pope Leo XIII was inspired to compose the prayer to St. Michael the Archangel after receiving a supernatural vision. Readers are taken through a journey that investigates this story with many twists and turns that ends in a surprising conclusion.

"Mr. Kevin Symonds presents a very careful and competent historical research about the origin and the circumstances of the publication of the prayer to St. Michael....Furthermore he gives also a rich spiritual reflection on the Divine truth about the Holy Angels, the fallen angels and the reality and necessity of the spiritual battle. Mr. Symonds' book is indeed very relevant for our times...." **Bishop Athanasius Schneider, Auxiliary Bishop of the Archdiocese of St. Mary in Astana, Kazakhstan.

Pope Leo XIII & the Prayer to St. Michael is available for $16.00 through Preserving Christian Publications. For more information, visit us on the web at www.pcpbooks.net or E-mail at info@pcpbooks.com.

John Jensen: Paulus, den naturlige teologi og moderniteten

Indledning

Spørger man i dag tilfældigt udvalgte moderne mennesker om, hvilken rolle de mener fornuften har at spille i forholdet til tro/religion, vil de allerfleste, uanset om de selv er troende eller ej og uanset konfession, svare, at fornuft og tro/religion intet har med hinanden at gøre! Hvis troen kunne bevises, ville den ikke være tro, men tvang! Går man dem yderligere på klingen, vil de typisk sige, at fornuften har med det, der kan måles og vejes at gøre, den fysiske virkelighed, som videnskaben så dygtigt og frugtbart udforsker og når frem til objektive sandheder om, der forpligter alle, mens tro/religion handler om det "umålelige", om værdier, håb, trøst, og ikke mindst om at finde en "mening" i tilværelsen, altså to helt adskilte aspekter af virkeligheden! Derfor kan tro ikke påtvinges mennesket, for vi har ikke alle nødvendigvis samme værdier eller samme opfattelse af, hvad der giver mening.

Adspurgt om, på hvilket grundlag en given religion bygger disse værdier, og det troende menneske sin fortrøstning og sit håb, vil et fåtal svare, "Guds åbenbaringer, de hellige skrifter", mens flertallet vil svare menneskets iboende længsler efter noget større, en mening, et liv efter døden og diverse religiøse oplevelser og fornemmelser. At religionens sandheder er subjektive overbevisninger i modsætning til fornuftens og videnskabens, der bygger på argumenter, beviser og fakta, er en given sag!

Nogle af ateisterne og agnostikerne blandt de adspurgte ville tilføje, at godt nok har religion ikke noget med fornuft at gøre, men fornuften i skikkelse af videnskaben kan meget vel have noget med religion at gøre som genstand for udforskning og rationel forklaring! Fænomenet "religion" må ganske givet kunne forklares biologisk, psykologisk, sociologisk og historisk, lige såvel som alle mulige andre fænomener, som videnskaben med succes har forklaret. Hermed bortfalder det vandtætte skot mellem videnskabens genstandsområde og troens indre subjektive verden, for den sidste kan reduceres til en del af det første!! Til dette har de troende blandt de udspurgte ikke rigtigt noget at indvende, da de har fraskrevet sig brugen af fornuften, når det gælder religionens sandheder!

Kunne længst hedengangne katolikker, ja, sågar protestanter, der havde et langt mere robust forhold til deres religion og dens sandheder og normer, høre deres efterkommeres svar, ville de nok spørge: "Hvordan kunne det gå så galt?" Det samme spørgsmål må alle os, der holder fast ved den traditionelle katolske religion, også stille!

Denne artikel vil forsøge at påpege de væsentligste årsager til, motiver bag og konsekvenser af modernitetens opretholdelse af en absolut modsætning mellem fornuft og tro, videnskab og religion, en modsætning som dog alligevel ikke opretholdes af moderniteten, når det gælder den moderne religionsvidenskab og forsøget på en naturalistisk bortforklaring af religionen.

Den katolske kirke og den naturlige teologi

Den katolske kirke har siden sin indstiftelse og indtil disse sene apokalyptiske tider forstået at navigere det snævre og vanskelige farvand mellem fideismens[1] Skylla og rationalismens[2] Karybdis, mens kætterierne er grundstødt på snart det ene eller snart det andet af de to dødbringende klippeskær. Det store protestantiske kætteri i Luthers udgave valgte fideismen og fordømte al rationalitet på religionens område som djævlens blændværk, mens mere filosofiske kætterier som f.eks. Hegels Åndsfilosofi "ophævede" Åbenbaringen i et spekulativt system, der skulle vise at "det fornuftige er det virkelige og det virkelige er det fornuftige", og at Evangelierne skulle tolkes som en slags billedlig foregriben af rent spekulative sandheder.

---

[1] Antagelsen, at Troen ingen brug har for fornuften til at retfærdiggøre eller forsvare sig, men har nok i sig selv. Eller mere radikalt anses fornuft og tro som absolutte modsætninger som i Tertullians berømte "Credo quia absurdum".

[2] Antagelsen, at fornuften er i stand også at erkende religionens sandheder uafhængigt af Åbenbaringen. Eller mere radikalt skal religionens sandheder reduceres til dem, vi kan indse med fornuften alene.

I det 19. århundredes anden halvdel og ind i 20. århundrede dominerede den rationalistiske liberalteologi[3] i forskellige varianter den protestantiske teologiske scene, men den fik alvorligt modspil af antiintellektuel fideisme ikke mindst i form af den reformerte Karl Barths "dialektiske teologi".[4]

I Den katolske kirke er tilsvarende antiintellektualistiske teologiske undergrundstrends vokset frem, og går under fællesbetegnelsen "modernisme", siden Skt. Pius X's sønderlemmende kritik og fordømmelse i encyklikaen *Pascendi Dominici Gregis.*[5] Fælles for disse tendenser er antagelsen af menneskets uformåen ud fra fornuften og den ydre virkelighed at nå frem til en omend begrænset objektiv erkendelse af Gud og de love, som mennesket på det rent naturlige plan er forpligtet på. Til gengæld udnævnes så den religiøse følelse/oplevelse, som troens grundlag.

Herimod har Kirken traditionelt hævdet og ved I. Vatikankoncil[6] dekreteret, at den menneskelige fornuft er i stand til uden hjælp fra Åbenbaringen, at nå til en erkendelse af den naturlige ordens metafysiske og moralske sandheder, og at den med sikkerhed kan bevise Guds eksistens og sjælens udødelighed og erkende naturloven,[7] selvom mennesket i sin naturlige og ydermere faldne tilstand også har brug for Åbenbaringen for at opnå en tilstrækkelig erkendelse af både den naturlige og overnaturlige orden. Som Skt. Thomas sagde "Nåden bygger på naturen." Fornuftens brug går forud for troen, og med hjælp fra Åbenbaringen og Nåden, fører den til troen.

[3] En form for ateologi, hvor baseret på den historisk-kritiske tilgang til Skriften, den kristne religion reduceres til et kulturelt fænomen, der kan forklares historisk-sociologisk-psykologisk, men som stadig kan bidrage til samfundsudviklingen med sine humanistiske værdier (renset for dogmatisk religiøst indhold!). Typiske repræsentanter var tyskerne Albrecht Ritschl og Adolf von Harnack.

[4] Karl Barth, 1886-1968 var en schweizisk reformert teolog, der gjorde op med liberalteologiens rationalisme og i sin "dialektiske" teologi promoverede en radikal fideisme, hvor Gud er "der ganz andere" og tro og fornuft helt inkommensurable størrelser.

[5] For en oversættelse og kommentar til denne encyklika henvises til Skandinavisk katolsk tidsskrift nr. 4 under "Roma locuta est".

[6] *Dogmatisk konstitution vedrørende den katolske tro, kap.4 Tro og fornuft.*

[7] Den objektive moralske norm for menneskets handlinger, der kan indses af den rette fornuft uafhængigt af Åbenbaringen, men i fuld overensstemmelse med den.

Både som *praeambula fidei*[8] og apologetisk har Kirken altså legitimeret fornuftens brug baseret på de fundamentale principper for al tænkning og væren og vores erfaring af denne verden, der ved sin blotte eksistens, indretning og orden viser hen til en almægtig, alvis og algod skaber. Videnskaben, der omhandler disse emner er traditionelt blevet kaldt "naturlig teologi". Hos enkelte førsokratiske filosoffer såvel, som hos Sokrates selv[9] og Platon findes der tilløb til denne videnskab. Men det er først Aristoteles, der klart afgrænser den som en selvstændig disciplin inden for Første filosofien.[10]

Paulus og den naturlige teologi

I Romerbrevet[11] finder vi Skriftens belæg for legitimiteten af naturlig teologi og rationelle gudsbeviser, men også en skarp påmindelse om hvor lidt det nytter, hvis erkendelsen af Guds eksistens ikke også fører til *religio*, til *anerkendelse* af Ham: lydighed og gudsdyrkelse!

Thi hans usynlige væsen, både hans evige kraft og hans guddommelighed, har kunnet ses fra verdens skabelse af, idet det forstås af hans værker, så de er uden undskyldning. Thi skønt de kendte Gud ærede eller takkede de ham dog ikke som Gud, men deres tanker blev tomme, og deres uforstandige hjerte blev formørket. Mens de påstod, at de var vise, blev de dårer, og de ombyttede den uforkrænkelige Guds herlighed med et billede, der forestillede et forkrænkeligt menneske, fugle, firføddede dyr og krybdyr.

Derfor gav Gud dem hen i deres hjerters lyster til urenhed, så de vanærede deres legemer indbyrdes; de ombyttede Guds sandhed med løgnen, ærede og dyrkede skabningen frem for Skaberen, han, som er højlovet i evighed! Amen

---

[8] Forberedelse til Troen, hvor ud fra fornuft og erfaring og uafhængig af Åbenbaringens sandheder Guds eksistens, sjælens udødelighed og viljens frihed erkendes.

[9] Hvis vi kan stole på Xenofons *Memorabilia 1.4;1-19.*

[10] Også kaldet "metafysik" eller "ontologi", altså videnskaben om altings første principper og det værende qua værende inkl. det "højeste værende". I Fysikken 8. bog og Metafysikken 12. bog findes Aristoteles' teologiske overvejelser og "gudsbeviser".

[11] *Romerbrevet 1;18-26*

Paulus taler i det ovenstående nok både om menneskerne efter syndefaldet, for hvem den naturlige religion efterhånden gik i glemmebogen, og om samtidens hedninger, der til forskel fra jøderne ikke havde modtaget specielle overnaturlige åbenbaringer *via* patriarker og profeter, men blot havde Guds almene naturlige åbenbaring, skaberværket, for øjnene. Men netop dette "værk" er en nok så utvetydig indirekte åbenbaring af Guds eksistens, almagt, alvisdom og algodhed, så hverken Hans eksistens eller Hans generelle egenskaber som f.eks.: én, enhed, ubetingethed, nødvendig væren, rationelt ville kunne betvivles! Så ved blot at være et menneske, et endeligt legemligt væsen udstyret med fornuft, og i stand til at bruge den, kan vi ifølge Paulus ikke undgå at erkende os selv som skabte og vide en smule om Gud, ikke mindst Hans eksistens, hvis vi formår rationelt at slutte fra, hvad vi kan se til det, vi ikke kan se, altså fra synlig virkning til usynlig ultimativ årsag.

Hermed fik den naturlige teologi sin "apostoliske velsignelse", som ydermere da også fuldt understøtter Skt. Thomas Aquinas' forsvar for *a posteriori* Gudsbeviser,[12] hvorimod muligheden af en hver form for *a priori* viden om Gud eller umiddelbar intuition af Ham, eller overbevisning baseret på en indre følelse slet ikke nævnes af hedningeapostlen som nødvendig for at erkende Guds eksistens og attributter! Det er så slået fast, at vi som legemlige skabninger er anvist på sanserne, at det synlige skaberværk, ikke Gud, er "det første for os"[13], og vejen er banet for den klassisk/skolastiske metafysik, som helt legitim disciplin i Kirkens teologi.

Hvis sansningen er grundlaget, så er fornuftens evne til *via* sanserne at nå frem til sin formelle genstand, væren, og de fundamentale logiske/ontologiske principper: identitetsprincippet, modsigelsesprincippet, den tilstrækkelige grunds princip og det udelukkede tredje princip, forudsætningen for, at vi kan slutte os til eksistensen af et nødvendigt, evigt og uforanderligt væsen,

---

[12] Hvor man i modsætning til Anselm af Canterburys ontologiske Gudsbevis, der (der fejlagtigt i følge Skt. Thomas' opfattelse) udleder Guds eksistens *a priori* ud fra Gudsbegrebet, går ud fra erfaringen af den sansbare verdens eksistens, forandring, orden osv.

[13] Gud er selvfølgelig det første i og for sig selv i ontologisk (værensmæssig) rang, men for os som legemlige, sansende væsner er den ydre verden det første for os i epistemologisk (erkendelsesmæssig) rang.

hvis væsen det er at være, som den usynlige, nødvendige og tilstrækkelige årsag til den kontingente, foranderlige, men velordnede og skønne legemlige verden, vi kan sanse. For uden et væsen, der er til i kraft af sig selv, ville der ingenting være, for *ex nihilo nihil fit*. Men der findes en foranderlig verden, *ergo*...!

Den rationelle, men ikke rationalistiske erkendelse af Guds eksistens er også fundamentet for den naturlige religion, som jo tilsiger, at mennesket ikke blot erkender, men *anerkender*, ærer, tilbeder og om muligt elsker Gud, som sin skaber og herre! Dette er også blot, hvad retfærdigheden kræver, for hvad andet består retfærdigheden i end at give enhver sit, nemlig hvad der tilkommer vedkommende i kraft af dennes væsen og relation til os?

Mennesket skylder Gud som skaber mere end alt andet, og må derfor retfærdigvis dyrke og tilbede Ham frem for alt. Er Gud skaber af verden, er Guds formål med sine værker givet med deres respektive naturer og dermed nedfældet i form af love, der må være forståelige for rationelle væsner. Ifølge Paulus er netop "loven indskrevet i vore hjerter",[14] så "naturlovene" altså de love, der foreskriver det naturligt gode og rette for sådanne væsner som os, ligger inden for det naturlige lys' rækkevidde. At mennesket frem for alle andre jordiske skabninger også er bestemt til et overnaturligt mål, hvis realisering kræver andet og mere end overholdelse af naturloven, ophæver ikke det naturlige og den naturlige erkendelse! Ej heller er der nogen modsætning mellem fornuftens og troens sandheder, da Gud er ophav til dem begge!

At undertrykke den naturlige erkendelses sandheder om Gud er således i sig selv en uretfærdighed, for den fører til uretfærdighed overfor Gud, men også overfor mennesker, for den indebærer en knægtelse af fornuftens legitime opgave: at søge og finde de ultimative årsager til verdens og vores eksistens samt de normer, som mennesket er underlagt i kraft af sin natur og skabelsesordenen. Gud har skabt mennesket med en fornuft, så det kan finde sin skaber uden specielle åbenbaringer. Mennesker som ikke anerkender

---

[14] *Romerbrevet 2;14-15.*

Guds eksistens inkl. de pligter vi har overfor Ham som skabte, lader ikke deres vilje lede af deres fornufts "naturlige" teologiske indsigt, men af deres passioner og især af hovmod, hvilket ifølge Paulus fører til en ikke blot praktisk ateisme og hæmningsløs jagt på tilværelsens naturlige goder, men som straf fra Gud en pervertering af deres natur, idet de begærer det unaturlige, for de ikke blot fornægter Gud, men dyrker skaberværket som gud og af hovmod ikke blot ignorer, men gør oprør mod naturloven og dermed deres egen natur.

Syndefaldet har imidlertid mærket mennesket. Derfor er dets natur og dermed også dets fornuft svækket og det naturlige lys brænder svagt. Mennesket har mistet sin integritet, og fornuft, vilje og sansebegær leder gensidigt hinanden på afveje, enten ved at viljen handler mod "bedre vidende" eller den fører fornuften på afveje, så sandhed erstattes med løgn og ønsketænkning, eller fornuften griber forkert og vildleder viljen eller sanselige begær afvæbner både fornuft og vilje eller gør dem til sine slaver. Kan mennesket ikke her finde en undskyldning for at glemme Gud og naturloven?

Nej! Menneskerne efter syndefaldet, hedningene var/er alligevel iflg. Paulus skyldige til straf, fordi de handlede imod bedre vidende, for de kendte Gud, men ærede og takkede ham ikke som Gud. De havde med andre ord en "teoretisk" erkendelse, men ikke religion, for de forstod og opfyldte ikke deres rolle som skabninger i forhold til skaberen og ydede ham ikke retfærdighed. Det er muligt at Paulus også her ikke bare sigter til følgerne af syndefaldet, hvorved først den åbenbarede religion, senere den universelle naturlige religion gik i glemmebogen eller forkastedes og erstattedes med folkeslagenes forskelligartede afgudsdyrkelse, men også retter en anklagende finger mod nogle af de græske filosoffer, hvis ambition ikke så meget var at tilbede Gud, som de jo i øvrigt ikke opfattede som skabergud, men selv at opnå gud-lig selvtilstrækkelighed, selvom de dog havde den fortjeneste at have genopdaget den ene gud ved fornuftens hjælp.

Under alle omstændigheder med Jesu Kristi komme, Guds "indbrud" i den nære fortid og Evangeliets udbredelse *Urbi et Orbi* forberedt af det i den bedste klassiske filosofi genopdagede naturlige lys' vidnesbyrd, havde menneskerne definitivt ingen undskyldning for at vende Gud og dets frelser og forsoner ryggen! Siden Romerriget blev kristnet, har Gud så at sige været anerkendt som en "offentlig person" både filosofisk og religiøst, som ikke blot det enkelte individ, men også stater skulle bøje sig for.

At verden uafhængig af tro og Åbenbaring "pegede" på Gud, var lige så selvfølgeligt dengang for de fleste, som det er selvfølgeligt i dag, at universet og den levende natur peger på Big Bang og Evolutionen, altså blind nødvendighed og tilfældighed som tilstrækkeligt ophav til den virkelighed, vi kan erfare! I den vestlige verden i vore dage, den forhenværende Kristenhed, er Gud derfor heller ikke længere anerkendt som en objektiv realitet, men blot tolereret som en subjektiv realitet eller irrealitet for troende. I stedet dyrker mennesket nu andre idoler, ikke mindst sig selv! Så historien gentager sig! Paulus ord er ikke blot retrospektive, men profetiske!

"Gud er død! - Leve det autonome menneske!"

Hvad enten man mener, at "Gud er død" eller tror, at Gud eksisterer, så er man i dag enige om, at det netop er et spørgsmål om tro, ikke viden. Luthers formørkede fideisme sejrede "ad helvede til" godt hjulpet af de moderne filosoffers krig mod fornuften under påskud af, at ville sætte den fri, historisk relativere den, spærre den inde i sproget, eller reducere den til en "regnemaskine" og "passionernes slave".[15] Som nævnt har ikke blot protestantiske teologer, men også modernistiske katolske teologer[16] imidlertid omfavnet fideismen, inspireret af den metafysikfjendske moderne filosofi, der overlader den reelle erkendelse af virkeligheden til videnskaberne og postulerer agnosticisme, når det gælder det transcendente.

Alle broer fra denne verden til dens nødvendige og tilstrækkelige transcendente årsag er forsøgt brudt ned gennem "erkendekritik", samtidig med, at

---

[15] David Humes berømte ord fra sin *Treatise on Human Nature*, der vender op og ned på den traditionelle rangorden, hvor fornuften står over og optimalt behersker følelser og lidenskaber.

[16] F.eks. Alfred Loisy og George Tyrell.

”videnskaben” hævdes at kunne forklare universets indretning, livets udvikling og menneskets opståen naturalistisk, altså uden at inddrage transcendente årsager. Hvis filosofien ikke længere mener fornuften kan udtale sig om virkelighedens ultimative årsager, og ”videnskaben” erklærer, at disse er overflødige for at forklare denne verden, så er naturlig teologi selvsagt ikke længere mulig. Verden peger så ikke længere tilbage på sin skaber. Men hvad har det så betydet for teologien, Kristendommens troværdighed og Kirken?

Der kan næppe være tvivl om, at de moderne teologers afvisning uanset konfession af metafysik og dermed naturlig teologi, som en mulig, legitim og nødvendig del af den teologiske videnskab er medvirkende årsag til Kristenhedens og Kirkens trængte situation. Fremfor at imødegå de moderne filosoffers sofisteri og den naive tro på ”videnskaben”, har de fleste moderne teologer valgt at omfortolke Kristendommen på modernitetens præmisser, som enten blindt og ukritisk er blevet accepteret som *fait accompli* eller lige frem budt velkommen, som en ny chance og mulighed for at vende tilbage til en mere autentisk og relevant Kristendom! De katastrofale følger af dette knæfald er svære at overse!

Hvis Kristendommen er uden et kognitivt indhold, bliver det imidlertid meget svært at give et rationelt modspil til den moderne verden, der på den ene side hylder rationalismen i form af ”videnskaben”, der i sin naturalistiske form fungerer som ”muren omkring vingården”: modernitetens sekulære ideologier. På den anden side hylder moderniteten en form for fideisme i og med menneskets følelser, fornemmelser og lidenskaber bliver gjort til målestok for helligt og uhelligt, godt og ond, rigtigt og forkert for det enkelte individ. ”Værdierne”, som man siger i dag, kan jo ikke funderes i den objektive virkelighed[17] som afdækkes af ”videnskaben”, men er noget man kan ”udkaste” og vælge at tro på, men ikke rationelt begrunde og forpligte andre på. Religiøse værdier er blot en kontroversiel delmængde af værdier generelt.

---

[17] David Hume indførte et skel mellem *matters of fact* og *values*, hvor udsagn om de sidste aldrig kan begrundes i udsagn om de første, da ”man ikke kan slutte fra er til bør”. Dette bygger på forkastelsen af den traditionelle teleologiske og realistiske opfattelse af virkeligheden, hvor tingene har formål defineret af deres natur/essens og dermed et objektivt mål for godt og slet.

Det er Siger af Brabants[18] gamle "double think", som er kommet på mode igen: snart ses mennesket i den "videnskabelige" optik, når det er bekvemt, som et spil(d)produkt af tilfældighed og nødvendighed uden betydning i det vældige univers, snart i den "eksistentielle" optik som en autonom gud, som er alle tings målestok, når det er bekvemt. Men den første "optik" muliggør faktisk den anden, selvom det logisk set er absurd!

Med den naturlige teologi ryddet af vejen kan de sekulære ideologier frit proklamere menneskets autonomi, fordi, hedder det sig i lodret modstrid med Paulus og traditionel filosofi og teologi, der intet er i vores moderne filosofiske refleksion over fornuften og erkendelsens grænser og den videnskabelige viden om verden, som tyder på, at det skulle være muligt at bevise eksistensen af en *Summum Ens*, et højeste væsen, udover denne virkelighed, som mennesket bør anerkende, adlyde, elske og tilbede over sig selv. Følgeligt er det ej heller muligt at bevise, at dette væsen også på det naturlige område er ophav til normer, der forpligter mennesket uanset, hvad det selv føler og ønsker.

Derfor er mennesket ifølge disse ideologier fuldt ud berettiget til at indtage den ledige plads og udnævne sig selv, som individ, kollektiv eller art til det højeste væsen for sig selv, fremfor en Gud, som religiøse mennesker da godt kan tro på, men som for oplyste og rationelle mennesker ikke bevisbart eksisterer. Derfor kan mennesket i mangel af sikker viden om Guds eksistens og naturloven med rette betragte sig selv og/eller staten som både ophav til, målestok og mål for alle normer og værdier, og de universelle menneskerettigheder.

Modernitetens "svage gud"

I følge modernitetens *credo* består menneskets sande værdighed i autonomien, som ingen må krænke, heller ikke Gud, skulle Han alligevel eksistere! Omvendt bør ingen krænke et menneskets autonomi til at tro på en Gud,

[18] Siger, 1240-ca. 1284 var radikal averroist, men forsøgte at "redde" den katolske tro med sin lære om de to parallelle og "lige gyldige" sandheder: fornuftens sandheder, der er falske for troen, og troens sandheder, der er falske for fornuften.

hvis det er det han føler for! Moderniteten bekender sig nemlig ikke først og fremmest til ateisme og naturalisme, men til *homo mensura.*[19] Ligesom Paulus sagde om dem, som "kender Gud", men ignorerer Ham, kunne man sige, at moderniteten holder Guds eksistens åben som genstand for troen, samtidig med at alt i den verdslige sfære indrettes som om Han ikke eksisterer. Hvis man imidlertid tror, at Han findes, så må Han under alle omstændigheder opfattes som en gud af lavere rang end mennesket, for Hans eksistens og natur må aldrig kunne begrænse menneskets autonomi!

Moderne mennesker såvel som moderne teologer har nemlig intet i mod eksistensen af en mindre og svagere gud[20] eller blot indbildningen om sådan en guds eksistens hos de troende. For uanset om Han eksisterer eller ej, så kan troen indgive håb og trøst, og motivere og støtte menneskets bestræbelser på at skabe en kærlighedens civilisation og i det hele taget få det til at være sød, rar og inkluderende overfor dets medmennesker. Alt dette under betingelse af, at denne Gud blot ikke må stille krav til mennesket og fuldt ud skal respektere dets autonomi! Menneskets autonomi og værdighed tilsiger, at det ikke behøver at tjene andre end mennesket![21] Men en gud, der vil tjene mennesket er velkommen!

Mod dem, som fastholder en mere traditionel opfattelse af Guds og menneskets respektive roller, vil den sofistikerede sekularist svare: hvis Han ikke ville give os frihed til at søge lykken, som vi vil og leve i autonomi, burde han manifestere sig på en måde, der er synlig og overbevisende for alle uanset tro. At henvise til Åbenbaringen og sige, at det har Han skam gjort, batter ikke for Åbenbaringen er "på anden hånd" og kan derfor kun være overbevisende vidnesbyrd om Gud for dem, der allerede tror. De hellige skrifter er

---

[19] Sofisten Protagoras' (481f.Kr. - 411f.Kr.) berømte læresætning, der lagde grunden for både teoretisk og praktisk relativisme: "Mennesket er alle tings målestok, for de værende ting, at de er, for ikke-værende ting, at de ikke er."

[20] Den stærke Gud, der gør sig svag ved at blive menneske og "abdikerer" er en variant af "Gud er død teologien", som Gianni Vattimo og talrige andre teologiske charlataner har promoveret i det 20. århundredes anden halvdel.

[21] Lucifers *Non serviam!* tager mennesket hermed til sig i grænseløst hovmod og utaknemmelighed.

jo også forfattede i en helt anden tid og et andet samfund, og må derfor nyfortolkes ind i vor tid, hvis de skal sige moderne mennesker noget! Princip og mål for enhver fortolkning af Evangelierne må i dag være autonomi! Enhver kan fortolke Evangelierne, som de vil, hvis de blot når frem til, at budskabet er autonomi! Jesus sætter os fri, ikke fra syndens åg, men fra heteronomi. Det er den tidssvarende tolkning af Evangelierne!

Paulus tog fejl?

Uden sporene i skaberværket, uden den naturlige teologi, kan filosoffen, teologen eller den troende i rollen som apologet, ikke bygge en bro fra den naturlige og offentlige virkelighed til det overnaturlige, så den ikke-troende kan overbevises om, at mennesket *qua* skabning ikke er autonomt, og at det lever i en virkelighed, hvor Evangeliernes beretninger *kan* være sande! Med andre ord: Paulus tog fejl! Vi har ganske udmærkede undskyldninger for at ignorere Gud og naturloven, hvis vi ikke er troende. Og hvis vi er troende, så må den gud, vi tror på være svag og tilstå os fuld autonomi, hvis denne tro skal tolereres af moderniteten!

Menneskeretten til autonomi, garanterer selvfølgelig det enkelte menneskes ret til at være teoretisk eller praktisk ateist, men også som privatperson retten til at vælge at tro på hvilken Gud eller hvilke guder, han ønsker, når blot hans tro altså ikke begrænser andres autonomi til at vælge den tro eller ikke-tro og de værdier, de foretrækker! Er troen på Gud blot funderet i en subjektiv religiøs erfaring, eller i gamle overleverede hellige skrifter, der mangler en forankring i den fælles objektive virkelighed, kan denne tro aldrig forpligte andre end de troende, og staten kan ikke retmæssigt bakke én tro op frem for en anden tro eller en ikke-tro!

Paulus' argument for at hedningene ikke har nogen undskyldning for ikke at anerkende og dyrke Gud indebærer jo så også den modsatte konklusion, nemlig at de har en undskyldning, hvis Paulus' præmis er falsk, og Gud ikke har lagt tydelige og utvetydige spor ud, som gør det muligt at slutte sig til Hans eksistens ud fra fornuft og erfaring. Har Han ikke det, kan Han retfærdigvis heller ikke *kræve* menneskernes eller/og staternes lydighed, kærlighed og tilbedelse, hvis Han skulle findes. Det må være op til det autonome menneskets frie valg, mens staten nødvendigvis må være sekulær.

Hvis imidlertid Guds eksistens, attributter og virken til en vis grad skulle være indenfor den menneskelige fornufts rækkevidde, og den naturlige teologi alligevel vise sig at være en videnskab, der kan levere alment forpligtende Gudsbeviser byggende på ubetvivleligt evidente principper, så bortfalder legitimiteten af dette synspunkt. Ja, så bliver det intellektuelt uredeligt at opretholde menneskets ret til religionsfrihed og autonomi. Fastholder de moderne, at kun religiøse sandheder i det offentlige rum ville kunne forpligte alle, mens religiøse sandheder i det private rum forpligter ingen udover dem, som antager dem, ja, så forpligter den naturlige teologis sandheder alle, der i stand til at forstå dem, og det er i princippet alle mennesker *qua* rationelle væsner! Men denne skræmmende mulighed har alle "gode" kræfter forsøgt at lægge låg over.

Den naturlige teologis farer

De rationalistiske liberalteologer, og de fideistiske dialektiske og modernistiske teologer har tilfælles at afsværge enhver form for gudsbeviser, men sidstnævnte grupper hævder, at det ikke er i den ydre verdens indretning og eksistens, synlig for alle, at vi først kan finde "Guds fingeraftryk", men alene i De hellige Skrifter (historisk-kritisk eller på anden vis fortolket af teologerne, forstår sig!) og/eller i den indre subjektive verden i form af det religiøse menneskes anelser, oplevelser, følelser, længsler og håb, som kun er tilgængelige for individet selv.

De moderne teologers kritik af naturlig teologi, har ikke begrænset sig til at henvise til filosofiske og videnskabelige argumenter, men den beråber sig også på, at denne teologiske disciplin er irrelevant. For hvis man er troende, er beviser for Guds eksistens ikke nødvendige. Men er man ikke troende, er nok så mange beviser ikke tilstrækkelige! Teologer, der i tidens løb har prøvet objektivt at bevise Guds eksistens, har iflg. deres modernistiske kritikere nemlig også misforstået, hvad tro er, og har intellektualiseret Kristendommen helt i modstrid med de første kristnes religiøse erfaringer, der blev forfalsket af de helleniserende kirkefædre, som forsøgte at harmonisere troen med antikkens bedste rationelle filosofi og videnskab. Skulle man i dag forsøge sig med en tidssvarende naturlig teologi, måtte den tage udgangspunkt i den moderne kosmologi og evolutionsteori, som visse teologiske modernister da også har forsøgt.[22] Det ender bare som regel i panteisme og teistisk evolutionisme frem for noget, der er genkendeligt kristent!

For de moderne teologer, der sværger til fideismen i dens dialektiske affart er alle menneskets bestræbelser på at nærme sig Gud *via* fornuften en blasfemisk afvej, der erstatter gud som "der ganz andere"[23] med et menneskeskabt idol, et hovmodigt forsøg på at fange Gud og underordne Ham menneskets formål!! For dem er fornuften et beherskelsesredskab, som spærrer vejen til Gud, som man kun i total selvopgivelse og tro kan finde i ordet, der hele tiden lyder pâny. Ifølge liberalteologer og modernister derimod må der tages højde for, at vor tids religiøse mennesker er videnskabeligt oplyste, selvstændige og modne og ønsker ligeså lidt at få pseudorationelle Gudsbeviser som religiøse dogmer trukket ned over hovedet, for de anser ikke tro for en intellektuel øvelse og vil selv bestemme, hvad de skal tro. Derfor er naturlig teologi pastoralt og apologetisk af ringe værdi, ja, faktisk en anstødssten. Troen må altid komme indefra i form af en indre overbevisning eller følelse.

Desuden ville objektive og sikre beviser for Guds eksistens og naturloven have uhensigtsmæssige politiske og samfundsmæssige konsekvenser. Det ville umuliggøre den moderne multikulturelle stat, hvor der hersker religionsfrihed både i betydningen "frihed fra religion" og "friheden for alle religioner", altså både garanteret religionsneutralitet i det offentlige rum og frihed for enhver til at dyrke den religion de vil eller lade være, når bare de holder religionsdyrkelsen ude af det offentlige rum, ikke proselytiserer og i øvrigt er loyale borgere.

---

[22] P. Teilhard de Chardin S.J.

[23] Karl Barths "definition" af det, som han selv siger ikke kan defineres (afgrænses): Gud. Teologien er menneskeord om det unævnelige, Gud. Selv Åbenbaringen der ellers skulle være Guds ord til mennesket, er formidlet og dermed betinget af menneskets reception.

Disse Gudsbeviser og uforgribelige naturlove ville også kunne underminere demokratiet, fordi flertallet og dets repræsentanter ikke længere med god samvittighed ville kunne lovgive med suverænt mandat, men i stedet måtte lade sig begrænse af Guds love, eller det præsteskab som har autoritet til at fortolke dem, og det ville i sidste ende føre til teokrati. Menneskerettighederne ville ganske sikkert blive alvorligt indskrænket af menneskepligter overfor Gud, hvis naturloven anerkendtes som ubetinget gældende.

Hertil kommer risikoen for fanatisme eller intellektuel terrorisme, da rationelle argumenter for visse af de kristne trossandheder let kunne føre til kristnes overgreb eller i det mindste intolerance overfor mennesker med andre troserfaringer og traditioner end de kristne, og lægge hindringer i vejen for økumenien, der jo er et af midlerne til realiseringen af menneskehedens universelle broderskab! Den naturlige teologi må jo nødvendigvis afvise alle ikke-monoteistiske Gudsopfattelser som falske! For de modernistiske teologer må imidlertid intet dømmes ude, hvis det giver mening for mennesker, for som sagt "mennesket er alle tings målestok". Men alle religioner ser jo ud til at give mening for de mennesker, der tilslutter sig dem!

Teologiens elendighed

Hvis Paulus har ret i, at fornuften kan slutte sig til Guds eksistens og attributter og naturloven ud fra skaberværket, så må kampen for menneskets autonomi og dets ret til sit *"Non serviam"*, som den moderne filosofi har ført, forståeligt nok blive en kamp mod fornuften, selvom denne kamp listigt og fejlagtigt fremstilles som rationalitetens kamp mod formørket filosofisk og religiøs dogmatisme! "Efter Kant kan vi ikke længere bla bla bla..."[24] er et litanie generationer af teologer har gentaget til ulidelighed uden at tænke!

Det er forståeligt omend beklageligt, at teologer af god vilje, der accepterede Kants afvisning af muligheden af Gudsbeviser og hans deontologiske etik,[25] der bryder med en etik baseret på naturloven, så til gengæld har forsøgt at

---

[24] Kants erkendekritik i hovedværket *Kritik der reinen Vernunft* (1781) blev af mange filosoffer og teologer anset som dødsstødet mod al metafysik og dermed al naturlig teologi.

[25] Pligtetik

bygge på "Skriften alene" *à la* Luther eller på det rent subjektive, religiøse følelser, det eksistentielle m.v. i håbet om dér at finde et helle for de kolde "rationelle" vinde, der fejer alt der måtte pege på Gud ud af filosofi og videnskab og dermed ud af virkeligheden.

Men hermed har teologerne ikke blot opgivet hele den objektive virkelighed og overladt den til "videnskaben", men også gjort sig inhabile i alle offentlige moralske og politiske spørgsmål, da de kun kan komme med partsindlæg, der ikke kan forsvares rationelt, og kun virker overbevisende under forudsætning af tro. Herved bidrager de blot til at legitimere sekulariseringen. Til gengæld har mange teologer så slået til lyd for at mobilisere kristne til politisk aktivisme for en bedre verden. Fra at være en lære, er Kristendommen forsøgt omgjort til en radikal praksis. Kristendommens krise er også teologiens krise, en teologi, som ikke længere vil vedkende sig sit genstandsområde og sine hæderkronede traditionelle metoder, men blot hæsblæsende løber efter den seneste trend.

Den moderne teologi som videnskab

Mange moderne teologer har imidlertid fortsat anglet efter Akademias anerkendelse og en plads i videnskabernes hierarki. Skt. Thomas' klassiske redegørelse[26] for teologiens rang i dette hierarki ville desværre kun vække hovedrysten hos de fleste moderne teologer, og højlydt latter fra de andre videnskabers forskere, som mener, at de er blevet en hel del klogere på virkeligheden og på, hvad mennesket kan vide og ikke vide siden den gode dominikaner fra den mørke Middelalder levede!

1. En videnskabs rang afhænger af rangen af den genstand, som den omhandler. Da teologien studerer *Summum Ens*, det højeste værende, Gud og hans Åbenbaring, må den også være den højeste videnskab.

2. En videnskabs rang afhænger også af dens vigtighed for mennesket. Men teologien besvarer netop de helt fundamentale spørgsmål: a)

---

[26] *Summa Theologica, Pars Prima, Queſtio I.*

hvad er årsagen til og formålet med vor eksistens? og b) hvordan kan dette formål realiseres?

3. En videnskabs rang afhænger også af hvor omfattende og ophøjet den er. Men teologien er netop den mest omfattende og ophøjede videnskab da den: a) udover at indeholde en del sandheder, som vi selv kan erkende ved hjælp af vor fornuft, også indeholder mange flere sandheder, som vi kun kan vide takket være Åbenbaringen; b) da forbillederne for alt det skabte, dets former, principper og love, er indeholdt i Guds intellekt, så teologien i og med den er videnskaben om Gud også indirekte er videnskaben om alt andet, i det mindste i princippet, for enhver videnskab uanset dens metodiske autonomi, må finde sin sidste og endelige afklaring og forklaring *via* teologien, der omend mangelfuldt "dunkelt som i et spejl" repræsenterer guddommelig viden, ikke blot menneskelig viden om det guddommelige, og derfor da også kaldes *Scientia divina* eller *Scientia sacra*.

4. Endelig afhænger en videnskabs rang også af dens sikkerhed. Men teologien er netop den mest sikre videnskab og rettesnor for livet, for den er udover fornuftens domæne baseret på Guds ufejlbarlige Ord. Mennesket og dets fornuft, svækket som det er som følge af arvesynden, føres let på vildspor, uden retledning fra Åbenbaringen, og dette gælder også de andre videnskaber, der selvom de er autonome på deres specifikke område jo udøves af fejlbarlige mennesker.

Vore moderne teologer i fuld enighed med deres akademiske kollegaer fra de andre fakulteter må tage afstand fra denne ligefremme definition, klare opdeling og "triumfalistiske" rangordning af teologien, for de vil hævde, at den umuligt kan være den højeste videnskab om det "højeste værende", for Gud, som transcendent eller overnaturligt væsen, er ikke tilgængelig for videnskaben. "Rigtig videnskab" er udforskning af den offentligt tilgængelige virkelighed, hvad enten genstandsområdet er naturens fænomener og processer eller kulturens frembringelser i form af tekster og symboler, eller samfundsstrukturer.

Selvskrevet til højeste rang i Akademia i dag er naturvidenskaberne, der udforsker og forklarer den fysiske virkelighed, der ses som alt andets grundlag, og hvis resultater fører til de bedste bud på universets, livets og menneskets opståen og udvikling, samt ikke mindst er ophav til modernitetens tekniske mirakler. Dermed er naturvidenskaberne også de vigtigste fag! Humaniora indtager derimod en lavere rang, idet de forsøger at forstå og fortolke, hvordan virkeligheden er blevet reflekteret i og forestillet og *forstillet* af menneskets "hjerne" gennem historien, en hjerne, der selv er et produkt af den fysiske verden, evolutionen og historien.

Da det mentale, altså idéer, forestillinger, normer og værdier, dels kan være "kopier" af virkeligheden opstået *via* sansningen, dels udspringer af menneskets fantasi, vilje og følelsesliv og den sociale og historiske kontekst uden nødvendigvis at afspejle noget, der reelt eksisterer i den objektive virkelighed, så er disse fags genstande "mindre" virkelige end de naturvidenskabelige fags genstande. Kopier er jo afhængige af originalerne og forklares ud fra dem, ikke omvendt. I sidste ende må de flygtige rent subjektive produkter af menneskets mentale liv finde deres forklaring i objektive sociale-historiske forhold, der igen må forklares ud fra psykologiske og ultimativt biologiske processer. Til disse forestillinger eller forstillelser hører også skabelsesmyter og forestillinger om guder.

Religionen hører så til forestillingsverdenen. Den taler ganske vist til hjertet og menneskets behov for "mening", mens videnskaben taler til den kolde forstand. Det gælder naturligvis også den moderne teologi, der må udforske sit genstandsområde uden tro og med samme skeptisk-kritiske blik som andre videnskaber, hvis den vil være troværdig i akademisk sammenhæng! Hvis teologiens genstandsområde primært er mennesket og dets religiøse betydningsdannelser og ikke Gud og Hans Åbenbaring, så må den være humanvidenskab! Vi ser da også, at de ellers selvstændige teologiske fakulteter efterhånden bliver slået sammen med humaniora.

Kun hvis teologien vil ændre sig fra at være udforskningen af påståede, men ubeviselige objektive realiteter som Gud og hans Åbenbaring, altså noget udefra kommende enten *via* det naturlige lys eller De hellige tekster og traditionen, til at være udforskningen af Kristendommens Gudsbilleder og religiøse fortællinger, der kommer indefra i kraft af menneskets længsler og håb, og som udtrykkes i den objektive virkelighed i form af religiøse tekster, ritualer, moralske normer og kunst, gennem tiderne, kan teologien accepteres som en videnskab i den akademiske verden. Teologien må ydermere hente sin videnskabelige legitimitet og autoritet ved at bruge humanioras metoder såsom hermeneutik, kildekritik, den historisk kritiske metode og dekonstruktivismen suppleret eventuelt af viden fra psykologi og det samfundsvidenskabelige fakultet.

Indenfor de humanistiske fags hierarki må teologien imidlertid indtage den laveste rang, for hvor kultur, sprog og litteraturfagene studerer mentale frembringelser, der mere eller mindre spejler eller refererer til den virkelige verden, så omhandler teologien hovedsageligt forestillinger, følelser og oplevelser, der intet hold har i den fysiske virkelighed, da de omhandler "det overnaturlige", kort sagt alt det som virker redundant eller måske endda skadeligt i forhold til den "psykiske økonomi" og de fundamentale biologiske processer, som skal sikre artens overlevelse og videreførelse. Ydermere kan disse forestillinger forårsage uhensigtsmæssig social adfærd, og føre til ekskluderende normer og social og politisk uro i en stadig mere sekulariseret verden. Det er jo så bare endnu ét af teologiens nye forskningsområder.

Ikke blot den naturlige teologi, men også den dogmatiske teologi og moralteologien er principielt ophævede, for Skrifterne kan kun videnskabeligt udforskes som udtryk for kristne menneskers skiftende religiøse oplevelser og forestillinger gennem historien. Følgelig har de ingen guddommelig autoritet og kan ikke forpligte vores tro her og nu, ikke pålægge os bestemte trossandheder eller moralske bud. Moralteologien kan altså kun være beskrivende, ikke foreskrivende.

En tilgang til Skrifterne, der tilskriver deres udsagn kognitiv værdi, ja, evig sandhed, og som fastfryser deres budskab på et tidligt stade i kristendommens udvikling, må herefter betegnes som "fundamentalistisk", og det vil sige afskrives som ikke blot uvidenskabeligt, men antividenskabeligt. Fundamentalisten tror nemlig på eksistensen af en overtidslig guddommelig "afsender", og på at det afsendte i form af hellige tekster skal betragtes og behandles anderledes end alle mulige andre tekster fra fortiden og ikke legitimt underkastes den historisk kritiske metode, der *a priori* sætter parentes om alt overnaturligt. Hermed er stort set alle "førmoderne" teologer klassificeret som fundamentalister! Det er de selvfølgelig velkommen til at være, enhver er jo salig i sin tro, men det har bare ikke noget med videnskab at skaffe!

Den teologiske videnskabs "sikkerhed" er ligefrem proportional med dens "videnskabelighed", dens udøveres evne til at bruge fagets metoder korrekt og være i overensstemmelse med den på ethvert givent tidspunkt herskende konsensus blandt fagets alment anerkendte autoriteter, en konsensus der naturligvis kan forandres i lyset af nye teorier og forskningsresultater ikke blot indenfor teologien, men også inden for de andre videnskaber. Teologien kan således aldrig indeholde en afsluttet sum af "guddommelig" visdom, men blot en midlertidig sum af p.t. anerkendt viden om fænomenet Kristendom, for den er som al anden moderne videnskab blot en uafsluttet og principielt uafsluttelig forskningsproces, hvor ny viden afløser forældet viden, nye paradigmer erstatter ældre, der så selv udskiftes *ad infinitum*... Faget burde så egentlig omdøbes til *humanfænomenoteologologi*, videnskaben om det, der *foregiver* at være Guds tale, men blot er historisk betingede menneskeord, hvis det altså ikke lige var så svært at udtale!

Teologien kan heller ikke længere siges at være mere omfattende end andre videnskaber, da den blot beskæftiger sig med sin lille del af virkeligheden, den menneskeskabte historisk-kulturelle virkelighed i den udstrækning, Kristendommen indgår i den. Følgelig kan teologien heller ikke underordne sig de andre videnskaber og være deres dybeste forklaring og rettesnor, for tværtimod er teologien i vid udstrækning anvist på andre videnskabers teorier og forskningsresultater indenfor f.eks. antropologi, samfundsvidenskab, historie og psykologi for at kunne gøre rede for sit genstandsområde: de kristne religiøse forestillinger, deres årsager og virkninger og lovene for deres forandring og udvikling. Ej heller kan den gøre krav på at være den vigtigste videnskab for mennesket, for langt fra alle mennesker er kristne, så de har ikke nødvendigvis nogen interesse i en teologisk fremstilling af de forskellige kristne livstolkninger i historiens løb og deres årsager og udvikling.

Teologien, der jo egentlig blot omhandler ét sæt religiøse forestillinger og deres udvikling og historie, må følgelig finde sine nærmeste forklaringsprincipper i den højere rangerende religionsvidenskab, der komparativt undersøger alle religioner og forsøger at uddrage en "laveste fællesnævner" og en endegyldig forklaring på "fænomenet" religion. Det mærkværdigste af alt er jo, at mennesket har religiøse forestillinger i det hele taget, og at disse forestillinger i det meste af dets historie indtil for nylig har spillet en usædvanlig stor og ikke altid lige gavnlig rolle!

Så religionsvidenskabens opgave er at "forklare" religion, og det vil sige i vore dages universitære klima, at finde en naturalistisk forklaring på dette fænomen. Ligesom naturvidenskaberne giver os magt over naturen, så vil religionsvidenskaben i forening med psykologi og biologi kunne hjælpe os til at få magt over de stærke og farlige kræfter, som religiøse forestillinger og følelser kan udløse! Teologien har så i sidste ende sin berettigelse ved at dekonstruere Kristendommens religiøse forestillinger og fungere som "minør", der fjerner de mere sprængfarlige og politisk ukorrekte blandt dem og lader de harmløse eller ligefremt samfundsgavnlige, såsom "næstekærlighedsbuddet" og omsorgen for de svage, fattige og udstødte tilbage, alle dem som motiverer til socialt engagement og kamp for en bedre verden!

Så fra at have været *Scientia sacra*, er teologien blevet *scientia desacra*; fra at være videnskaben, der forklarer alt ud fra Gud, til videnskaben der bortforklarer Gud og hans sandheder!

Hvis nogle læsere skulle finde denne fremstilling af den herskende universitetsteologi for dystopisk, kan de bare kaste et blik på de teologiske fags hjemmesider på henholdsvis Københavns og Århus Universitet![27]

[27] Københavns Universitet: http://www.ku.dk/ Århus Universitet: https://www.au.dk/

Konklusion

Marginaliseringen af teologien i videnskabernes hierarki og dens forvandling til humanvidenskab, sekularistisk apologi, socialistisk-globalistisk agitprop og psykoterapi afspejler imidlertid blot Kristendommens totale afvikling i det offentlige rum. Hvad er så årsag og, hvad virkning? De to processer går hånd i hånd og forstærker gensidigt hinanden, men selvfølgelig er det i begge tilfælde "den gamle Adams" oprør mod at tjene Gud, menneskets vilje til autonomi på alle områder og oprør mod enhver form for ydre styring, der er den drivende kraft. Denne kraft har imidlertid altid søgt og søger stadigt at legitimere og undskylde sig rationelt, ikke mindst ved at angribe muligheden for naturlig teologi, for hvis Gud ikke utvetydigt og åbenlyst for alle har givet sig til kende, ja, så kan mennesket vel streng taget beråbe sig på "uovervindelig uvidenhed" og retfærdiggøre, at det kan gøre, som det vil?!

Denne artikels forfatter er af den opfattelse, at det netop er teologernes forkastelse af den naturlige teologi og dermed det rationelle fundament for Kristendommen, der trækker de andre discipliners fald med sig, for herved mister teologien sit rationelt bevisbare og dermed alment forpligtende fodfæste i den objektive virkelighed. Hvis derimod den naturlige teologi kan bevise Guds eksistens, så kan Skrifterne, Åbenbaringen, ikke *a priori* reduceres til blot "menneskelige traditioner", der videnskabeligt set udelukkende kan udforskes ved brug af den historisk-kritiske metode, religionsvidenskab, psykologi og sociologi.

Hvis Gud er, så kan Han i princippet også tale til os, udføre mirakler og lade sig føde iblandt os. For Gud, forstået som *Summum Ens, Summum Bonum, Ipsum Esse Subsistens,*[28] er alt principielt muligt, der ikke indeholder en modsigelse. Selvom katolske, ortodokse eller fundamentalistiske protestantiske teologer forsøger på at opretholde den dogmatiske teologi og moralteologien uden den naturlige teologis rygdækning, så lykkes det ikke, for de kan ikke forsvare sig rationelt mod angreb fra dels naturalistisk filosofi og videnskab, der reducerer alt til "kemi", dels fra den humanistiske akademiske

[28] Det højeste værende, det højeste gode, det værende, hvis essens det er at eksistere.

teologi, der reducerer alt til menneskelige konstruktioner. De må flygte ind i det "absurde": tro og fornuft som uforsonlige modsætninger, der konstituerer hver deres parallelle univers. Troens sandheder, det som mennesket jo egentligt har mest nødigt at vide udover, hvad det naturlige lys kan vise, bliver så det mest tvivlsomme af alt og Gud selv en kimære! Men mennesket søger så blot sikkerhed og sandhed andre steder i ideologiske trends, "spiritualitet" og i "videnskaben", frem for i Kristendommen!

For at genetablere den naturlige teologi i sin gamle værdighed og dermed også rehabilitere teologien som videnskabernes dronning, kræves intet mindre end at overbevise moderne mennesker: filosoffer, teologer, gejstlige, lægfolk om, at det meste de mener at vide om fornuft og tro er forkert!!

Moderniteten fremstår kun som en succés historie, fordi sejrherrerne skriver historien!

De moderne filosoffers sofisterier må afsløres; første filosofien og de traditionelle Gudsbeviser må bringes til ære og værdighed igen.[29] Ikke mindst må det naturalistiske-reduktionistiske slør bortrives,[30] som flertallet af naturvidenskabernes præsteskab og fanskarer uretmæssigt har hyllet skaberværket ind i, så sporerne, der peger tilbage til skaberen er blevet tilslørede for de fleste, så deres "tanker er blevet tomme", udsat, som de har været, for den moderne skolegang og uddannelse som får dem til at anse sig for oplyste, trods de faktisk er "formørkede i deres hjerter"!

JMJ

[29] Den store thomistiske teolog P. Reginald Garrigou-Lagrange gjorde et kæmpe arbejde i første halvdel af det 20.årh. for at rehabilitere den naturlige teologi og gudsbeviserne i værker som *Dieu, son existance et sa nature. Paris 1923.*

[30] Darwinismens hypotese fremsat oftest som en ubetvivlelig videnskabelig sandhed, at al formålstjenlighed, intelligent orden/funktion og skønhed i den levende natur kan forklares som produktet af uintelligente kræfter: nødvendighed og tilfældighed har været fatal. Intelligent Design-bevægelsens opgør med darwinismen, der så småt startede med Michael Dentons *Evolution-A Theory in Crisis,* er et skridt i den rigtige retning.

St Michael's School (Hampshire, England)

What is the goal of Catholic education? Here at St. Michael's we try to answer this question each day of the scholastic year. We believe that a truly Catholic education will help your children to save their souls. It will give them the tools they need to fulfil their duties here below. It will foster in them vocations to the priesthood and to religious life. It will enable them to become the leaders of tomorrow, strong Catholics who will lead their families, their communities, their industries and businesses, their countries and its laws back to the sweet and gentle reign of Our Lord Jesus Christ, Who is the Way, the Truth and the Life. It is an education that will prepare them to resist the revolution which seeks to put man in the place of God. It is an education that will not only profit them here in this world but more importantly also for all eternity. It is an education committed to the restoration of all things in Christ.

For more information, please email the school secretary at bursar.sms@gmail.com. Otherwise, please visit the school's web page on http://fsspx.uk.

John Jensen: Boethius og filosofiens trøst

Indledning

Skulle man udpege de værker fra senantikken, der har været kendt, læst og elsket mest bredt og længst i den vestlige kristenhed, må det nok være Augustins *Bekendelser*, der indtager førstepladsen med Boethius' *Filosofiens trøst* på en tæt andenplads. I sin bog, "The Discarded Image"[1] skriver C.S. Lewis følgende om Boethius' værk *De Consolatione Philosophiae*: *"About two hundred years ago it would, I think, have been hard to find an educated man in a European country who did not love it. To aquire a taste for it is almost to become naturalised in the Middle Ages".*

I dag ville det nok være svært at finde ret mange dannede mennesker i noget europæisk land, som har læst "Filosofiens trøst". Blandt denne eksklusive skare, er det nok meget få, der har læst den for at finde trøst eller har fundet trøst ved at læse den! De fleste har læst den, som man nu læser gamle tekster, af kultur- og mentalitetshistorisk interesse eller, hvis man er forsker for at kunne komme med sit lille bidrag til Boethius-forskningen. Det er også svært i dag at se, hvilken trøst der skulle være at finde i filosofien! Er der noget mere trøstesløst end den moderne filosofi? Personificerer vi filosofien, som Boethius gør i sit værk, ville Dr. Fausts ord[2] passe på en prik i hendes mund:

> *Bilde mir nicht ein was Rechts zu wissen,*
> *Bilde mir nicht ein, ich könnte was lehren,*
> *Die Menschen zu bessern und zu bekehren.*

Filosofia har nemlig for længst mistet troen på sig selv som indehaveren af eller vejen til visdom. I den klassiske filosofiske tradition, som også Boethius tilhører, er visdommen en levet enhed af teori og praksis. Den er indsigten i altings første principper og mål, det gode for hver ting forenet med de praktiske principper, der følger heraf, som bringer mennesket, der efterlever

---

[1] *The Discarded Image – An Introduction to Medieval and Renaissance Literature.* Cambridge University Press 1964: s.75.

[2] J. W. v. Goethe, *Faust, eine Tragödie,* Erster Teil, Nacht: v. 371 – 374.

dem i samklang med tingenes natur og i overensstemmelse med sin bestemmelse. Kun ved at følge denne vej kan menneskets sande lykke realiseres! Hvis man kaldte sig selv "filosof" i antikken, forventedes det, at man levede som en filosof og ikke mindst døde som filosof, ellers var man til grin! I dag er der næppe mange, der forventer, at filosoffer lever anderledes end andre akademikere, intellektuelle eller folk i al almindelighed.

Få ville vel nu også mene, at man bliver lykkelig af at filosofere, snarere det modsatte! Vore dages Filosofia ser nu med et skiftevis misundeligt og beundrende blik på fagvidenskaberne som ene ophav til reel og anvendelig viden om alting, og accepterer resigneret sin reducerede rolle, at reflektere over disse fags metoder og over diverse og disparate erkendelsesteoretiske, etiske og politiske "spørgsmål", eller at udforske sin egen historie, uden dog at formå at lære noget af den! Samtidig abonnerer de fleste af hendes moderne tilhængere ukritisk på den herskende naturalisme og relativisme. Filosofias egne indtørrede og beske frugter er oftest kun spiselige for fagfilosofferne, der er alt for ydmyge (eller hovmodige) til at ville belære, forbedre og omvende lægfolket til det filosofiske liv!

Skulle der være trøst at finde i filosofien, må det være en falsk eller en forældet filosofi, for Filosofia opbygger ikke længere, men nedbryder. Hun opdrager til mistro ikke mindst overfor al skarp skelnen mellem sandt og falskt, godt og ondt, skønt og hæsligt. Hun foretrækker natten, hvor alle katte er grå frem for dagen. Hun ynder at stille spørgsmål frem for at levere svar. De neofyter,[3] der stadig søger visdom i filosofien, har hun kun foragt tilovers for og behandler stedmoderligt. Skulle hun ikke hellere tage at skifte navn fra Filosofia, kærlighed til visdommen, til Misosofia, had til visdommen?

Men man kan jo ikke hade noget, der ikke findes og ikke kan findes! Hvis visdommen ikke findes, så kan der heller ikke findes vismænd, og dette gælder med tilbagevirkende kraft! Fortidens vise må have været indbildt vise eller dårer, og fortidens filosoffer har stræbt efter en kimære! Dette må også gælde Boethius! Følgelig kan hans værk, hvor Filosofia med held genopdrager ham

---

[3] De, der endnu står på et tidligt trin i deres indvielse.

i den visdom, han nok har kendt, men ikke erkendt, ikke længere trøste nogen, som er ajour med den filosofiske afvikling, med mindre vi taler om en illusorisk trøst baseret på forældede anskuelser og uholdbare argumenter!

Når et værk på den måde er afgået ved døden, fordi det ikke længere af nutidige læsere kan tilegnes eller anerkendes og forstås ud fra dets egne præmisser og formål, bliver der kun tilbage at overlade det som et andet *corpus delicti* til de lærde og deres dissektion og analyse, hvor det jo så kommer til at dreje sig om at forklare værket "ud fra dets tid", gøre rede for dets virkningshistorie frem for at lade sig "forklare" og belære af værket. Men kan vi stadig lære noget af Boethius og hans værk, eller kan vi kun lære noget om ham og værket? "Nej!" vil de fleste filosoffer og lærde sige til det første spørgsmål! "Ja!" vil et mindretal af ditto sige, som nu C. S. Lewis, der endda hævdede, at man ved at få smag for Boethius kan komme til at føle sig hjemme i middelalderen. Hvem vil ikke gerne det blandt dem af os, som er dødtrætte af moderniteten?

Denne artikels sigte er imidlertid ikke at levere en grundig kommentar til Boethius' mest berømte værk, men blot at inspirere læseren og hjælpe ham på vej til at læse *Filosofiens trøst* selv. For at kunne blive forklaret og belært af Boethius, bliver vi trods alt nødt til at lære lidt om Boethius' liv, tid og værk!

Boethius' liv og tid

Anicius Manlius Severinus Boethius blev født ca. 480 e.Kr. ind i en rig, fornem og højt agtet patricierslægt, der talte et par senantikke kejsere og mange konsuler. Han var fra fødslen i kraft af sin stand indforskrevet til det traditionelle romerske *cursus honorum,* altså at påtage sig ærefulde offentlige embeder som sine forfædre. Ganske vist var Roma ikke hvad hun havde været. Imperiets egentlige centrum var med Kejser Konstantins grundlæggelse af Konstantinopel flyttet mod øst, og de vestlige kejsere,[4] der stod i skyggen af de østlige havde gradvis mistet kontrollen med det vestlige imperium, der

[4] Ved slutningen af d. 3. årh. e.Kr. var Romerriget blevet så svært at styre centralt, at Kejser Diokletian officielt indførte medkejsere, der skulle regere i hver deres område. Denne praksis endte med Julius Nepos', den sidste vestlige kejsers, død i 480 e.Kr.

overskylledes af successive bølger af militante migranter fra alle verdenshjørner, visigother, hunner, vandaler, alaner, ostragother, der alle ville have en "bid af kagen", del i den romerske civilisation og livsstil eller blot plyndre.

Selvom Rom havde mistet sin politiske betydning som hele imperiets hovedstad, så besad Byen dog stadig en enorm prestige i kraft af sin historie og kulturelle arv, selvom Ravenna, der var bedre beskyttet bag sine omgivende sumpe end Rom, i en urolig tid efterhånden var blevet den foretrukne residensby i det svindende vestlige Imperium. På trods af, at Kristendommen havde vundet enormt terræn siden Milano-ediktet[5] fortsatte imperiet med at være delvist "multireligiøst", indtil de hedenske kulter definitivt blev proskriberet af Kejser Theodosius I i 393. Selvom Katolicismen blev udnævnt til den officielle religion i hele imperiet, blev der fortsat værnet om hele den hedenske antikke litterære og filosofiske arv. Paven sad i Rom, der hermed trods forfaldet i vest, forblev Kristenhedens og det vil sige imperiets åndelige centrum. Meget blev på overfladen ved det gamle! Konsuler blev fortsat valgt og senatorerne gik stadig i deres purpurbræmmede togaer til *Curia*[6] på Forum, hvor de rådslog som i republikkens tid, dog uden fordums magt. De vestlige kejsere, der formelt havde magten, var reelt i lommen på deres hærførere, der var af barbarisk herkomst.

Rom selv var blevet erobret af visigothernes hærfører, den tidligere romerske officer Alarik, i 410 e.Kr. Dog var skaderne begrænsede. I 452 e.Kr. truede en langt værre skæbne Byen, da Attila med sine ikke-romaniserede hunner drog hærgende ned gennem Italien med kurs mod Rom uden at Imperiet kunne yde nævneværdig militær modstand. Den vestlige Kejser Valentinian III sendte gesandter, herunder Pave Leo den Store, til Attilas lejr, for at finde en fredelig løsning. Efter sigende skulle det ikke have været kejserens mænd, men pave Leo, der fik Attila til at opgive at indtage og ødelægge Rom! Tre år senere måtte pave Leo igen træde til som Roms redningsmand, da vandalerne

---

[5] Ediktet, udstedt af Kejser Konstantin og medkejser Licinius i 313 e.Kr., gjorde en ende på kristenforfølgelserne idet Kristendommen ligestilles de andre anerkendte religioner i Romerriget.

[6] Senatsbygningen, der står der endnu!

under Genserik i 455 e.Kr. belejrede byen. Leo fik Genserik til at love, at han ikke ville massakrere indbyggerne og afbrænde de historiske bygninger mod at byportene til gengæld blev åbnet for ham. Ikke desto mindre blev byen plyndret i fjorten dage af vandalerne og mange offentlige bygninger berøvet deres udsmykning. Det vestlige imperiums dage var nu talte.

I 476 e.Kr., fire år før Boethius' fødsel, ledte den romerske hærfører, visigothen Flavius Odoaker, en revolte blandt det vestlige imperiums soldater, der på det tidspunkt mest bestod af mænd fra diverse germanske stammer, mod den vestlige kejser, Romulus Augustus. Han blev afsat og Odoaker udråbte sig selv til konge af Italien, dog som vasal af medkejseren Julius Nepos, der residerede i Dalmatien. Odoaker var en civiliseret barbar og rørte ikke ved Roms gamle politiske institutioner og bidrog af egne midler til restaurationen af bl.a. Colosseum. Da kejser Julius døde i 480, var det endegyldigt slut med det vestlige imperium. Odoaker erklærede sig dog *pro forma* som vasal af den østromerske kejser, men var reelt enehersker i Italien.

Der var ikke så meget den østromerske kejser kunne gøre for at hævde sin suverænitet i Italien på det tidspunkt. Men i 488 e.Kr. så Kejser Zeno sit snit til at pudse én af sine ostragothiske hærførere, Theodorik, på Odoaker, der brugte sine mænd mere til at plyndre indenfor *limes,*[7] end til at forsvare dem. Han drog så med sin hær og over 200.000 stammefæller til Italien og fik efter nogle slag nedkæmpet visigothernes hære og egenhændigt dræbt Odoaker, hvorefter han udråbte sig til konge af Italien. Theodorik var som de fleste barbarer, der ønskede at bosætte sig indenfor *limes* ikke en fjende af den romersk-antikke kultur, men beundrede og imiterede den. Men Theodorik var arianer, som hans visigothiske forløbere, et kætteri fordømt af koncilet i Nikæa og yderligere forsøgt udrenset af kejser Theodosius.

Disse kristne, men kætterske gothere havde dog udvist tolerance overfor den dominerende katolske religion i de områder, de erobrede, og de lod også de traditionelle romerske institutioner bestå, hvilket af og til førte til gnidninger

---

[7] Betegnelsen for Romerrigets grænse. Den var så vidt det var muligt befæstet og bevogtet i hele sin enorme længde, dog ofte i senantikken af soldater, hvis loyalitet var delt mellem egne stammefæller på den anden side grænsen og kejseren.

mellem ambitiøse ostragother og de velstående og fornemme romerske familier, der udpegedes til de offentlige embeder. Afpresning og intriger blev af og til benyttet af fremtrædende ostragother mod rige fra senatorstanden, som de forsøgte at hænge op på alvorlige anklager, for at få en undskyldning for at konfiskere deres ejendom, der jo så tilfaldt anklagerne i tilfælde af de kendtes skyldige. Kongen og hoffet var forståeligt nok mistænksomme overfor enhver, der korresponderede med kejsermagten i øst. Mange i senatorstanden har formodentlig dukket sig, lukket øjnene for uretfærdighederne eller spillet med for at bevare hoffets gunst og derved måske selv slippe for lignende trakasserier.

I denne spegede politiske og religiøse virkelighed var det, at Boethius skulle forfølge sit *cursus honorum.* Det gik imidlertid ganske godt, må man sige. Som femogtyveårig var han optaget i senatorstanden og varetog forskellige hverv for Theodorik. I 510 e.Kr. blev han udnævnt til konsul, men højdepunktet ifølge Boethius selv, som vi lærer det fra *Filosofiens trøst*, var dagen, da begge hans sønner blev indsat af kongen som konsuler for året 522 e.Kr. Denne begivenhed overskyggede altså i Boethius' egne øjne hans egen karrieres højdepunkt, da han senere samme år blev udnævnt til *magister officiorum*, førsteminister i Theodoriks regering og hof i Ravenna!

Men højt at flyve, dybt at falde! Den høje gunst som Boethius nød fra Theodoriks side, blev forskertset, da han kort efter under et kongeligt råd i Verona i 523 e.Kr. modigt tog ex-konsul Albinus i forsvar mod anklager for højforræderi. Albinus skulle have korresponderet konspiratorisk med den østlige kejser Justinian I mod Theodorik. Den politiske og religiøse situation var netop på dette tidspunkt mudret for Kongen af Italien. Theodoriks arvefølge var ikke sikret, og frygten for, at romerne igen skulle begynde at drømme søde drømme om frihed og påkalde sig østkejserens hjælp til at smide de kætterske ostragother ud, greb om sig blandt den ostragothiske elite. Skismaet[8] mellem Rom og Konstantinopel, der var opstået p.gr.a. sidstnævntes

[8] Begyndte så småt med 2. koncilet i Efesos i 449 e.Kr., hvor monofysitismen, der hævdede at Kristus kun havde en guddommelig natur blev bakket op af den østlige kejser, men blev fordømt af koncilet i Khalkedon i 451 e.Kr. Dog fortsatte sympatien i øst for dette kætteri,

godkendelse af visse af det monofysitiske kætteris dogmer, var nemlig ved at være helet. Samtidigt så det ud til, at Justinian ville til at stramme kursen mod arianere i øst.

Dette sammentræf af begivenheder førte til, at Theodoriks slumrende paranoia blev vækket. Boethius' forsvar for Albinus blev set som illoyalt overfor kongen, og han blev efterfølgende selv anklaget for højforræderi og for magi og fundet skyldig. Forfalskede breve og falske vidner blev brugt til at anklage Boethius. Hans romerske standsfæller gjorde tilsyneladende ikke noget for at hindre dette justitsmord, men stadfæstede det, hvad enten det skyldtes frygten for deres eget skind eller misundelse eller utilfredshed med hans retfærdige embedsførelse, der, måske efter deres opfattelse, bragte dem i fare. Boethius blev placeret i husarrest i nærheden af Pavia. Her skrev han så sit mest kendte og elskede værk, *Filosofiens trøst*, og filosofisk trøst havde han hårdt brug for, selvom det er uvist, om han under nedskrivningen var klar over, at en grusom henrettelse ventede ham. Måske håbede han stadig på benådning eller på, at sagen kunne genoptages. Måske er det én af grundene til, at han skrev *Filosofiens trøst*, ikke *Teologiens* eller *Religionens trøst*? Men det spørgsmål vender vi tilbage til senere i denne artikel.

Boethius blev henrettet i 524 eller 525 e.Kr.[9] Han fik med tiden status som kristen martyr, da hans dom og død mentes at skyldes hans forsvar for den katolske tro mod hans arianske herrer. Hans jordiske rester ligger passende sammen med Skt. Augustins i San Pietro in Ciel d'Oro i Pavia. Dante placerede ham i sin *Guddommelige Komedie*[10] i Himlen, nærmere bestemt i Solens ring, hvor bl.a. Kirkens lærere opholder sig og lod Virgil pege ham ud:

---

og der blev lagt pres på paven i Rom, for at få ham til acceptere visse monofysitiske formuleringer, dog uden succes.

[9] Måden hvorpå Boethius blev henrettet er omstridt. Iflg. et anonymt skrift, Theodoriks historie, blev et tyndt reb spændt om hans hoved og strammet til indtil øjnene sprang ud af deres huler, hvorefter han blev dræbt med køller. Andre mener, at han blev halshugget.

[10] Paradiset, sang X. Oversat af Chr. Molbech.

Derinde ved alt godt at se, sig fryder
den hellige sjæl, der viser menneskeheden,
som hører efter, verdens svig og lyder.
Det legem, han blev jaget fra forneden
i Cieldauro hviler; han selv fra kviden
og landsforvisningen kom hid til freden.

Boethius har nok mere set sig selv, tyder det på ud fra *Filosofiens trøst*, som en potentiel martyr for filosofien på linje med Zeno fra Elea, Anaxagoras, Sokrates, Seneca, m.fl.

For Boethius var den ærefulde politiske karriere ikke det vigtigste. Den var pligt, for en romer af Boethius' stand, men både den katolske tro og den klassiske filosofi havde belært ham om, at der var højere og væsentligere ting end statens "ting". Ifølge den platoniske filosofiske tradition, som Boethius fulgte, var det dog også en pligt for filosoffen at involvere sig i statens anliggender. Netop fordi filosoffen ikke er motiveret af ambitioner om at opnå magt, ære, rigdom og ry, og derved behersker sig selv er han kvalificeret til at herske retfærdigt over andre og hele tiden kun have det fælles gode for øje. I det næste afsnit skal vi høre om Boethius filosofiske og lærde løbebane, uden hvilken han og hans skæbne næppe ville blive husket for eftertiden.

Boethius, filosof i senantikken

Senantikken, som vi i bakspejlet kalder den tid, hvor Boethius levede, kan godt synes at have overfladiske ligheder med vores kaotiske "postmoderne" verden, hvor det kunne se ud til, at *The Decline and Fall of Western Christianity*[11] definitivt har indfundet sig, godt hjulpet af dem, der ellers havde pligt til at opretholde denne enestående civilisation! Vi begynder at kunne se konturerne af en ny mørk tidsalder, som vi synes at stå på tærsklen til. Sådan føltes det næppe for Boethius og hans samtid trods invasioner og politisk tumult. Kan være, at imperiet smuldrede, og barbarer overtog den reelle magt, men det var romaniserede og kristne barbarer! Krig og politisk uro

[11] For nu at parodiere Edward Gibbons titel: *History of the Decline and Fall of The Roman Empire,* et forfald som han bl.a. tilskriver Kristendommens indførelse.

havde også præget Imperiet i dets storhedstider. Tingene gik deres skæve gang, men det havde de jo altid gjort i denne ikke bedste af alle verdener.

At kaos og barbari, de mørke århundreder, der skulle følge efter Justinians forsøg på at genoprette det vestlige imperium, lå lige om hjørnet, var der næppe nogen, der forudså. Den gamle filosofiske, retoriske, litterære og kulturelle arv fra antikken var intakt og højt skattet også af barbarerne, og Kristendommen, stadig relativt ny som Imperiets officielle religion, var langt fra en dæmper på det intellektuelle og kulturelle liv, tværtimod! Mange af tidens bedste tænkere tilhørte dem, vi kalder "kirkefædrene", og dannede romere havde fortsat Homer, Vergil, Platon, Euripides, Herodot, Plutark, Livius, Cicero liggende på boghylderne sammen med Det gamle og Det nye testamente.

Kristendommens indførelse (i dens katolske form) betød ikke en total forkastelse af alt ikke-kristent, alt, der stammede fra den hedenske tid, selvom den naturligvis indebar bruddet med de hedenske religioner og et langsomt, måske alt for langsomt opgør med den autoritære antikke stats umenneskelige institutioner, såsom slaveriet og dens hensynsløshed mod uønskede børn, fattige og svage. Nej, alt hvad der var godt, smukt og sandt i den antikke tradition, alt hvad der rummede alment menneskelige sandheder, alt hvad der pegede fremad - omend ufuldkomment - mod Kristendommen skulle ikke blot bevares, men så vidt muligt assimileres. Den klassiske filosofiske tradition fra Sokrates og Platon over Aristoteles til Plotin blev således anset for en slags *praeambula fidei,* selvom der naturligvis var umiskendelige doktrinære mislyde. Kirkefædrene overtog da heller ikke de antikke "systemer" *en bloc,* men betragtede dem mere som stenbrud, som de hedenske templer, hvor værdifuldt byggemateriale kunne findes til opbygge kristenheden. Men også meget af det, der ikke kunne assimileres blev alligevel bevaret for eftertiden.

Hermed adskiller senantikken sig i den grad fra moderniteten, der jo netop dyrker "det ny", og hvor den helt dominerende tendens har været at forkaste al traditionel religion, visdom, kultur og moral i det desperate håb om at kunne starte helt forfra. Kun ved at vaske tavlen ren og gøre plads for nye idéer, ny videnskab og ny teknologi kan man skabe sig en fager ny verden, hedder det sig ifølge kulturradikalismen, der netop vil rykke den gamle kultur op med rode for at kunne plante frøene til en flunkende ny. Menneskets endegyldige frihed til at leve, som det har lyst til, forudsætter nemlig også dets frisættelse fra fortidens tyngende åg, der forhindrer det i at skabe sig selv og sine egne selvvalgte nye rammer. Kreativitet og destruktivitet går hermed hånd i hånd. Relativisme og nihilisme forenet med en monoman sekterisk fanatisme, når det gælder "det nye", karakteriserer jo moderniteten.

Det heraf affødte obligate selvhad til egen kultur, finder man altså ikke i det senantikke kristnede imperium, hvor konservering af det velprøvede "gode gamle" havde forrang for kreeringen af det uprøvede nye og dyrkelsen af "det originale", og Kristendommen holdt relativisme, pessimisme og nihilisme fra døren. I forlængelse af denne trang lå også forsøget på at harmonisere de forskellige filosofiske skolers lærer, ikke mindst platonikernes, aristotelikernes og stoikernes. Nyplatonismen[12], der var den dominerende og mest avancerede skole, var allerede gået langt i denne retning. Harmoniserende kommentarer til den ene eller den anden af de klassiske filosofiske tekster florerede. Trangen til at konservere blev givetvis også forstærket af de urolige tider og den politiske ustabilitet. Den stadigt mere vanskeliggjorte kommunikation mellem det østlige og vestlige imperium, der førte til, at de græske sprogfærdigheder forfaldt i vesten, gjorde det også påkrævet at få de væsentlige dele af den græsksprogede antikke filosofiske "kanon" gjort tilgængelige på latin.

Boethius indskriver sig i denne konserverende, assimilerende, harmoniserende og translaterende tendens. Han er ikke en "original" filosof, der udkaster et helt nyt "system" og forkaster stort set alt, hvad alle før ham har tænkt, som det jo er så typisk for moderne filosoffer, og som det forventes af dem.

[12] Plotin levede fra 204/5-280 e.Kr. mente egentlig blot, at han fremsatte og videreførte Platons autentiske og hele lære, som den var blevet formidlet i Akademiet. Selvom Plotin ikke var kristen og hans elev, Porfyrios, var decideret anti-kristen, fik hans værk stor betydning for udviklingen af den kristne teologi. Plotins læremester var Ammonius Saccas, der skulle have været kristen. Skt. Augustins opdagelse af nyplatonismen var et vigtig skridt på vejen til hans omvendelse.

Indtil moderniteten indfandt sig, var den gængse holdning, at hvis sandheder om et givent emne var fundne, så kunne de bruges her og nu og for al fremtid, og det var ligegyldigt, om de var fundne i går eller for 1000 år siden! De skulle blot drages frem i lyset og forklares (kommenteres). Boethius' helt store projekt var at oversætte og kommentere samtlige af Platons og Aristoteles' værker til latin, ikke ud fra en filosofihistorisk eller litterær interesse, men som kilder til de permanente filosofiske sandheder. Det lykkedes ham desværre ikke at realisere ret meget af dette projekt. I så fald havde Vesten næppe behøvet at vente til 1200-tallet og 1400-tallet for at få adgang til flertallet af disse filosoffers værker, naturligvis under forudsætning af, at alle Boethius' manuskripter havde overlevet de mørke århundreder.

Selvom han var nyplatoniker stod Boethius som den vigtigste formidler af Aristoteles til vesten til og med 1100-tallet gennem sine oversættelser af og kommentarer til Aristoteles' *Organon,*[13] de seks logiske skrifter, der ikke blot omfattede, hvad man i dag i mere snæver forstand kalder "logik", men også grammatik, erkendelsesteori og retorik. En del af dette arbejde overlevede til Middelalderen og skulle blive den tidlige skolastiks vigtigste intellektuelle værktøj. Han oversatte og kommenterede (i to versioner: til begyndere og fremskredne) også nyplatonikeren Porphyrios' *Isagoge*, en generel indføring i logik, og Aristoteles bog om kategorierne, et værk der skulle få enorm betydning for skolastikkens diskussion om universalernes ontologiske status. Udover disse oversættelser indenfor grammatik, logik og retorik, der blev brugt på middelalderuniversiteternes *Trivium,*[14] udarbejdede Boethius også manualer i aritmetik, geometri, musik og astronomi ud fra græske forlæg, der skulle komme til at danne fundamentet for *Quadrivium,*[15] tilsammen kaldt *Septem artes liberales,*[16] som var det fælles dannelsesgrundlag for den specifikt faglige overbygning på disse universiteter.

---

[13] "Redskabet", den aristoteliske skoles (peripatikernes) betegnelse af disse skrifter, overtaget af Middelalderens skolastikere.

[14] "De tre veje": grammatik, logik og retorik, der var det almene og derfor almindelige grundlag for videre uddannelse, hvoraf ordet "trivielt" kommer.

[15] "De fire veje".

[16] "De syv frie kunster": de kundskaber og færdigheder, som var frie mænd værdige og som dyrkedes for deres egen skyld uden henblik på et levebrød.

Boethius har selvfølgeligt ikke kunne vide, at hans oversættelser og kommentarer skulle komme til at bygge en bro over folkevandringernes mørke århundreder og indgå som en særdeles vigtig del af Middelalderens universitære *curriculum*, men at det skete, har været helt i overensstemmelse med hans ønske om at hjælpe med at konservere og videregive det bedste fra antikken. Boethius var dog ikke kun en selvudslettende oversætter og kommentator, men skrev også egne filosofiske værker om logik, især om syllogismerne, hvor han igen mest følger Aristoteles. Han er også og ikke helt med urette blevet kaldt den første skolastiker med sin ret tekniske tilgang til de filosofiske problemstillinger, stringente ræsonnementer og præcise definitioner af begreberne, samtidig med, at de store filosofiske *auctores* udsagn om det givne emne benyttes som udgangspunkt for diskussionen. Også her kunne Middelalderens skolastikere finde en særdeles nyttig filosofisk "værktøjskasse".

Boethius skrev også teologiske værker, de såkaldte *"Opuscula Sacra"*,[17] hvor han nok støtter sig til Skt. Augustin, men i modsætning til denne store kirkefader benyttede de aristoteliske metoder og skelnede mellem forskellige discipliner med forskellig metodologi: den teologi, der byggede på filosofien alene: den naturlige teologi; og den teologi, der byggede på Åbenbaringen formuleret i Kirkens dogmer, der ikke stod til diskussion eller skulle bevises: den sakrale eller guddommelige teologi. Men det var netop en vigtig pointe for Boethius og af stor betydning for eftertiden, at vise, at den sakrale teologi med fordel kunne gøre brug af det filosofiske begrebsapparat og logikken til at præcisere, fortolke og forbinde sine doktriner. Filosofien havde så to roller, der på ingen måde var i modstrid med hinanden: Stolt frue i eget hus på det naturlige lys' område, og ydmyg tjenerinde på Åbenbaringens område!

Denne arbejdsdeling blev så at sige senere "kanoniseret" af Skt. Thomas Aquinas i sit opgør med fideistiske og rationalistiske tendenser i hans samtid. Skt. Thomas skrev i øvrigt en fyldig kommentar til Boethius' *De Trinitate* og *De hebdomadibus*, hvor sidstnævntes skarpe skelnen mellem essens og eksistens, når det gjaldt endelige substanser, skulle videreføres af Skt. Thomas

---

[17] Korte teologiske traktater: 1. De trinitate; 2. Utrum Pater et Filius et Spiritus Sanctus de divinitate substantialiter praedicentur; 3. De hebdomadibus; 4. De fide catholica; 5. Contra Eutychen et Nestorium.

på eminent vis. Blandt de teologiske skrifter er også en fremstilling af den katolske tro, en kritik af arianismen, hvilket næppe har bekommet Theodorik og hans trosfæller vel, hvis de kendte til den, samt en kritik af monofysitismen,[18] der fra sidste halvdel af 400-tallet e.Kr. indtil et stykke ind i 500-tallet e.Kr. var ved at forårsage et skisma mellem Rom og det østlige imperium.

Der er ikke noget i disse teologiske skrifter, der tyder på, at Boethius ikke skulle have været en rettroende katolik. Men troen indgik selvsagt ikke i hans ret tekniske fagfilosofiske værker, der mest omhandlede logik og beroede på det naturlige lys. Mere underligt synes det at være, at katolske doktriner overhovedet ikke indgik i hans sidste værk, *Filosofiens trøst!* Tværtimod blev visse nyplatoniske lærer[19] promoveret, der var uforenelige med ortodoksien! Dette ledte sågar nogle filologer i 1900-tallet til at betvivle, om Boethius i det hele taget var kristen andet end *pro forma* og virkeligt kunne have skrevet de *Opuscula Sacra,* der traditionelt er blevet tillagt ham. Denne tvivl er dog for længst manet i jorden. Men *Filosofiens trøst* står fortsat som en anomali blandt hans teoretiske filosofiske og ortodokse teologiske værk, der tydeligvis mere var henvendt til filosoffer og lærde. Dette sidste værk derimod synes beregnet på et andet og større publikum og at være forfattet med et ganske andet formål.

Efter antallet af oversættelser, kommentarer og efterligninger fra tidlig Middelalder og frem at dømme, overskyggedes alle Boethius' særdeles vigtige kommentarer, oversættelser og egne værker, der formåede at give så meget værdifuldt videre til Middelalderen, alligevel af Boethius sidste værk, hvis manglende kristne indhold ikke syntes at have været anledning til megen anfægtelse og forargelse i de kristne århundreder! Lad os i det følgende se nærmere på *Filosofiens trøst.*

---

[18] Se note 17 ovenfor.

[19] Såsom sjælens præeksistens og verdessjælens eksistens i 3.bog, digt 9. Men NB, det er Filosofia, ikke Boethius, der fremsiger dette digt!

Filosofiens trøst

Værket er forfattet som en dialog i fem bøger mellem Boethius selv og Filosofia, den personificerede filosofi. Boethius har dikteret værket under sin husarrest i eller omkring Pavia afventende sin videre skæbne. Det vides ikke om *Filosofiens trøst* er den titel, som Boethius selv har givet sit værk. Dialogen begynder med et formfuldendt og gribende digt i elegiske versemål, der beskriver Boethius' sindstilstand og som udtrykker hans klage over skæbnen. Herefter kommer en prolog, hvor han beskriver, at just som han i sin åndsformørkede og fortvivlende sindstilstand, var ved at forfatte dette digt ved musernes hjælp, hos hvem han søgte trøst, trådte en høj kvinde ind i hans rum, Filosofia. Han er altså vidne til intet mindre end en epifani, og vi forstår, at ikke blot har Boethius tidligere elsket Filosofia, men at kærligheden også har været gengældt, da hun nu personligt kommer sin gamle elev til undsætning! Hun jager straks muserne væk, der kun kan give falsk trøst, og hvis medicin snarere er giftig frem for lægende. Den følgende dialog mellem de to skal så vise, hvorvidt Filosofias lægemidler forslår til at helbrede Boethius! Lad os først se lidt på dialoggenren, og dernæst på, hvordan og hvorfor Boethius benytter sig af den her.

Dialoggenren var jo en yderst populær i den antikke filosofi, fra Platon, Xenophon og Aristoteles til Cicero, Seneca og Skt. Augustin. Denne klassiske genre har intet at skaffe med det, som i dag politisk korrekt kaldes "dialog", hvorved der for det meste underforstås kunsten at indgå kompromis med eller gøre knæfald for det, som man ikke umiddelbart er enig med eller har sympati for. Nej, dialogen i traditionel forstand er en form for læsedrama, hvor det meste af aktiviteten består af en mere eller mindre konfliktfyldt samtale, i form af logiske/retoriske argumenter og gendrivelser. Væsentlige spørgsmål er på banen og vigtige sager på spil for de involverede dialogpartnere, som også angår os som tilhørere eller læsere.

Historiske, ikke fiktive personer optræder som regel i dialogerne, og deres *ethos* og *pathos*[20] spiller ind i jagten på at nå frem til, hvad der er op og ned,

[20] Her i dramatisk, ikke retorisk forstand: personernes moralske karakter og habitus eller mangel på samme og deres evne til at vække sympati og velvilje eller det modsatte.

sandt og falsk, moralsk rigtigt og forkert, godt og slet om det debatterede emne. Som regel er udgangspunktet en modsætning i opfattelser, en konflikt mellem konventionel mening og reel viden, eller diverse teoretiske, etiske eller politiske dilemmaer. Uanset hvad, så kommer den dramatiske spænding ind for læseren i form af usikkerheden om, hvor dialogen lander. Hvad viser sig som sandt og hvad som falskt, hvilke argumenter holder, og hvilken effekt har det på dialogpartnere, der sjældent bare er skabelonagtige talerør for en bestemt opfattelse, men mennesker på vej mod eller væk fra visdommen og det gode liv?

Ligesom i et rigtigt drama identificerer læseren sig også mere eller mindre med én af personerne, hvis transformation m.h.t. til opfattelser, så også kan bevæge vedkommende sammen med diverse overbevisende argumenter og gendrivelser til en *katharsis*[21] og en *metanoia.*[22] Dialogen formår derfor i højere grad end en tør traktat om et filosofisk emne at tjene som *protreptikos,* som det hed på græsk, altså en opmuntring, opfordring, tilskyndelse til at betræde filosofiens vej for de uindviede. I antikken blev jo denne vej anset som ikke blot den teoretiske videns eller den "akademiske" karrieres vej, men dydens smalle sti, uden hvilken mennesket ikke ville kunne nå frem til den sande lykke i denne verden eller den næste.

Ingen tvivl om at Platon, Xenofon, Aristoteles, Cicero m.fl. skrev dialoger bl.a. for at omvende lydhøre frie borgere fra et "verdsligt" liv fokuseret på jagten efter sanselyst, rigdomme, magt, ære og berømmelse, til det filosofiske liv fokuseret på at "kende sig selv", sin sande natur og plads og bestemmelse i Kosmos og derved blive ansporet til at leve dydigt i overensstemmelse med denne indsigt. Hermed dannedes man til at blive gode, retfærdige borgere/embedsmænd/statsmænd, hvis ens stand eller det offentlige liv kræ-

---

[21] Renselse, en effekt, som Aristoteles tilskriver tragediegenren. I dialogerne er der mere tale om renselse for *doxa*, gængse antagelser og falske meninger.

[22] "Sindsændring" eller "omvendelse" uden hvilken, man ikke kan leve det filosofiske liv, da mennesket i udgangspunktet er stillet forkert i forhold til sandheden og dyden: dels forblændet af gængse falske meninger, dels motiveret af begær efter relative eller mindreværdige goder.

vede det eller til sande filosoffer, der på højeste niveau opnåede selvtilstrækkelighed, sjælefred, fravær af lidenskaber og dermed af afsavn og smerte og, ja, herigennem gudlighed!

Desværre er Aristoteles' dialoger ikke blevet overleverede, men kun hans filosofiske fagprosa. Ligesom vi til gengæld kun besidder Platons dialoger og enkelte breve, men ikke hans eventuelle forelæsningsmanuskripter fra Akademiet. Og dette beklagelige faktum giver et lidt falsk billede af begge og af den klassiske filosofi, hvor både den mere populære og protreptiske dialoggenre eksisterede side om side med de mere esoteriske traktater og afhandlinger beregnet på de indviede, dem som havde dedikeret sig helt og fuldt til det filosofiske liv.[23]

En anden fordel ved dialogen var, at forfatteren kunne gemme sig, når han nu ikke talte i eget navn, men lod dialogens personer føre ordet. I betragtning af, at filosofien ikke altid nød den store anerkendelse i antikkens bystater, kunne det være ganske hensigtsmæssigt. Hertil kommer, at de dybere sandheder, som man ønskede at afskærme fra profane blikke langt lettere kunne skjules eller blot antydes i dialogens frem for afhandlingens form. Så det var altså sikrere at bruge dialogens form, hvis man som filosof absolut ville formidle filosofi skriftligt. Det nedskrevne ord kom til at leve sit eget selvstændige liv, uden forfatterens forsvar for det, der også mistede kontrollen over, hvordan og af hvem det blev opfattet og brugt i modsætning til den mundtlige formidling, hvor man kunne vælge sine tilhørere, tid og sted.[24] Derfor var den filosofiske dannelse i de forskellige filosofiske skoler traditionelt baseret på den mundtlige formidling, hvor "mesteren" gennem forelæsning, dialog og ved selv at fungere som forbillede, opdrager sine "elever". Men netop denne pædagogiske form kunne afspejles i de skriftlige dialoger, hvor "eleverne" kunne være alle, der lyttede til eller læste dem.

---

[23] Pierre Hadot har skrevet interessante bøger om filosofien i antikken, med fokus på filosofferne og deres skoler og filosofien som en bestemt livsmåde mere end en lære, som f.eks. *Qu'est-ce que la philosophie antique?* Gallimard. 1995.

[24] I Platons dialog *Faidros* 269b-277a, er der nogle meget interessante overvejelser over skriftlighed versus mundtlighed, også når det gælder formidlingen af filosofi.

Selvom *Filosofiens trøst* på adskillige måder opfylder ovenstående kriterier for en klassisk filosofisk dialog, så er der også en del anomalier. Hymner er f.eks. indflettede på velvalgte steder i dialogen, hvilket vi aldrig finder i Platons og de fleste andres overleverede dialoger. Som korsangene, der kendes fra den klassiske tragedie og komedie, er det imidlertid med til at højne det hele og give et mere overordnet perspektiv på handlingen, i dette tilfælde Filosofias behandling af Boethius og hans reaktioner. Det kunne måske i tillæg hertil være et forsøg på forsoning af den gamle strid mellem filosofien og digtekunsten, en strid som Platon for alvor startede ved at lade Sokrates sige, at digterne skulle smides ud af den retfærdige stat.[25] Godt nok blev muserne vist døren ved dialogens start, og det første digt skal uden tvivl forstås som forfattet under deres inspiration, men de senere digte fremsiges af Filosofia selv! Men billedlig tale, der står i filosofiens tjeneste og supplerer *logos*, kan ikke være illegitim! Platon selv introducerede filosofiske myter i adskillelige dialoger, der ligesom Boethius' filosofiske digte ikke var tiltænkt streng bogstavelig fortolkning, men gav en "sandsynlig fortælling", hvor *logos* ikke slog til.

En anden anomali er aktørerne i dialogen. At ikke blot forfatteren, den velrenommerede filosof, Boethius, selv optræder i dialogen, men også fremstilles som den der ydmygt har brug for filosofiens lægemidler, frem for at være den som ordinerer og anvender dem på andre! Og i stedet for den ellers obligate mere filosofisk kyndige person, der formår at hjælpe den svagere part til indsigt eller afklaring, er det altså ingen ringere end Filosofia selv, som træder ind på scenen! Boethius fremstiller også hermed sig selv højst utraditionelt i dialoggenren i samtale med en personifikation, ikke en levende person! Det er klart, at Filosofia sidder inde med hele visdommen, såvidt den er tilgængelig for fornuften, mens Boethius har glemt, eller måske aldrig helt har besiddet visdommen i praksis i og med han har været for glad for og stolet for meget på Fortunas flygtige gaver.

---

[25] I Platons *Staten* er der udførlig analyse, kritik og fordømmelse af digtningen i bog II, III og X.

Boethius fremstiller sig selv i starten som én, der har glemt at efterleve buddet "Kend dig selv!", og dermed ikke længere husker, hvem han er *qua* menneske, ikke blot som individ. Følgelig har han også glemt menneskets sande gode, og er tynget af sorg over de mistede falske goder. Derfor bebrejder han i starten Fortuna hendes troløshed. Også Filosofia bebrejder han lidt, for det er tildels fordi han har fulgt filosofiens, d.v.s. dydens smalle sti, i sin embedsførelse, at han er endt, hvor han er nu.

I 2. bog lægger Filosofia Fortuna[26] ord i munden, der skal forsvare hende mod Boethius', som det viser sig, uretfærdige anklager. Hun forsvarer også sig selv idet hun påpeger, at dem der følger filosofiens vej må forvente at blive forfulgt af slette mennesker, som Sokrates og mange andre filosoffers skæbne viser! Så er denne indledende retsstrid bilagt og skylden solidt placeret på Boethius' egne skuldre!

Det er nærliggende at sammenligne Filosofiens trøst med Sokrates' *Forsvarstale* (*Apologien*) i Platons version. Der er næppe nogen tvivl om, at Boethius havde denne dialog i tankerne, da han forfattede *Filosofiens trøst*.

Platons *Apologi* er nemlig ikke blot Sokrates forsvar overfor Folkedomstolen mod anklagerne for at fordærve ungdommen, ikke dyrke statens guder og indføre andre guder eller dæmoniske ting. Den er også Platons forsvar for filosofien og den filosofiske levevis overfor dem som mistænker filosofien for at nedbryde samfundsmoralen og gøre hendes adepter til uduelige eller illoyale eller sågar vantro borgere.

Boethius bruger en del af 1. bog til at forsvare sig selv mod sine anklagere, der har hængt ham ud formelt for højforræderi og magi, men nok reelt for hans dyder og retfærdige embedsførelse, der har trådt for mange hofsnoge og ambitiøse over tæerne. Men ligesom med *Apologien* er det nærliggende at antage, at Boethius' overordnede sigte har været et forsvar for filosofien. Dialogens forløb skulle så demonstrere, at filosofien faktisk kan helbrede selv så

---

[26] Billedet af Fortuna som hun enestående og klassisk beskrives i 2. bog med sit hjul kan genfindes i hundredvis af senere litterære og kunstneriske værker op gennem Vestens historie!

håbløse tilfælde som den så dybt faldne og trøstesløse Boethius, at Filosofia altså beviseligt ikke er og aldrig har været en kvaksalver!

Spændingen i dialogen for læseren går derfor på, om og hvordan Filosofia vil formå at få Boethius til at annamme den visdom, han nok engang har kendt af navn, men ikke af gavn! Vi har altså en opsætning, der vender op og ned på den, vi finder i Platons sokratiske dialoger. Dér er det en vidende Sokrates, der ironisk giver den i rollen som den søgende og uvidende, som konfronterer en person, der ikke uden hybris fremstiller sig som den vidende, men reelt, og det viser Sokrates med sin berømte dialektiske spørgekunst, er den uvidende. En vigtig komponent i Sokrates' dialogkunst er jo hans berømte majeutik, hans jordmoderkunst, hvorved han uden selv at føde, hjælper andre til at føde tanker og indsigt. Ofte bruger han imidlertid skrappe ironiske og dialektiske midler til at få fødslen sat i gang!

Filosofia er derimod mere som en kyndig læge, der starter med ganske lette præparater og gradvist øger dosis og inddrager skrappere midler indtil krisen indfinder sig og helbredelsen eller døden indtræffer. Men hvis helbredelsen indfinder sig, og Boethius indser, at han uanset dystre fremtidsudsigter intet mangler for at kunne være lykkelig i sin celle, og at det han har tabt, har han aldrig rigtigt ejet og heller ikke brug for, hvis han besidder det sande gode, ja, så er Filosofia blevet frikendt! Ikke nok med det, så har den vanskæbne, der ramte Boethius været forudsætningen for, at han kunne blive virkeligt vis og finde det sande gode ikke blot i teorien, men i praksis! Hermed er også Forsynet retfærdiggjort i og med, at det der virkede som en ond og uretfærdig skæbne, viste sig at være vejen til Boethius' selvbesindelse og selverkendelse.

Man kan så spørge om, hvorvidt Filosofiens trøst er en protreptisk dialog? Det kunne tyde på det! Den henvender sig ikke, som Boethius' andre værker primært til de filosofisk skolede. Dialogen begynder så at sige i "hulen", i skyggernes verden, der hvor vi alle er, før vi har filosoferet, eller efter vi har glemt at filosofere, hvorefter dialogens Boethius og læseren pædagogisk føres langsomt op ad mod lyset. Sværhedsgraden stiger bog for bog og det hele kulminerer med Filosofias *pièce de résistance,* hendes berømte påvisning i 5. bog af, at Guds alvidenhed og forsyn er fuldt foreneligt med viljens frihed. I betragtning af alle de emner lige fra fysik, psykologi, etik, metafysik til teologi, der bliver berørt i forbindelse med denne opstigning, er dialogen en lille filosofisk encyklopædi, ja, en *summa philosophica,* eller destillat af antikkens teoretiske og praktiske visdom.

Lidt poppet kunne man sige, at dialogen er en filosofisk selvhjælpsbog! Boethius har i dette værk stillet Filosofias lægemidler til rådighed for alle. Kan man identificere sig med Boethius i hans svækkede og forblændede tilstand, kan man også med ham ved at lytte til Filosofia gennemgå en *katharsis* og en *metanoia.* Man behøver heller ikke at være berøvet sine materielle goder, adskilt fra sin familie, have mistet sine embeder, være i husarrest muligvis afventende en grusom død, for at kunne sympatisere med Boethius. Hans lod er nemlig potentielt alle menneskers lod, der ikke baserer deres liv på dyden og det sande gode, eftersom lykken er omskiftelig og Fortuna lunefuld; hvad man kan læse om i 2. bog af Filosofiens trøst, hvis man skulle have glemt det. Samtidens dannede læsere har også kendt Herodots berømte fortælling om Solons møde med kong Kroisos,[27] efter egen opfattelse den lykkeligste af alle mennesker, og dennes videre skæbne, som Boethius hentyder til i sin beretning om højdepunktet af lykke, da hans sønner blev indsat som konsuler.

Har Boethius brugt dialogens form til at skjule eller antyde tanker, han ikke ønskede at stå tydeligt frem med? Nu er det jo Boethius selv, der er hovedpersonen i dialogen, så umiddelbart lyder det ikke sandsynligt, at han taler *out of character.* Men det er jo også Filosofia, ikke Boethius, der fremsætter *sine* lærer i dialogen! Man kan selvfølgelig hævde, at Filosofia blot fungerer som Boethius' talerør, så dialogen egentlig blot er hans samtale med sig selv, der udtrykker den dobbelthed, der kan være i sjælen mellem den mere passive, sanselige og lidenskabelige del og den mere aktive, rationelle og villende del. Men hvis vi respekterer dialoggenrens konventioner, bør vi betragte Filosofia som en selvstændig karakter, ikke bare Boethius' bedre sjælehalvdel eller talerør. Filosofia er så begrænset til at tale ud fra, hvad hun ved, hvilket ikke

[27] Herodots *Historier I. bog 29-45.*

nødvendigvis er alt, hvad der er at vide om mennesket, Gud og efterlivet! Hendes autoritet beror på, hvad fornuften alene kan nå frem til.

Filosofias remedier tilfredsstiller dialogens Boethius i hans nuværende situation, hvor han, synes det at fremgå, endnu ikke ved, hvordan det vil ende, og om han vil blive henrettet. Det er altså ikke en dialog, hvor hovedpersonen er *in extremis*, som f.eks. Sokrates er det i dialogen *Faidon*. Denne dialog viser, hvordan den sande filosof i Sokrates' skikkelse håndterer at stå overfor sin umiddelbare død, samtidig med, at den fremhæver filosofien som kunsten at forberede sig på døden. I *Filosofiens trøst* er der ingen "forberedelse til at dø", men derimod handler det om, at Boethius skal bringes til ophøre med at sørge over det, som han har mistet, indstille sin klagesang over verdens uretfærdighed, ikke misunde de ondes tilsyneladende succes og ikke længere tvivle på det guddommelige forsyn, og at retfærdigheden vil ske fyldest eller rettere allerede hele tiden sker fyldest også i dette liv, i og med straffen er indeholdt i de ondes gerninger, såvel som belønningen i de godes.

Hermed er måske antydet mellem linjerne, at der kunne være skrevet en *Teologiens* eller *Religionens trøst*, hvis Boethius havde vurderet sin situation anderledes og mere pessimistisk. Mon ikke Troens og sakramenternes mere potente lægemidler så havde været fornødne! Her er måske nøglen til at forstå, hvorfor hans katolske tro og Kirkens lære ingen rolle spiller i dialogen?[28] Der *er* muligvis blot tale om en filosofisk skønskrift. Hvor langt kan vi nå ved filosofiens hjælp? Det er måske øvelsen, den *tour de force* Boethius har villet forsøge at gøre? Som vi og Boethius *qua* katolikker må vide er dette imidlertid ikke langt nok! Han har ganske givet kendt den berømte passus i *Faidon*,[29] hvor Platon lader Simmias sige følgende til Sokrates vedrørende erkendelsen af de "sidste ting":

[28] Det har jo været ét af de helt store emner blandt de lærde om Boethius virkelig var kristen eller om han apostaserede hen mod slutningen af sit liv. Forfatteren til denne artikel har blot lavet sin egen hjemmestrikkede forklaring uden at skele så meget til den fyldige litteratur om emnet.

[29] Faidon 85c

Mig forekommer det nemlig, Sokrates, og det går sagtens dig på samme måde, at det er umuligt eller dog overordentligt vanskeligt i dette liv at nå til sikker erkendelse af disse ting, men på den anden side tyder det på moralsk fejhed, hvis man ikke på alle måder undersøger, hvad der kan siges herom, og giver op før alle muligheder for at komme til klarhed er afprøvet. Thi et af to må man dog i disse spørgsmål gennemføre: enten lade sig belære om, hvorledes det forholder sig, eller selv nå til et resultat; og er dette umuligt, bør man i hvert fald gribe den bedste og mest holdbare forklaring, mennesker kan give, og sejle ad sted gennem livet på den som på en tømmerflåde og søge og trodse alle farer, hvis man ikke har den lykke på mere sikker og farefri måde at sejle gennem livet på et fast bygget fartøj, jeg mener et guddommeligt ord.

Til forskel fra Platon levede Boethius i en ny tid, hvor dette sikre fartøj var bygget: Kirken!

Men igen, at filosofien kan bringe os et stykke af vejen tjener den til ære og legitimerer den i den nye kristne tidsalder. Udover at være mere en apologi for filosofien frem for Boethius selv, kan *Filosofiens trøst* også ses i forlængelse af Boethius bestræbelser på at konservere og formidle det bedste i den klassiske filosofi videre til eftertiden, blot her i en mere populær og encyklopædisk form end i hans øvrige skrifter. Det må så siges at være lykkedes ham ganske godt, når man ser på antallet af kommentarer, oversættelser, efterligninger af *Filosofiens trøst* og deres virkningshistorie i den vestlige verden!

Epilog

Filosofiens trøst slutter abrupt med disse formanende ord lagt i munden på Filosofia, der blot runder diskussionen om den fri vilje og forsynet af:

Der bliver også ved med at være én, som betragter alt fra det høje og véd alt, nemlig Gud, og Hans syns altid nutidige evighed holder trit med vore handlingers fremtidige kvalitet, når han uddeler belønninger til de gode og straffe til de onde. Det er heller ikke forgæves, at vi retter vore bønner til Ham; for når de er berettigede, kan de ikke være uden virkning. Derfor skal I sky lasterne, dyrke dyderne, løfte jeres bevidsthed op til de rette forhåbninger og række jeres ydmyge bønner op mod det høje. Hvis I ikke vil hykle, så er der pålagt jer en stor nødvendighed, nemlig at I skal være retskafne, når I handler for øjnene af den dommer, som ser alt.[30]

Det er næppe sandsynligt at et så gennemtænkt og velkomponeret værk som *Filosofiens trøst* skulle ende uden nogen egentlig afslutning, der matcher begyndelsen og viser, at Boethius ved Filosofias hjælp er "vendt hjem". Det er tænkeligt, at han er blevet forhindret i at gøre værket færdigt. Man ser næsten en grum scene for sig: Boethius i gang med diktere de sidste ord, vi læser i værket, til sin slave, da Theodoriks soldater pludseligt bryder ind og brutalt fører ham ud til de ventende torturbødler! Forhåbentligt har han kunnet møde dem og sin skæbne med sindsro i troen på en endnu større trøster end Filosofia!

Kun ti år efter Boethius' henrettelse gik den østromerske hærfører Belisarius i land på Sicilien med en hær. Justinian havde skønnet, at tiden nu var gunstig til at gøre et forsøg på at erobre Italien tilbage fra ostragotherne og genrejse det vestlige Imperium. Det blev startskuddet til en tyve år lang krig, der skulle lægge store dele af den italiske halvø øde. Ovenpå ruinerne kunne Justinian imidlertid efter et sidste afgørende slag mod ostragotherne erklære det vestlige Imperium genoprettet. Men der var kun en stakket frist! Det nu forarmede og affolkede Italien kunne ikke modstå en ny invasion nordfra denne gang af ikke romaniserede hedenske barbarer, langobarderne, der med stor brutalitet underlagde sig størstedelen af halvøen.

Det meste af den civiliserede verden, som Boethius kendte og elskede var ikke mere, og de såkaldte "mørke århundreder" sænkede sig over Vesten. I tidens fylde, og det var nok for det bedste, skulle dog en ny rodfæstet kristen civilisation skyde frem, som erstatning for den senantikke, hvor Kristendommen mere havde været som en podning på et gammelt træ, hvor de hedenske safter fortsat cirkulerede. Meget gik tabt, men meget blev også bevaret, bl.a. altså størstedelen af Boethius' værker. Middelalderens mennesker værdsatte fortsat de antikke *auctores* og deres værker, som man stadig

---

[30] Fra *Filosofiens trøst på dansk og med kommentar af Torben Damsholt.* Multivers. 2008

kunne lære meget af og finde megen visdom, praktisk viden, skønhed og moralsk opbyggelse i, men de satte dem ikke op på en piedestal og tilbad dem. I Dantes *Guddommelige Komedie*, der i øvrigt på fornemste vis repræsenterer en kristen assimilation af det bedste fra antikken, også dele af den antikke mytologi, snarere end en antik assimilation af Kristendommen, placeres de acceptable hedenske filosoffer, digtere og historikere i Limbo, ikke i Himlen og de uacceptable, som Epikur og hans elever, i det egentlige helvede.

Først en senere tid, Renæssancen, skulle for alvor gøre antikken og dens værker til genstand for en kult helt uafhængig af deres værdi for opbyggelsen af Kristenheden, og begynde at betragte antikken som det store forbillede, der skulle imiteres, genfødes og om muligt overgås! *Filosofiens trøst* var fortsat elsket, og fra tidlig middelalder og frem kom der mange oversættelser til nationalsprogene, nogle endda af så prominente personer som Kong Alfred den Store af Wessex, allerede tilbage i slutningen af 800-tallet, og af Dronning Elizabeth I. Det var først i 1700-tallet, den såkaldte "oplysningstid", at værkets popularitet faldt markant. Efterhånden som det kristne "verdensbillede" og ikke mindst den modificerede nyplatoniske/aristoteliske filosofi, der understøttede det, blev forkastet eller glemt til fordel for rationalisme, naturalisme, evolutionisme og historisme, måtte populariteten, relevansen og forståeligheden af *Filosofiens trøst* nødvendigvis dale hos det dannede publikum.

Der var heller ikke nogen trøst at hente dér, når man ikke længere delte Boethius' antik-kristne præmisser, men abonnerede på de moderne idéer! Den nye tid havde en grænseløs tiltro til fremskridtet, til menneskets egen formåen takket være de nye videnskaber m.h.t. til at skabe en materiel og politisk bedre verden, der gjorde de gamle dyder som mådehold, selvtilstrækkelighed, lidenskabsløshed og sjælefred gradvist overflødige efterhånden som mennesket kunne opnå alt hvad det ønskede sig![31] I stedet blev de gamle laster til de nye dyder i og med begæret efter mere, ambitioner om ry, magt

[31] Descartes formulerede i *Discours de la methode* I. bind, 6. del sine visioner om den ny naturvidenskabs teknologiske potentiale m.h.t. at gøre os til herrer og mestre over naturen, så vi ville kunne nyde jordens frugter uden besvær og ikke mindst bevare helbredet. Francis Bacon formulerede lignende visioner i *The New Atlantis*.

og ære, *l'amour propre*, en konstant utilfredshed med *status quo* blev anset for dynamiske motorer for fremskridt og vækst.

Det er som allerede sagt i indledningen ikke denne artikels hensigt at levere en fyldig indføring og kommentar til *Filosofiens trøst*, men blot at give en appetitvækker, der forhåbentligt ved at sætte værket ind i dets kontekst, gør det lidt nemmere for vore dages læsere at gå ombord i. Når man som katolik i dag læser dette værk, genoptager man en gammel tradition og går i fjerne katolske forfædres fodspor. Hvad de fandt trøstende og opbyggeligt, kan vi vel i dag også opbygges og opmuntres af!

Er man imidlertid stadig helt barn af sin tid, så bliver det nok lidt svært! Uden tvivl er det prpareringen med moderne idéer, snarere end manglende historisk og filologisk viden, der kan udgøre den største hindring for at læse værket i den ånd, som det er tiltænkt læst fra forfatterens side. Fristelsen til at læse værket som et dokument, der udtrykker en længst forgangen tids filosofiske anskuelser og eksistentielle anfægtelser, der ikke længere vedkommer os, er stor. Men værket er som nævnt ikke skrevet for at blive forklaret, men for at forklare! Filosofiens trøst kan stadig trøste, hvis læseren altså er villig til at slippe sine moderne fordomme og acceptere værkets præmisser, som et godt stykke af vejen er baseret på *common sense* og sund moral, ikke blot fremmedartet nyplatonisk filosofi.

Mennesker er ikke anderledes i dag end de var i senantikken. Flertallet, ikke mindst blandt de "veluddannede" og privilegerede eliter, søger stadig lykken i sanselyst, rigdom, magt, ære og berømmelse i stedet for i det sande gode: Gud. Forskellen er blot, at de fleste ikke længere tror på eksistensen af det sande gode, hvilket stiller dem langt dårligere end senantikkens mennesker, der endnu ikke havde mistet den overnaturlige dimension i tilværelsen. De fleste tror stadig, at Fortunas lunefuldhed kan betvinges ved hjælp af teknologi og politik, så Filosofias strenge dyder ikke er fornødne, hvis de da overhovedet stadig har en idé om dem! Og selv dem, der kender til sandheden undlader, som Boethius før sin endelige omvendelse, at praktisere den fuldt ud. Hvad G.K. Chesterton sagde om Kristendommen: *"The Christian ideal has not been tried and found wanting. It has been found difficult;*

and left untried'[32] passer også på filosofiens ideal, sådan som antikkens bedste tænkere opfattede det.

Filosofiens trøst være hermed anbefalet SKTs læsere. Det er ikke svært at finde tilgængelige oversættelser på de skandinaviske sprog og hovedsprogene, samt diverse kommentarer nyere såvel som ældre.

JMJ

[32] Fra *What's Wrong with the World, Part 1, Chapter 5.*

Moralia et politica

Niclas Andersson: För Gud, Fosterlandet och Konungen - en presentation av den spanska carlismen

För Gud, för fosterlandet och konungen
Stred våra fäder
För Gud, för fosterlandet och konungen
Strider även vi
Vi strider alla tillsammans,
Alla förenade
Försvarar vi den heliga traditionens fana

Så lyder i översättning *Marcha de Oriamendi,* den kampsång som kom att bli intimt förknippad med carlisterna under de spanska carlistkrigen. Namnet på marschen kommer ifrån det segerrika slaget vid Oriamendi år 1837 då carlisterna vann en av sina största segrar under det första carlistkriget. Men vilka var då dessa carlister? Trots att de utgjorde en relativt liten grupp i Spanien kom de att spela en anmärkningsvärt stor roll under större delen av 1800-talet samt också före och under det spanska inbördeskriget på 1900-talet. Ändå är informationen om dem väldigt sparsam i de flesta spanska historieböcker, och när man presenterar dem är det oftast i svepande ordalag. Vi skall därför här försöka tränga lite djupare inpå carliströrelsen och försöka ge en någorlunda fyllig helhetsbild av vilka de var. För att lyckas med detta måste vi dock börja flera hundra år tillbaka i tiden.

Historiska legitimistiska rörelser

Carlismen är i grund och botten en legitimistisk rörelse, d.v.s. en rörelse som hävdar att den nuvarande regenten är illegitim och att det istället finns en sann, legitim konung som bör sitta på tronen istället. I Sverige förekom det t.ex. små grupperingar under början av 1600-talet som verkade för att Sigismund skulle återinsättas på tronen och att hans farbror, usurpatorn Karl IX, skulle avsättas. De kom dock att dö ut ganska fort, mycket på grund av Karl IX:s skoningslösa bekämpande av all intern opposition. En desto starkare organisering uppkom kring den engelske kungen Jakob II. Denne var katolik och ville bland annat utöka den religiösa toleransen för katoliker och icke-anglikanska protestanter. Dessutom lät han sig också inspireras av den absoluta, enväldiga monarkin som hade växt fram i grannlandet Frankrike. Många fruktade alltså att kung Jakob II skulle återinföra katolicismen som statsreligion i England. En som utnyttjade situationen var kungens svåger, Vilhelm av Oranien, som uppmuntrad av flera av de engelska makthavarna bestämde sig för att försöka avsätta Jakob II. Sagt och gjort landsteg han i Torbay i november 1688, och efter ett antal korta strider valde kung Jakob II att fly landet tillsammans med sin hustru.

Vilhelm av Oranien och hans hustru Maria kröntes till det engelska monarkparet, och i och med detta inleddes en ny tidsepok i England. Något av det första som genomfördes efter den så kallade ”ärorika revolutionen” (hur nu dessa två ord går ihop) var ett erkännande av *The Bill of Rights,* som försvagade kungamakten, samtidigt som den stärkte parlamentets makt. Men motståndet mot den nya ordningen skulle visa sig vara förvånansvärt starkt. Framförallt i Skottland förekom det redan på ett tidigt stadium en motståndsrörelse, och många hävdade att Vilhelm och Maria var illegitima regenter. Anhängarna av denna motståndsrörelse kom att kallas för jakobiter, då de istället gav sitt helhjärtade stöd till Jakob II. Men det handlade inte bara om att Jakob II ansågs vara den rättmätige konungen; man slog också vakt om den ideologi som han ansågs representera. Den stod i skarp kontrast till *The Bill of Rights,* då den istället kom att försvara den enväldiga kungamakten efter fransk modell. Dessutom var många av jakobiterna, liksom tronpretendenten själv, katoliker. Man kan alltså beteckna jakobitismen som en av de första kontrarevolutionära rörelserna i Europa.

Många ledande fransmän såg med oro på utvecklingen i England efter den "ärorika revolutionen". En av de skarpaste kritikerna var biskop Bossuet, som ju själv i mångt och mycket omfattade den jakobitiska ideologien, fast då givetvis i fransk tappning. Föga anade man vid det tillfället att Frankrike snart skulle falla offer för en ännu radikalare revolution. Den franska revolutionen riktades, precis som den engelska revolutionen 100 år tidigare, bland annat mot den katolska kyrkan och den enväldiga monarkin. Samtidigt var den i betydligt högre grad en attack mot den kristna religionen som fundament för kulturen och civilisationen, vilket också innebar att den franska revolutionen skakade om samhället på ett sätt som aldrig hade skett tidigare. Givetvis kom även detta att leda till kontrarevolutioner i samhället från dem som motsatte sig denna nya ordning, där upproret i Vendée utgjorde den mest berömda. Den första republiken som uppkom efter franska revolutionen skulle dock inte visa sig bli så långvarig, och efter ett mellanspel med Napoleon återinfördes monarkin år 1814. Den nyinsatte kungen, Ludvig XVIII, ämnade att försöka skapa en syntes mellan den gamla monarkin och franska revolutionens ideologier. Bourbonmonarkin under honom var konstitutionell och begränsad, på samma sätt som den engelska efter *The Bill of Rights.*

Detta gillades dock inte av alla. Den mest konservativa och högerorienterade gruppen i parlamentet,[1] de så kallade ultrarojalisterna, var starkt kritiska till den nya kungens moderata och kompromissande inställning i successionsfrågan. Istället längtade de tillbaka till den förrevolutionära *l'ancien Régime,* där en enväldig konung styrde och den katolska kyrkans lära genomsyrade

[1] Som bekant härstammar begreppet vänster-höger inom politiken ifrån franska revolutionens dagar, då olika politiska fraktioner satte sig på olika platser i parlamentet utifrån sin politiska övertygelse. Längst till höger satte sig de som utgjorde de starkaste försvararna av kung och kyrka samt de starkaste motståndarna till den franska revolutionens idéer. Den franske historikern René Rémond har argumenterat för att det till stor del är dagens traditionalistiska katoliker i Frankrike som fortfarande upprätthåller dessa idéer. På så sätt skulle man kunna säga att traditionella katoliker på ett sätt är "högerextrema", fast i så fall i ordets rätta bemärkelse.

hela samhället. Samtidigt som de slog vakt om den monarki som hade återinrättats var de missnöjda med den sortens politik som bedrevs av kung Ludvig XVIII. Det brukade därför skämtsamt sägas att dessa ultrarojalister var "plus royalistes que le roi". Trots detta kom dessa ultrarojalister, sedan den bourbonska monarkin störtats genom julirevolutionen år 1830, att bli legitimister - försvarare av den rättmätige konungen och motståndare till "usurpatorn" - på samma sätt som jakobiterna i Storbritannien. De nya monarkerna var nämligen inte från den legitima grenen av huset Bourbon utan ättlingar till hertigen av Orléans. Vid det här laget fanns det alltså två kraftfulla legitimistiska rörelser i Europa, jakobiterna i Storbritannien och ultrarojalisterna/legitimisterna i Frankrike. Och snart skulle också en tredje komma att uppstå...

Carlismens födelse

Vid 1830-talets början hade Spanien inlett en mer liberal epok i sin historia, särskilt påverkad av händelserna i Frankrike. Detta var synnerligen anmärkningsvärt med tanke på att Spanien på många sätt historiskt sett var ett av de absolut minst liberala länderna i Västeuropa. De nya, liberal-radikala tendenserna gynnades bland annat av tillsättandet av Joseph Bonaparte, Napoleons storebror, som Spaniens kung efter den franska invasionen år 1808. Joseph var frimurare och under dennes styre tilläts frimurarna även verka i Spanien. Befolkningen var dock djupt kritisk gentemot denne utländske kung, mycket också på grund av att han var frimurare, och det utbröt snart ett uppror som ledde till det spanska självständighetskriget. Joseph abdikerade och den tidigare kungen Ferdinand VII återinsattes. Samtidigt var Spanien nu ett förändrat land, och den bonapartistiska perioden hade inneburit att en liberal opinion hade uppstått i landet, i kontrast till den traditionella, folkligt katolska. Kung Ferdinand gjorde sitt bästa för att försöka balansera dessa båda falanger mot varandra. Han var också i behov av ekonomiskt stöd från utlandet, då Spanien befann sig i en ekonomisk stagnation och sökte bland annat att göra affärer med familjen Rothschild i Frankrike.

När så kung Ferdinand VII:s död slutligen nalkades, hade han inga söner, men däremot två döttrar. Enligt den gamla saliska lagen, som även gällde i

Spanien då, var det förbjudet för kvinnor att ärva mark och jord, och därmed också att ärva tronen i ett land. Därför var det Ferdinands bror Carlos som egentligen borde vara tronarvinge. Kung Ferdinand VII ville däremot säkra tronen åt sin dotter och genomförde år 1830 en "Pragmática Sanción", som gav dottern Isabella förtur i ledet. Förhoppningen var också att dottern Isabella skulle fortsätta att följa den liberala väg som Spanien hade påbörjat under början av 1800-talet och på så sätt kunna modernisera landet. Men denna omstrukturering av spansk successionsordning möttes givetvis inte enbart av gillande. Brodern Don Carlos' anhängare samlades nu till motangrepp. Någon fredlig lösning på problemet ansågs inte stå till buds; Don Carlos själv hade till exempel tvingats i exil i Portugal, så att alla hot gentemot den nya drottningen skulle undanröjas. En väpnad konflikt blev oundvikligen konsekvensen. Spaniens mer konservativa krafter slöt sig samman tillsammans med en stor del av befolkningen i norra Spanien, där stödet för Don Carlos var som starkast. Trots att den liberala regeringssidan förfogade över större delen av armén samt dessutom hade stöd ifrån både Storbritannien och Frankrike, lyckades carlisterna att samla ihop en imponerande armé. För att kunna skilja sina egna soldater från de andra beslutade carlisterna att bära röda baskrar som kännetecken. Även om dessa alltså enbart hade praktiska orsaker från början, kom de röda baskrarna att bli en omisskännlig symbol för carlisterna.

Särskilt starkt var stödet ifrån Baskien, där carlisterna hämtade majoriteten av sina anhängare. Dessutom fick man därifrån en oerhört skicklig fältherre i form av Tomás de Zumalacárregui. Denne hade länge närt ett djupt förakt mot Spaniens liberala utveckling och frimureriets rotslagning i den spanska myllan. Zumalacárreguis trupper avancerade framåt och var till en början ytterst segerrika. Man erövrade så gott som hela Gipuzkoa i Baskien och drog sedan vidare för att inta Bilbao. Om Bilbao föll i carlisternas händer skulle carlisternas ställning stärkas oerhört, och kanske skulle man rentav kunna erhålla stöd från Ryssland eller Preussen, som givetvis inte var alltför positivt inställda till regeringssidan, understödd som den var av fienderna Storbritannien och Frankrike. Under anfallet mot Bilbao blev emellertid general Zumalacárregui sårad, och trots att skadan till en början betraktades som relativt lindrig kom han snabbt att bli sämre och sämre och avled slutligen

10 dagar senare, i juni 1835. Zumalacárregui hade själv motsatt sig en stormning av Bilbao och hade istället velat avancera söderut, och många historiker tror att carlisterna hade blivit betydligt mer framgångsrika om man hade följt hans strategi istället för Don Carlos'.

Skadan var emellertid redan skedd och förlusten av Zumalacárregui var enorm, eftersom han hade varit en sådan viktig faktor i carlisternas framgångar. Man skulle aldrig komma att återhämta sig efter denna förlust, och även om kriget skulle komma att pågå i ytterligare fem år blev carlisterna alltmer tillbakatryckta. År 1840 slöt man slutligen fred i Baskien och kriget var över, åtminstone för stunden. Fredsfördraget tillkom dock till ett högt pris för baskerna. Man hade slagits för att få behålla de regionala, baskiska lagarna, vilket tilläts till en viss grad. Men samtidigt blev nu också Baskien inlemmat i det nya Spanien, som delades in i flera provinser med en stark centralstyrning från Madrid. Det franska Baskien hade redan fått känna på den här sortens centralisering och inkorporering i och med den franska revolutionen 1790, vilket säkerligen inte precis hade stärkt liberalernas och radikalernas aktier i dessa områden. Nu inleddes istället den isabellinska epoken i spansk historia, som innebar en ytterligare liberalisering av samhället. Inspirationen kom närmast ifrån den anglosaxiska, protestantiska världen och dess parlamentariska uppbyggnad, men också ifrån den orléanistiska, konstitutionella monarki som då rådde i Frankrike.

Den carlistiska ideologin

Under de kommande nästan 90 åren skulle det spanska politiska livet (med vissa undantag) komma att domineras av två politiska grupperingar, Progressivisterna och Moderaterna. Det var egentligen inga enorma skillnader mellan dessa, utan båda hade sina rötter i den isabellinska monarkin och den centraliserings- och moderniseringsiver som den innebar. Moderaterna, som då utgjorde högerfalangen inom det isabellinska samhället, kom att få makten under det kommande decenniet och att påbörja omformningen av det spanska samhället. Man strävade efter ett starkt centralstyre med en inflytelserik kungamakt samt att också driva ekonomin i en ren kapitalistisk riktning. Målet var att få Spanien att efterlikna det viktorianska Storbritannien så mycket som möjligt, och det var framför allt den växande spanska medelklassen som mer än alla andra omfamnade den nya samhällsordningen. Till dem som däremot starkt motsatte sig den hörde de långtifrån tillintetgjorda carlisterna. Nu skall vi göra en närmare analys av den carlistiska ideologien.

Vi har sett likheterna med de två andra legitimistiska rörelserna; jakobitismen i England och bourbonismen i Frankrike. Alla dessa kombinerar kampen för en traditionell, enväldig och rättmätig konung med ett traditionellt samhälle, styrt av en inflytelserik kyrka. De tre carlistiska slagorden *"Dios - Patria - Rey"*, "Gud - Fosterlandet - Konungen", går lätt att tillämpa på alla dessa. Det fanns dock en betydande skillnad mellan carlismen och de övriga legitimistiska rörelserna. Denna avgörande skillnad var det fjärde slagordet hos carlisterna, *fueros*. Detta kan enklast översättas med "självstyre", fast inte i dess fulländade form. Fueros var det system som hade styrt Baskien i flera århundraden. Baskien hade länge varit självständigt med sina egna lagar, och när landet sedan kom att inkorporeras med övriga Kastilien var man orolig för vad detta skulle innebära för konsekvenser. Det beslutades dock att Baskien fortfarande skulle tillåtas styras efter sina gamla lagar, så länge som det samtidigt svor trohet till den kastilianska kronan och förblev i förbund med den. På så sätt utvecklades den starka regionalism som möjliggjorde ett utbrett självstyre, samtidigt som man undvek en total separatism.

Det är i detta ställningstagande som man finner den unika kärnan i carlismen, och kanske också orsaken till att carlismen skulle komma att bli en mer framgångsrik kontrarevolutionär rörelse än sina engelska och franska syskon. För medan jakobitismen och bourbonismen ganska snabbt blev två marginaliserade grupper, som mestadels fann sitt stöd hos isolerade smågrupper, främst av adelsmän, blev carlismen å sin sida ett oerhört inflytelserikt massfenomen i norra Spanien under flera decennier, bland samtliga samhällsgrupper. Den dog så sakteliga ut i t.ex. Katalonien och Aragonien, där den en gång i tiden hade varit tämligen stark, men behöll ett starkt fäste i Baskien och Navarra. I dessa delar av landet levde fortfarande en överlägsen majoritet av invånarna i små jordbrukssamhällen, oftast familjestyrda. Katolska kyrkan spelade en extremt stark roll i folks vardagsliv. De urgamla, lokala traditionerna och sederna var något man höll hårt på, och den alltmer centraliserande och moderniserande liberalismen som hade uppkommit efter franska revolutionen sågs som det främsta hotet mot dessa traditioner. Man var starkt emot urbanisering och industrialisering, som betraktades som direkta hot mot de gamla sederna och det familjebundna vardagslivet. Industrialiseringen var i högsta grad splittrande för familjen; den drev familjefäderna till att lämna familjen för fabrikens skull, och den var roten till en ökande individualisering där traditionella band mellan folk i bygden slogs sönder. Därför var man djupt kritisk till den moderata liberalkonservatism som regeringen i landet representerade, trots att den i mångt och mycket också var pro-katolsk.

Det var också i de carlistiska delarna av Spanien som den katolska kyrkan hade sitt allra starkaste fäste i Spanien. Precis som i grannlandet Portugal kunde man skönja en skillnad i folks religiositet mellan de norra och södra regionerna i landet.[2] Medan många kyrkor i Andalusien gapade tomma under söndagsmässan, var de i högsta grad överfulla i Navarra och Baskien. Man kan kanske delvis peka på den långa, obrutna historien av katolicism i dessa landsändar till skillnad från södra Spanien som länge låg under muslimskt styre som förklaring till denna skillnad. Samtidigt kan man nog i ännu högre grad säga att det var det lokalistiska och regionala självstyret i dessa regioner som utgjorde den främsta anledningen till deras starka religiositet. Den kunde också på många sätt förenas med den katolska kyrkans lära angående subsidiaritet, att beslut bör fattas på lägsta möjliga, lokala nivå. Kungens roll i ett carlistiskt samhälle var alltså inte i första hand att vara en allhärskande autokrat, och man var också noggrann med att tona ner den sortens autokrati som till stor del förespråkades av övriga legitimistiska ideologer i Europa, som t.ex. biskop Bossuet. Istället skulle den carlistiske konungen upprätthålla och beskydda alla traditioner inom sitt rike, både de katolska och de särpräglade regionala. Man var dock, som sagt, likväl tydlig med att en monarki var det enda statsskicket som kunde komma ifråga för en katolsk

---

[2] I Portugal sitter dessa skillnader fortfarande till en stor del i, och det märktes inte minst under folkomröstningen 2007 rörande en eventuell liberalisering i abortlagen. De nordligaste regionerna var starkt emot dessa liberaliseringar, de sydligaste var starkt för.

stat. Monarkin var nämligen den ideologi som bäst kunde förenas med kristendomen. Den efterliknade mest det styrelseskick som rådde i himlen; dessutom skilde den sig från republiken i det avseendet att den republikanske presidentens makt är given av folket, underifrån, medan monarken får sin makt av Gud, ovanifrån.

Splittring - carlister och integrister

När vi alltså sammanfattar carlismen, kan vi se att det finns två huvudsakliga punkter som denna ideologi strider för:

1. Återinförandet av den legitime konungen, baserat på den saliska lagen.
2. Kampen för ett traditionellt, katolskt samhälle på en decentralistisk bas.

Som man kan förstå utifrån de här två utgångspunkterna fanns det inte en fullständig garanti för att de carlistiska målen skulle kunna gå att förena, särskilt inte om den legitimistiske tronarvingen inte helt och hållet stod för de traditionalistiska idéerna och värderingarna som också är fundamentala för ideologin. Det förekom sådana uppfattningar hos vissa grupper, särskilt efter att Carlos VII hade visat en viss kompromissvilja med några mer moderata och liberala ideal. En av de mest hårdföra carlistiska kritikerna mot denne var journalisten Cándido Nocedal, en oerhört retoriskt skicklig debattör och dessutom en skicklig ideolog. Han var en så kallad ”neo-katolik”, som hade omvänt sig från sin tidigare mer indifferenta hållning till katolicismen. Han hade också ursprungligen varit medlem i Moderaterna, men blev med tiden alltmer besviken på den politik de bedrev och gick därför över till det carlistiska lägret. Hans alltmer öppna opposition mot de ledande inom rörelsen ledde till att han så småningom inofficiellt bröt med dem. Istället uppkom här en ny traditionalistisk rörelse, *integrismen*.

Integrismen var alltså en ideologi, som bedömde den allmänna carlismen otillräckligt traditionalistisk och kontrarevolutionär. I praktiken tonade man ner de dynastiska anspråken inom integrismen. I slutändan var det ju inte så viktigt vem som var Spaniens konung, eftersom Spaniens verklige härskare är Kristus Konungen själv. Istället ville man skapa ett ultrakatolskt samhälle, där den katolska socialläran och de katolska värderingarna genomsyrade varje del av samhällsapparaten. Integrismen blev sålunda den mest konservativa och reaktionära utposten inom det spanska, politiska landskapet. Man kom intressant nog dock samtidigt att driva denna antimodernistiska agenda på ett ytterst modernt sätt; man samlade sig bakom en tidning. Nocedal var journalist till yrket och grundade nu tidningen *El Siglo Futuro,* som blev den främsta symbolen och representanten för den integristiska rörelsen. Dess läsekrets var egentligen, när allt kom omkring, ganska liten: Upplagan låg på ca. 5 000. Samtidigt var den desto mer inflytelserik då den var anmärkningsvärt populär hos det spanska prästerskapet, som utgjorde en inte obetydlig del av tidningens prenumeranter. Många av dem tog hjälp av tidningsinnehållet för att sprida vidare det katolska budskapet från predikstolen på söndagarna. Även en stor del av de spanska jesuiterna sympatiserade med integristerna.

Spaniens politiska liv under den andra halvan av 1800-talet, under den så kallade restaurationen, kan enklast delas upp på det sättet som *Catholic Encyclopedia* gör. Den allmänna grunden utgörs av de två isabellinska partierna, Liberala Partiet och Liberalkonservativa Partiet. Båda var försvarare av ett starkt centralstyre, av den isabellinska, konstitutionella monarkin och en utvecklad industrialisering och modernisering av Spanien. Medan de liberalkonservativa i stort var försvarare av katolska kyrkan, utgjorde de liberala en blandning av svaga anhängare, indifferenta eller rentav relativt antiklerikala. Trots att man utåt sett presenterade sig som varandras motsatser var man egentligen två grenar av samma träd. Populärt kom dessa partier att betraktas som "dynastiska" då de båda försvarade den styrande isabellinska dynastin. Styrelseskicket utvecklades på ett ytterst anmärkningsvärt sätt, där de båda partierna byttes om som regering och opposition efter varje val, då de politiska valresultaten genom valfusk manipulerades av inrikesministeriet. Utöver själva "stammen" i det politiska samhället förekom det också dissidenter på både vänsterhåll och högerhåll. På vänstersidan fanns det republikaner, socialister och rentav rena anarkister. Dessa hyste ett avgrundsdjupt hat mot Kyrkan och religionen och starkast var hatet hos anarkisterna. De genomförde moderna ikonoklasmer där de slog sönder kyrkor och kastade bomber mot religiösa processioner och dylikt. Den konservative premiärministern Antonio Cánovas del Castillo gjorde sitt bästa för att bekämpa dessa aggressiva rörelser, men kom slutligen själv att bli mördad av en italiensk anarkist 1897.

Högerdissidenterna slutligen utgjordes av carlister och integrister, båda grenar av den traditionalistiska rörelsen. De utgjorde en dominant faktor i Baskien och Navarra under större delen av den här tiden, men valde ofta att angripa varandra hellre än sina fiender. Carlisterna utgjorde den större gruppen av dessa två, medan integristerna hade sitt främsta fäste i Gipuzkoa. Integristerna förde en särskilt hetsig kamp via sitt organ *El Siglo Futuro* som nu styrdes av Cándido Nocedals son Ramón, men som oftast besvarades med liknande kanonsalvor av carlistorgan som t.ex. *El Correo Español*. Stödet som de olika parterna fick kom i princip uteslutande från landsbygden, och det kan knappast förnekas att carlismen gynnades av den oro som landsbygdsbefolkningen kände gentemot det alltmer expanderande maskinsamhället. Ovan nämnde premiärminister Cánovas del Castillo föraktade man med nästan samma intensitet, särskilt på grund av dennes medgörlighet vad gällde utökade rättigheter för icke-katolska religioner. Stödjande sig på den katolska kyrkans strikta antimodernism, representerad särskilt av påven Pius IX:s *Syllabus Errorum*, förfäktade man uppfattningen att inga kompromisser kunde göras rörande sanningen, som fann sin grund i den katolska kyrkan. Samhället skulle aktivt verka för att upprätthålla Kristi Konungadöme.

Ideologiskt inbördeskrig

Från Vatikanens sida oroade man sig för utvecklingen i Spanien, och den animositet som rådde mellan de olika spanska grupperingarna. Det var onekligen så att Spanien hade spelat en oerhört viktig roll för den katolska kyrkan under seklernas gång. Till exempel var det ifrån Spanien som motreformationen hade tagit sin början, Spanien var det enda västeuropeiska land där protestantismen aldrig hade lyckats slå någon som helst rot, flera religiösa ordnar som t.ex. jesuitorden hade ursprungligen grundats i Spanien o.s.v., och detta samarbete fick inte gå förlorat på grund av inbördes strider. Påven Pius IX försökte därför genom encyklikan *Cum Multa* att mana de olika grupperingarna att lägga de inbördes striderna bakom sig och istället arbeta för det viktiga, att gemensamt kämpa för den katolska kyrkans existens och väl i Spanien. Dynastiska och politiska frågor borde man i dessa fall lägga åt sidan, ansågs det från officiellt håll. Det finns också bevarade dokument som visar påvens medvetenhet om det spanska prästerskapets starka band till carlisterna och de problem som skulle komma att uppstå om man distanserade sig ifrån och kritiserade deras sak alltför mycket. Till slut tycktes man ha lyckats uppnå någon form av enhet och år 1881 grundades föreningen *Unión Católica,* som även fick visst stöd från de mer moderata carlisterna. Integristerna kring Nocedal däremot var lika djupt kritiska som tidigare på grund av den neutrala inställning som föreningen intog rörande den spanska staten. Att vara indifferent rörande den liberala staten var detsamma som att acceptera den, menade man, och en god katolik kunde omöjligt vara någonting annat än en carlist eller integrist. ”Finns det någon god katolik som inte är carlist, är han antingen ointresserad av politik eller begriper sig inte på det”, gjorde en carlistsympatiserande biskop gällande.

Ett av de främsta spanska traditionalistiska verken från restaurationstiden är *El liberalismo es pecado* (”Liberalismen är en synd”) från år 1884, som författades av prästen Félix Sardà y Salvany, som sympatiserade med integristerna. Liberalismen framställs i verket som roten till allt ont, och som det främsta hotet mot Kyrkan. Salvany spårar liberalismens rötter till den protestantiska reformationen på 1500-talet, och angriper den för dess individualism och försvar för det allmänna prästadömet. Så kallad ”samvetsfrihet” angrips på samma sätt då det betraktas som ett redskap för ”cherry picking”, d.v.s. att enbart välja ut de bitar ur Kyrkans lära som man uppskattar och sedan avvisa de övriga. Vidare jämför Salvany liberalismen med liknande synder som drabbar Kyrkan. Han argumenterar här för att synden blir allt värre ju längre bort den driver människan ifrån Gud. Och eftersom heresier syndar emot tron på Gud och inte mot nästan, är de således de värsta synderna, värre än ”stöld, otrohet eller dråp”. Det märks också att Salvany var en lärjunge till integristernas ledande ideologer Cándido och Ramón Nocedal, då han, liksom de, förespråkar goda, uppbyggliga tidskrifter som det bästa skyddet för medborgarna mot liberalismens irrläror.

En annan av carlismens främsta ideologer var den skicklige oratorn Juan Vázquez de Mella, som också var carlistisk parlamentsledamot för Estella och Pamplona under en lång tid. Han insåg också vikten av att "reformera" carlismen och inte låta den förvandlas till enbart nostalgiska drömmar om en tid som varit. Man behövde visa att carlismen var i allra högsta grad en modern ideologi, som kunde lösa dagens problem. Carlismens viktigaste uppgift i samhället var, menade Mella, att skapa enighet, förening och gemenskap bland medborgarna. Liberalismen, med dess individualism, kunde omöjligt göra detta. Istället behövdes en traditionellt rotad gemenskap och det var carlismen som kunde garantera denna. Gemenskapen garanterades i första hand av katolicismen, som var en omistlig del av det spanska kulturarvet, och i andra hand av den mångfald av seder och traditioner som existerade på den iberiska halvön. Konungen var slutligen garanten för att den här sociala ordningen och gemenskapen skulle bestå. Hans makt skulle vara bestämd och tydlig, men också begränsad. Vidare argumenterade han för ett avskaffande av parlamentarismen som han istället ville ersätta med ett Cortes, utgjort av sex traditionella samhällsgrupper, jordbrukarna, industrifolket, prästerskapet, armén, aristokratin och intelligentsian. En sorts tidigt utvecklad korporatism med andra ord, inspirerad främst av påven Leo XIII:s katolska sociallära. Dessvärre kom även Juan Vázquez de Mella att hamna i konflikt med den carlistiske tronpretendenten och slutligen också att orsaka en splittring. Till skillnad från integristerna gällde det dock inte så mycket sakfrågor den här gången utan snarare personfrågor, att Mella och Don Jaime inte kunde samarbeta. Vid det här laget fanns det alltså tre så kallade "traditionalistiska" rörelser i Spanien: jaimister (anhängare av tronpretendent Don Jaime), mellister och integrister. Och så skulle splittringen komma att se ut fram tills den stora omstörtningen av det spanska samhället 1931...

Andra republiken

Den 14 april 1931 utropades Spanien till en republik, efter många konflikter under det förlidna decenniet. Alfonso XIII fick gå i exil, trots att han i ett uttalande hade gjort klart att han fortfarande betraktade sig som Spaniens kung. På Madrids gator samlades stora folkmassor och jublade över republikens bildande, samtidigt som monarkisterna sörjde. Dock sörjde inte alla monarkister det som hade skett. Flera av de carlistiska tidningarna tycktes tämligen oberörda av hela händelsen, och *El Siglo Futuro* konstaterade torrt att detta var vad som hände när man försökte sig på att förena monarkism med liberalism. Samtidigt tycks den andra republikens bryska reformer med en kraftfull sekularisering och åtskillnad mellan stat och kyrka ha varit den faktor som äntligen fick de olika carlistiska fraktionerna att gräva ner stridsyxan sinsemellan. De olika partierna upplöstes och gick nu samman i *Comunión Tradicionalista* och samlades kring tronpretendenten Alfonso Carlos I. Man var också vid det här laget beredd att inleda ett samarbete även med de alfonsistiska monarkisterna i syfte att bekämpa republiken, då den sågs som ett sådant överväldigande hot mot det traditionella katolska Spanien.

Den spanska högern under den andra republiken kan sägas ha utgjorts av fyra olika grupper. Dessa fyra grupper kan sedan i sin tur delas in i två grupper, accidentalister och katastrofister. Det som förenade alla grupper var deras försvar av den katolska kyrkan och dess rättigheter, men däremot var man oense om hur man skulle förhålla sig till republiken. Medan accidentalisterna var beredda att kompromissa med republiken, kunde katastrofisterna inte på några villkor godkänna denna republik, vars författning var ond ända in i roten, menade man. Accidentalisterna utgjordes av det katolskt kristdemokratiska partiet *Acción Nacional,* som senare kom att omvandlas till koalitionen *CEDA*. Även om dess politiker innerst inne var monarkister, trodde de att slaget var förlorat. Istället borde fokus läggas på att i alla lägen försvara katolicismen. Katastrofisterna utgjordes av de tre övriga, alfonsisterna, carlisterna samt en ny grupp som kallades falangister. Falangismen utgjorde en säregen ideologi som också har gått under benämningen nationalsyndikalism. Inspirationen kom från flera håll, bl.a. från den italienska fascismen och den franska kontrarevolutionära rörelsen *Action Française,* men även från inhemska traditioner. Den förespråkade ett korporativt, starkt nationalistiskt samhälle, men skilde sig från många liknande rörelser genom sin starka katolicism. Liksom alfonsisterna och carlisterna motsatte man sig strängt allt som republiken representerade som liberalism, egalitarianism och antiklerikalism. Däremot var man inga monarkister, utan ville istället se en stark stat med en stark ledare, en ”jefe”, såsom i Italien. Därmed kan vi således notera att det skulle komma att förekomma en viss motsättning mellan falangisterna och carlisterna på denna punkt.

1930-talets Spanien var en riktig häxkittel av olika politiska rörelser som alla misstrodde varandra. För att göra lång historia kort kom svallvågorna att bölja fram och tillbaka mellan den antiklerikala vänstern och den klerikala högern under en lång tid, och det stod alltmer klart att republikens framtid vilade på en nästan lika lös sand som den tyska Weimarrepubliken hade gjort. Synen på den katolska kyrkan var en het potatis, och med samma glöd som den konservativa katolska högern älskade sin Kyrka hatades den av vänstern. Flera gånger kom det återigen att genomföras rena förstörelser av kyrkor, och man lät både slå sönder kyrklig konst och gräva upp nunnegravar och dumpa liken ute på trottoarerna.[3] Parlamentsvalet 1936 var särskilt präglat av aggressivitet, och det låg nästan i luften att någon form av väpnad konflikt skulle uppstå, oavsett valresultatet. Att det slutligen var högersidan, ledd av den stridbare Francisco Franco, som inledde det nästan oundvikliga inbördeskriget har fått många att tala om det spanska inbördeskriget som en kamp mellan demokrati och fascism. Så enkelt var det emellertid inte. Under högerstyret 1933-1936 hade man sett liknande tendenser till uppror från vänsterkanten i olika spanska industriorter. Grupperingar som anarkister och kommunister ville inte heller ha någon parlamentarisk stat, utan strävade istället efter att göra det nya Spanien anarkistiskt respektive kommunistiskt.

Hur fascistisk var då högersidan i Spanien och vilken roll i allt detta spelade carlisterna? Senare historieskrivning har kommit att förenkla bilden av den så kallade nationalistsidan genom att enbart beteckna dem som falangister eller kort och gott fascister.[4] Och det skall icke förnekas att det faktiskt fanns

---

[3] *[Redaktörens anmärkning:* Jfr gärna *Skandinavisk Katolsk Tidskrift* nr 4, 2015, s. 445ff.]

[4] Debatten om fascismens natur är som bekant mycket komplicerad och invecklad, och då det saknas en allmänt erkänd, gemensam definition på vad fascism faktiskt är, blir det också oerhört svårt att dra några bestämda slutsatser. Ett problem är att man framför allt från vänsterhåll har använt fascism som ett smädeord riktat gentemot alla politiska riktningar som förespråkar ett auktoritärt, nationalistiskt samhälle utan att vara kommunister. Fascistforskaren Martin Blinkhorn har tillsammans med flera andra forskare analyserat förhållandet mellan fascism och konservatism i antologin *Fascists and Conservatives: The Radical Right and the Establishment in Twentieth-century Europe* (London 1990), där man diskuterar rörelser i det

en viss sympati och beundran hos dessa grupperingar för de auktoritära fascisträrelser som växte fram runtom i Europa. Att det kristdemokratiska CEDA:s partiledare Gil Robles till exempel blev kallad för ”jefe” av sina anhängare, visar att man åtminstone till viss del var beredd att skapa en spansk variant av den italienska ”il Duce”-profilen. Falangisterna var uttalat fascistiska till en början, men kom att omstruktureras en hel del när de hamnade under Francos kontroll, och de utvecklades med tiden till en rörelse som snarare kan definieras som auktoritärt konservativ. Carlisterna å andra sidan var traditionella monarkister och som sådana hade de självfallet flera meningsskiljaktigheter med fascismen som ideologi. Den tydligaste skillnaden föreligger givetvis i frågan om staten. Fascism är traditionellt sett en ideologi som lyfter fram staten som det högsta i samhället, vars väl och ve alla individer i samhället måste sätta före sina egna intressen. Till bilden hör också en stark och karismatisk enväldig ledare, som styr och leder staten. Detta kunde ju inte de starkt anti-centralistiska och regionalistiska carlisterna acceptera, då fascismens statism i högsta grad stred mot den så fundamentala fuerosprincip som carlismen var uppbyggd omkring.

---

europeiska samhället som anses befinna sig i gränslandet mellan konservatism och fascism (även det kortlivade svenska Kyrkliga Folkpartiet samt finska Lapporörelsen tillägnas ett litet kapitel i den här antologin). Slutsatsen av studien är att konservatism och fascism ibland allierade sig med varandra för att bekämpa en större fiende vid den tiden, utgjord av framför allt liberaler och socialister/kommunister. En grundläggande tvistefråga var synen på samhället, där konservatismens mer traditionalistiska och religiöst präglade syn stod mot fascismens mer radikala och semi-socialdarwinistiska ståndpunkt.

En annan person som har ägnat konservatismen/fascismen en hel del intresse är den kontroversielle, starkt vänstervridne journalisten Henrik Arnstad i den överlag tämligen undermåliga sammanställningen *Älskade fascism: de svartbruna rörelsernas ideologi och historia* (Stockholm 2013). En intressant detalj i studien är att Arnstad faktiskt *inte* betraktar Francisco Franco som en renodlad fascist, utan istället som auktoritärt konservativ. Distinktionen han gör mellan konservatism och fascism, är att fascismen skulle ha varit en ”massrörelse” riktad mot befolkningens breda lager, medan konservatismen istället skulle ha varit en ideologi för de gamla eliterna såsom godsägare och direktörer. Denna definition diskvalificerar i så fall majoriteten av de katolska, konservativa partierna i Europa vid den tiden som t.ex. österrikiska Christlich-Soziale Partei, tyska Bayerische Volkspartei samt givetvis också de spanska carlisterna; samtliga dessa hade ju ett starkt stöd hos den traditionella bondebefolkningen.

När Adolf Hitler kom till makten i Tyskland reagerade carlisterna till att börja med ganska positivt. Man uppskattade Hitlers kamp mot kommunismen och den liberala demokratin, och det faktum att han också hade inlett ett samarbete med det katolska Zentrumpartei gav ytterligare pluspoäng. Likaså fanns det hos carlisterna en antijudisk attityd, som kombinerades med deras oro inför hotet från kommunisterna. Judarna betraktades som Kristusmördare och den katolska kyrkans fiender, och man talade ofta om den koppling som fanns mellan judarna och bolsjevismen och frimureriet. Dessa tre parter betraktades som det huvudsakliga hotet mot Spanien, och man varnade både för den nordamerikanska Wall Street-kapitalismen och den sovjetiska marxismen. Samtidigt var denna antijudaism av religiös och kulturell art, och aldrig baserad på rasbiologi. Tvärtom var nazisternas rasism en del av deras ideologi som carlisterna omöjligt kunde acceptera. Tanken att det fanns en överlägsen ras, som hade rätt att härska över alla andra lägre stående raser, var en klar heresi och fördömdes som en sådan i de carlistiska tidningarna. Man motsatte sig också de neo-paganska, anti-katolska idéer som nazister som Alfred Rosenberg och Walther Darré representerade. Dessa kunde man omöjligt stödja, och några carlister menade att denna nazistiska nyhedendom inte var något annat än en spegelbild av sovjetkommunismen. Sympatierna för nazismen och Adolf Hitler dog slutligen 1934, när nazister mördade den österrikiske förbundskanslern Engelbert Dollfuss. Carlisterna hade alltid sett upp till Dollfuss och betraktade honom som Europas näst störste statsman under det senaste seklet efter Klemens von Metternich. Istället fick man nu vända blicken och hoppet mot andra katolska ledare i Europa som Salazar, Degrelle eller … Franco.

Spanska inbördeskriget

När det spanska inbördeskriget slutligen bröt ut år 1936 gick carlisterna genast med i kriget på general Francos sida. Hela tre gånger tidigare hade man varit i krig mot den spanska regeringen, men denna gång var det annorlunda. Dels för att man nu hade bundsförvanter, varav vissa, t.ex. de övriga monarkisterna, hade varit carlisternas fiender i de tidigare krigen. En annan skillnad var att man inte längre hade något stöd i Baskien. Där hade man under de senaste decennierna lämnat den carlistiska ideologin med dess fueros-regionalism och stod nu istället för en ren separatism, vilket carlisterna alltid hade värjt sig emot. Dessutom hyste man där en stark misstänksamhet gentemot Francisco Franco och dennes uppsåt, varför katolska kyrkan i Baskien blev den enda kyrkoprovins som under kriget allierade sig med vänstersidan. Istället var det nu Navarra som utgjorde carlisternas bas och kärna, och under ledning av Manuel Fal Conde uppbådade man en stor och stark armé.

Carlisterna gjorde sig kända för den glöd och religiösa nit som de stred med. Requetés, som den carlistiska milisen kallades, firade alltid mässa med tillhörande välsignelse från prästerligt håll, innan man gick i strid. Franco uppmärksammade och beundrade den kampanda som carlisterna drevs av, och han ansåg att de, jämte falangisterna, var de mest stridsdugliga på nationalistsidan. Han menade också att det bästa vore om falangismen och carlismen kunde smälta samman för att förhindra ytterligare konflikter efter kriget. En av högersidans främsta fördelar gentemot vänstersidan under det spanska inbördeskriget var att man hade färre meningsskiljaktigheter internt och överlag var mer ideologiskt homogena. Man enades i sitt stöd för den katolska kyrkan och sitt motstånd mot republiken. Men Franco ville dra samman de olika grupperingarna ännu mer. Vid det här laget var falangisterna och carlisterna de enda renodlat ideologiska parterna på nationalistsidan som fanns kvar. Därför lät Franco år 1937 baka samman carlister och falangister till den gemensamma organisationen med det imponerande namnet *Falange Española Tradicionalista y de las Juntas de Ofensiva Nacional Sindicalista.* Han lät också sammanföra deras olika utstyrslar, carlisternas röda baskrar och falangisternas blåa skjortor. Som man kan förstå var det inte alls särskilt populärt bland vissa av de mer ideologiskt ortodoxa carlisterna och falangisterna att behöva beblanda sig med en annan ideologi på det här viset. Så brukade falangisterna, som en symbol för detta missnöje, ta av sig baskrarna och stoppa dem i fickorna, medan däremot carlisterna tyvärr ju inte kunde göra samma sak med skjortorna och därför helt enkelt fick bita ihop och försöka utstå denna ”ekumenik”.

Den 27 mars 1939 lyckades slutligen Francos trupper erövra Madrid och dagen efter kapitulerade vänstersidan. Inbördeskriget var över och Franco stod som segrare. Påven Pius XI hade också under kriget sänt sina gratulationer till honom och tackat honom för hans kamp för Kyrkan och kristendomen mot de katolikfientliga brigaderna. Nu inleddes en ny epok i Spanien med Franco som landets diktator. Många av de laicistiska, antiklerikala lagar som hade rått under republiken kom nu att avskaffas och istället blev katolicismen åter samhällets grund och norm. Från carlistisk sida kom man emellertid efter ett tag att utveckla en viss besvikelse över landets utveckling. Man hade hoppats att Franco skulle arbeta för att återinföra monarkin, men det skulle visa sig vara en falsk förhoppning. Carlistledaren Manuel Fal Conde som hade lierat sig så starkt med Franco under kriget kom nu istället att bli en av hans mest högljudda motståndare. Han förde en hetsig propagandakampanj och gjorde klart att ingen äkta carlist värd namnet kunde sympatisera med det nya Spanien, utan borde istället helhjärtat arbeta för att återinföra den traditionella monarkin. Även Sevillas ärkebiskop, den starkt konservative och av integrismen inspirerade kardinalen Pedro Segura y Sáenz, blev en bestämd motståndare till den nya regimen. Till exempel brukade han alltid lämna Sevilla varje gång general Franco var på besök i staden.

Carlismen idag

När vi nu når slutet av den här översikten av carlismens historia, skall vi avsluta med att göra en överblick över frågan om vem som är den nuvarande carlistiske tronpretendenten. Som vi har sett har frågan om vem som står för den sanna, traditionalistiska carlismen under historien lett till ett antal splittringar inom rörelsen. Även efter fusionen år 1931 skulle det visa sig uppstå problem till följd av de olika carlistpretendenterna. Denna gång gällde alltså frågan vem som var den rättmätige kungen, och det skulle komma att föreligga flera alternativ:

1) Den första linjen var förbluffande nog den *alfonsistiska*, d.v.s. den som sympatiserade med ättlingen till den isabellinska släktlinjen som carlisterna så kraftfullt hade bekämpat under 1800-talet. Drottning Isabella hade nämligen gift sig med sin kusin Francisco de Asís, son till Ferdinand VII:s yngre broder. Därmed var alla deras ättlingar giltiga monarker enligt den saliska lagen, menade man. Det främsta motivet för denna

ståndpunkt var förmodligen ett slags vilja till "ekumenik" och fredsslutning mellan de olika monarkistfraktionerna i Spanien. Den alfonsistiska falangen stöddes enbart av en minoritet carlister, medan de flesta ansåg att Isabella med ättlingar automatiskt hade diskvalificerat sig som carlistiska tronarvingar på grund av sin liberalism. Enligt den här linjen är den nuvarande spanske kungen, Felipe VI, den rättmätige.

2) Den andra linjen var den *habsburgska* eller *carloctavistiska* som den också kallades. Den utgick inte ifrån en ortodox ståndpunkt rörande den saliska lagen, utan från en så kallad semi-salisk position. Även om den förnekar att en kvinna kan bli Spaniens monark hävdar den att kronan kan gå i arv *via* en kvinna. Efter Alfonso Carlos I:s död borde kronan ha gått i arv via dennes brorsdotter Blanca, och överförts till hennes son Karl Pius av Habsburg. Den här positionen förfäktades framför allt av tidningen *El Cruzado Español,* men motsades återigen av en majoritet carlister, som ansåg att även carloctavismen var en heresi. Enligt denna linjes anhängare är Dominic av Österrike den nuvarande rättmätige kungen av Spanien.

3) Den tredje och av de flesta carlister understödda linjen var slutligen den *parmaitiska,* som ansåg att hertig Xavier av Parma och dennes ättlingar är de legitima tronpretendenterna. Den här slutsatsen dras utifrån det faktum att familjen Borbón-Parma är den enda som både har släktskap med Don Carlos och delar den carlistiska ideologin. Dock har utvecklingen av den här grenen inte heller gått smärtfritt, och istället har den splittrats i ytterligare två falanger.

    a) Den ena anser att det är Xaviers äldste son Carlos Hugo som ärvde titeln och att det därför nu är hans son Carlos Javier II som är den rättmätige kungen. Problemet med detta är dock att Carlos Hugo politiska utveckling med tiden tog en väldigt märklig vändning. Under 1960-talet blev han anhängare av den jugoslaviske diktatorn Josep Titos socialism, vilket fick flera carlister att hävda att även denne pretendent hade brutit med carlismen och således inte längre kunde ses som en äkta carlistisk tronpretendent. De som ändock stödjer den här linjen och betraktar sonen Carlos Javier II, som synes ha ärvt sin faders ideologiska övertygelse, som den legitime kungen, utgörs framför allt av det carlistiska vänsterpartiet *Partido Carlista.*

b) Den andra falangen avvisar den socialistiske avfällingen Carlos Hugo och har istället sökt sig till dennes bror, prins Sixto Enrique. Denne har till skillnad från sin bror anammat en strängt konservativt katolsk åskådning, både politiskt och religiöst. Han är t.ex. en anhängare av FSSPX och har varit närvarande vid flera av deras vigningar, bland annat den berömda år 1988 när ärkebiskop Marcel Lefebvre vigde de fyra biskoparna. Sixto Enrique stödjs framför allt av ett annat carlistiskt parti, det betydligt mer konservativa *Comunión Tradicionalista.*

Som framgått finns det alltså också ett flertal carlistiska partier idag. De utgörs av:

1) *Partido Carlista*: Stödjer Carlos Javier II (klassas allmänt inte som ett renlärigt carlistiskt parti då det har anammat socialismen).
2) *Comunión Tradicionalista*: Stödjer Sixto Enrique.
3) *Comunión Catolico-Monarquica*: Stödjer Dominic av Österrike (carloctavister).
4) *Comunión Tradicionalista Carlista*: Förhåller sig neutrala i tronpretendentsfrågan.

Slutord

För att sammanfatta den här odyssén kan vi alltså konstatera att carlismen har varit en förvånansvärt slitstark ideologi trots sin brokiga och komplicerade historia. Den har aldrig attraherat merparten av den spanska befolkningen, utan har alltid varit koncentrerad till norra Spanien med dess urgamla traditionella lagar och hängivna katolicism. Den utkämpade hela fyra krig mot det liberala och centralistiska Spanien, varav den endast var på den vinnande sidan i det sista. Samtidigt var dess anhängare drivna av en sällan skådad glöd, och bakgrunden till detta låg förmodligen i att carlismen var den mest traditionellt katolska politiska ideologi som någonsin förekommit i Europa, en ideologi som har sin kärna i den katolska kyrkans traditionella antimodernism, kodifierad i bl.a. *Syllabus Errorum.* Därför anser jag att det är passande att alla katoliker som omfattar denna traditionella katolicism också lär känna carlismen litet närmare, vilket förhoppningsvis den här presentationen har bidragit till.

Källor

Ramón Ruiz Amadó: "Spain" i *Catholic Encyclopedia* vol. 14 (New York 1912)

Martin Blinkhorn: *Carlism and Crisis in Spain 1931-1939* (Cambridge 1975)

William J. Callahan: *The Catholic Church in Spain 1875-1998* (Washington D.C. 2000)

Jordi Canal i Morell: *Banderas blancas, boinas rojas: una historia política del carlismo* (Madrid 2006)

Demetrio Castro Alfín: *El carlista en las Cortes: la política electoral y parlamentaria del Carlismo en la primera etapa de la Restauración* (Pamplona 2015)

Thomas Hugh: *Spanish Civil War* (London 1961, 2003)

Félix Sardà y Salvany: *El liberalismo es pecado* (Barcelona 1884) Se även: http://www.ewtn.com/library/theology/libsin.HTM, 1876-1939

Allmän faktasida om carlismen: http://www.requetes.com

El Siglo Futuro, 1875-1936:
http://hemerotecadigital.bne.es/details.vm?q=id:0000000226&lang=es

Nicklas Karlsson: En återgång till det övergivna spåret förblir en förutsättning

En fristående fortsättning från SKT nr 5. Inte för att hävda en förklaring till allt, utan för att hävda faran när ytlig biologi får göra det.

Det behöver inte bli en bubbla som spricker. Börjar någonting kärva, kan dock flexibilitet komma till nytta, att våga ta del av vad som finns utanför den egna ramen, även om det inte kommer att kunna slutgiltigt lösa allt. Att tillåta sig se värdet i något utanför, för att kunna effektivisera sitt eget område.[1]

För människan är sammanhanget hon existerar i större än kall materia och mekanisk biologi. Det finns mer i världen än så för den som vågar se efter.

I.

Om ett samhälle väl skulle lyckas med att erbjuda bostäder, arbeten och en trygg vardag – att alla kort och gott finge tillgodosett allt vad jordiskt de kunde önska sig – skulle det vara nog? *Kunde* det vara nog?

Borde det inte kunna kallas *vederlagt* vid det här laget – eller har inte den enklare tillgången till materiell komfort och tröst varit enkel nog ännu?

Every citizen has been granted the desired freedom and material goods in such quantity and of such quality as to guarantee in theory the achievement of happiness – in the morally inferior sense of the word which has come into being...[2]

---

[1] *If we can learn to accept criticism and acknowledge contrary information we can also learn to incorporate new methods. ... Our method is a product of our experience and is enhanced by consciously taking note of what works and what does not. We can hold ourselves back if we adhere too strongly to our own methods at the expense of different, yet equally valid, ways of doing things. If we learn to see the value in other methods we can take what we need from them to improve – not replace – our own.* (Garry Kasparov, *How Life Imitates Chess*)

[2] *A World Split Apart* (Alexandr Solzhenitsyns *Harvard Commencement Address* den 8 juni 1978)

Ja, varför är inte de som har de största möjligheterna att kunna göra som de faktiskt vill samt har tillgång till alla ting en människa rimligen torde kunna önska sig, bortom bara behoven, *varför* är inte dessa människor de allra lyckligaste? *Borde* de inte vara det, ifall den materialistiska humanismen har rätt?

En tomhet dröjer kvar. Den *önskan att söka* som kännetecknar människan kommer inte att försvinna, för att våra kroppsliga, materiella och sinnliga behov blir fyllda till sin respektive brädd.

Inte när vi vet att det finns mer. Och det gör vi.

För även i en framtid där människan, i en feelgoodfokuserad relativisms namn, konsekvent stänger dörren för en immateriell verklighet, för allt som inte går att väga, mäta eller bokstavligen sätta fingret på, en framtid där förnuftet inte längre har någon roll att spela, där kommer *tomheten* likväl att behöva förklaras, vilsenheten kring den kommer inte att minska, för, *till vem skulle vi då gå?*

Förlorade i terrängen, med konsekvenser, med kompassen defekt. Falskt trygga. Någonstans trots allt medvetna om att målet med existensen inte är bekvämlighet eller "skyddade verkstäder"....

In the process, ... one psychological detail has been overlooked: the constant desire to have still more things and a still better life and the struggle to attain them imprint many Western faces with worry and even depression, though it is customary to conceal such feelings. ... Even biology knows that habitual, extreme safety and well-being are not advantageous for a living organism. Today, well-being in the life of Western society has begun to reveal its pernicious mask.[3]

....utan något avsevärt större än så. Människan är en sökare, gav sig in på vetenskap,[4] därför att hon visste med sig från första början att det finns något

[3] *A World Split Apart* (Alexandr Solzhenitsyns *Harvard Commencement Address* den 8 juni 1978)

[4] Man kan även, för att inte överskatta den s k *moderna vetenskapens* betydelse, beröra myten om att Vetenskap är framtiden, medan Religion enkom berör det förflutna; *"Science does not, of course, always look to the future. If it did, it would, at that very moment, cease to be science. In*

att söka; *"Men became scientific because they expected Law in Nature, and they expected Law in Nature because they believed in a Legislator"*.[5]

Men med istället halva verkligheten borttagen ur ekvationen, verktygslådan halvt tömd, med uppenbart mindre med sig att förstå människan med... När allt själsligt mer fullkomligt än status quo förklarats irrelevant. *Den* tidens icke-somatiska vårdenheter kommer att ha fullt upp. Illa är det, redan idag; men idag är ingenting, mot *imorgon.*

II.

Att tala om en *psykisk ohälsovåg*, med märkliga och som regel biologiskt grundade uttryck – är det förankrat i vad som verkligen händer, och har hänt? Ja, *symptomen* må vara verkliga nog, men kan *problembeskrivningarna* som följt – även bland de mer populärdiagnostiska inslagen – snarare handla om en allmän *oförståelse inför verklighetens helhet*?

Det finns givna risker med att anlägga en rent materialistisk livsåskådning, tillsammans med en bristande hänsyn till *varför* något finns, till vad som är sant - särskilt när man arbetar med bedömningar av andra människors inre

fact, it would, at that very moment, cease to be anything at all. Science ... is nothing more than the pygmies of the present sitting on the shoulders of the giants of the past. No discipline in the field of human knowledge is more bound to the breakthroughs of the past than the science of the present. No discipline is more dependent on its own rules and regulations, laid down by great figures of the past, than is science. Even its innovations are not really innovations; they are never truly 'new' in the sense of being 'original'. They are merely developments of doctrine, or, at most and only rarely, they might represent new ways of seeing or understanding older truths. And, of course, science never creates any new reality; it merely discovers what was always there. It makes no more sense to pretend that science invents new truths than to pretend that America didn't exist before Columbus discovered it. (...) Truth is ... always in the present tense because it is always-present in the omnipresent sense. ... It is ever-present, not merely within time – past, present or future – but beyond time and space. ... Religion does not always 'look to the past', in the sense that it never looks anywhere else, but it always looks to the past in the sense that it is the only way to know where we are in the present and, therefore, where we are going in the future. ... Those who contemptuously dismiss the past are similar to hikers who contemptuously refuse to carry a map. ... (T)he past, and the traditions it presents to the present, are a valuable guide to the world in which we live." (Joseph Pearce, *Catholic Literary Giants*)

[5] *Miracles* (C. S Lewis)

hälsa, bedömningar som inte sällan får stor effekt på resten av deras liv. Att skygglapparna verkligen finns och är i bruk torde påvisas av de frekventa förväxlingarna mellan vad som är sjukdomssymptom och vad som i själva verket är *bieffekter av läkemedlen* (som dock inte alltid "läker"[6]), eller diverse *stressymptom*, eller uppkomna *abstinenssymptom* av skilda slag ... med mera.

Att ha gjort världen mindre gör inte svaren fler. Men som en konsekvens, åtminstone tunnare.

Men kanske har det måst retireras över vida områden, eftersom en scientistisk hållning, tillsammans med den moderna vetenskapens självvalda oförmåga att överhuvudtaget kunna svara på varför något finns – må det röra sig om själva universum eller en bakad kaka –, får sina begränsande effekter. Man kan helt sonika ha givit upp frågor om varför (och därtill mycket annat!), för att man själv gjorts inkapabel.

Om det nu inte skulle vara sant att vi faktiskt utgör historiens kunskapselit, så kanske, kanske, vi kan ha gått vilse någonstans, kanske bländade av vår självbeundran. Är vi verkligen *först nu* mogna att se vad ingen har kunnat notera tidigare, eller är det, möjligen, för att vi har *valt att se mindre* som den inre hälsan hos så många, och annat, har tillåtits fallera?

Tids- och resursbrist förklarar sina självklara respektive delar, det är känt, men det finns ändå kvar smärre kartboksuppslag med skäl som *i sin tur* skulle kunna förklaras inom ramarna för det avfall från Gud, som vi har ägnat oss åt (för vad som är sant *är vad det är*, och kan inte omkonstrueras efter tyckande). Kan en diffus, biologisk förklaringsmodell vara det enda som blir kvar för oss, när vi väl har valt ett rent materialistiskt förhållningssätt?

---

[6] *Jag har, baserat på den mest pålitliga forskningen jag kunnat hitta, uppskattat att psykofarmaka är den tredje vanligaste dödsorsaken efter hjärtsjukdomar och cancer.* (Peter C. Gøtzsche – specialistläkare inom internmedicin, professor i klinisk försöksdesign och analys vid Köpenhamns universitet och föreståndare för Nordisk Cochrane Centre – i debattinlägg, Aftonbladet den 5 september 2016)

Hur hade det sett ut i statistiken, om vi fortfarande hade haft med oss *hoppet,* och orsaken därtill? Ifall *djupare moraliska konflikter* tagits på allvar? Samvetets kval? Et cetera.

Eftersom vi har slutit oss för halva verkligheten – när vi, upplysta som vi är, kan plocka ihop en påse sanning såsom man annars väljer plockgodis – så har vi redan där mindre med oss, mindre att arbeta med, mindre av perspektiv.

Vad, i den standardiserade djungeln av diagnoser, är biologiskt grundat? Vad är det inte? Vad är belagt, vad är teorier? Vad är psykisk sjukdom som bara fanns där i generna vid födseln, och vad är det inte? Vad är fullständigt normala livskriser? Eller annat i raden av övriga omständigheter?

Vad du ser och vad du hör beror till stor del på var du står. Det beror också på vilken sorts person du är...[7]

...och har alltid gjort, men under relativismens ok – en given följd av godislådorna – vet ingen längre vad sanning är för något (och det blir ju paradoxalt att vänta sig *något annat* än oroliga unga själar med myror i både kropp och tanke, när *ingenting* finns att förhålla sig till ens när det gäller dem själva).

Har människan blivit vuxen (eller *högfärdig?*) nog att bortse från allt annat än henne själv, från den andliga dimensionen, från en transcendent sfär (eller verklighet), så blir hon tvungen, i konsekvensens namn, att också förklara ifrån det sammanhanget *uppkomna problem* med något annat. Vilket man förstås sysslar med, efter förmåga.

Det tog Sverige några decennier att bli ett ledande sekulärt land. Varför ökar de mer abstrakta hälsoproblemen ju mer sekulära och materialistiska vi blir, som samhälle? Varför blir vi sämre på *insidan,* ju bättre vi får det på *utsidan?* Kan vi, och vill vi, egentligen, fortsätta att betala för allt vi förlorat, och förlorar, längs vägen vi slagit in på?

---

[7] *The Magician's Nephew* (C. S. Lewis). Egen övers.

Det är lätt att tro vad man *vill* tro, till en viss gräns. Vad gör man, från samhällelig sida för dem som hamnat vid sidan av som en följd av detta? Gått vilse i relativiserandets tidsålder? Hamnat på kanten, eller närapå trillat över den, för att orsak, karta och mål allesammans, hur nödvändiga de än är, förklarats överflödiga?[8]

Den sorts problem vars själva *uppkomst* ignoreras förblir åtminstone svårlösta; det är mycket svårt att både försöka gräva upp en rot och samtidigt förneka att den finns.

III.

Men varifrån kommer detta envetna förnekande av allt vi inte omedelbart kan väga, mäta, eller röra vid med fingrarna? Hur kan man förstå varför människor började förlora förmågan att tänka längre, och dessutom blev angelägna att väsnas allt högre om det?

Vad är det vi egentligen tror kommer att hända, med bara oss själva i ekvationen? Med varje individ i sitt eget centrum, farande utan vare sig orsak eller mål på ett klot i ett döende universum. Inget gemensamt bindemedel att hålla människor samman, lika många åsikter om vad "sanningen" är som invånare på klotet, samtliga fyllda av uppmuntran att älska sig själva genom

---

[8] Man kan jämföra med Aristoteles' lära om de fyra orsakerna – nödvändig för att förstå verkligheten, numera till synes avskaffad –, där varje *orsak* utgör ett delsvar på frågan om orsakerna till någots existens genom att identifiera *1. den verkande orsaken 2. materian (råmaterialet), 3. formen* (som säger oss visuellt vad något är), samt *4. ändamålet, syftet. "Mer tekniskt formulerat: vi måste ta hänsyn till allt som allt fyra orsaker: den verkande orsaken (lat. causa efficiens), materien eller den materiella orsaken (lat. causa materialis), den formella orsaken (lat. causa formalis), och ändamålsorsaken (lat. causa finalis). Förklaringen av ett ting, t.ex. ett hus, kräver således att man anger vart och ett av dess fyra orsaker. Husets verkande orsak, arbetarnas insats, besvarar frågan 'vad frambringade det?'. Den materiella orsaken, byggnadsmaterialet, besvarar 'av vad är det frambringat?'. Den formella orsaken, karakteriserandet av det som ett hus, besvarar 'vad är det?', och slutligen den finala orsaken, det som byggherren önskar, nämligen att få en lämplig bostad, svaret på 'vad är ändamålet med det?'."* (Ur bokförlaget Forums Filosofilexikon, 1993). Dessa fyra orsaker används även av S:t Thomas av Aquino, bl.a. när han i *Summa Theologica* formulerar sina fem bevis för Guds existens.

avguden i de egna *känslorna* – som för att ytterligare underblåsa vad som orsakat de allra flesta krigen i världen.

Inget exklusivt med just *krig* i sammanhanget, men det är ett vanligt – ehuru ogenomtänkt – argument mot religion i stort. Man har missat, alternativt glömt, insikten att *stolthet* (och avund, och girighet, och annat) är en farlig sak. Fråga bara St. Thomas av Aquino om *varför* vi ens är så benägna att se andra människors fel.[9]

Förnekandet av allt som inte kan vägas, mätas eller röras vid är näppeligen vägen till en bättre värld. För hur skulle det kunna vara det? Människan kan inte överleva med sig själv som centrum av allt, och anpassa moral och rätt och fel *as she goes*. Har inte historien, framförallt under nittonhundratalet, visat det för oss?

When all that says 'it is good' has been debunked, what says 'I want' remains. … I am very doubtful whether history shows us one example of a man who, having stepped outside traditional morality and attained power, has used that power benevolently.[10]

I got it into my head that I must write the history of the Russian revolution. I worked on it for 54 years. … I clearly saw that the … revolution was a stunning disturbance of the mind. People lost any sense of their own purpose, to say nothing of their use to the country, and acted as if they were insane. … Suddenly I saw that Russia began to go through a different type, different forms of psychologically the same thing. Something similar. The same loss of social consciousness, the same

---

[9] Summa Theologica, Q. 162, Art. 3: *"…humility observes the rule of right reason whereby a man has true self-esteem. Now pride does not observe this rule of right reason, for he esteems himself greater than he is: and this is the outcome of an inordinate desire for his own excellence, since a man is ready to believe what he desires very much, the result being that his appetite is borne towards things higher than what become him. Consequently, whatsoever things lead a man to inordinate self-esteem lead him to pride: and one of those is the observing of other people's failings, just as, on the other hand, in the words of Gregory, … 'holy men, by a like observation of other people's virtues, set others above themselves.'"*

[10] *The Abolition of Man* (C. S. Lewis)

turmoil when people don't understand what is going on and what needs to be done.[11]

En *riktning*, ett *mål* och en allmän *medvetenhet* om desamma är viktigare för människor än vad som medges. Att det finns en mening med att vi är här. Vi har inte likviderat varandra i större skala förrän vi började tro något annat eller i motsvarande mån spreta så mycket i moralen. Facit kan vi ha i de blodiga omvälvningarna under de senaste seklernas lopp, i de nationer där man allra mest fullkomnade ateismen under förra århundradet, i vad livet är värt på 2000-talet när det går att neka någon annan möjligheten därtill för att själv kunna ha det bekvämare eller bara känna sig "fri" (kanske inte sällan utan uppmuntran) och mer.

Om det *kvittar* varför Människan är här, så kvittar ju i och för sig, rent objektivt, allt annat med. Ta sedan bort hoppet och inför meningslösheten som den gängse framtidsutsikten, så ökar självfallet depressioner, ångest, självmord. Våld. För om människan har ett mål eller ej, avgör hennes liv. Vad det målet är, avgör hennes liv – precis som hennes uppfattning om sin betydelse för det gör det.

För en väg har hon, i allra högsta grad. Om hon väljer att följa upp den där nyfikenheten hon känner inför målet, kan hon till och med *hitta* den.

For the Christian, every man is homo viator, whose sole purpose (and soul's purpose) is to travel through the adventure of life with the goal of getting to heaven, his ultimate and only true home, facing many perils and temptations along the way. The enemy of homo viator is homo superbus (proud man), who refuses the self-sacrifice that the adventure of life demands and seeks to build a home for himself within his 'self'. The drama of life revolves around the battle within each of us.[12]

---

[11] Alexandr Solzhenitsyn, intervju i *Trilogy I: Live Not By Lies* (Engelsktextad dokumentärserie av *Sergei Miroshnichenko*, Ryssland, första delen 2001)

[12] *Frodo's Journey* (Joseph Pearce)

If humanism were right in declaring that man is born only to be happy, he would not be born to die. Since his body is doomed to die, his task on earth evidently must be of a more spiritual nature. It cannot be unrestrained enjoyment of everyday life. It cannot be the search for the best ways to obtain material goods and then cheerfully get the most of them. It has to be the fulfillment of a permanent, earnest duty so that one's life journey may become an experience of moral growth, so that one may leave life a better human being than one started it.[13]

IV.

Det kan, eller kommer att (*och särskilt om skyltarna till Vägen plockats bort*), leda till mer besvär än nödvändigt med ett fullt ut sekulärt och materialistiskt bemötande gentemot någon som egentligen bara gått käpprätt vilse. Men ateistiskt färgade samhällsinstitutioner gör sitt bästa för att lära sina invånare att simma – och samtidigt dränka dem.

En tuff uppgift, men man är optimistisk. Om att det nog skall gå att plocka bort både orsak, mening och mål och samtidigt övertyga om att det trots allt finns ett syfte med livet. En abstraktion. Någonstans. Fast ändå inte. Populärdiagnostiken som följt och generallösningarna i dess kölvatten liknar inte precis det mest omfångsrika som finns, inte precis allt man tar sig för lär underlätta på någon sikt.

Men detta är som sagt, och tacksamt nog, inte den *enda vägen*. Det finns andra typer av svar, bara man vågar höja blicken från rännstenen en smula (för att borsta av Oscar Wilde[14]). Om en människa, eller människor, skall kunna komma på rätt kurs igen, eller åtminstone ha rimliga chanser till det, förutsätts dock att hennes känsla för målet, en *hamn att sätta riktningen mot*, återfinns. Att nyfikenheten, att viljan kring det underhålls. Inte blir kvävd.

---

[13] *A World Split Apart* (Alexandr Solzhenitsyns *Harvard Commencement Address* den 8 juni 1978)

[14] Lord Darlington i *Lady Windermere's Fan*

En övertygelse om att inte bara universum, utan även den lilla enskilda människan som grubblar på *tanken* om det är en olycka, är resultatet av en slumpmässig, kemisk process som med större sannolikhet inte borde ha hänt, om att människans roll enkom handlar om en lång väntan på detta universums oundvikliga, kalla död, gör en sådan förnuftet till något annat än en fiende?

Hjälper gör den knappast. Är vi verkligen bara slumpbaserade DNA-maskiner som ploppar upp och multnar bort så blir vi lyckliga genom konstruktioner vi lyckas göra oss. Och en glädje boren genom *inkonsekvens*, kan i bästa fall kallas ytlig.

Utan Gud, blir vi då inte våra egna fiender, som *väljer* en drift på havet i väntan på den där kanten där allting tar slut? Mitt uppe i högmodet, vägrar vi ibland medge att *det ens finns* en hamn att sikta mot. Med självklara svårigheter att då kunna få med sig vad som behövs för resan. Så vi jagar efter *något*, men utan ett yttersta mål blir jakten efter ständigt nytt fyllnadsmaterial vad vi ägnar oss åt. Vad som helst, men alltid något ändligt, förgängligt.

Whether a person seeks money or fame or achievement or earthly pleasure, his intention is always that those things will provide the means to the end, which is happiness. But in order to be happy, we must pursue the goals that are truly good for us as human beings.[15]

V.

Vi söker en anledning, instinktivt, för att vi vet att en finns. Chansen är mycket liten, att en ny apparat skulle fånga vår blick i varuhusets hushållsavdelning utan att vi skulle fråga oss *vad den gör*. Vi förväntar oss att *det mesta* vi råkar på har ett syfte, att det ska vara gjort för något särskilt, att det har en orsak till att vara där det är (människan exkluderad, som det emellanåt verkar).

---

[15] *St. Albert the Great: Champion of Faith and Reason* (Kevin Vost)

Detta är, trots allt annat, ingenting vi inte innerst inne redan känner till något om. Varifrån kommer den där ständiga, märkliga längtan egentligen, i Darwins nakna apa?

Unlike the other animals … man looks up at the heavens, seeking a purpose and meaning beyond the mere creature comforts of everyday life. Reiterating Wilde's epigram that we're all in the gutter, but some of us are looking at the stars, we might see the gutter as the symbol of natural instinct and the stars as the symbol of supernatural desire. Man looks up; the lesser creatures do not. Man gazes; the animal grazes…[16]

…och vilka slutsatser som dragits kring denna längtan har sannerligen skiftat genom historien (kanske som mest i senare skeden).

I ett Landstingsblad från 2015 (av den typ som kommer gratis i brevlådan), stod att läsa hur depressioner hos äldre var betydligt vanligare än hos den övriga befolkningen. Orsakerna kan säkert vara flerfaldiga, men tomheten blir ju – med all sannolikhet – mer påtaglig för en människa desto närmare hennes sista dagar hon kommer. Så det var ju inte något konstigt med det.

Vad man har för syn på ålderdomen och andra situationer med den förmodat efterföljande döden i hälarna är naturligtvis, som i mycket annat, en fråga om perspektiv. Vissa saker kan vi aldrig påverka. Det kan vara av stort värde att lära sig skillnaden dem emellan, på vad vi kan påverka och inte, och vad skillnaden kan betyda. Är något ibland ont, eller dåligt, för att vi valt att se det så?

An old man once asked Musonius what the best way of life for the old was. He said it is the same way of life that is best for youth as well, to live life guided by the right principles in accord with nature. This is achieved by realizing that man was not created for pleasure, and indeed neither are horses, cows, or dogs. …

[16] *Frodo's Journey* (Joseph Pearce)

Some think that wealth is the greatest consolation of old age; but there are many elderly rich people who are filled with sadness and despair.[17]

Vad är att vänta, om det enda vi lär oss att se fram emot efter ålderdomen, kort och gott är en dörr som stängs? Om det är synsättet vi går in för?

Those who spend a lifetime in pursuit of true wisdom, learning what is truly good and what is truly evil, would not consider death, the necessary end to even a good life, as something that is evil.

...people are not disturbed by things themselves but by the view they take on things. (…) The key to freedom of the soul is to train oneself to know the difference between the two kinds of things. If you treat things that are up to others as if they are up to you, you make yourself a slave to them. You'll whimper and whine, blaming both gods and men when things don't turn out as you'd like. … You will avoid misfortune if you are only averse to things that are within your control and that are contrary to nature, but if you are averse to illness and death and other things beyond our control, you will eventually meet misfortune.[18]

Ja, vad skulle egentligen lite mer *filosofi* på schemat vid utbildningar till branschen kunna göra? Knappast skada (möjligen skulle vanan att hänvisa inre trubbel till biologin ta skada, men...).

Människan har alltid haft blicken uppåt, till skillnad från djuren. Tills vi lärde oss att inget egentligen skiljer oss åt. Sedan blev *rännstenen vi kallar jorden* vad vi envist försöker hålla fast vid, och försöker övertyga oss själva att vi nöjer oss med.[19]

---

17 *The Porch and the Cross: Ancient Stoic Wisdom for Modern Christian Living* (Kevin Vost)

18 Ibid.

19 *It would seem that Our Lord finds our desires not too strong, but too weak. We are half-hearted creatures, fooling about with drink and sex and ambition when infinite joy is offered us, like an ignorant child who wants to go on making mud pies in a slum because he cannot imagine what is meant by the offer of a holiday at the sea. We are far too easily pleased.* (C. S. Lewis, *The Weight of Glory*)

Den yngre generationen får röra sig inom sin egen diagnostiska populärkultur, och skälen till *ungas* olika problem är även *de,* hör och häpna, av vitt skilda slag och ursprung, förutom denna besvärande men förståeliga hopplöshet och abstrakta känslor av skamsenhet och känslor av att inte *höra hemma,* alltihop i en värld som lär ut allting i materialistiska termer, för att ta några exempel mycket enkla att missförstå, med den alltmer lättviktiga verktygslådan...

...även men inte exklusivt...

...en grövre mobbningskultur inte utan obsceniteter och hot även mot försvarsbegränsade lärare, en studiemiljö som milt sagt väcker frågor, utseendefixeringen understödd av televisionen och modeblaskor: Teknologin har gett nya och obehagliga – men väl så effektiva – möjligheter till mobbning bland barn och ungdom, affektmedier (många sociala mediekanaler) tillåter dessutom spontana uttryck av olika slag som tidigare inte varit möjliga, födda i stundens hetta, för världen att se, genom digitala kanaler förmedlas heller ingen omedelbar *reaktion* från mottagaren efter angreppen, i ansiktsuttryck och annat, vilket *naturligt tillåter mer* av okvädning och dessutom *grövre.*

VI.

För att inte, också apropå innevarande unga generation, tala om den mer normbundna skolan – som, märkligt nog, har blivit allt *mer* just så, ju mer man har travat på om ett märkligt *upplösande* av normer och *normlöshet.*

Möjligen är det enklare att ha *en* mall, som ungdomar kan passa in i (och försöka slå bort den annars självklara tanken att en *norm som försvinner* alltid ersätts av *en annan norm*). Inte enklare för just ungdomarna, men kanske för något annat ändamål?

För naturligtvis har inte samtliga som passerar skolsystemet ens snarlika akademiska förutsättningar, är stöpta i samma kroppsliga dito eller har alls samma sociala bakgrund och därav följande färdigheter eller intressen med sig. I sitt försvar av mallen kallar man det ofta ”lika villkor” med en pust av rättvisa mellan stavelserna – och räds då i samma andetag ingalunda en revolt mot förnuftet, eftersom det i själva verket är precis lika orättvist att konsekvent behandla ojämlika förmågor helt *lika* som det är att behandla jämlika *olika*.

Det är lätt, att tala om olika människors värdighet. Svårare är det att till fullo *respektera* densamma hos alla.

Genom ... individuella ojämlikheter har naturen tilldelat var och en aktivitetsområden och distinkta roller. (...) Alla har ej förmågan eller viljan att vara snickare eller bokhållare. Alla kan inte bli pianister eller kirurger. Dessa ojämlikheter är inte ett hinder, utan de är nyttiga och välgörande. Denna mångfald av funktioner garanterar samhället en komplementaritet av ansträngningar som är till allas gagn, förutsatt att rättvisan och barmhärtigheten respekteras. (...) Ärligheten kräver att vi talar om rättvisa, som är ett mycket viktigare begrepp än jämlikhet; ty jämlikhet är inte nödvändigtvis rättvisa.[20]

Känslobaserade men långtifrån övertänkta resonemang kan tid efter annan komma rim och reson att halka till, lite. Den som efter oklara men gällande mått har tillräckligt "fel" förmågor, bakgrund och förutsättningar fast ändå egentligen vore högst kapabel får liksom inte vara en del av kalaset, som det har presenterat sig.

Lite flexibilitet även här skulle tvivelsutan ge större möjligheter till fler. Lärohusens smala korridorer får dock bestå. Likasom en objektiv moral som där blir något som inte finns, precis som en poäng med universum. Spekulation förmedlas till oförberedda elever som fakta, och rädsla för vad man själv inte förstår förvanskar fakta till vidskepelse. Värderingar blir föga annat än en följd av rådande mänskliga uppfattningar.

Poängen med skolgång, får man lätt för sig, har vandrat vägen från *lärande och tankeutveckling* till *anpassning*. Föreställningen kring det är varken geografiskt begränsad eller särskilt ny. Eller borde komma som så mycket av en överraskning.

---

[20] *Kontrarevolutionen: Manifestet* (Pierre Chateau-Jobert)

England, 1943 (inte för att utvecklingen i Sverige skulle komma undan sin rättmätiga kritik):

In the older systems both the kind of man the teachers wished to produce and their motives for producing him were prescribed by ... a norm to which the teachers themselves were subject and from which they claimed no liberty to depart. They did not cut men to some path they had chosen. They handed down what they had received ... It was but old birds teaching young birds to fly. This will be changed. Values are now mere natural phenomena. Judgements of value are to be produced in the pupil as part of the conditioning.[21]

Möjligen inte ett ont kommet som en avsikt i sig, utan snarare som en följd av att ha lämnat huvudspåret? Allt börjar någonstans.

VII.

Vi reder oss gott i vår nya värld där allting avgörs av oss själva – eller låter åtminstone ge sken av det. För trots en upplyst belåtenhet: I skolor såväl som hemma eller varhelst det finns människor – panikångest, oro, hopplöshetskänslor, sömnlöshet, rastlöshet, depression, projektion, våldsimpulser, ilskeproblematik *och så vidare*.

Det är inte en våg som har kommit ur ingenting. Det finns många gupp och gropar längs vägen, ibland mitt i vardagen. Många svar har vi, så gott vi kunnat, lämnat på historiens skräphög, tillsammans med Gud och mer konkreta uppfattningar om sanningen.

Med bortslarvandet, relativiserandet och upplösandet av värden som traditionellt förknippats med trygghet, framförallt för barn (skilsmässoepidemier, det reducerade människovärdet med abort t o m som preventivmedel, oro för säkerheten inför en vanlig skoldag, *oordningen och stöket* i samma skola, ökad tillgänglighet till *droger och sex- och våldspornografi* allt lägre ner i åldrarna, en allvarlig brist på *tydliga, vuxna förebilder*, en ofta frånvarande

[21] *The Abolition of Man* (C. S. Lewis)

framtidstro med, *tyvärr,* mera är knappast saker som bygger starka individer), och i svallvågorna efter syns, som en följd, ännu mer.

Även civilisationer och samhällen har under sina livstider uppvisat symptom, *ups and downs.* Men inget samhälle i historien har då överlevt särskilt länge utan att ha förkastat den tidigare nämnda relativismen;

Moral practice has always been difficult for fallen humanity, but at least there was always the lighthouse of moral principles, no matter how stormy the sea of moral practice got. ... Principles mean moral absolutes. Unchanging rocks beneath the changing waves of feelings and practices. Moral relativism is a philosophy that denies moral absolutes. ... The philosophy that has extinguished the light in the minds of our teachers, and then their students, and eventually, if not reversed, will extinguish our whole civilization.[22]

Måttstocken, hur flexibel den än upplevs, kan inte heller vara anpassad till det gängse mänskliga *känslolivet* i varje tid; känslor, ständigt analyserade – det *känns efter* – liksom ett förstoringsglas, koncentrerar solljus. Naturligtvis kan det av bara något sådant framträda en rad symptom.

"Sant eller ej" har alltid varit, och är alltid, oberoende av känslor och tyckande – så har vi växt, och just så har vi *inte* gjort efterföljande generationer till slavar.

No emotion is, in itself, a judgement; in that sense all emotions and sentiments are alogical. But they can be reasonable or unreasonable as they conform to Reason or fail to conform. The heart never takes the place of the head: but it can, and should, obey it. (...) the difference between the old and the new education will be an important one. Where the old initiated, the new merely 'conditions'. The old dealt with its pupils as grown birds deal with young birds when they teach them to fly; the new deals with them more as the poultry-keeper deals with young birds—making them thus or thus for purposes of which the birds know

[22] *A Refutation of Moral Relativism* (Filosofiprofessor Peter Kreeft, transkription av ljudinspelad föreläsning; lyssna och läs på www.peterkreeft.com)

nothing. In a word, the old was a kind of propagatio—men transmitting manhood to men; the new is merely propaganda.[23]

Anar vi kaoset, och gör vi det i formella diagnosbeskrivningar till höger och vänster? Vi lämnar mycket litet, eller åtminstone mindre av frihet till efterkommande, smått övertygade om att just våra präktiga uppfattningar är både universella och kan stå som slutsumma av vad människan som sådan kunnat uppbåda.

Men här är vi, i slalombacken, eller på flotten i forsen, där ingen får bli träffad av något, och ingenting heller, såsom en följd, får vara absolut sant.

Och man förväntar sig att den uppväxande skaran *inte* blir konfys?

VIII.

Hur kringgår man då i praktiken det (alternativt: hur missar man det), att därute finns en hel rad formella, psykiska diagnoser som skulle kunna (och varav lejonparten egentligen *borde*) förklaras med någonting annat, något som *kunde åtgärdas* om man bara uppriktigt sökte orsaken? Hur brukar man göra? Görs några djupodlande analyser alls, av något slag?

Alldeles för många fall handlar i realiteten om något helt somatiskt, eller just vanliga livskriser. Eller traumatiska trångmål. Eller miljöfaktorer och infektioner (se exempelvis *"Psykisk sjukdom under lupp"*, Svenska Dagbladet den 15 december 2013). You name it, men *revidering* torde vara det aktuella i inte så få fall.

Det går dock aldrig att få en riktig bild av problemen kring s k psykisk ohälsa förrän man grundligen försöker. Rutiner, attityder, perspektiv, verklighetsanknytning, djup... Men det bör snart – om inte redan nu – vara svårt att få ett grepp om det, eftersom många redan har fått gå lång tid med destruerande substanser i systemet som hunnit ge upphov till nya symptom, och inte alltid i bara ett led till.

---

[23] *The Abolition of Man* (C. S. Lewis)

Självklart hör det till saken att psykiatrin är en *abstrakt* vetenskap – om man nu alls kan tala om den som en vetenskap (skulle man arbeta inom den med en fullt ut *materialistisk* åskådning torde den hellre kallas livsfarlig och något helt annat än en vetenskap).

Det har, skall sägas, språkats öppet om det. Flera gånger, även om sparsamt.

Trots att den överläkare och specialist i psykiatri – ännu så länge ett av alldeles för få undantag – som i ett debattinlägg av den 4 maj 2015 i Svenska Dagbladet framhöll att *"Diagnosmetoderna inom psykiatrin skulle, om de användes inom den somatiska sjukvården, säkert kallas för en vårdskandal. Ingen får en cancerdiagnos innan man hittat cancerceller, alltså orsaken till symtombilden. Inom psykiatrin är det istället symtom som man använder i diagnostiken. Kunskaper om orsakerna är i stort sett halvdana eller obefintliga.*

Diagnosmetoderna saknar därför vetenskaplig grund, ändå har psykiatrin en status som medicinsk vetenskap."...

...så är detta ändå ett undantag för lite, även om fler finns.

För människor som redan har hamnat emellan, eller *kommer* att göra det, så har det ingen betydelse om det är otillräckliga resurser eller tidsbrist eller ont om personal det handlar om. Det räddar inte dem.

Men någon som bör kunna anses känna till sitt gebit, och dessutom vågar kliva utanför en ram som till synes blivit trängre, gör ofta människor en desto större tjänst. En del frågeställningar lämnar en fadd eftersmak, bara genom att de alls har behövt uppstå; *"hur ska man komma fram till värdefulla resultat i grundforskningen, när man inte ens vet vad det är man forskar på, när patienterna fått helt fel diagnoser i den kliniska verkligheten?"*

IX.

Det finns dock ingenting som inte lämnar något annat opåverkat. Att åtminstone *försöka* ta ut en kurs, hitta riktningen igen, är bättre än att vänta på att *vindens och strömmars nycker* ska göra jobbet. Under tiden är det inte så mycket enskilda människors sammanbrott som har huvudrollen.

Hela *mänskligheten* verkar befinna sig i ett andligt sammanbrott, med den utbredda – dock ännu inte dominerande – sentida tanken att vi klarar oss gott med oss själva, att det kan finnas en balans i världen ändå, även med objektet för varenda människas tro i det egna jaget. Ingenting förutom vi. Bara mantrat "*tro på Dig själv*" i en unikt polyteistisk tidsålder med miljontals gudar, med en mänsklighet snart överlämnad åt sin egen bristfällighet.

Som om det någonsin vore lämpligt med den *till naturen opålitliga människans emotionella nycker* att vara den allenarådande moraliska instansen. Renässansenlig visdom...

Even if we are spared destruction by war, our lives will have to change if we want to save life from self-destruction.[24]

Om ingenting spelar någon roll; *varför inte* sträva efter världsherravälde – och enligt vilken skala skall man hävda att den som försöker gör fel?

Det kan möjligen vara svårt att hävda exakt vad detta – den här nämnda oförmågan att föreställa sig någon transcendens – skulle bero på. Även *om det vore* i grannskapet av något slags symptom, så måste man (som regeln borde vara) gå några steg till för att finna ut *orsaken*.

Och det är, i ärlighetens namn, mycket svårt att se, hur den här tidigare nämnda *stoltheten* inte spelar en huvudroll. Har vi redan satt oss själva för högt upp på piedestalen, velat sjunga vår egen melodi för länge, hellre än i harmoni med kosmos' melodi, så blir det nog – och det är förståeligt – svårt att våga medge något utanför oss som är mer.

Att det inte är vi själva som rår över spakarna. Att medge hur ytterst lite av det magnifika konstverk som är universum vi faktiskt överhuvudtaget

---

[24] *A World Split Apart* (Alexandr Solzhenitsyns *Harvard Commencement Address* den 8 juni 1978)

kommer att få del av, från vår begränsade vy från jorden. Svårt att lämna uppfattningen om att höra till den allra mest upplysta klicken människor som någonsin levt (en uppfattning man inte med bästa vilja kan vidhålla, skulle man börja kontemplera över vilka man *faktiskt föraktar).*

Fram tills vi åtminstone vågar börja *försöka* förstå, så förhåller vi oss med aversion gentemot vad vi inte kan begripa i universum och lämnar frågor om *hur* och *varför* helt därhän.

Oavsett om det drar sig mot rädsla eller rör sig mer åt *hat- och föraktdelen* på känsloskalan, när vi inte vill mista bilden av vår förträfflighet, så kan man tänka sig en annalkande oförmåga till abstrakt tänkande som en *försvarsmekanism* av sådant slag när vi vill hålla fast denna.

Försvar av självbilden är en av de farligaste drivkrafterna att låta sig ledas av, då någon som till slut är *full av sig själv*, stolt, förr eller senare kommer att offra någon annan för sin egen vinning – d v s dräneras på vad som är *kärlek på riktigt* och utveckla motsatsen. Det är dörren till disproportion i hur vi ser på oss själva, det är vägen till otacksamhet, till avund, till att kunna se mindre av vad vi *i själva verket mycket skulle ha uppskattat att få se.*

St. Thomas shows us that humility is the beginning of wisdom because it is the necessary prerequisite for our eyes being opened to reality. … Humility leads to gratitude which sees with wonder, prompting the contemplation that leads to the dilation of the mind. … If humility opens our eyes to reality, pride shuts them, blinding and binding us with the arrogance of our own ignorance. Pride, or narcissism, sees only itself or, more correctly, it sees everything in the light or darkness of its own self-centredness.[25]

...he who wishes to overstep beyond what he is, is proud. Now right reason requires that every Man's will should tend to that which is proportionate to him. Therefore it is evident that pride denotes something opposed to right reason.[26]

---

[25] *Distracting Ourselves to Death* (Joseph Pearce, nättidsskriften *The Imaginative Conservative* den 18 mars 2016)

[26] *Summa Theologica, Q. 162 Art. 1* (St. Thomas Aquinas)

X.

Yttre trygghet, inre oreda – inte heller något att förbise: Ett negativt resultat av att framförallt nittonhundratalet minskade andelen allvarliga, fysiska smärttillfällen för de flesta, är att vi har blivit skörare – de har blivit för sällsynta, så vi känner till upplevelsen i fråga mindre. Föreställ en värld utan bedövningsmedel – det är inte mycket länge sedan det kunde erbjudas totala och tämligen säkra alternativ. För fler och fler allvarliga, somatiska sjukdomar fann man bot, och detta är givetvis någonting bra – men alltihop verkar ha krävt sin tribut hos oss i en annan ände.

Det är idag vi har de stora problemen, psykiskt och andligt. Fattiga på passion.

Att inte känna sina starka sidor – *ingen disciplin, ingen återhållsamhet, men komfort och njutning:* En svaghet har tillkommit genom att träningen i att motstå frestelser har uteblivit, vilket också det gjort stora skaror disponerade att inte känna sig själva (hur vanliga är inte dessa tankar på bekvämlighet och egen njutning som självändamål nuförtiden?). Många val vi gör kan dock påverka det här. Man *måste* inte alltid lägga sig platt för frestelser eller utgå från minsta motstånd och välja väg därefter. Eller motsvarande.

We're taking paths of least resistance, and never feel our soul's persistence...[27]

Trots allt annat, det enkla, bekväma, trygga som *mål i sig själv* ger ingen vidare lärdom om vår uthållighet, våra starka sidor, så som en kamp *mot* lockelserna gör, så som stegen vi tar *mot* vinden alltid ger oss mer lärdom om både den och om oss själva. Det är enda sättet; följsamhet i blåsten, hur gärna vi hellre skulle önska det, ger aldrig någon riktig ro – på sin höjd blir det en *illusion* av säkerhet: Hur lätt bryts inte träd som aldrig vant sig vid vinden?

Helhetsbilden ägnas allt mindre uppmärksamhet, hur verklig verkligheten än fortsätter att vara, alldeles oberoende så av vårt tyckande och av vilka frå-

---

[27] *We Won't Numb the Pain* (Tenth Avenue North, *Cathedrals,* Reunion Records 2014)

gor vi slutar ställa. Så när vi faller, eller om en stark motvind kommer oväntat, blir vi istället överrumplade av panik. Eller ångest. Eller sömnstörningar. Eller blir rasande arga, som Bileam, innan han förstår just *varför*[28] åsnan tre gånger i rad gjorde som hon gjorde, och fick honom i kläm och ur spår.

Knäcks – om jämförelsen ursäktas – som det där trädet, som aldrig lärde känna vinden.

Så istället (eller tills vidare) står vi helt enkelt handfallna inför mycket mer alldeles i onödan – antingen genom eget val eller genom oförstånd eller för att *något annat* dolts för oss – och söker de andra, tomma utvägarna istället: Må det bedöva oss. Hålla oss upptagna, så att vi inte ska hinna se annat. Eller bara hjälpa oss att fortsätta blunda. Med minsta möjliga motstånd som ett självändamål, på vägen mot...ja, vad? Men oförberedda inför allt.

Varför det kryper i så många, 2016, är inte ett mysterium, men idéerna om vad som kunde gå att göra åt saken är begränsade – något som lätt blir fallet under en sekulär livsåskådnings grepp. Dock hjälper det inte att låtsas som om samvetet inte finns, om det är där problemet ligger (att exempelvis leva med någonting man återkommande måste ljuga om – bara något sådant! – *kommer* att yttra sig på ett eller annat sätt). Eller att försöka tillfredsställa den i själen programmerade längtan *med om så varenda substitut* vi kan lägga händerna på, om det är i den karusellen någon är vilse – och rusa vidare, på höga växlar.

Helt visst är det ändå mycket lätt att fastna, i vardagsbekymren, i kriserna vi inte ser förbi och i frustrationerna vi inte mäktar att kanalisera. Men det är lika lätt att låsa sig i kortsiktighet, i att nuet är allt (ifall *här och nu* är allt man har och vill förhålla sig till, så blir ju dessutom olägenheterna att fastna i både desto större och fler) och glömma bort att *nuet* kan vara en farlig fälla om inte målet finns med i bilden. Att inte ens den kallaste vinter kan vara

---

[28] 4 Mos 22:32: "*...ty denna väg leder till fördärv...*" och visst är inte tanken besvärlig, att något jobbigt ibland kan hända, för att något annat, värre, annars kunde hänt istället? Lika sannolikt som annat, om man tvivlar, och ett val av perspektiv man kan göra.

för evigt (fast man förstår ju hur bekymmer kan bli såpass stora, under rätt – eller fel? – omständigheter).

En vinter, som metafor eller ej, kan man bemöta på olika sätt, med ett intresse för helhetsbilden, med förberedelser, med insikter i vad vi kan *göra något åt eller inte* samt (men inte slutligen) med sunda perspektiv kring verklighetens faktum.

Utan högre, långsiktiga mål kan man få hoppa från en sak till nästa, stadigt upptagen med att ta sig an vad som råkar dimpa ned inför ens fötter – som regel ofta istället för vad som *borde* ägnas tid – samtidigt som man ofta inte riktigt känner sig själv eller till och med fruktlöst försöker fly från sig själv.

Tidens hastigt ökande *tempo* har, för övrigt, sannerligen hjälpt oss att slösa tid, med dessutom ständigt nya valmöjligheter till förströelse och ytligheter. Eller kan man verkligen säga att vi ägnar oss åt mer och mer av verkligt värde? Sannolikt är det inte så: Kanske ett bättre förslag kunde vara att bara försöka *sakta ner* en smula i vardagen, hitta tillbaka till vad livet är;

We need to take time in the silence of prayer or the silence of poetry. We need more time with trees and less time with trash and trivia. A tree, or a flower, or a sunset are priceless gifts for which a lack of gratitude is a sin of omission. We cannot ever be wasting time when we are taking it in wonder-filled contemplation.[29]

Vad missar vi inte, för att vi istället ständigt granskar omgivningen på jakt efter nästa chans till själslig bukfylla – något tomt på näring men till mättnad för stunden?

We were never meant to live like this, so much has happened and too easy to miss, cheap thrills, social media pills...[30]

---

[29] *Distracting Ourselves to Death* (Joseph Pearce, nättidsskriften *The Imaginative Conservative* den 18 mars 2016)

[30] *We Won't Numb the Pain* (Tenth Avenue North, *Cathedrals*, Reunion Records 2014)

Det finns mycket i och runtomkring en människa som propsar på, som vill driva oss. På gott eller ont. Inte alltid lätta saker att förstå något om. Har vi inte verktyg att varken förstå eller bemöta det så *kommer* inre kaos, inre moraliska konflikter. Förvänta inget mindre. Finns då någon undsättning att vänta från en verksamhet som har valt, och bestämt sig för, ett konsekvent materialistiskt förhållningssätt?

Problemen i den fysiska kroppen, *genetiska* defekter, *medfödda* "sårbarheter", fostrar en motsvarande syn i *andra* änden, med även *svaren och botemedlen* i det materiella, fysiska.

Stand still against the tide, keep fighting for the silence ... We want the cure, not a medication.[31]

XI.

Bara för att som avslutning ta ett exempel ur historiens rika persongalleri, som förhoppningsvis många känner till. Många "symptom" är inte särskilt nya – men perspektiven kan sannerligen *gå i skov*, för att låna ett uttryck:

Bland de studenter, som trängdes i föreläsningssalarna, fanns en, som man lade märke till på grund av hans stora, massiva gestalt, men som annars inte på något sätt drog uppmärksamheten till sig, eller försökte göra det. Han var så stum i alla debatter, att kamraterna började anse honom vara dum – det dröjde inte länge, förrän själva hans imponerande omfång gjorde, att han blev betraktad, som skolpojkar brukar betrakta den bekanta, dumma 'tjocka pojken'. De kallade honom 'den stumme oxen', och de inte bara gjorde narr av honom utan tyckte synd om honom – en av dem, en hygglig pojke, gick så långt, att han erbjöd sig att hjälpa honom med läxorna och gå igenom logikens ABC med honom. Den tjocke tackade rörande hövligt, och så satte den vänlige kamraten igång. Det hela gick flytande, tills han kom till ett ställe, som han själv var litet tveksam om – ja, där han rent ut sagt tog fel. Då företog sig den obegåvade att, med alla tecken till förvirring och skamsenhet, föreslå en möjlig lösning, som visade sig vara den rätta. Den vänlige studenten stirrade på honom som på ett monstrum, häpen

[31] Ibid.

över denna blandning av okunnighet och intelligens; och så började underliga rykten gå i staden.

(...)

Samtliga anekdoter ... har en mycket livlig prägel, om vi tänker på hans typ ... En av dessa faktorer var den svårighet, en systematisk begåvning känner inför kravet på en plötslig anpassning efter vardagslivets små realiteter; där fanns också den väluppfostrade unge mannens skygghet för att uppträda, och kanske något av den underliga känsla av förlamning, som kan fresta en till att hellre låta sig missförstås än att behöva komma med milslånga förklaringar.[32]

Idag hade hans sätt att uppträda förklarats med någon för tiden typisk skoldiagnos, det är åtminstone mycket svårt att föreställa sig annat. Hade han exempelvis alls klarat sig igenom det svenska skolsystemet, som det är? Eller är han ännu efter nära 800 år ansedd som en av de skarpaste i historiens knivlåda, för att han fick utvecklas i en annan tid, med en lärare som levde i enlighet med rim och reson?

Han hade varit lärare länge nog för att veta, att en tjockskalle inte alltid är en tjockskalle, och det roade honom att höra, att denna tjockskalle av sina kamrater fått öknamnet 'den stumme oxen'. ... '...jag kan försäkra er, att den oxen en dag kommer att böla så högt, att det hörs över hela världen!'[33]

Nog får man säga att han fann sin rätta plats? Vågar man förmoda att han hade gjort det, ifall en stark tro *på sig själv* hade varit hans livsfilosofi – understödd, till på köpet, av en materialistisk samhällsapparat? Han fick förvisso god ledning under studietiden, välsignad som han var med S:t Albert av Köln som lärare, *Albertus Magnus* (tillnamnet *den Store* lär han ha fått redan under sina egna dagar).

This same man who refined Aristotle's theories of metaphysics, causation, astronomy, and physiology, who wrote learned treatises on the Holy Eucharist and on

---

[32] *Thomas av Aquino* (G. K Chesterton)

[33] Ibid.

the types and divine graces of the Virgin Mary, records with great care and joy the habits of the squirrel and the defining characteristics of the flowers in the local woods. Surely, Albert's students saw a teacher who conveyed the understanding that whatever subjects they studied, no matter how obviously lofty or apparently trivial, spoke of the bounteous generosity of a good and loving God who provided us a world with wonders great and small.[34]

En målande kontrast till 2000-talet, när studenter i vetenskapliga ämnen har lärare som kort och gott tänker på både sig själva och universum som ett ändamålslöst resultat av blind slump.

Vilket manöverutrymme hade således erbjudits idag? Är detta ännu något som kunde tala *för* tankarna om *"den ljusa medeltiden"*... Den där lärda, dynamiska perioden, före renässansen, den period, då *"människor för första gången började vägra att tro på livet"*.[35]

Det finns mycket att ta sig för pannan över. Människan behöver inse sin begränsning, för förståndets (och sin själs) skull. Att hon är mer än biologi. Som endast materia, produkter av arv och miljö, har vi inte mycket till valfrihet, eller ansvar (eftersom ingenting ändå är av någon vikt), eller hopp. Rollen som medelpunkt har människan, historiskt, aldrig klarat av. För det är inte möjligt, utan att balansen går förlorad.

Sound reason, said St. Thomas Aquinas, is the adaequatio mentis ad rem, the balancing of the mind in accord with the real thing. It follows that if a man or a society is out of balance with reality, there will be disorder and restlessness in that regard wherein they err.[36]

Det finns inget skamligt i att korrigera en inslagen väg, eller till och med gå tillbaka en bit för att hitta en hållbarare väg framåt. Däremot att envetet hålla fast vid sin bana, trots att slänten rämnar, *det* är en helt annan sak.

---

[34] *St. Albert the Great: Champion of Faith and Reason* (Kevin Vost)

[35] *Thomas av Aquino* (G. K Chesterton)

[36] *Steeples and Sanity – Natural law vs. the madness of the culture* (Anthony Esolen, *Catholic Answers Magazine*, sommarnumret 2015)

Philothea: Om hemmet och heminredning

Det är Gud som är varje människas egentliga, eviga hem. Gud är den högsta Sanningen, Godheten och Skönheten och människans yttersta bestämmelse. Bara hos Gud kan människan finna fullkomlig vila och frid, bara hos Honom har människan en trygghet som aldrig kan rubbas. Men för att kunna utvecklas harmoniskt enligt Guds tanke måste människan, och särskilt det lilla barnet, också ha ett jordiskt hem. Människan måste få ha en plats på jorden där hon kan leva i en atmosfär av frid, trygghet och skönhet, det som vi brukar kalla för hemtrevnad. Vissheten om att ha ett sådant hem är något av det mest underbara som en människa kan erfara.

Hemmet är den synliga samlingspunkt som omsluter, förankrar och upprätthåller familjens och den enskilda människans liv, som fördjupar och utvecklar det, som får det att blomstra. Tryggheten och den fridfulla avskildheten i hemmet uttrycks framför allt genom dess kraftiga väggar, av timmer, sten eller tegel. Stabila, robusta väggar och murar har i den västerländska kulturen alltid varit något som utmärker det civiliserade och trygga mänskliga livet.

Ett hem är en plats för kärlek och värme. Det bästa synliga uttrycket för detta är eldstaden, den öppna spisen, omkring vars eld familjemedlemmarna kan samlas på kvällen och prata och läsa, eller kanske lyssna på musik eller själva musicera. Naturmaterial, hantverk (gärna lokalt), tyger i varma, naturliga färger och mönster, gedigna trämöbler och levande blommor och växter bidrar också till att skapa en ombonad och livsvänlig atmosfär.

De konstföremål som finns i hemmet är till för att fylla människans föreställningsförmåga med skönhet och därigenom hjälpa henne att utveckla ett kontemplativt sinnelag. Kristen konst leder fram mot en betraktelse av den kristna trons underbara mysterier. Men inget hindrar att hemmet även inreds med konst som saknar specifikt kristna teman. Det viktiga är att det i konsten går att återfinna verklig skönhet. All konst som uttrycker skönhet är en återspegling av den högsta Skönheten, av Gud.

Slutligen får vi inte glömma att hemmet är ett uttryck för de människor som bor där. Möblerna, föremålen och bilderna i hemmet påminner om händelser i familjemedlemmarnas liv, om vad de tror på och älskar, om deras glädjeämnen och lidanden.

Sådan är alltså den traditionella, kristna synen på hemmet. Men inte särskilt överraskande har den moderna, liberala ideologin en helt annan uppfattning om vad ett hem innebär. Liberalismen strävar efter att "frigöra" människan från den naturliga ordning som Gud har inrättat för henne. Därför vill liberalismen bryta ned de traditionella moralregler och samhällsinstitutioner (ofta benämnda "normer") som är nödvändiga för människan. Liberalismen erkänner förstås inte heller att människans yttersta mål är det Sanna, Goda och Sköna, alltså Gud. Utifrån dessa utgångspunkter har det första och viktigaste målet för den moderna arkitekturen och heminredningen blivit att i varje avseende "frigöra sig" från de traditionella principerna. I stället vill man "börja om från noll" och enbart utgå från det man uppfattar som rationellt och funktionellt. Enligt detta nya "vetenskapliga" synsätt ska hemmet vara en effektiv "maskin att bo i", med syftet att tillgodose människans basala, materiella behov. Den s.k. modernismen inom arkitektur och heminredning är alltså helt enkelt den liberala ideologin överförd till dessa områden.

Av någon anledning kom de modernistiska arkitekterna att betrakta sluttande tak (sadeltak) som själva ursymbolen för den gamla, avskydda ordningen. Därför skulle husen nu i stället ha helt plana tak med räta vinklar mot fasaden. Att det på nordligare breddgrader med regn och snö varken är särskilt rationellt eller funktionellt med platta tak hade ingen betydelse i sammanhanget. Överhuvudtaget har den modernistiska arkitekturen inte någon lokal förankring utan är "internationell". Den ser likadan ut överallt eftersom den har sin grund i en enhetlig ideologi, i en allomfattande strävan efter att utplåna det naturliga och traditionella. Tanken är att om människan bor i en sådan modernistisk byggnad kommer hon så småningom också själv att omvandlas till en ny, mer modern och därför mer högtstående människotyp.

En fridfull och trygg avskildhet är inte något som främjar denna ideologis syfte. Tvärtom strävar den modernistiska arkitekturen efter att ta död på människans känsla av att ”mitt hem är min borg”. Kraftiga väggar i naturliga material ersätts därför gärna av tunna skal, ofta tillverkade av glas och stål. Just glasfasader blev snabbt populära eftersom glaset ansågs ha särskilt normbrytande och gränsupplösande möjligheter. Detta vägde tyngre än de negativa effekter på den fysiska inomhusmiljön som blev följden, t.ex. under dagar av gassande solljus eller stark kyla.

En annan modernistisk huvudregel är att all utsmyckning och ornamentering bör undvikas. Både fasader och rum ska vara så minimalistiskt kala som möjligt. Möbler ska helst vara lätta och flyttbara och gärna tillverkade av stålrör, formpressat faner, böjträ. Ju hårdare och kallare känsla desto bättre. Användandet av mattor, kuddar, dukar och gardiner bör minimeras eftersom sådant anses störa rummens ”rena” form. Det moderna hemmets samlingspunkt har förflyttats från eldstaden till TV-apparaten eller andra skärmar.

Modernistiska konstnärer betraktar skönhet som något vulgärt och ytligt. Konstens uppgift är i stället att ”ifrågasätta normer” och ”överskrida gränser”. Därigenom kan även konstnären bidra till modernismens huvudsyfte, dvs. till att avskilja människan från den naturliga, traditionella ordningen.

Även färg tolkas ideologiskt. Godkända färger för den moderna människan är vitt, grått och svart. Om det nödvändigtvis måste finnas en bekväm soffa i vardagsrummet ska den därför gärna vara enfärgat vit. Detta trots att ett mörkare, mönstrat tyg rimligen borde vara mer funktionellt och rationellt, särskilt om det finns barn i huset. Överhuvudtaget ska hemmet så lite som möjligt ge uttryck för de människor som bor där och deras dagliga liv. Hemmet ska ju vara en effektiv maskin och rummen kan därför med fördel påminna om opersonliga hotellrum.

Ibland förekommer det att modernister tar upp någon traditionell byggnadsdetalj, eller att de målar något i andra färger än vitt, svart och grått, eller att de tillverkar ett tyg som vid första påseendet verkar ha ett traditionellt mönster. Men om man studerar till exempel mönstret närmare märker man att det i själva verket har omformats på ett modernt, ”ironiskt” sätt. Modernisterna måste alltid reducera och förflacka det som tidigare generationer har tagit fram för att berika och försköna. På så sätt kan den modernistiska grundkänslan alltid bibehållas.

Bland det första som byggdes i den modernistiska stilen var subventionerade bostäder tänkta för fattiga arbetare. Men de arbetare som tvingades flytta in där klagade. Till modernisternas förskräckelse vände de ut och in på bostäderna i sina försök att göra dem trivsamma och ombonade. Enligt modernisterna hade dessa arbetare ännu inte lyckats nå upp till den nya, högre människotypen. De behövde bli omskolade.

Någonstans här befinner sig många av oss än idag. Många människor, även de som inte låtit sig bli omskolade, har idag inget annat val än att bo just i en sådan artificiell, modernistisk låda. Men inte heller vi får ge upp vår strävan efter att försöka omvandla denna låda. Det finns ingen bostad som är så omöjlig att den inte kan omvandlas till något mera hemtrevligt och livsvänligt.

Med denna viktiga uppgift i åtanke vill vi gärna avsluta med några ord av påven Pius XII från ett av hans tal till nygifta makar (den 25 februari 1942). Påven påminde de nygifta om att det som skulle kunna kallas för själen hos ett hem är något som härrör från den kvinna som har hand om det. Det är kvinnan som skapar hemtrevnad genom sin omsorg om hemmet, genom att inreda det och ordna det. Påven påminde om att Gud till kvinnan, mer än till mannen, har skänkt en känsla för det smakfulla och det passande. Kvinnan har fått den särskilda gåvan att med hjälp av de enklaste ting kunna skapa något tilltalande och välkomnande. Hon har fått förmågan att kunna göra en bostad till ett verkligt hem.

Texten är tidigare publicerad på Philotheabloggen (https://philotheabloggen.wordpress.com).

Apologetiskt

John Vennari: Bör man som katolik fira Martin Luther?

Varför skall man som katolik fira Martin Luther när hela hans revolt var grundad på hat mot den katolska tron?

Luther angriper påvedömet

En central aspekt av Luthers revolt år 1517 var ett fullskaligt angrepp på det av Kristus grundade påvedömet. Luther protesterade inte i första hand mot enskilda påvars politik - sådana invändningar hade även flera helgon framfört. Istället protesterade Luther mot påvedömet som sådant och rasar mot den Heliga stolen bl.a. i sin bok *Wider das Papstum zu Rom vom Teuffel Gestifft (Mot påvedömet i Rom som är grundat av djävulen,* 1545). Han förkastade också påvedömet när hans lära fördömdes av påven Leo X år 1520 i bullan *Exsurge Domine*. Luther svarade:

Jag hävdar att författaren till denna bulla är Antikrist: Jag förbannar den som blasfemi mot Guds Son... Jag är viss om att varje person som godtar denna bulla kommer att lida helvetets plågor... Vilka är ni, jordens kejsare, kungar och furstar som finner er i Antikrists helvetesröst? Leo X och ni, romerska kardinaler, jag säger er rakt i ansiktet... upphör med er sataniska hädelse mot Jesus Kristus.[1]

Luther brände den påvliga bullan och skröt om det dagen därpå:

---

[1] Msgr. Patrick O'Hare, *The Facts about Luther* (Cincinnati, 1916), s. 89.

Igår brände jag påvens djävulska verk, och jag önskar det var påven, dvs. påveämbetet, som brann upp. Om ni inte avsöndrar er från Rom, finns det ingen frälsning för era själar.[2]

Luther angriper mässan

Luther överöste det heliga mässoffret, Kyrkans allra heligaste handling, med vulgärt förakt. Han menade att ingen syndig omoral, inte ens "dråp, stöld, mord och skörlevnad är lika skadlig som denna styggelse som är den påviska mässan". Han fräste ilsket att han "hellre hade varit bordellägare eller rövare än att ha hädat och smädat Kristus i femton år genom att läsa mässan".[3]

I sin pamflett *De abroganda missa privata (Om avskaffandet av privatmässan,* 1521), ämnad att förgöra mässan, skrev Luther:

Jag är säker på att varje fromt samvete kommer att låta sig övertygas av dessa tre argument [som han hade framfört tidigare] om att denna mässans och påvedömets präst inte är något annat än ett verk av Satan och kommer att vara tillräckligt varnat för att inbilla sig att något fromt eller gott kommer från dessa präster. Alla kommer nu att veta att dessa mässoffer har bevisats vara kränkande mot vår Herres förbund och att inget i hela världen därför måste hatas och avskys lika mycket som detta prästerskaps skenheliga föreställningar, dess mässor, dess tillbedjan, dess fromhet, dess religion. Det är bättre att vara en offentlig hallick eller rövare än en av dessa präster.[4]

Den store S:t John Fisher, samtida med Luther, uttryckte fasa inför Luthers ogudaktighet. Han skrev:

Min Gud! Hur kan man vara lugn när man hör sådana hädiska lögner yttras mot Kristi mysterier? Hur kan man utan förtrytelse höra sådana skändliga

---

[2] Ibid., s. 90.

[3] Hartman Grisar, S.J., *Martin Luther: His Life and Work* (St. Louis, 1930), vol. 2, s. 166; vol. 4 s. 525.

[4] S:t John Fisher, *The Defence of the Priesthood,* översatt till engelska av Msgr. P. E. Hallett (London, 1935), s. 2.

förolämpningar slungas mot Guds präster? Vem kan läsa sådana blasfemier utan att gråta av ren sorg, om den minsta gnista av kristen fromhet fortfarande finns kvar i hans hjärta?[5]

Luther förvränger Skriften

En grundbult i Luthers revolution är tron på "Bibeln allena". I Luthers föreställningsvärld finns det ingen Kyrka med ett gudomligt uppdrag att undervisa i Kristi namn, utan Bibeln är den enda källan till den gudomliga uppenbarelsen. Luther vidhöll detta trots att läran om "Bibeln allena" inte någonstans står att finna i Bibeln - således främjade han en obiblisk princip.

Samtidigt uppvisade Luther förakt för Skriften genom att ändra texter för att få dem att passa med hans egna idéer. Luther avvisade goda gärningar som nödvändiga för frälsningen. Han hade djärvheten att ändra vers 28, tredje kapitlet, i den hel. Pauli brev till romarna, så att texten blev: "Så håller vi före att människan blir rättfärdig genom tron *allena*, utan laggärningar." Luther sköt in ordet 'allena' i den heliga texten för att underbygga sin egen heretiska ståndpunkt. Mot alla som invände mot hans förvrängning av texten dundrade han: "Om någon papist besvärar dig med ordet ['allena'], säg honom genast: Dr. Martin Luther vill ha det så: Papister och åsnor är ett och samma."[6]

Det är uppenbart att stolthet var ett av Luthers största fel. Han skröt om sin läras ofelbarhet och vrålade: "Vem som än undervisar annorlunda än jag, om han så är en ängel från himmelen, vare han anatema." Och vidare: "Jag vet att jag är mer lärd än alla universitet..."[7]

Luther underkände flera böcker i Bibeln som han fann otillräckliga. Jakobsbrevet fördömde han som en "halmepistel". Han skrev: "Jag anser inte att det är hans [Jakobs] verk, och jag kan inte heller räkna det till de viktiga

---

[5] Ibid., ss. 2-3.

[6] Amic. Discussion, I, 127 – ur David Goldstein, *Campaigners for Christ Handbook*, (Boston, 1931), ss. 197-198.

[7] O'Hare, a.a., s. 20.

böckerna." Han förkastade Jakobsbrevet då det, i motsats till Luthers heresi, hävdar nödvändigheten av goda gärningar. Luther förkastade också Uppenbarelseboken: "Det finns mycket som är anstötligt i denna bok; enligt min mening har den inga tecken av apostolisk eller profetisk karaktär i sig... Var och en kan göra sin egen bedömning om denna bok; för min egen del känner jag en motvilja mot den och för mig är det tillräckligt skäl att förkasta den."[8]

Luther förnekade vidare den moraliska lagens bindande natur: "Hela dekalogen måste fullständigt avlägsnas för oss, från ögon och själ."[9] Och vidare: "Om Moses försöker skrämma dig med sina enfaldiga tio budord, säg honom rakt ut: 'Schas iväg till judarna'."[10]

Luther fördärvar moralen

Luther, en vigd präst och konsekrerad augustinermunk, bröt sitt celibatlöfte och gifte sig med en nunna, som också hon hade avlagt celibatlöfte. Luther uppmanade andra präster och ordensfolk att bryta sina löften och ingå äktenskap. Luthers synsätt innebar i slutändan en kapitulation inför sensualitet och världslighet i en tid av moralisk slapphet. Som professor Thomas Neill förklarar var Luthers uppmaningar till sin tids prästerskap framgångsrika: "Han erbjöd dem hustrur, och de ville ha hustrur. Han förde dem ut ur klostren och in i offentligheten, och de ville leva i det världsliga samhället."[11]

Den framstående konvertiten David Goldstein skrev: "Luthers texter i frågor om sexualitet står i motsats till anständigheten. Endast i socialistiska skrifter om 'fri kärlek' har vi sett dem lovordas. Där har Luthers oanständiga texter vunnit honom anseende som den 'klassiske talesmannen' för 'hälsosam sensualism'."[12] "Alltför många gånger genom århundradena har osedlighet

---

[8] Ibid., s. 203.

[9] Wilhelm Martin Leberecht De Wette, *Dr. Martin Luthers Briefe, Sendschreiben und Bedenken,* vol. IV, (Berlin, 1827), s. 188.

[10] *Bücher des ... Martini Lutheri,* Wittenberg, vol. V, ed. 1573, ur Goldstein, a.a., ss. 197-198.

[11] Thomas P. Neill, *Makers of the Modern Mind,* (Milwaukee, 1949), s. 24.

[12] Bebel, *Woman,* s. 78, New York, 1910 (ur Goldstein).

vanärat prästerskapet, men Luther har vunnit en föga avundsvärd berömmelse som den som försvarat sexuella synder som 'nödvändiga'."[13] Och eftersom Luther lärde att människan är i grunden fördärvad, att hennes synder aldrig verkligen blir förlåtna utan helt enkelt skyls av Kristi blod, förutsatt att hon gör en trosakt på Kristi frälsning, uppmanar han sin vän Melanchthon: "Var en syndare och synda friskt, men tro friskare."[14] Hur strider inte detta mot den sanna katolska läran som befaller oss att inte endast undvika synd, utan även tillfällen till synd?

Luther den grymme

Även om Luther utnyttjade sin tids bönder för att sprida sin revolt, vilket oförtänkt uppviglade de fattiga samhällsklasserna till ett uppror som sedan länge hade frätt i deras hjärtan, valde Luther att ställa sig på furstarnas sida mot bönderna. I en uppvisning av sin omänskliga grymhet rådde Luther furstarna att eftersom bönderna "rövar och rasar som ursinniga hundar... skall ni sönderkrossa, strypa, slakta dem... som när man måste slå ihjäl en galen hund."[15]

Luther, kristenhetens splittrare

I sitt verk *The Protestant Reformation* skisserar fader Thomas Scott Preston konsekvenserna av Luthers påstående att varje människa har rätt att tolka Skriften efter eget huvud:

På ett teoretiskt plan omintetgör privat tolkning både trosbekännelsen och möjligheten till tro. Det kan inte finnas någon trosbekännelse där varje individ är sin egen tros upphovsman. Det kan inte finnas någon enhet i tron där alla trosfrågor hänskjuts till individens omdöme. En ann' är så god som en ann' till att fundera ut sin egen tro och till att tolka Skriften, eller traditionen, eller historien; och dessutom är denna individuella tolkning inte endast hans rättighet, utan hans skyldighet. Alla är förpliktigade, även de okunniga och olärda, att själva

---

[13] Citerat av Goldstein, s. 198.

[14] O'Hare, a.a., s. 120.

[15] Neill, a.a., s. 25.

bestämma när det inte finns någon gudomlig auktoritet och något gudomligt vittnesbörd, och således finns det lika många trosbekännelser som det finns individer.[16]

Även den icke-katolske författaren Friedrich Paulsen har med rätta påpekat:

Revolution är den term med vilken reformationen bör beskrivas... Luthers livsverk var ingen reformation, ingen 're-formering' av den befintliga kyrkan genom hennes egna institutioner, utan ett krossande av den gamla formen, ja, i själva verket en fundamental negation av någon kyrka alls.[17]

Slutresultatet blev att miljontals själar slets bort från den enda sanna Kyrkan grundad av Kristus och splittrandet av kristenhetens enhet. Som Msgr. Joseph Clifford Fenton, den framstående amerikanske teologen, noterade, "bestod" Martin Luthers förmenta reformation av Kyrkan "i ett försök att få människor att överge den katolska tron och avstå från sitt medlemskap i Nya Testamentets enda sanna, stridande Kyrka, för att så följa hans läror och inträda i hans organisation."[18]

Trots höga kyrkomäns sentimentala ekumeniska poserande kan Luthers arrogans och hans svåra försyndelser mot tron inte överskylas. I själva verket leder det nuvarande ekumeniska samarbetet mellan katoliker och lutheraner, med påven Pius XI:s ord, till en "en falsk och för Kristi enda Kyrka helt främmande kristlig religion".[19]

Luther är inget att fira eller uppmärksamma

Martin Luthers och protestantismens villoläror står i fullständig motsats till de sköna katolska sanningar som Vår Fru av Fatima upprepade. I Fatima

---

[16] O'Hare, a.a., ss. 167-168.

[17] Ibid., ss. 168-169.

[18] Msgr. Joseph Clifford Fenton, *The Council and Father Kung,* American Ecclesiastical Review, september 1962.

[19] Påven Pius XI, *Mortalium animos,* 6:e januari 1928, svensk översättning *Om främjandet av den sanna religionsenheten,* (Stockholm, 1928) s. 9.

bekräftade Vår Fru centrala katolska läror som Luther förnekade, såsom mässan och eukaristin, den personliga syndens verklighet, nödvändigheten av biktens sakrament och botgöring, det av Kristus grundade påvedömets verklighet och centrala betydelse, den ödmjuka underkastelsen under den katolska Kyrkans oförgängliga lära samt den kärlek som man måste visa sin nästa snarare än Luthers rop om att ”strypa” och ”slakta” bönderna om de blev ostyriga. Vår Fru av Fatima utförde det häpnadsväckande solundret inför 70 000 människor den 13:e oktober 1917 för att bevisa sanningsenligheten i sina ord. De sköna sanningar som yttrades av Vår Fru kan inte jämföras med det kätterska gift som Luther utspydde.

Det är således omöjligt att medge att en katolik på något som helst vis bör fira Luther. Endast de med ett protestantiskt och modernistiskt tankesätt kan göra detta. Martin Luther skall varken beundras eller efterliknas. Som Kyrkan konsekvent har lärt under fyra århundraden är hans lära och den rörelse han grundade endast värda att fördömas.

500-årsminnet av Luthers destruktiva revolt är istället en lämplig tidpunkt för katoliker att högtidlighålla hundraårsminnet av Vår Frus uppenbarelser i Fatima och för att be och arbeta för protestanternas omvändelse till Kristi enda sanna Kyrka, den Katolska Kyrkan.

(Översättning: Marcus Urbanski)

Bernt David Assarsson: Petrus eller Petri (del 3)

(Fortsättning från *Skandinavisk Katolsk Tidskrift* nr 5, ss. 449-475, tidigare publicerad i tolv delar i *Credo* 1923)

Förord (av Niclas Andersson)

Med dessa kapitel kommer den över 90 år gamla artikelserien ”Petrus eller Petri” att avslutas. I de sista kapitlen kommer vi bland annat att få se frågorna om kloster och bildförbud behandlas. Man kan ganska lugnt säga att artiklarna behövde skrivas på den tiden. En ny sorts anti-katolicism hade uppstått i Sverige vid det laget, som dock för ovanlighetens skull inte i första rummet handlade om någon sorts kamp för den lutherska tron som den sanna, utan snarare mot katolicismens så kallade ”intolerans”. Den katolska kyrkan sade sig besitta sanningen och den fullkomliga läran som Jesus Kristus hade förkunnat. Detta oroade man sig för från flera håll, eftersom en sådan inställning förhindrade individens strävan efter att på egen hand försöka närma sig sanningen, utifrån vad denne själv upplevde att Gud var (eller borde vara). Hur luthersk en sådan inställning var kan givetvis diskuteras. Odiskutabelt var emellertid att en sådan uppfattning fundamentalt stred mot den katolska, där sanningen inte är något subjektivt och känslobaserat som kommer inifrån. Tvärtom förkunnar den katolska kyrkan, och har alltid förkunnat, att sanningen blev oss given genom Sonens uppenbarelse på jorden i människan Jesus Kristus, och sedan traderad både genom Den Heliga Skrift och genom den katolska kyrkans heliga tradition.

Bernt David Assarssons artikelserie är i detta sammanhang en tydlig manifestation för objektivismen, att sanningen inte är kompromissbar. Det är just detta som skiljer Petrus ifrån Petri. Petrus har sin tro grundad på det rotfasta hälleberget, medan Petri, i egenskap av subjektivismens förkämpe, har byggt sin kyrka på lösan sand. Därför bör vi, när vi blickar tillbaka på hela serien, inte enbart betrakta striden mellan Petrus och Petri som en strid mellan katoliker och protestanter, utan som en strid för eller emot idén att det finns en objektiv sanning som är given och oföränderlig. På Petris sida står då inte bara det ”allmänna prästadömets” förespråkare utan hela den modernistiska, och i än högre grad, postmodernistiska filosofin, en filosofi, som ju dessvärre till och med har lyckats nästla sig in även innanför katolska kyrkans murar.

På Assarssons tid var inte det här lika tydligt som idag. Visst fanns det även då liberala och modernistiska element inom kyrkan, men dessa bekämpades till största delen framgångsrikt med hjälp av påven Pius X:s antimodernisted, som samtliga präster under en lång tid var tvungna att avlägga. Samtidigt begrep givetvis katolska kyrkans fiender att det mest effektiva sättet att tillintetgöra den enda saliggörande läran var att omvandla den inifrån. "If you can' t beat them, join them", som det heter. Den här sortens verksamhet har visserligen varit känd länge inom traditionella kretsar - exkommunisten Bella Dodd kunde redan på 1950-talet vittna om hur hennes parti under de senaste decennierna hade börjat infiltrera den katolska kyrkan på flera håll för att på så vis kunna påverka den i marxistisk riktning. Dock finns det många som har försökt avfärda detta genom att t.ex. hävda att det enbart rör sig om extremistiska konspirationsteorier. Detta har emellertid kommit att motbevisas på senare tid, mitt under den amerikanska presidentvalskampanjen, då WikiLeaks kunde bevisa att det Demokratiska Partiet i USA sedan en tid tillbaka har strävat efter att få in folk i kyrkans inre kretsar via olika organisationer och föreningar, maskerade till oskyldiga "katolska" sådana, men vars egentliga syfte är att påverka kyrkan till att anpassa sig efter dagens kulturradikala diskurs.[20]

Påvens besök, som när denna text skrivs fortfarande inte har ägt rum, är givetvis ytterligare en anmärkningsvärd gest mot den faste, kompromisslöse Petrus. Även om det ursprungliga talet om att "fira" reformationen har ersatts med "uppmärksamma" eller liknande, handlar det fortfarande om att påven hyllar något som i grunden inte är katolskt; att medverka i och därmed bekräfta den ekumeniska indifferentismen där kyrklig gemenskap och vänliga relationer är viktigare än att stå fast vid den objektiva sanningen, som man som påve ju ändå måste mena står att finna i den katolska kyrkan och i

[20] Läs t.ex. Michael Matt: "Wikileaks Confirms Rad Trad 'Conspiracy Theory': Catholic Church Infiltrated", *The Remnant Newspaper*, http://remnantnewspaper.com/web/index.php/fetzen-fliegen/item/2808-wikileaks-confirms-rad-trad-conspiracy-theory-catholic-church-infiltrated

den katolska kyrkan allena. Från protestantiskt och katolskt håll hörs olika röster om påvens besök, men de flesta är rent lyriska. Att ultraradikala representanter för kyrkan, såsom t.ex. syster Madeleine Fredell, är särskilt lyriska torde bara det i sig vara en tydlig varningssignal om vad vi har att vänta oss. Att en sådan som Fredell, som ju också har flera höga poster inom stiftet, dessutom anser det viktigt att "man måste gå en lång väg där båda parter är beredda på att ändra inställning" får enligt min mening ses som det slutgiltiga beviset på att indifferentismen och Petri inte bara har invaderat Kyrkan utan på många plan erövrat den.[21]

Redan under Andra Vatikankonciliet kunde man se tendenser inom den katolska kyrkan där man försökte att närma sig de protestantiska samfunden, särskilt med hjälp av liturgin. Novus Ordo var på många sätt ett försök att skapa en för protestanter mer tilltalande rit, där det specifikt katolska tonades ned. Det kan vara värt att i sammanhanget nämna att det redan under Martin Luthers tid förekom liknande radikala tendenser bland dennes lärjungar. En av de mest kända var Andreas Karlstadt, som kom att arbeta för Martin Luthers sak. Han revolutionerade mässan, lät förflytta fokus från högaltaret till ett enkelt bord, avskaffade latinet till förmån för folkspråket, uppmanade till lekmannapredikan, bagatelliserade fastereglerna, tillät att både bröd och vin skulle delas ut under kommunionen och öppnade även för handkommunion.[22] Påminner månhända detta om något i den katolska kyrkans moderna historia?

Det bör dock i sammanhanget nämnas att Martin Luther fördömde flera av de nymodigheter som Karlstadt bidrog med, även om de helt och fullt var i den lutherska andan. Det vill säga t.o.m. Martin Luther fann saker som handkommunion alldeles för radikala. Därför bör man i ännu högre grad betänka den rörliga grund som Petris kyrka befinner sig på, och hur mycket som kan förändras inom så kort tid. Se på dagens Svenska kyrka till exempel; kan man överhuvudtaget påstå att det finns någon form av traditionell

---

[21] http://www.dagen.se/tio-roster-om-pavens-besok-i-sverige-1.793937

[22] Henry Ganss: "Martin Luther" i *Catholic Encyclopedia* Vol. 9 (New York 1910). Se även: http://www.newadvent.org/cathen/09438b.htm

kristendom kvar i denna? Assarsson skriver att "här ha vi en till stor del modernistisk statskyrka, som knappast längre bekänner sig som kristen" (detta var alltså 1923, nota bene!) - vad skulle han ha sagt om den idag? Vad skulle han ha sagt om den katolska kyrkan idag? Just därför är det viktigt att i alla lägen slå vakt om traditionen, om att i alla lägen vända sig till den orubblige Petrus. Kanske kan man också i nödens stund söka hjälp mot den hotfulla modernistiska fienden och finna bundsförvanter bland vissa protestanter. Assarsson skriver ju själv att ett antal lutherska grupperingar, som t.ex. schartauanerna eller stormaktidens ortodoxa lutheraner, snarare hör hemma i Petrus' läger än hos Petri. Och när "petrianerna" samlas i Lund för att hylla allt som Petrus, Assarsson och alla traditionella katoliker stred emot, bör man ägna en tanke eller två åt Assarssons slutkläm, som tål att återupprepas gång på gång:

Striden är hård och kommer länge att kräva mycken ansträngning och uthållighet, ty Petris parti är kanske mäktigare i Sverige än i något annat europeiskt land. Här ha vi en till stor del modernistisk statskyrka, som knappast längre bekänner sig som kristen, här finna vi en mängd stridande sekter, här möta vi en tyst men energiskt arbetande otro, som är fientligt stämd mot all religion. ***En väldig övermakt representera sålunda våra motståndare, vi äro få, fattiga och förtalade. Men vi styrkas av segern som övervinner världen, vår tro, den ofelbara sanningen, som har stått obesegrad av århundradens lärostormar.*** *Och därför äro vi inte alls rädda för Petri och alla hans vänner ur olika läger.*

Så jag avrundar där jag började: Man kan ganska lugnt säga att artiklarna behövde skrivas på den tiden. Man kan ganska lugnt säga att artiklarna behöver läsas igen i vår tid.

Niclas Andersson

VIII. Den bortförklarade biktbänken

I våra gamla katolska kyrkor i Norden funnos inga biktstolar. De kommo först under loppet av 1500-talet att bliva en integrerande del av den kyrkliga inredningen. Men väl funnos särskilda platser i helgedomen, där de troende böjde knä och bekände sina synder för att under from tacksamhet mottaga den sakramentala syndaförlåtelsen. Sålunda kunna vi vara förvissade om att alla den kyrkliga storhetstidens och blomstringsperiodens svenska män och kvinnor ha biktat, icke blott helgon som sankta Birgitta och sankt Brynolf av Skara, icke blott biskopar och präster som Jakob Ulfsson eller Magister Mattias, icke blott klosterfolk och from allmoge utan också mäktiga furstar som Birger Jarl och Magnus Ladulås, barska krigsmän som Torgils Knutsson och Sankt Eriks korsriddare; liksom hela Sveriges folk förenades kring de övriga sakramentens signade nådekällor, så samlades det också i botfärdighet och syndasorg på kyrkornas biktplatser.

Vi ha redan mer än en gång hört Petris meritlista. Kyrkan osynliggjord, kyrkoledarne avsatta, kyrkolagen uppbränd, Bibeln sönderläst, nådeläran förvanskad, sakramenten delvis bortsmusslade, offeraltaret omkullkastat. Vad gjorde då den store reformatorn med den syndaren tröstande och hugsvalande biktbänk, som redan sankt Ansgar insatt i kyrkorna uppe i Norden? Ack, icke heller den skonades av förbättringsraseriet. Den dialektiskt anlagde Petri *förklarade* den helt behändigt *bort* ur sina rengjorda kyrksalar. Hur han därvid bar sig åt kan för Petrus vara intressant och lärorikt att se. Det måtte ha varit ovanligt övertygande skäl, som mäktat förklara bort ett så gammalt och fast hoptimrat inventarium som biktbänken ur de papistiska svenska templen! Med en viss spänning vänta vi att få taga del av Petris överväldigande bevismaterial mot bikten.

Vår outtröttlige polemiker behandlar hithörande frågor mera utförligt än djupgående i "Een liten boock om sacramenten", redan en gammal bekant för Credos läsekrets. Här kunde finnas mycket att studera för en mera kritiskt anlagd Petrus. Särskilt skulle Petris kyrkohistoriska skildringar av öronbikten och biktbudet under olika tider vara tacksamma ämnen för en elak papistisk polemiker. Sålunda påstår Petri exempelvis, att öronbikten "först pålagdt war aff påuan Innoconcio, vthi thet Lateraniska Concilio" (alltså år 1215!). Som var och en vet, var det budet att bikta *minst en gång om året*, som då blev stadfäst som kyrkolag. Ännu mera frapperad blir man av att se de nutida protestantiska avlatsfantasierna redan skisserade hos Petri, vilken upptäckt, att avlat är "Romerska falska warur", ty det är "gudh aleena", som "forlåter syndena", och detta sker icke för vår bots eller vår förtjänsts skull, "mykit mindre för peningar skul, som påffuen... menar". Vi tillåta oss här en blygsam hänvändelse till vår blott alltför lärde kyrkohistoriker: "Vilken är den påve, som har menat att synder kunna förlåtas 'for peningar skul'?"

Petrus lär med all möjlig klarhet, att Gud allena har makt att förlåta synder. Detta är ju för övrigt en så självklar sak, att den icke ens kan diskuteras av kristna lärare. Också i biktstolen förlåter prästen synderna endast i kraft av den myndighet, som han ytterst av Gud har mottagit. Därför skjuter Petri blott den ena bommen efter den andra, då han framdrager en mängd bibeltexter och citat av kyrkofäder, vilka alla vittna om Guds ensamrätt till syndaförlåtelse. Dessa vittnesbörd träffa icke alls Petrus, som håller före att läran om biktfaderns befogenhet att med av Gud given myndighet i Guds ställe förlåta synderna ingalunda strider mot läran om Gud som den ensam syndaförlåtande. Samma Bibel som innehåller det av Petri framhållna språket: "Jag är Herren, och utom mig är ingen frälsare" (Es. 43:11), innehåller också de välbekanta löftesorden till apostlarna: "Vilka I förlåten synderna, dem äro de förlåtna" (Joh. 20:23). Och de heliga kyrkofäderna Ambrosius och Augustinus, vilka av Petri anföras som värdefulla bundsförvanter, hava högst olutherska ord att säga om prästens syndaförlåtande i bikten. I sin skrift: "De poenitentia" (cap. 8. n. 36) frågar den store Milanobiskopen de med Petri i denna punkt överensstämmande novitianska irrlärarna: "Varför låten I eder då döpa, när det ej är tillåtet för någon människa att förlåta synder? I dopet finner man ju förlåtelse för alla sina synder. Vad betyder det då, om prästerna begagna sig av denna rätt som blivit dem given, i boten eller i dopets bad? Ty samma heliga hemlighet verkar ju i dem båda". Och den icke mindre frejdade biskopen av Hippo talar lika tydligt mot vår självsäkre Strängnäsdiakons lära om bot och bikt (De adult. coni. 1. 2, n. 16): "Om [ett dråp] har blivit begått av en katekumen, blir det avtvaget i dopet. Men om det är en döpt kristen som gjort sig skyldig därtill, blir det helat genom boten och den kyrkliga botgöringen".

Härmed ha vi också kommit in på själva *hjärtpunkten* i denna kontrovers om bikten och närbesläktade frågor: Förlåter biktfadern verkligen de biktade synderna eller ej? För att vinna den i all polemik så eftersträvansvärda koncentrationen vilja vi uteslutande rikta vår uppmärksamhet på densamma.

Som vi redan ha kunnat ana, har Petri i denna fråga en helt annan uppfattning än Petrus och hans Kyrka, han tål endast inom densamma av folket bemyndigade predikanter. "Forkunna gudz ordh är presta embete, såsom smidha, är smedz embete", förklarar den myndige reformatorn, själv son till en välmående smed. Denna nya sanning hava Petri och med honom likatänkande uppdagat i Markusevangeliet 16:15, där det heter: "Gåår och prediker Euangelium huario och ena creature, then som troor han blijffuer salogh". (Här måste vi avbryta den bevisande Petri med en anmärkning. Det av honom anförda språket lyder: "Den som tror *och bliver döpt*, han skall varda frälst". Och i den bekanta parallelltexten hos Matteus 28:19 få apostlarna icke blott uppdrag att predika evangelium för alla folk utan också att *döpa* dem och att *lära dem hålla allt* vad Kristus befallt dem. Alltså ett mer än bräckligt bevis för Petris lära, att apostlarna blott utsändes som predikanter). Sedan bygges på detta svaga fundament för bevisföringen en ännu ömkligare syllogism. Kristus ger sina apostlar i uppdrag att predika och tillägger, att den som tror, skall varda salig. Men, fortsätter vår djärve bevisbyggare, "Bliffua salogh" = "warda quit och åflöst fråå syndene". Alltså har var och en som kan predika Guds ord också makt att avlösa genom sin tron uppväckande förkunnelse! Den som har tid kan med utbyte fördjupa sig i ovanstående resonemang. Ju längre man betraktar detsamma desto mera blir man häpen över en så hejdlös förbistring i en grundläggande kyrkolärares mun. "Bliva salig" betyder tydligtvis här: vinna den eviga saligheten. Dock överträffar han nästan sig själv, då han några rader längre ner i samma kapitel (Om åflösning) vill bevisa att uttrycket "forlåta syndena" är liktydigt med: "göra salugan" därav, att det i Ps. 32:1 heter: "Saluge äre the huilke theres oondzska forlåten är". (!!) I detta biktsystem, där Guds ord är ensamtverkande, blir syndabekännelsen blott en bekväm "rådhfräghilse" och absolutionen sker därigenom, att den om råd sporde medkristne "föresägher" syndaren "gudz ordh och löffte ath Gudh wil wara honom gönstogh och miskundsam genom Jesu Christi förskyllan" och att denne å sin sida "troor gudz ordh och Euangelio... j predikanen... eller... j scrifftemålen". Sålunda förklarar Petri också apostlarnas makt att lösa och binda. De predika Guds ord, genom denna förkunnelse lösa de dem som tro och binda dem som icke tro. Lika lätt reder sig vår bibelförklarare, som gärna framhåller sin "förfarenhet j scrifftene", ut ur det klassiska biktspråket: "Vilka I förlåten synderna, dem äro de förlåtna och vilka I behållen dem, dem äro de behållna". Här har apostlarna visst icke mottagit någon "macht" utan här är endast "tal om den tienst och embete som Christus gaff sin forsambling genom hans helga oordh så ath the som icke troo bliffua bundne, thet är, the bliffua synden intit quitt". Genom dylika reflektioner har Petri emellertid icke blott avskaffat den sakramentala, syndaförlåtande absolutionen inom sin kyrka, han har också bortförklarat hela den besvärliga bikten ur det rena evangeliets framtidsrike. I stället skulle man bekänna sina synder inför Gud "altijdh vtan återwändo"! Mera bikt behövdes icke alls.

Petrus var ju själv med bland de utkorade Herrens apostlar, som fingo skåda den Uppståndne och höra honom säga: "Mottagen den Helige Ande. Vilka I förlåten synderna, dem äro de förlåtna och vilka I behållen dem, dem äro de behållna" (Joh. 20:22,23.). Vad skulle väl den helige apostlafursten tänka om dessa gudomliga ord ur Mästarens mun? Mer än en gång hade han hört fariséerna förarga sig över, att Jesus tillskriv [sic!] sig makten att förlåta synder. Nyss hade Herren till hela apostlakretsen riktat de betydelsefulla orden: "Såsom Fadern har sänt mig, så sänder och jag eder". Med samma mål, med liknande fullmakter. Och den Uppståndne blåser på dem alla och säger: "Mottagen den Helige Ande". Omedelbart därefter följa de ord, som tala om makt att förlåta synderna och behålla dem. Kan man tänka, att de församlade apostlarna uppfattade Mästarens ord enligt Petris utspekulerat sökta tolkning? Skada att ingen av dem hade läst "Een liten book om sacramenten" med dess säregna förklaring av uttrycket "förlåta synderna", ty i hela Nya Testamentet finner man intet enda ställe, där "förlåta synderna" = predika Guds ord, genom vars mottagande i förtröstan synderna förlåtas. I de yttre omständigheterna fanns heller intet, som kunde komma apostlarna att fatta Herrens ord enligt Petris tolkning, Jesus talar här icke en stavelse om något predikande av Guds ord. Icke heller vänder han sig här till någon "forsambling", vars alla medlemmar efter behag skulle få predika och avlösa, utan han riktar sina ord *endast* till apostlakretsen. Och de tolv voro enkla, okonstlade män, vana vid att deras Mästare uttryckte sig klart och tydligt och ytterligare förklarade vad de inte hade förstått. Hur skulle de sålunda bara ha lyckats komma på den tanken att omtolka Herrens ord på Petris lutherska sätt, som sannerligen ligger allt annat än nära till hands för ett oförvillat sinne? Den klara ordalydelsen, sammanhanget, de yttre omständigheterna i denna sköna berättelse: allt tvingar en allvarlig, fördomsfri granskare till den slutsatsen, att här är fråga om ett verkligt förlåtande av synderna, givet den ångerfulle syndaren, vägrat den ovärdige. Och de fullmakter, som apostlarna mottagit, skulle också gälla för deras efterträdare som Kyrkans styresmän. De ha fått makt att lösa och binda, att förlåta synderna och att behålla dem. Och denna makt förbliver i Kyrkan liksom Herrens uppehållande kraft "intill världens ände".

Petri skriver kategoriskt som vanligt: "PEnitenciam eller syndbättring haffua the papister kallat jtt sacramente". Men icke nog därmed. De hava därtill i ett särskilt kyrkobud förordnat, att varje kristen en gång om året, "thet är, om påscana" skal bekänna för "sinom egnom soknapreste" alla sina "witterliga synder". Vi förvåna oss ej, att Petri håller före, att de härutinnan "haffua jntit litet farit wille". Biktbänken passade ej i hans nya system. Därför trollades den bort utan vidare och de bibelställen och kyrkofäder, som givit den dess rätta plats i Kristi Kyrka, förklarades bort med en otrolig tankeakrobatik. Det är lyckligt för Petri, att hans teologiska skrifter ända tills nuvarande tid varit så föga kända och sällan lästa av den svenska allmänheten. Man får hoppas, att den utmärkta upplaga av hans Samlade Skrifter, som nu utgives, också skall öppna ögonen på många allvarliga, sunt kritiska män i hans eget läger. Särskilt synes hans förmåga att tänka strikt och logiskt förtjäna en ingående objektiv granskning.

Med Petri började bikten mer och mer att försvinna ur de svenska kyrkorna. Dock finnes ännu, särskilt i de mera kyrkliga delarna av vårt land, åtskilligt kvar, som påminner om den gamla katolska tidens biktpraxis. Helt säkert kan man hoppas, att här i Sverige liksom i England en allt starkare längtan efter den en gång ur kyrkorna så självsvåldigt bortförklarade biktbänken skall växa sig fram. Det är uppmuntrande att se, att i våra dagar, då fyra sekler förflutit, sedan Petri drog i härnad mot bikten, en högt skattad själasörjare inom hans egen kyrka kan skriva: "En biktfader är vad som behöves än idag", "Bikten behöves för alla, ty behovet av att bikta är ett allmänmänskligt och djupt rotat behov". Samme uppburne författare påminner om de ord, som ännu stå att läsa i svenska statskyrkans bekännelse:

”Om bikten läres så, att man i församlingen bör bibehålla den enskilda avlösningen och icke låta den bortfalla”. Och han fortsätter: ”Det vore gott om detta ord, som stått där i fyra hundra år endast som en död bokstav, åter började efterlevas i våra församlingar, så att varje kyrka finge sin biktstol och varje präst bleve sina åhörares biktfader” (Nils Beskow. ”Inför Guds ansikte” s. 202).[23]

Så kunna också vi hoppas och hoppfullt skåda mot en framtid, då även den bortförklarade biktbänken åter får sin givna plats också i Sveriges gamla till den rätte ägaren återställda kyrkor.

IX. Den kriminaliserade klosterkulturen

Credo har velat låta den heliga Birgitta bliva centralfiguren för hela detta jubileumsårs oktobernummer. Till och med den motsträvige Petri tvingas denna gång att visa sig i hennes triumftåg. Vi höra honom icke alltför ofta nämna Birgittas namn. I sitt lilla temperamentsfulla ”Sendebreff” till Poul Helgesen klandrar han överlägset den konservative danske apologeten, att denne ”så högdt” berömt ”S. Birgitte oppenbarilse böker”, vilket icke vore att undra över, ty ”samma böker... äre påuans bispers och prelaters welle gönstoge”. Den svenska reformationens fader hade alltså ändå så mycket sunt omdöme, att han icke betraktade den ärkekatolska Birgitta som någon ”förelöpare” för sin reformation. Tvärtom! I samma epistel framhåller den stränge Petri efter att nyss ha nämnt den stora sierskans namn med en hemsk antydning, att ”på then ytersta domen skal Christus seya til monga som propheterat och krafftigha gerningar giordt haffua i hans nampn, at han kenner them jntit” (!) Sålunda talar den mest framträdande representanten för svensk lutheranism om den svenska katolicismens mest representativa gestalt, honom själv ojämförligt överlägsen i alla avseenden. Troligtvis hade hans ord fallit ännu skoningslösare, om det icke varit så riskabelt att smäda den heliga Birgitta under 1520-talet här i Sverige. Och den stora nationella

---

[23] Nils Beskow var en högkyrklig präst inom Svenska kyrkan som ofta kom att ta den katolska kyrkan i försvar. Efter sin pension år 1927 konverterade han slutligen och blev upptagen i katolska kyrkan. Yvonne Maria Werner *Världsvid men främmande: Den katolska kyrkan i Sverige 1873-1929* (Uppsala 1996) s. 261.

birgittinerskapelsen Vadstena kloster nämner han blott i förbigående för att beskärma sig över att i denna mörksens boning "offta skeedt", att "monge haffua trwghat theres barn j closter".

Men allt detta är dock som en hugnelig västanfläkt i jämförelse med de uttalanden han har om klosterliv i allmänhet, Efter att först i "Swaar påå tolf spörsmål" i största hast ha undersökt ifall "closterleffuerne haffuer noghor grund j scrifftene", utger han år 1528 Terciadecima Nouembris (en dyster datum) en särskild skrift mot den gamla klosterkulturen i Sverige. Vad som komma skall anar man redan av den mångordiga titeln: "Een liten boock j huilko closterleffuerne forclarat warder, ther och noghot foregiffwes hwadh skadha och forderff sådana leffuerne haffuer giordt j Christenheetenne. Sehdan fölier een liten formaning til closterfolk och theres wener". Men när man läser första stycket av denna lilla klosterbok, blir man ordentligt förfärad. Petri känner sig "alt for swach" för att "fullkommeliga" uttrycka "thet bedrägerij och falscheet som j closterleffuerne haffuer j mong hundradhe åår wordhet bedriffuen". Varför vår apostoliske man uttrycker den fromma önskan att "en annar", som Gud skänkt "större nådh och forstond", längre fram "måå göra ther meera til". (!) Ty "thetta ogudhachtiga wäsende" är alltför stort, för att en enda man skulle orka beskriva det "tilfulle". Det är starka ord särskilt i den annars för sin tid ovanligt hovsamme Petris mun. Vad är det då, som gör den i vår tids ögon dock ganska högt skattade gamla klosterkulturen i Sverige till en sådan styggelse i hans nitälskande ögon? Den uppskakade klosterkritikern ber själv i bokens inledning sina läsare att "giffue granna acht" på hans "skääl och bewijss".

Den som följer detta förnuftiga råd slutar emellertid icke läsningen alltför imponerad eller överväldigad av det utlovade bevismaterialet. Själva huvudbeviset är detta: Människan har genom sina döpelselöften förpliktigat sig till att "hwarken diäffwulen eller hennes eeghet sinne skal meera regera henne, vtan gudh aleena". Men eftersom man avlägger klosterlöftena "epter sit sinne" och icke "epter gudz sinne" (ty om några klosterlöften finnes "ey jtt ordh" i Bibeln), så gör man genom de på människors stadgar grundade klosterlöftena sina döpelselöften om intet. I detta sammanhang framdrager Petri sin sedvanliga samling bibelspråk mot "menniskiors stadgar", som vi redan förut kunnat granska. Detta är *hela* det alla kloster söndergrusande beviset. Det finnes väl knappast någon katolik, som känner sig skadad i sin klostervänlighet med anledning av detsamma.

Vi tillhöra ju en Kyrka, som av Kristus har fått makt att lösa och binda enligt Skriftens eget klara vittnesbörd. Följaktligen äro hennes bud *icke* människors stadgar och hela Petris huvudbevis mot klosterväsendet misslyckat. Vi giva gärna Petri rätt i hans påstående, att "hvarken j gambla eller j thet nya testamentit finnes jtt ordh om closter leffuerne". De bibelställen som den gamla svenska Kyrkans försvarare doktor Peder Galle framdrager för att gentemot Petri kunna påvisa spår av kloster i Skriften äro knappast övertygande. Men är det icke just den kristna uppenbarelsens storhet och rikedom, att den icke med ett slag stod fullt färdigförstådd av Kyrkan, ur stånd att vidare utveckla sig och växa genom allt mera fördjupad uppfattning av det en gång för alla givna uppenbarelseinnehållet? Klosterlivet är ju blott en väl reglerad form, som synes ypperligt ägnad att utveckla några av de dygder, vilka Herren Kristus i evangeliet gång på gång framställer som särskilt önskvärda och nödvändiga just hos hans lärjungar.

Det egendomliga är, att ingen mindre än Petri själv på sätt och vis erkänner detta sista faktum. Han låter förstå, att det enligt Skriften för en kristen är "mykit better" att så leva i äktenskap "lijka som han jngen hustru hade". Han framhåller, att "fattigdomen är oss och allom samman bwdhin". Vad slutligen lydnaden beträffar går han så långt, att han förklarar, att "oss allom högeliga" är befallt icke blott att vara "formen lydige och hörige" utan därtill att vi måste "*wara hwar annan jnbyrdes lydige och underdånige*". (!) Det är inte små krav som vår skarpe Mäster Olof har på sina medkristna. Kanske han med sin beska klosterkritik blott strävade efter att införa strängare klostertukt i Sverige, att bliva en reformator av samma slag som den heliga Theresa i Spanien. Dock är han långt ifrån så farlig som det låter. Det är "*andeligh renleffnat*", "*andligh fattigdom och lydhno*" som ståta som huvudlöftena på Petris klosterregel av år 1528. Den andliga renlevnaden består däri att "haffua jtt reent hierta". Den andliga fattigdomen visar sig däri att "ingen ting haffua", som man kan "settia lijt och tröst til". De som följa Petris andliga lydnadsbud måste slutligen vara "lydige och tienstachtige" mot "alle". För den oandliga papistiska uppfattningen om de tre klosterlöftena har Petri blott överlägsenhet och okvädningsord till övers. Han ursäktar välvilligt de stora kyrkofäderna, "monge dråpelige men som äre Hieronymus, Augustinus, Ambrosius och flere medh them", att de i sina skrifter så ofta prisat det jungfruliga ståndet. Detta ha de emellertid enligt vår upphöjde kritiker gjort "j theras eenfolligheet" utan att ana "hwad epter fölia wille". (!!) Stackars små kyrkofäder, som sålunda måste stå till svars inför Örebromagistern Petri den store! Frågan är blott, om Herren Kristus själv, då han talade om att "gå bort" och *sälja allt;* och "giva åt de fattiga" (Matt. 19:21), att *övergiva* "hus eller bröder eller... hustru eller barn eller åkrar" (Matt 19:29), rekommenderade Petris komfortabla "andliga" fattigdom, som är väl förenbar med solid förmögenhet och många familjeomsorger. Eller - för att hålla oss vid samma kapitel - är det sannolikt, att Herren menade Petris "andliga" kyskhet, när han talar om "snöpingar som hava snöpt sig själv för himmelrikets skull" (Matt. 19:12)? Den drakoniska Stockholmsmoralistens "andliga tystnad", som ödmjukt underkastar sig alla medmänniskor utan undantag, är slutligen alltför himmelsk för att bliva föremål för en jordisk diskussion. Vi ge vår oblidkelige Petri rätt i att det funnits nedgångstider för klosterkulturen, liksom för varje annan kultur. Mycket djupare än Luthers storordiga lärjungar beklagar Petrus missförhållanden och styggelser som förekommit inom den omfattande och skiftande klostervärlden. Men man får ej av samtida källor det intrycket att det otillfredsställande tillstånd, som rådde på Petris tid i flera europeiska länders klostervärld också var regel i Sverige. Man frapperas att i vår reformators domedagspredikan mot "Klosterleffuerne" finna få eller inga anspelningar på eller anklagelser om svensk klosterdekadens. Han talar hela tiden i osäkert allmänna ordalag. Lämnar han några konkreta exempel på klosterskandal, så hämtas de alltid från utlandet. Månne han gjort så, om han hade kunnat framdraga närmare liggande exempel? Förövrigt känner sig en motståndare också med bästa vilja i världen att bedöma Petri milt och rättvist misstrogen mot en författare, som kan gå så långt i fanatism, att han gör följande resumé av klosterlivet: "Är dock ej vtan okyscheet rijkedomar och olydhna *theras heela leffuerne*". I ett långt stycke söker Petri bevisa att "alle munkar och nunnor... wilia medh theras gerninga forskylla thet som Christus en gong forskyllat haffuer". Detta är en ren oförfalskad osanning.

Men allra beskast är den dundrande "Olof i korgen" mot "tiggemunkar", varibland han särskilt tycks ha hatat "Swartmunkar" och "Gråmunkar". Dessa båda ordnar voro tydligtvis stiftade av "diefwulen"; som landsplågor kunna de liknas vid Egyptens "paddor och grässhoppor". Moderna Franciskusbeundrare i Sigtuna torde märka, att deras patronus primarius Petri funnit "Gråmunka regla" vara "aff stoor ofornuft samman satt". Slutligen sammanfattar vår klosterstormare i ej mindre än *14 punkter* sina särskilda anklagelser mot klosterfolket. Tragikomisk verkar den första av dessa punkter: "At the haffua gioordt syndring splijt och party j Christenhetene". Sålunda talar en kyrkosöndringens store grundläggare med "sittlicher Entrüstung". Ännu löjligare verkar det, när Petri till och med gör sig till det katolska prästerskapets riddare (punkt 7) och klagar över att ordensmännen "altijdh gioordt biscopar och kyrkioprester stoort forfång" (!!) Också med "ridderskapet och meniga adelen", som de förskräckliga munkarna "bedraghit... om theras godz och gårdar" (punkt 13), har vår auktor den innerligaste medömkan. Men hans demokratiska hjärta blöder icke mindre vid tanken på de samhällsfarliga "tiggemunkar", som ha "lopet om landet" och mottagit de allmosor, som egentligen skulle ha skänkts till "fattige, halte, blinde, liwssarme etc", vilket ju varit dessa stackare till en "dråpeligh skadha" (punkt 8).

Hur "een liten formaning" skall forma sig, som efter alla dessa domsord följer för "closterfolk och theres wener", kan man lätt föreställa sig. Så fort som möjligt borde var och en som ännu var kvar i kloster lämna dessa skrymteriets boningar och bliva "en rätt Christen menniskia". Och alla som hade "barn wener eller frender i closter" borde vara dessa "behielpelige" till att de "mågha komma ther vth". Petri slutar denna fromma skrift med att bedja om "jtt gott och rett forstånd" både för "vnga och gambla".

Petri har i Credos Birgittanummer berört en fråga som för närvarande är ganska aktuell. Vår gamla svenska klosterkultur var under flera hundra år vårt land till den största nytta och välsignelse på flera olika sätt. Till och med Petris klosterfientliga skrift av den 13 november 1528 låter oss mycket mot författarens avsikt skönja vackra glimtar av en förgången nationell fromhets- och skönhetsvärld, som ännu besitter en säregen tjusningskraft, då vi här i gammalsvensk skrift läsa om "Predikare ordans nunnor, sådana som j Skeninge äre", om "S. Birgitte nunnor", om "Carmeliter", som "kallas här j landet jomfrw Marie bröder" eller då det omtalas, att alla birgittiner äro "gråclädt och rödt kors for bröstet". Vi känna oss mera vemodigt än sedligt indignerat stämda, då vi höra Petri förfasa sig över de gamla munkarnas helgonbilder, "besynnerlig belete... j Stockholm med thet the kalla then helga lösn, teslikes j Arboga och flerestädes". Och vi beröras på ett helt annat sätt än den stridbare författaren åsyftar, då han far ut mot klosterfolkets reliker "j Wadzstena, Skeningen, Westerårs, Husaby...". Ack, vart och ett av dessa gamla namn uppväcker ju i hjärtat minnen om den svenska klosterhärlighet, som Petri icke blott angrep, smutskastade och förföljde utan som till tack för alla de otaliga tjänster den gjort vår svenska odling, blev jämnad med marken, visad ur landet, kriminaliserad, i lag förbjuden.

Det ser också nästan ut, som om den särskilda hätskhet, varmed Petri förföljde den gamla svenska klosterkulturen ännu troget vårdas av hans andliga arvtagare. Den synliga Kyrkan fick återvända till Sverige redan på Gustaf III:s tid, en apostolisk vikarie erhöll vårt land år 1782, sakramenten kunna numera åter utdelas, altaren åter uppbyggas, biktstolar åter hoptimras överallt i vårt land. Men *klosterkulturen* är ännu den dag i dag - anno Domini 1923 - kriminaliserad, i lag förbjuden i Sverige.[24] Vi kunna ju snart fira femtioårsminnet av den bekanta samling lagparagrafer (31 oktober 1873), varibland denna: "Kloster må icke i riket upprättas". Vad skall man väl säga om ett kristet land, som tillåter ateistiska skolor, öppen sedeslöshet i ord och bild, äktenskapsskilsmässa och anarkistisk propaganda, tungomålstalande och all upptänklig religiös humbug, men förbjuder - kloster, där fromma själar i stillhet och frid kunna leva med sin Gud? Är detta inte något av Petris besinningslösa fanatism emot klosterkulturen som ännu i dag gör sig gällande bland hans trogna eftersägare?

På titelbladet till "Een liten boock j huilko closterleffuerne forclarat warder" står underst med tydlig adres ett hotande bibelspråk: "The skola jngen meer

---

[24] Klosterförbudet kom att hänga kvar i svensk lagstiftning under en lång tid. Det var först år 1962 som ett första klostertillstånd godkändes efter en het riksdagsdebatt, och inte förrän 15 år senare upphävdes slutligen klosterförbudet definitivt.

framgong haffua, for ty theras galenskap warder allom oppenbar". Härutinnan har emellertid vår profeterande bibeltolkare grymt misstagit sig. Redan under hans eget århundrade började för klosterkulturen i Europa åter en stor och skön blomstringstid, nya kongregationer bildades och de gamla ordnarna genomströmmades av nytt liv. Sedan kom under 1800-talet åter en frisk uppgångstid för klosterväsendet - ensamt mellan åren 1816 och 1866 bildades ej mindre än 200 nya kongregationer! Också till Sverige funno ordenspersoner vägen, fastän kloster i egentlig mening förhindras genom lagen. Petri delade alla goda antiklerikalers avsky för munkars och nunnors ordensdräkt - "en rätt skrymtare clädabonat" - och ivrade för att få den bort såsom en farlig *anledning till synd* (!) - "closterfolk warder aff mongom bespottat och begabbat för theras clädabonat skul", och detta hån är "stoor synd" (!).

Om Gustaf Vasas hovpredikant i Storkyrkan nu åter finge vandra omkring på Stockholms gator, skulle han finna sin gamla stad förändrad på det mest förunderliga sätt. Blott *en* gammal bekant kunde han kanske hoppas att få syn på i det stockholmska människomyllret - en papistisk ordensdräkt. Och om han väntar några år, innan han går igen, vem vet om han inte t. o. m. kunde råka rakt in i ett papistiskt Stockholmskloster, som ännu lever ett friskt och blomstrande liv trots alla hans energiska mordförsök i "Een liten boock j huilko closterleffuerne forclarat warder"!?

X. Den bortslösade bildskatten

Julen 1526 närmade sig. Över det vintriga Stockholm ruvade en dov oro. I Storkyrkan stod vår gamle bekante Petri i sin korg och predikade luthersk lära. Icke långt därifrån låg johanniternas kyrka "Sankt Johannis Östantill" vid Österlånggatan, där en svärmisk tysk predikant utlade uppenbarelseboken. Folket - särskilt det tyska borgerskapet - upphetsades alltmer. Pälsmakaren, smeder, skräddare och skomakare började också predika och lära. Till slut måste all denna jäsande fanatism få ett utlopp. Kyrkor och kloster stormades, orgelverk, tavlor och snidade bilder revos ut, stympades, brändes eller sönderhöggos under pöbelns jubel. Slutligen måste den världsliga ordningsmakten ingripa för att få ett slut på detta lika levnadsfriska som originella reformatoriska julfirande. Den nya andliga ordningens väktare med den majestätiska Petri i spetsen hade med stillatigande belåtenhet åsett dessa sin förkunnelses frukter och inte rört ett finger för den stockholmska bildstormens stillande.

Vilka outtömliga rikedomar rymmas icke i Petrus kyrkor! Dopfunt och predikstol, biktstol och offeraltare. I tabernaklets dolda gemak dväljes Herren Kristus själv, och omkring hans konungsliga tron se vi liksom en hovstat av Guds Moder och helgonen, visserligen blott i ofullkomliga bilder men dock som levande påminnelser om den himmelska värld av triumferande andar, som alltid följa oss med sina tankar och böner. Ända från sina tidigaste år har den katolska Kyrkan anbefallt helgonens vördande och åkallande. Denna fråga är visserligen icke av grundläggande betydelse och hör ej heller till huvudpunkterna i debatten mellan Petrus och Petri. Då den emellertid för den populära lutherska uppfattningen står i förgrunden och även på sista tiden dragits fram i den offentliga diskussionen här i landet, kunde det dock för Credos läsekrets vara av ett visst intresse att under allhelgonamånaden höra såväl Petrus som Petri uttala sig i den så mycket omdebatterade helgonfrågan.

Vad *Petrus* tänker om helgonens vördande och åkallande veta vi redan. Men hur ofta man kunnat övertyga sig om den katolska Kyrkans fasta sanningsbekännande genom tidernas växlingar, blir man dock slagen av att se den gammalkristna uppfattningen om helgonens vördande och åkallande gentemot Petri framställd och försvarad av den store karmeliterpatern från Varberg, Poul Helgesen, på ett sådant sätt, att det knappast kunde gjorts bättre och korrektare av den skickligaste nutida danske apologet i Stenosgade. Den största sonen av det katolska Halland framhåller med skärpa, att vi icke vörda helgonen "annars än gudh til loff". Vi åstunda ej heller något annat än att få åtnjuta "theres helga böön och forskyllan", men det är blott av Gud, som vi kunna "fåå samma nåådhen". Den för verklig kyrkoreformation ivrande Poul Helgesen påpekar, att om religiös svindel under helgonvördandets täckmantel förekommit, så är icke fördenskull "all järtekn falsk". Och om några enfaldiga fromma, "noghot simpelt folk", skulle visa benägenhet att låta helgontron skymma för Gudstron, så vore det väl icke sunt förstånd att därför alldeles borttaga de heliga ur Kristi Kyrka i stället för att "lära then rätt dyrka helgonen". Här har Petri också fått en opponent, som är väl förtrogen med de lutherska anmärkningarna mot katolsk helgonlära - dessa vore ungefär desamma på 1520-talet som på 1920-talet. Poul Helgesen kan icke förstå, varför det skulle vittna om "mistroo til gudz barmhertiga godheet", ifall någon av "ödmiuchet" i känslan av sin egen ovärdighet ber en "gudz wen" att understödja hans sak hos Gud. Han kan icke upptäcka konsekvensen i den lutherska praxis, som väl kan gilla om någon till "S. Paulus", då han ännu gick härnere på jorden, sade; "Paule bidh for mich", men bestämt fördömer en alldeles liknande hänvändelse till en i himlen regerande apostel. Han har svårt att finna något bevis mot den katolska helgonläran i de paulinska ord som "Luthers tilhang" så outtröttligen citerade; "thet är en gudh och en midhlare emellan gudh och menniskiona, then menniskian Christus Jesus". Ty om detta språk skulle betyda, att "inghen måå bedia for oss utan Christus", då vore vi kristna också förbjudna att "bedia for hwar annan, hvilket oss doch är budhit". Han ironiserar över den lutherskt fromma förskräckelsen att höra "gudz modher Mariam, himmelrikis drotning", kallas "wort lijff sötma och hop". Hur kunde då den heliga Paulus våga kalla "the Thessalonicer", som dock knappast innehade en så hög värdighet som Guds Moder "sitt hopp, glädhi, äro och crono"? Och han förklarar, att Maria nämnes "miskundenes moder", därför att hon bar "gudz miskund j sitt jomfrueliga lijff". Ja, sålunda skrev vår store Paulus Heliae. Det finns katolskt orienterade nutidsmänniskor, som misstänka senmedeltiden för de mest betänkliga "överdrifter" på helgonlärans område. De ha det bästa tillfälle att se vår Kyrkas lära om helgonens vördande och åkallande klar och systematiskt framställd av senmedeltidens ypperligaste teologiske talesman i Norden.

Men vad har den disputerande *Petri* att svara på denna utmärkta Petrusreplik? Hur försvarar sig det lågkyrkliga Nerike mot vårt verkligt högkyrkliga Halland? Först riktar den teologiske plebejen ett slag med sin polemiska knölpåk mot sin förnämt humanistiske motståndare. Poul Helgesen går i framställning av katolsk och luthersk helgonlära "om medh lögnen som han är wan". Och sedan utöser han hela sin lutherska naturkraft mot sina vänner gråbröderna och svartbröderna, "en hoop säckiamunkar, tiggiemunkar och ståtare", vilka "löpa om landet" med helgonen "j fastedaghens wijs" och lura "thet enfåldigha folk" från frälsningens väg. För att förstå orsaken till alla dessa utgjutelser bör man draga sig till minnes, att de båda tiggarordnarna på Petris tid vore de ivrigaste försvararna av den på Petrus grundade Kyrkan mot dess lutherska angripare. Petris tillvitelser äro sålunda endast de skönaste hedersord för Sankt Dominikus och Sankt Fransiskus' söner, några friska, gröna blad i dessa frejdade ordnars imponerande ärekrans.

Men vad har vår temperamentsfulle domedagspolemiker då att säga i själva den föreliggande *sakfrågan*? Här visar han sig icke på långt när så karsk och beslutsam. Först talar han om helgonens *vördande*, talar om dem med vördnadsfulla vändningar: "then högwerdiga jomfrun gudz modher Mariam", "gudz werdiga helgon", bedyrar, att "Luther icke forbiudher göra the framlidna helgon hedher". Han framhåller t. o. m., att det är oss "högliga budhit och befalt" att hedra "gudh j sin helgon ja j all hans creatur och gerningar". När skriften uppmanar oss att ära helgonen, menas därmed, att vi skola "hedra wor jemchristen, for ty en Christen menniskia är en helig menniskia". Detta låter ju allt fullkomligt katolskt, man kunde nästan fråga sig, om det är Petri eller Petrus, som här för ordet! Men den svenska inkonsekvensreligionens grundläggare stannar plötsligt på konsekvensens alltför enkelt raka väg. Han tillåter oss att "hedra the helgon eller dyrka som nw leffua", men anser vådligt att förfara på liknande sätt gentemot dem "som dödh äre". Ty dessa senare äro icke "j theres fulla natur". De "soffwa och hwilas j herranom, croppen j jordenne och siälen j gudz lönligheeter". Här står man verkligen inför det oförklarliga. Vi ha, enligt Petri skrifter, befallning att hedra, hylla, vörda varje kämpande kristen, som lever med oss härnere på jorden. Men vi få icke lov att visa de helgon, som "övervunnit", som "fullbordat loppet", som "tvagit sina kläder och gjort dem vita i Lammets blod" och nu stå "inför Guds tron och tjäna honom natt och dag", en liknande vördnad! Vi kunna här helt bortse från frågan, om Bibeln oftast åsyftar på jorden levande människor, när den talar om helgon. Med vilken rätt eller grund vill Petri förmena den triumferande Kyrkan av heliga själar som regera med Kristus och skåda Gud ansikte mot ansikte den heder, som han villigt slösar på varje - också den skröpligaste kristenmänniska härnere på jorden? Måste den förklarade anden nödvändigtvis vara förenad med en bastant kroppshydda för att tillvinna sig Petris och andra välfödda urlutheraners nådiga hyllning?

Ej mindre förbluffande verkar vårt trosvissa svenska reformationshelgons framställning av *helgonens åkallande*. Han erkänner, att Bibelns ord om Kristus som den ende medlaren mellan Gud och människor ingalunda ha den meningen, att "ingen måå bidhia for oss utan Christus aleena". Att de "leffwandes helghon bidhia hwar för annan" förklarar han vara "wist noogh". Vad slutligen de avlidna beträffar, går han t. o. m. så långt, att han skriver: "jcke nekar iach heller them bidia, kan henda ath thet såå är". Men vad har då Petri för grava anmärkningar mot papisternas helgonåkallande? Den helige Hieronymus frågar (och med honom Poul Helgesen), varför helgonens mun skulle "wara tillykt" sedan de börjat "regera medh Christo", då de med så kraftig verkan kunde bedja "for sine näster när the her wore påå jordenne". Icke ens den mest devota Olaus Petri dyrkare kunde säga, att den svenske Luther funnit ett tillfredsställande svar på denna mycket enkla fråga. Petri kan nämligen endast replikera, att det icke "tiänar i thet wäsende som the nw vdi äre" att "bidhia for them som her leffua", ty - som vi redan ha hört, "the soffua och hwilas vdi herranom". Vad vår djupsinnige lutherske kyrkofader menar med detta sista uttryck är icke fullt klart. Om han därmed vill säga, att de avlidna äro försjunkna i medvetslös dvala ända tills yttersta domen, så är detta ett så oteologiskt och ofilosofiskt påfund att icke Poul Helgesen, som hans motståndare fordrar, ensam bör bära bevisbördan, nej Petri själv är skyldig att framdraga bevis för sin nya lära om livet efter döden antingen ur "scrifftenne" eller med "naturlig skäll eller argument". Visserligen är det sant, att "the dödhes wäsende och skickelse gåå offuer menniskiones forstond", men kan man över huvud säga något om livet efter döden, så måtte det väl vara, att själen vars innersta väsen är tänkande icke i sin från kroppen avskilda existensform för en lång tid kan tänkas berövad all tankeförmåga. Man frågar sig ovillkorligen, om den bibelöversättande Petri kunnat undgå att läsa den bekanta liknelsen om den rike mannen och Lasarus (Luk. 16:19-31). Eller hans farlige medtävlare Petrus' egna ord om

Kristus, som "gick åstad och predikade för andarna i fängelset" (1 Petr. 3:19), för att evangelium skulle predikas "även för de döda" (1 Petr. 4:6)?

Poul Helgesen hänvisar med mycken rätt sin ordrika motpart till Johannes' Uppenbarelse (6:9,10), där det berättas, att de människors själar, som blivit slaktade för Guds ords skull, "ropade med hög röst och sade: Huru länge, du helige och sannskyldige Herre, dröjer du att döma och hämnas vårt blod på dem, som bo på jorden". Om de heliga martyrerna sålunda kunna "ropa hemd" - resonerar den store danske apologeten - är det väl knappast tänkbart, att de skulle förglömt dem, som "haffua theres åminnelse her påå jorden". Petri söker rädda sig ur denna svårighet genom att hänvisa till det bibliska uttrycket om Abels blod, som "ropadhe hemd offuer Cain" utan att Skriften därmed ville säga, att Abel "kunde bedhia". Varje vaken bibelläsare måste finna denna sammanställning ohederlig och missvisande. I Apokalypsen står ju uttryckligen, att det är *själarna* i den för apostelns ögon öppnade himmelska härlighetsvärlden, som ropa *med hög röst* med minne och tankeförmåga i bästa ordning. I Genesis säger Herren till Kain: "*Din broders blods röst* ropar till mig från jorden" (Mos. 4:10), alltså ett uttryck som *blott* kan förstås i bildlig betydelse. Petri framhåller varnande, att det är "farligt" att företaga sig något som icke "haffuer then helga scrifft medh sich". Man frågar sig ovillkorligen, varför Gud givit människan förnuft, om hon ej får använda detta till att också djupare tillägna sig Bibelns uppenbarelseinnehåll genom att draga oantastbara slutledningar ur den bibliska framställningen.

I allmänhet måste man nog säga, att vår mångsysslande Petri verkar mer än vanligt misslyckad som professor i helgonlära. Dels är hans ståndpunkt vacklande, och hans bevisföring bräcklig. Dels röjer han mer än vanligt den djupa irreligiösa *vanvördnad* för allt utom det egna jaget som innerst inne är utmärkande för protestantismen i alla dess otaliga former och grader. Denna hans vanvördnad skymtar överallt fram under de gudliga och bibliska talesätten liksom den svarta träskmarken glittrar bland svällande vattenväxter. Det är icke endast den typiskt sektfanatiska uppfattningen av hela *kyrkohistorien*, som han i detta sammanhang uttalar med klumpig öppenhet: "Antichristi regemente haffuer alt for lenge warit i werldenne", ja, "werlden skulle *epter apostlanes tijdh* warda forfördt". (!) Det är icke endast *kyrkofäderna,* som också här behandlas med sedvanlig överlägsenhet. Visserligen hava "Ambrosius, Hieronymus, Augustinus och andro flere aff the gambla" hållit mycket av martyrernas "been och graffuer, martyrier eller basilicer". Men vår nye kyrkofader håller före, att "thenne helga läreres seriffuelse" mycket bidragit till, att "verlden är kommen j wilfarelse". Nej, själva *Bibeln* ratas då dess ord icke passa till det lutherska systemet. "Johannis oppenbarilse" duger ej i den teologiska polemiken, den är ej i Petris ögon en sådan bok, att man kan "fäcta medh henne". *Den apostoliska trosbekännelsen* tyckes däremot vara ett dokument, som man både kan fäkta med och efter behov förändra. I sin helgonpolemik mot Poul Helgesen citerar Petri den nionde trosartikeln i en ny förfalskningsversion: "*then helghe kyrkio helga manna samfund*" (Samlade Skrifter af Olavus Petri, utgivna av Hesselman, Uppsala 1914, sid 209, rad 7).

Redan i "Een skön nyttugh vndervisningh" (1526) frågar den skönt och nyttigt undervisande Petri beträffande helgonen: "Må man och för theras beläte bwgha och böya sich? Svar. Ney". Detta hans korthuggna lutherska "nej" är början till slutet på det skönaste och rikaste kapitlet i Sveriges kyrkliga konsthistoria. Med slocknandet av kärleken till helgonen och deras allmänna vördande försvann naturligtvis också intresset för deras bilder i kyrkorna. Det var icke blott Stockholms Storkyrkas härliga Sankt Görans-grupp, som flyttades ned till dörren från sin underbart belysta hedersplats i kyrkans kor. Otaliga andra gamla bilder av högt konstvärde borttogos ur kyrkorna, sattes på tornvindar och i skräprum, vanvårdades och förföllo, eller de överkalkades med protestantismens entoniga vitlimning. Visserligen kommo aldrig våra gamla kyrkor att stå avklädda all sin forna prakt i kalvinistisk nakenhet. Visserligen har aldrig den renodlade puritanismen triumferat här i landet. Men den gamla rika kulturskatten av kyrkliga bilder blev dock tack vare Petris propaganda och den lutherska sekterismens seger i hög grad skadad och under långa århundraden sorgligt vanvårdad i Sverige. De nya ägarna prydde de gamla kyrkorna med nya bilder efter sin ande. Minnestavlor, framställande frodiga, barnrika prästfamiljer av genomgående världslig typ, väldiga gravmonument med mångordig framställning av avlidna krigsmäns och andra storheters lysande bedrifter ha på flera ställen fått efterträda de gamla fromma helgonbilderna. Endast en eller annan altartavla eller ett eller annat lånegods från den katolska konstens rika förrådskammare påminde om det helgade rummets egentliga ändamål.

På sista tiden har Olaus Petris kyrka också i denna fråga börjat emancipera sig från sin bildstormande grundläggare. Intresset för den kyrkliga konsten har åter vaknat i Sverige, det tyckes, som om det växte sig starkare för varje dag. Nu få de gamla bilderna åter bemärkta hedersplatser i ett flertal av Sveriges lutherska kyrkor. Nu höra några andaktsväckande bilder nästan till varje ny kyrkas utrustning. Och med intresset för bilderna har också den gamla kärleken till de heliga personer de föreställa åter börjat vakna i folksjälen. Åter börja ljus att brinna, blommor att dofta omkring dessa ärevördiga helgongestalter. Våra fäders skyddsmän, rikets heliga patroner, vaka ännu över Sverige. Den forna härligheten, som en gång nedrevs eller fick förfalla under vår kyrkliga nedgångstid, börjar nu långsamt återuppbyggas av pietetsfulla händer. Kanske kommer en sen framtid åter att se den glänsa i all sin prakt, fädernas bortslösade arvedel, medan svenska tungor åter från strand till strand jublande lova Gud i hans helgon.

Sammanfattande slutord

Petrus eller Petri? Ett helt år ha vi nu hört dem diskutera och disputera i Credos spalter. Och vi ha tydligen märkt, att mellan dessa båda mäns teologiska uppfattning är ett svalg befäst.

Vem var först och främst Petrus? En lärjunge till det människoblivna Ordet, till Jesus Kristus, som om sig själv vittnade, att han var sann Gud, som förvandlade vatten till vin, gick på havets böljor, med sitt allmaktsord stillade stormar och oväder, som botade otaliga sjuka och uppväckte döda, som med ett ord fick Guds eget insegel satt över sin sanningsförkunnelse.

Och vem var Petri? En lärjunge till doktor Mårten Luther, vilken framträdde som en av Gud sänd profet, som fått myndighet att förkunna en ny slags kristendom, att sönderbryta tusenårig kyrklig hävd och ordning och sätta upp sig själv som ett ofelbart läroorakel för hela kristenheten utan att med ett enda under, ett enda tecken styrka berättigandet av all denna oerhörda förmätenhet, denna exempellösa anspråksfullhet.

Vem kallade Petrus till hans kyrkliga ämbete, vem beklädde honom med hans höga myndighet? Var det inte Mästaren själv, som en gång lovat honom: "På denna klippa skall jag bygga min Kyrka", och som i uppståndelsehärlighetens majestät sedan uttryckligen gav honom uppdraget: "Vakta mina lamm, vakta mina får" (Joh. 21:15 ff.)? Och vem kallade sedan Petri att uppresa sig mot den av Kristus själv kallade Petrus? Var det doktor Luther eller någon annan storhet från Wittenberg som utvalde honom till apostel i den nya kyrkan, eller var det han själv, som tog sig denna myndighet? Härom veta vi intet. Liksom så mycket annat i hans system är denna centrala fråga insvept i ett ogenomträngligt dunkel. Därför då vi höra "Petrus, Jesu Kristi apostel" vända sig till de kristna församlingarna och i högtidliga ordalag önska: "Nåd och frid föröke sig hos eder!" (1 Petr. 1:1) verkar detta endast mäktigt imponerande. Helt annorlunda känna vi oss berörda, då "Olauus Petri Stocholms Råådz Secretarius" i sitt föga upphöjda "Swar vppå ochristelighit sendebreff" framträder med liknande apostoliska fridshälsningar. Vore saken ej så bittert allvarlig, skulle man snarast inför dylika imitationer känna sig frestad att draga på munnen.

Ja, mellan Petrus och Petri är ett svalg befäst; den motsats som representeras av dessa båda så likalydande ord kan aldrig utjämnas. Petris kyrka är som bekant både osynlig och ohörbar. Petrus visar så föga förståelse för denna luftiga byggnad, att han t. o. m. i ett apostoliskt brev *sänder en hälsning* från "den medutkorade Kyrkan i Babylon" (1 Petr. 5:13), varmed han troligen menar det av Petri så avskydda Rom. Petrus är den kyrkliga ordningens och laglydnadens apostel. Han uppmanar med kraft och värme "de äldste" att "vakta Guds hjord" och "ha vård" (1 Petr. 5:2) om densamma. Och han påminner ej mindre allvarligt de kristne om "de bud, som I haven fått av edra apostlar från Herren och Frälsaren" (2 Petr. 3:2). Om Petris kyrkliga ordningsregler ha vi redan mer än tillräckligt talat. Vem som helst ger han rätt att avlösa; de kyrkliga ledarna skall man endast lyda, då "the seya oss gudz ordh fore" d. v. s. då de föredraga de lutherska läromeningarna. Den helige Petrus har den största vördnad för Bibelns auktoritet; i hans brev finner man de viktigaste texterna, som vittna om den Heliga Skrifts gudomliga ursprung, men på samma gång riktar han sig bestämt mot Petris godtyckliga bibeltolkning på egen hand och har ganska allvarliga ord mot "de okunniga och obefästade" som förvrida Guds eget ord "till sin egen förtappelse" (2 Petr. 3:16). Den ofelbara sanningens vårdare talar profetiskt om irrlärare, som "locka med stolta och fåfänga ord" (2 Petr. 2:18) och lova människorna "frihet" (2 Petr. 2:19).

Gå vi sedan in på Petris nya läror om den allena saliggörande tron, så finna vi också dem på det bestämdaste motsagda av Petrus. Kan man överhuvud tänka sig något mera hårresande för en lärjunge av doktor Luther än Petrus' uppmaning till de troende att "*genom goda gärningar*" göra sin "kallelse och utkorelse säker" (2 Petr. 1:10)?! Ej heller den lutherska värdeminskningen av sakramentsbegreppet finner någon återklang hos Petrus, som skriver till de kristna, att liksom Noa och hans familj räddades undan syndaflodens fördärv genom den frälsande arken, så "frälsens nu även I *genom dopets bad*" (1 Petr. 3:21). Ja, sålunda stå de mot varandra, som oförsonliga motsatser, aposteln från Bethsaida och magistern från Örebro. När den ene säger ja, säger den andre nej, då den ene bygger upp, river den andre ned, där den ene församlar, förskingrar den andre.

Och hur olika gestaltade sig deras levnadsbana! Petrus bar korset i Mästarens fotspår. De mäktiga i landet voro hans förklarade motståndare, han fängslades, gisslades, förföljdes och beseglade slutligen sitt bekännarliv med en ärofull martyrdöd. Men så kunde han också från sitt livs slutstation, världshuvudstaden Rom, blicka tillbaka på en enastående segerbana. Tusen och åter tusen hade han omvänt från hedendomens styggelser och tröstlöshet till levande och lyckliggörande kristentro. Petri däremot utförde sin livsgärning i fred och ro under den höga överhetens nådiga beskydd; endast en gång stördes hans behagliga apostolat av den kunglige härskarens vrede, men något martyrskap nådde han aldrig. I stället fick han tillbringa en trist och gråkall levnadsafton, varifrån han kunde blicka på ett liv av krossade illusioner.

Hur beklämmande lyder ej hans egen skildring av det religiösa tillstånd, som han framarbetat i Sverige: "Tron är utsläckt och kärleken förkolnad, och världen synes för ondska och arghets skull icke kunna längre ståndande bliva, utan hon måste nu snart genom eld förgången varda, såsom den förra världen förgicks genom vatten." Sålunda tedde sig alltså för honom själv på gamla dagar hans med så stora förväntningar och så storslagna löften påbörjade kyrkoförbättring.

Figur 1. Olaus Petri och Peder Galle, målning av Carl Gustaf Hellqvist (foto: Wikipedia)

Petrus eller Petri? I århundraden har denna fråga dryftats av svenska teologer och filosofer. Endast flyktigt har Credo kunnat sysselsätta sig med denna seklernas diskussion. Vi vilja nu endast kasta en ännu flyktigare avskedsblick på de båda disputerande svenska partierna, såväl Petrus' parti som på Petris. Vem kommer härvid icke att tänka på den bekanta tavlan av Hellqvist, där Peder Galle och Olaus Petri stå och strida mot varandra med ordets vapen. Hur förhåller det sig då med herr Peder, 1520-talets representant för det unga, genom påvligt brev grundade Upsalauniversitetet? På den ifrågavarande tavlan gör han en slät och löjlig figur. Och så som denna ter sig

Petrus' hela parti i Sverige, icke blott för våra i antal så oerhört överlägsna protestanter utan också för åtskilliga skygga och förskrämda svenska katoliker, som endast känna motsidans tryckande övermakt men icke blivit medvetna om vår egen latenta styrka.

Han har på sin sida ett stort och imponerande parti, ej blott de män som omvände Sveriges folk till den kristna tron, ej blott dessa som under århundraden kämpade mot hedendomen i karga, mörka bygder, ej blott sankt Ansgar och sankt Sigfrid, sankt Eskil, sankt Botvid och alla deras följesvenner och medhjälpare. Ända från sankt Eriks regering till Gustaf Vasas, finnes knappast någon stämma i hela Svea rike, som icke ställer sig på Petrus' sida i den stora religionsdebatten. Här höra vi som i en harmonisk kör kristna mystiker som Petrus de Dacia och den heliga Birgitta, dogmatiker som Magister Mattias, kyrkoledare som Jakob Ulfsson och Kort Rogge. Men också under senare tid finna vi många kyrkliga märkesmän, som fastän nominellt anslutna till Petri dock i verkligheten visa sig stå betydligt närmare den redige, ordningsälskande Petrus. Vi behöva blott tänka på Johan III och hans liturgister, 1600-talets myndiga "ortodoxa" teologer, 1800-talets schartauaner och lundensiska högkyrkomän, för att icke tala om vår tids svenska ritualister, vilka ofta medvetet känna sig mera besläktade med Petrus än med Petri.

Å andra sidan ha vi inga anledningar att invagga oss i några ljusa säkerhetsdrömmar. Striden är hård och kommer länge att kräva mycken ansträngning och uthållighet, ty Petris parti är kanske mäktigare i Sverige än i något annat europeiskt land. Här ha vi en till stor del modernistisk statskyrka, som knappast längre bekänner sig som kristen, här finna vi en mängd stridande sekter, här möta vi en tyst men energiskt arbetande otro, som är fientligt stämd mot all religion. En väldig övermakt representera sålunda våra motståndare, vi äro få, fattiga och förtalade. Men vi styrkas av segern som övervinner världen, vår tro, den ofelbara sanningen, som har stått obesegrad av århundradens lärostormar. Och därför äro vi inte alls rädda för Petri och alla hans vänner ur olika läger.

Petrus eller Petri? Den gamla tron eller de nya läromeningarna? Den tusenåriga Kyrkan eller de många kyrkosamfunden från i går eller förrgår? Den välbegrundade sanningen eller de lösliga särmeningarna och de flyktiga lärovindarna? Subjektivismen eller objektivismen? Petrus eller Petri? Inför detta stora avgörande ställes också Sveriges folk. Och av dess val kommer fosterlandets framtidsöde innerst inne att bero.

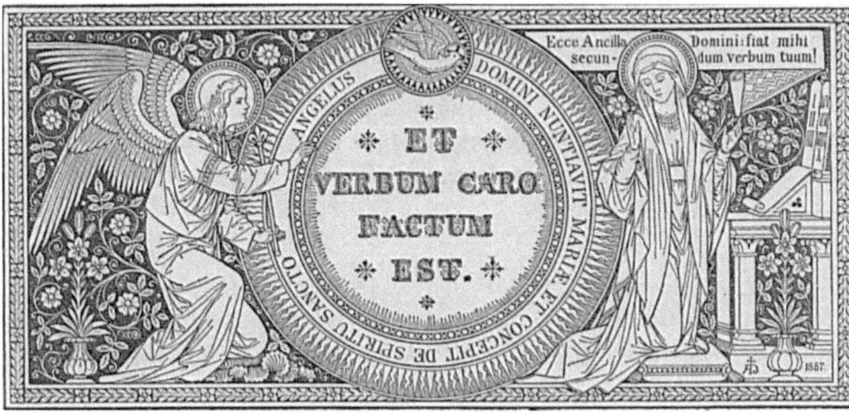

Från historiens skattkammare

Roland Allnert: Appell till vacklande katoliker och ärliga sökare

Många människor går omkring med den inrotade föreställningen, att Sverige är ett alltigenom protestantiskt land, ja, kanske till och med det mest protestantiska av alla länder på jorden. På vår gamla katolska tid tänker man inte så mycket. Ännu mindre tillmäter man de rester av katolsk uppfattning, som överallt fanns kvar, någon nämnvärd betydelse. Ändå bevarades i djupet av det svenska folket efter protestantismens införande en mäktig kulturfaktor, som man har kallat det katolska arvet. Detta arv är i själva verket en förmögenhet, som varje svensk har fått redan vid födseln och som han aldrig kan avyttra.

Du Drottning över Nordens land, Vi hälsa dig, Maria!
Välsigna med din milda hand Ditt folk, som förr, Maria.
Då Norden korat Jesus Krist, Din Son, till drott, Maria,
Du Nordens drottning blev förvisst Till evig tid, Maria.

Din bild då prydde väg och torg Allt landet runt, Maria.
I hem och tempel, by och borg Din tron var rest, Maria.
I kraft av gamla löftens lag Är riket ditt, Maria,
Kom med din Son och spiran tag Som drottning än, Maria.

Den katolska mässan är densamma som den helige Ansgar sjöng i Birka, densamma som Erik den helige med djup andakt åhörde strax före sin död, som den heliga Birgitta i sina uppenbarelser med sådan hänförelse beskriver, som Birger Jarl och Magnus Ladulås, biskop Brynolf och biskop Tomas, Engelbrekt och Sturarna liksom hela Sveriges folk under mer än ett halvt årtusende söndag efter söndag med from och tacksam glädje bevistat.

Gustav Vasas brytning med den gamla katolska Kyrkan gillades ej av de djupa lagren av det svenska folket. Inte minst dalkarlarna gav sitt missnöje till känna. Skalden Erik Axel Karlfeldt ger på ett strålande sätt uttryck åt detta i sin dikt "Dalkarlarnes brev till Gustav Vasa", där det bl. a. sägs:

Du svor oss, konung Gustav, med många dyra eder
Att skydda våra fäders tro och våra gamla seder.
Nu höra vi om lutheri
Och nygjord gudadyrkan
Och se ditt stora rofferi
Från klostren och från kyrkan.
Du tager ur förvaren
Monstranserna och karen
Och helga kvinnors skrin.
Nu dricka arga skalkar
Ur helgedomens kalkar
De fromma munkars vin;
Och hovmän gå i oblyg prakt
Med sönderskurna kläder[1]
Och blåsa ut sitt gudsförakt
Och nya lärdomsväder.
Nu frukta vi, för sådant allt skall Herrens vrede falla
Förhärjande och straffande på landet och oss alla.

Reformationens genomförande i Sverige kom att medföra en ytterligt sträng religionslagstiftning. Avvikelse från lutherdomen bestraffades med landsförvisning och den "villfarandes" egendom konfiskerades. Under kortare

---

[1] D.v.s. sönderskurna och till hovdräkter omsydda mässhakar.

tidsperioder kunde till och med dödsstraff tillgripas, om någon uppenbart eller i hemlighet var katolik. Det infördes tvång att deltaga i svenska kyrkans gudstjänst och att årligen mottaga nattvarden enligt luthersk gudstjänstordning. Tvånget att deltaga i denna gudstjänst och att kommunicera kvarstod i princip ända till 1863. Böter eller andra straff kunde tillgripas, om någon tredskades.

När Gustav Vasas sonson Sigismund, som var katolik, utmanövrerades som svensk kung av sin farbror, hertig Karl, som var kalvinist, tog omkring 400 svenska medborgare, många i framskjuten social ställning, sin tillflykt till Polen för sin katolska tros skull.

De egendomligaste rättegångar blev följden av den religiösa tvångslagstiftningen. Svenska studenter, som reste i Europa, övergick ej sällan till den katolska kyrkan. En och annan synes ha mottagit kommunionen utan att övergå eller misstänktes blott för katolska sympatier. Några exempel kan anföras:

En viss Erik Nieurenius hade som student vistats vid tyska, polska och österrikiska högskolor och därvid även kommit i kontakt med katolska lärare. Han påstås i viktiga stycken ha blivit omvänd till katolicismen och säges även ha tagit nattvarden enligt katolsk ritual, dock utan formell övergång. Han blev så småningom kyrkoherde i Luleå och regementspräst. 1624 greps han och fördes till Stockholm. Hans kontakter med en annan katoliksympatisör uppdagades. Genom hans förbindelser med inflytelserika personer, bl.a. ärkebiskopen, ledde emellertid rättegången icke till dödsstraff utan endast till tre års landsförvisning.

Borgmästaren i Södertälje, Zacharias Anthelius, och en tjänsteman i det kungliga kansliet, Georg Ursinus (= Bähr el. Björn), anklagades för att vara katoliker samt beskylldes för stämplingar mot riket. De bekände sin katolska tro men kunde, trots tortyr, icke avpressas någon bekännelse om landsförräderi. De dömdes, det oaktat, till döden och avrättades den 11 september 1624. Samtida akter skildrar deras död på följande sätt:

Tidigt på morgonen den 11 skrev de båda till vittnet, att de uppoffrade sig som brännoffer för den katolska Kyrkan. Sedan inväntade de under bön den bestämda timman. Klockan 9 fördes de av bödlar ut på torget. Först kom herr Zacharias, sedan herr Georg. När de hade kommit fram till avrättningsplatsen, bad de först på sina knän för konungen, drottningen, rådsherrarna och för lutspelaren, som hade förrått dem. Sedan bedyrade de, att de ville dö för den katolska tron; de omfamnade och kysste varandra och tvistade om vem som först skulle dö. Borgmästare Zacharias ville bliva halshuggen först. Georg sade: 'Ingalunda, ty jag är yngst, och jag vill giva Eder ett exempel, hur man skall dö för den katolska tron.' Georg drog av sig tröjan och överrocken och lämnade dem tillsammans med sin bönbok till Blasius. Sedan anbefallde han knäböjande sin själ åt Gud och blev halshuggen. Härunder plågades Zacharias ännu av en predikant, som ville omstämma honom. Han svarade denne: 'Du är ingen verklig präst. Hur skulle Du då kunna absolvera mig från mina synder och räcka mig Herrens lekamen?' När han hade sagt detta, fick han se Georg ligga med avhugget huvud. Och ropande med högljudd röst sade Zacharias till skarprättaren, i det att han klappade i händerna: 'Eja, låt mig nu också falla för din lie för den katolska tron.' Sedan knäböjde han och lyfte upp sina händer och hade önskat, att man skulle hugga av dem tillika med huvudet. Men på de kringståendes böner sänkte han dem och blev så halshuggen.

Ytterligare en, rektorn vid Enköpings skola, Nicolaus Campanius, om vilken man fått veta att han i hemlighet hade katolska sympatier men sannolikt ej övergått till den katolska kyrkan, uppspårades och ställdes inför domstol. Trots att han förnekade att han var katolik, dömdes han enligt Örebro stadga av 1617 till döden 1624.

Förutom Gustav II Adolfs egen dotter, drottning Kristina (f. 1626, d. 1689), som 1654 avsade sig den svenska kronan och påföljande år övergick till katolicismen, är det åtskilliga framstående svenskar, som under de dystra åren övergick till den gamla moderkyrkan. Bland dessa kan nämnas historieskrivaren Johannes Messenius (f. 1579, d. 1636), depositören Jakob Hunter (f. i slutet av 1500-talet), residenten Lars Skytte (f. 1610, d. 1696), drottning Kristinas sekreterare Anders Galdenblad (d. 1718) och hans yngre bröder, översten Lars och jesuiten Johan Galdenblad (f. 1666, d. 1736), senatorn greve Nils Bielke (f. 1706, d. 1765) samt prästen och konsuln Lars Birger

Thjulén (f. 1746, d. 1833). Av de uppräknade försmäktade den förstnämnde i fängelse i Finland, de övriga tvangs stanna i landsflykt.

En tidstypisk bild ger ett protokoll från Stockholms stads konsistorium av år 1692. Man fångas där av de två orden: "Ave Maria". Vad var detta? Vad hade den för en katolik så kära bönen här att göra? Svaret kom snart. Protokollet var ej långt. Det gällde en 12-års gosse vid namn Johannes Andreas Clemanche. Det var han som den 3 mars 1692 sjöng bekännarnas drottnings lov inför Stockholms stads lutherska kyrkoherdar, då de den dagen höll session. Johannes Andreas' far, som varit en enkel kammakare och god katolik, var död. Modern, lutheran, hade nu jämte den lutherske prästmannen Nicolaus Bergius infunnit sig i konsistorium för att söka få den lille pilten omvänd. Hon berättade, hur hennes avlidne make uppfostrat deras son i den "påviska villfarelsen", och hon skildrade även, hur den kejserlige gesantens (= österrikiska sändebudets) präst besökt dem i hemmet. Vid mannens sista sjukdom hade han även varit där och givit honom nattvarden. - - -

Så var det med den bortgångne maken. Men hur skulle det gå med den lille Johannes Andreas? Han gick ju fortfarande hos den katolske patern (de utländska legationerna hade ju i vissa fall katolska präster och kapell i Stockholm), och han hade t.o.m. av denne fått Canisius' katekes, och mässan (i legationskapellet) bevistade han även. Moder mot son!

Men sonen sökte ej slingra sig undan. Visst var det sant, och han lät de ideligen frågande konsistoriales veta, att det var mycket folk, som om söndagarna gick till kejserlige envoyéns kapell och att där varje söndag lästes tre mässor och hölls en predikan. Ja, han visste även att meddela, att ett dussintal pojkar varje söndag av patern undervisades i katekesen. Allt detta föreföll honom så naturligt, att han tydligen ej kunde förstå, vart man ville komma med honom.

Nej, katolik ville han förbli, och nog vore skilsmässan från modern svår, men värre att förneka sin tro. För hans lekamliga väl hade för övrigt katoliken Noel Galliel lovat att sörja, om han blott bleve trogen. Det båtade därför föga, att konsistoriet lovade att hjälpa både modern och honom. Nej, ej ens den daler silvermynt ur fattigkassan, som lämnades honom till uppmuntran att läsa Luthers katekes rubbade honom i hans ståndaktighet. Lika litet verkade det på honom, att modern nästan hånade honom och förklarade, att han vore så ”inpyrd av den katolska surdegen, att han sagt sig ej akta 10 lutherska präster” (konsistorieledamöternas antal var tio på denna tid). Än mindre förbryllades han, när de tio allvarsamma prästmännen förklarade sig dela moderns uppfattning om honom. Nu var det i stället, som han uppstämde bekännaredrottningens lov och läste ”Ave Maria” ej en, utan – enligt protokollets avfattning att döma – upprepade gånger. Vilken låt för de lutherska öronen! De trodde det väl knappast; en 12-års pojke, som läser Ave Maria för dem, respektabla protestantiska präster. Det var mer än nog. Förhöret avslutades.

Men hur gick det då senare med den lille frimodige katolske bekännaren? Det är ovisst. En gång till återfinnes hans namn i ett konsistorieprotokoll av den 17 december 1694, d.v.s. två år senare.

Det är då återigen pastor Bergius – inom parantes en föga sympatisk representant för lutherskt renlärighetsnit – som står som angivare. Denne har kommit över en Johannes Andreas tillhörig ask, innehållande några helgonreliker. Man torde därför ha rätt att antaga, att Johannes Andreas ännu 1694 framhärdat i sin katolska övertygelse, ty annars hade han ej blivit inkallad inför konsistorium. Må vi hoppas, att han liksom sin fader dog i Kyrkans sköte, och att ej pastor Bergius eller någon annan omvänt denne ”papist”. Tyvärr lämnas därpå i protokollen många exempel, ja alltför många. Det är beklämmande, men knappast oväntat. Katolikerna var ju i Sverige nästan utan möjlighet att utöva religionen. Det kunde endast ske genom överträdande av lagen. Dessutom lockades åtminstone de fattiga och nödställda att få ekonomisk hjälp, blott de avsvor de ”påviska villfarelserna”. Nästan varje gång i protokollen ett avfall från den katolska religionen påträffas, är det förbundet med en allmosa ur fattigkassan, ja, ibland utlovas ”ständig allmosa” från den ”publika” (= allmänna) kassan. Därför kan man ej fälla någon dom över dem, utan i stället glädjas över den lille frimodige Johannes Andreas Clemanches ”Ave Maria” inför konsistorium. Det är en vacker bild, väl värd att dra fram ur protokollets gömmor.

I Sverige dröjde man längre än i nästan något annat europeiskt land med att införa religionsfriheten. Även sedan den katolska Kyrkan under Gustav III:s tid i blygsam skala kunde återkomma till Sverige, dröjde det oerhört länge, innan svenskar tilläts övergå till sina fäders gamla tro. Det är säkert ingen överdrift, när den franske politikern och författaren Montalembert, som 1829 en längre tid uppehöll sig i Sverige, två år senare skriver:

I dag återstår i Sverige icke mer än 300 katoliker, en dyrbar spillra av vad som en gång var ett helt folk, ett odödligt frö, som Guds hand bevarat genom århundraden, trots förföljelse och förakt. Deras biskop är en utländsk ensam åldring, deras kyrka en gammal övergiven fuktig sal på en av Stockholms malmar.

En viss gryning för den gamla Moderkyrkan i vårt land kunde man hoppas på, då Sveriges kronprins Oscar 1823 gifte sig med den bayerska prinsessan Joséphine, som var katolik. Både som kronprinsessa, drottning och änkedrottning gjorde hon vad hon kunde för den katolska Kyrkans återuppbyggande i Sverige. Inte minst tack vare hennes givmildhet fick Stockholm sin första katolska kyrka, S:ta Eugenia, 1837, Göteborg sin, S:t Joseph, 1865, och Malmö sin, Vår Frälsares, 1872. Änkedrottning Joséphine dog 1876. Hon är vår nuvarande konungs farfars farfars mor.

Det dröjde dock ända till 1860, innan det blev tillåtet för svenskar att ostraffat lämna den lutherska svenska statskyrkan. I Danmark hade total religionsfrihet införts redan 1849.

På 1840-talet hände något oerhört. En målarmästare, Johan Oscar Nilsson, gifte sig med en katolsk kvinna och konverterade själv till den katolska Kyrkan. Med anledning därav blev den katolske biskopen, Studach, som också var drottningens hovkaplan och biktfader, beskylld för proselytmakeri. En storm bryter lös och den intet ont anande hantverkarens namn går som en löpeld genom hela Sverige som en svår förbrytares. Konsistoriet i Stockholm ingrep. En häftig tidningspolemik igångsattes. Nilsson och hans hustru utvisades ur riket 1845. Familjen bosatte sig i Köpenhamn.

Efter ett par år av lugn beger det sig 1853, att en underofficer, som tydligen en längre tid sysselsatt sig med att spionera på några kvinnor, anmäler för myndigheterna en viktig upptäckt; de tillhör en hemlig katolsk konventikel. Genast slås larm; i pressen och från predikstolarna varieras det gamla temat, och drottning Joséphine vet, vad detta betyder. Hon skulle till varje pris vilja rädda de hotade personerna undan katastrofen och uppbjuder allt för att denna gång den drakoniska lagen om landsförvisning icke skall tillämpas. Och det lyckas henne verkligen. Processen nedlägges i tysthet. Man vill invänta en mildare religionslagstiftning och på detta sätt skydda de anklagade från landsförvisning. Men denna lagstiftning lät vänta på sig, och 1858 återupptogs målet och de sex arbetarhustrurna landsförvisades genom Svea Hovrätts utslag den 19 maj samma år.

De sex kvinnorna var hustrurna Carolina Christina Funk, född Palmgren 1822, Maria Charlotta Offerman, född Palmgren 1815, Anna Schütze, född Sandberg 1810, Hanna Olivia Andersson, född Olsson 1830, och Hedvig Catharina Wåhlander, född Forssman 1822 samt Sofia Wilhelmina Lundegren, född 1812. De fem förstnämnda var hustrur till respektive sidenvävaren Johan Funk, arbetskarlen Christ. Offerman, verkmästaren Carl Johan Schütze, bagaren Johan Victor Andersson och skräddaregesällen Joh. P. Wåhlander.

Vi kan här i utdrag meddela ett sällsynt dokument, en egenhändig berättelse av en av dessa sex landsförvisade kvinnor. Det är så avfattat att den värld, vari författarinnan lever, omedelbart kommer till synes. Vi får blicka in i en anspråkslös våning i Stockholm, där ett avgörande samtal äger rum. Kvinnan, en av systrarna Palmgren, en omkring fyrtioårig arbeterska och hennes man, en sidenvävare eller kanske en vanlig arbetare, har besök. Doktor Joseph Wallin, teolog och kyrkoherde i S:ta Klara, sitter vid hennes bord och underkastar henne förhör.

Härmed får jag meddela upplysning i det mellan Herr Doctor Wallin och mig jämte min man avhandlade religionsförhör, som Herr Doctorn behagade anställa hemma hos mig och icke hos sig (såsom det stod i tidningarna i slutet av förliden oktober månad); och fingo mina svar av Herr Doctorn benämningen den väl överlästa katekesläxan. Han sade sig vara anmodad att besöka mig och väcka mig till besinning över det avfall, jag varit nog olycklig att göra ifrån den

Evangeliska Lutherska läran, och frågade mig, om det var mitt beslut att fasthålla mig vid den katolska tron. Även gjorde Herr Doctorn förbehåll, att han ej ville inlåta sig i någon tvist med mig - - jag svarade, att jag är orubblig i min tro. Därpå frågades, vad det var som givit mig anledning att övergå. Jag svarade: Genom granskning och prövning i katolska böcker insåg jag, att jag var vida skild från den rätta Kristi lära och fick då den tanken att övergiva landets religion, som ej hade några medel till min salighet. - - Med bitterhet frågades då: Vad har ni nu för medel då? Jag svarade: Kristi Kyrkas heliga Sakramenter. - - Vad heter dessa? Jag upprepade de heliga sakramenternas namn såsom helgelsens medel, varförutan ingen salighet kunde finnas. Herr Doctorn sade, att det bara var namn, och att vi blott genom nåden kunde bliva saliga. - - Ytterligare sade han, att jag ingalunda hade något med prästvigningen att göra.- - Varpå jag svarade, att förutan den kunde intet prästämbete finnas eller någon syndare kunde hysa förtroende till det; och jag inföll om giftermålet, såsom aposteln säger: Det är ett stort och heligt sakrament, och det Gud sammanfogat skola icke människorna åtskilja. Därför är det hos oss katoliker oupplösligt.

Det är ett märkvärdigt teologiskt samtal, som här i mitten av 1800-talet äger rum mellan en känd teolog och en arbetarhustru, särskilt om man besinnar det aktuella yttre läget. Redan på den tiden var det visserligen otidsenligt i industrialismens begynnelse och med ett mera verklighetsbetonat tänkesätt. I våra dagar står man fullständigt oförstående inför en sådan diskussion. Men det väsentliga är dock att den enkla kvinnan visar sig mycket väl känna till olikheten mellan de båda lärorna och är klart medveten om, varför hon bestämt sig för den katolska tron.

Från äktenskapets sakrament övergår doktor Wallin till frågan, om hon då kan gilla, att två människor, som alls icke passar för varandra, livet igenom skall förbli fjättrade till varandra. Och med denna fråga gör sig doktor Wallin till talesman, icke blott för sin kyrka utan för hela den moderna, ja mondäna världen. Det är icke lätt att bemöta den överlägsna ton, varmed denna fråga framställdes, så mycket mindre som kvinnan genom olikheten i bildningsgrad icke känner sig sin motståndare riktigt vuxen.

Men då finner hon ord i gammaldags rättskaffens mening. Man skall noga överväga frågan men, sedan man väl en gång fattat sitt beslut, icke taga saken lättvindigt utan lära andra att förstå, att vi inte är här på jorden rätt och slätt för att ha det bra utan för att bära Kristi kors.

Men ett sådant resonemang faller icke kyrkoherden i smaken. "Herr D:rn invände, att det finns inga andra kors än dem vi själva skapa oss, ty Gud vill icke att någon människa skall lida."

Men då blir kvinnan illa till mods.

Jag svarade: Det var besynnerligt, då vår Frälsare själv sagt: Den som icke vill bära korset, han kan icke vara min lärjunge. - - Jag teg, stum och häpen, då jag hörde en själasörjare förneka läran om korset!!! Jag kände en djup bedrövelse...

I ett sådant ögonblick går det måhända upp för doktor Wallin, att det i denna kvinnas hjärna likväl försiggår något annat än en mekanisk upprepning av en genom "proselytmakeri" inhamrad katekesläxa, och han övergår därför till en annan punkt, nu med bitterhet i tonen. Han säger, att katoliken må förbli vid sin lära liksom lutheranen vid sin - - och glömmer därvid, att det var han själv som blott för några år sedan i konsistoriet meddelat, att katoliker övergått till den lutherska läran. Han gör kvinnan ytterligare förebråelser, och då hon icke heller nu blir svarslös, erinrar han sig, varför han egentligen avlagt detta helt visst icke angenäma besök i denna våning och faller in i samma roll som inkvisitorerna i alla tider. Han vill helt enkelt veta, om kvinnan ämnar stå fast vid sitt beslut eller ej. Och det är ett svårt avgörande. Ty det betyder, att hon, om hon nu svarar ja på frågan, inom kort kommer att erfara de svåra följderna för henne själv av ett sådant beslut. Dessa rum är ännu hennes och vad hon och hennes man samlat kan de kalla sitt. Men hon förnimmer inom sig storheten i att offra allt för sin tro:

Min tro är orubblig och mitt beslut fast att tillhöra den heliga och tröstande lära ... jag en gång antagit, oaktat de faror och stormar, som hota mig. Man vill slita maka från make och beröva mig det käraste jag äger på jorden i min mindre lyckligt lottade belägenhet i yttre avseende, ty, Gud ske lov, min inre frid kan ingen fråntaga mig, ej heller kan någon världslig domstol rubba mitt inför Gud lugna samvete.

Slutresultatet blir, att de sex dömda hustrurna fem veckor efter den 19 maj 1858 måste utvandra tillsammans med män och barn. Man har visserligen redan träffat anstalter för deras flykt. Fem familjer beger sig till den gamla franska sidenstaden Lyon, som lovat att öppna sina portar och sörja för arbete och underhåll. Och en familj beger sig till Danmark.

Bunden vid sin avtynande gemåls sjukbädd – det är ett år före Oscar I:s död (som inträffade den 8 juli 1859) – måste drottning Joséphine åse, hur hennes trosfränder förjagas ur det land, vars första dam hon är.

Då de fem svenska familjerna anlände till Lyon, mottogs de där med processioner, fanor och brinnande ljus. En summa på 40.000 franc, som man insamlat i kyrkorna, ligger redo.

De sex kvinnornas utvisande gick dock icke obemärkt förbi. Ärkebiskop Reuterdahl anmärker, att "över hela Europa hördes ett skrän, som var lika obefogat som löjligt". Yttrandet visar, hur ledande politiker och kyrkomän kände sig pinsamt berörda av de europeiska opinionsyttringarna. Ärkebiskoparna av Canterbury och Dublin rådde Sverige att införa religionsfrihet. Protestanter i Frankrike och England protesterade. De utrikespolitiska relationerna, särskilt till Europas ledande stormakt vid denna tid, Frankrike, berördes i ogynnsam riktning.

Men även inrikespolitiskt får utvisningsdomarna obehagliga efterverkningar. Den liberala oppositionen med Aftonbladet i spetsen talar i skarpa ordalag om nödvändigheten att föra en kamp mot ett prästerskap, som påstår sig förkunna den allena saliggörande läran och förföljer och utvisar medborgare, som har sina egna åsikter i religiösa frågor.

På grund av dessa samverkande orsaker beslöt äntligen riksdagen den 30 oktober 1860 att borttaga straffbestämmelserna vid övergång till "främmande trossamfund". Och därmed var även vägen banad fram till dissenterlagstiftningen 1873, som gjorde det lättare att utträda ur Svenska kyrkan, även om muntlig anmälan och viss betänketid krävdes. Detta innebar att den från Uppsala möte 1593 utgående åskådningen, att rikets samtliga medborgare skulle förenas i en och samma tro, i princip övergivits. Dissenterlagen gav

”främmande trosbekännare” rätt att bilda egna församlingar, vilka kunde erhålla statligt erkännande. Därmed har man nått fram från ”legationskapellet” till ”församlingskyrkan”.

Här kan det vara på sin plats att anföra några ord, som ärkeprotestanten och frikyrkomannen P. P. Waldenström yttrade i Andra kammaren den 13/2 1901, när en motion riktad mot religiöst oliktänkande debatterades i riksdagen:

Må vi icke göra vårt land till ett åtlöje för andra länder, och må vi ej tro, att det blir obekant, vad vi här besluta. En stor del av de främmande legationerna här i Stockholm tillhöra den katolska kyrkan. Här finnas dessutom katolska präster, och då förstår herrarne att Riksdagens beslut, om det utfaller i enlighet med Kongl. Maj:ts proposition, blir bekant över hela den katolska världen. Innan herrarne taga ett sådant steg, må vi erinra oss de sex katolska kvinnor, som på 1850-talet blevo landsförvista från Sverige och i Frankrike mottogos med processioner och vaxljus och klockringning, vilket allt befäste det franska folket i den tron, att, när allt kommer omkring, Sverige huvudsakligen beboddes av björnar.

Vi få dock icke glömma, att vi hava den katolska kyrkan – trots alla hennes fel – att tacka för något. Det var hon, som förde kristendomen till Sverige, det var hon, som först skapade en kultur här, och hon har inom sitt sköte i vårt land fostrat människor, från vilka ännu i denna dag genom historien strålar ut ett ljus, i jämförelse med vilket det ljus, som glimmar på månget lutherskt biskopskors, tar sig ganska skröpligt ut.

Den lärde och fromme Vadstena-amanuensen ”Munk-Erik” Ihrfors (d. 1929) gav i en tidningsartikel 1920 följande kritiska kommentar till begreppet ”främmande trosbekännare”:

Kändt är, att wåra respective ämbetsmän hysa en synnerlig benägenhet att beteckna katholikerna med benämningen främmande religionsbekännare. Härwid har man anledning, ja rättighet att framställa frågan: Hwem war det som i wårt kära Fädernesland först förkunnade Christendomens werldsomskapande lära för den aflägsna tidens wilda och grymma hedningar, för hwilka den hatbringande blodshämnden war en ålagd pligt, rå roflystnad ett kärt näringsfång och wåld och list i umgänget samfundsdygder; huru denna hedendom yttrade sig i lefvernet, kan inhemtas af Wolsungasagan eller Sigurd Fafnisbanes historia så ock af Konung Olof Tryggvassons barndomshistoria samt andra gamla urkunder – all sådan hednisk grymhet kunde Catholska trons missionärer under oerhördt arbete och tålamod genom Guds nåd öfverwinna och af grymma rofdjur skapa fromma lamm.

Hwem war det som först inom gamla Sweriges landamären lärde, att Gud sjelf antog i sin stora barmhertighet incarnation och lät sig födas af en jungfru för att frälsa ett i synd fallet menniskoslägte och för de fallna öppna en tillgång i tron till den för tid och ewighet frälsande nåden, men på samma gång framalstrade denna Christna tros ädla frukter – kärleken till Gud och kärleken till sina medmenniskor, dem man skulle älska, såsom man älskade sig sjelf. Det onda skulle man öfverwinna med det goda. De nödställda skulle hjelpas, kärleksgerningar skulle utöfvas mot dem som gjort skada och förlust på allehanda sätt o.s.v.

Är nu denna Christendomsbekännelse, predikad för wåra förfäder, främmande i Swerige? Äro de herrar, som behaga kalla denna Christi missionskyrka främmande, sanna wårdare af rätt och sanning? Hafva dessa ärade män alldeles förgätit, att den nu herskande statskyrkan ingalunda har inhemskt ursprung, utan är på Kungligt magtbud introducerad från främmande land eller från Tyskland i 16:e seklets början? Modertron sökte man utrota med wåld och list, ty just wid denna tid började man kalla henne främmande och såsom främmande blef hon förföljd ända till blods, ty religionsfrihetens prisade förkämpe Konung Gustaf II Adolph promulgerade år 1617 den fosterländska lagen, att den av Swenska undersåtarne, som wågade hysa den gamla modertron, han hade utan nåd förwerkat icke blott all sin egendom utan ock sitt lif, en lag, som äfven blodigt exeqverades på flere framstående män, ty de woro ju av främmande religion; och främmande religionsbekännare nödgas man nu åter dragas med, utan att äga förmåga, att tillämpa Konung Gustaf Adolphs lagar, men det vitsordet kunna de hugnas med, att man berömwärdt gör hwad man kan i detta ädla syfte och inskränker den främmande trons rättigheter så mycket, som möjligt tiden tillåter. /CREDO N:r 10 – oktober 1920./

*

Trots ett länge kärvt klimat för katolicismen i Sverige har dock en växande skara intressanta män och kvinnor funnit vägen tillbaka till fädernas Kyrka. Låt oss höra två ur denna skara berätta om sin väg till katolicismen!

Niklas Bergius (f. 1871, d. 1947), sedermera under många år lärare i kultur- och religionshistoria vid Brunnsviks folkhögskola, besökte för första gången katolska kyrkan i Göteborg som femtonårig skolpojke i september 1886. Nästan ett halvsekel senare berättar han på följande engagerande sätt om detta sitt första besök i S:t Josephs kyrka:

När man börjar åldras, kommer den tid, då man firar jubileer. Var och en har väl några bemärkelsedagar i sitt liv, som ha intryckt sin prägel starkare än de vardagar, vilka komma, gå och glömmas. Det dröjer icke så länge, tills jag kan fira femtioårsminnet av mitt första besök i en katolsk kyrka.

Det var i St. Josef i Göteborg, och jag kan aldrig träda inom dess port utan att minnas mitt första besök. Jag var en femtonårig skolpojke i Göteborgs latinläroverk och bodde hos goda människor, som "levde på inackorderingar". En söndag morgon i början av september – jag har anledning att tro, att det var Marias födelsedag – föreslog en av kamraterna, att vi skulle gå till den katolska kyrkan, och vi marscherade iväg till den trånga bakgatan, som låg utanför "all ära och redlighet".

Jag var ju en pojke, som kunde sin historia, både Medeltidens mörker, Gustaf Adolfs ädelhet och Jesuiternas skurkaktighet, och mitt intresse vid kyrkobesöket var endast ungdomlig nyfikenhet och att man sagt mig, att det var vackert i den katolska kyrkan. Visserligen hade man även sagt mig, att om det också var vackert, så buro sig i alla fall katolikerna konstigt och fånigt åt, gjorde korstecken, föllo på knä o.d., och prästen och korgossarna "dansade francaise" framför altaret. För mig blev det emellertid något annat, och därför är den dagen för mig minnesvärd. Mitt första intryck? Det var mycket folk och jag var oerhört blyg. Och hur liten jag var, tyckte jag, att jag tog för stor plats. Jag smög mig längst bort i bakgrunden till en bänk, som stod vid väggen, och kilade in mig där i skuggan av biktstolen, som jag gav en skygg blick. Hur det nu var, men jag blev upprörd. Det var så främmande, så långt borta. Det lilla kapellet blev så underligt stort, musiken – av ett slag, som jag aldrig förr hört – kom så fjärran ifrån. Själva luften var en annan än den vanliga. Det var väl den doft av bränt vax och rökelse, som är kyrkans atmosfär.

Men det var icke bara främmande. Detta främmande var så outsägligt ljuvt och milt. Det svepte sig om mig som en himmelsblå mantel, full av gyllene stjärnor. Jag mindes ingenting mer. Medeltidens mörker, Gustaf Adolfs ädelhet, Jesuiternas skurkaktighet smälte bort och blevo till intet. Vad brydde jag mig därom? Alltsamman och hela världen därtill var försvunnen i denna ljuva blidhet.

Jag såg icke församlingen; av predikan minns jag intet; jag iakttog inga detaljer. Endast ett fångade mig; den vite prästen, omgiven av altarets guldskimmer. Jag hade en obestämd föreställning - mycket obestämd: han står i himlen. Men jag kände mig som den lille sotarmurren, som får stå i förstugan och genom en springa kika in i en ljus värld, där de fina och välklädda barnen få leka. En utestängd, en paria, som skall akta sig att med sotiga fingrar komma vid ett vitt siden.

Det var mycket långt. Men det var långt såsom evigheten är lång. Det föreföll stillastående, men det var en stillhet, fylld av böljande rytm. Jag hade redan läst Atterboms "Lycksalighetens ö", om prinsen, som kom till Lyckans land och glömde sig kvar i trehundra år. Något sådant föresvävade mig, när församlingen började resa sig och gå. Var det redan slut? Jag vet, att jag var mycket tyst, när jag gick hem. I ensamheten på mitt skolpojksrum satte jag mig ned och undrade, som endast ett barn kan undra. Hur skulle en femtonårs pojke kunna reda sig med detta?

Plötsligt bröt det ut i en hejdlös gråt.

Nu visste jag ju, att det passar sig inte för en pojke att gråta. Det hade jag fått lära mig. Men det hjälpte inte. Jag grät våldsamt, obehärskat i timtal.

Jag var så outsägligt ensam, så hemskt övergiven, så gränslöst fattig. Det var Marias födelsedag – men jag visste det icke. Guds Moder hade svept om mig sin himmelska mantel, full av gyllene stjärnor – men jag visste det icke. Frälsaren hade från sin tron på altaret sett på den stackars parveln, som satt och gjorde sig liten i biktstolens skugga – men jag visste det icke. Jag behövde fjorton år för att gå vägen från kyrkans dörr till det trappsteg, där jag kunde knäfalla och med ett vigt ljus i handen utsäga orden: jag tror.

Och vilken väg? – Det var en korsväg, men jag tog icke korset frivilligt, och mina "stationer", dem är det bättre att icke tala om.

Heliga Maria, Guds Moder, bed för Sveriges barn!

En annan svensk kulturpersonlighet, som fann vägen till den katolska Kyrkan, var teaterchefen och regissören Olof Molander (f. 1892, d. 1966). På frågan "Varför jag är katolik?" svarade denne:

Därför att jag tror på Treenigheten, och därför att den romerska Kyrkans lära om Treenigheten är obönhörligt konsekvent och realistisk.

Man skall kanske säga, att felet är mitt eget, när jag icke funnit konsekvens och realism i t.ex. protestantismen. Men hur finna konsekvens och realism i en lära, som förnekar Kristi närvaro i altarets heliga sakrament, och där en gång och för alltid givna trossanningar av en dignitär i svenska statskyrkan – för att endast taga ett exempel – förklaras vara icke "tidlöst giltiga sanningar, som varje människa måste säga ja och amen till". (Husm. Nr 21, årg. 1948). Men upphör man att tro på kristendomens dogmer, är den logiska konsekvensen, att man upphör att tro på kristendomen: på Treenigheten, på Kristi Gudom, på hans uppståndelse.

Detta, att en biskop i den svenska statskyrkan hävdar de kristna dogmernas otillräcklighet och otillförlitlighet i världsutvecklingen och idéströmningarna, kan ju inte gärna undgå att förvåna den som lever i föreställningen, att den svenska statskyrkan alltjämt, i varje fall officiellt, är ansluten till den augsburgska bekännelsen, åtminstone i livsviktiga, d.v.s. dogmatiska, frågor. Redan ett decennium innan ovanstående citat kunde läsas, konfronterades jag emellertid på närmaste håll med en för en präst egendomlig inställning till den kristna trosläran.

Jag uppsöktes av en herre, vilken presenterade sig som teologie doktor och präst i huvudstaden. Han önskade råd angående ett dramatiskt utkast. När denna fråga var överstökad och han beredde sig att gå, bad jag att i min tur få göra honom en fråga, samtidigt som jag anhöll om överseende, om den skulle vara kränkande. Han slog sig ner igen och jag frågade:

-- Vem var Jesus Kristus?

Min fråga chockerade honom, vilket inte förvånade mig. Men han hade ju trängt in i ett syndens nästes allra heligaste, Dramatiska teaterns chefsrum, och kunde ju vänta sig nästan vad som helst. Emellertid hämtade han sig rätt snart, hummade ett par gånger och svarade:

-- Teaterchefens fråga kommer en smula överraskande, men ... alltså ... Jesus Kristus var en stor, en gränslöst stor personlighet, den största personligheten i världshistorien ...

-- Jag skall förtydliga min fråga, avbröt jag honom. Anser doktorn, att Jesus Kristus var Guds son?

-- Jesus Kristus, kära teaterchefen, Jesus Kristus var, om jag så får säga, Idealmänniskan, det ideal som vi alla ... den strålande förebild, som vi alla ...

"Et statim gallus cantavit."[2]

Vi åtskildes under ömsesidiga artighetsbetygelser. Jag höll på att duka under för frestelsen att fråga, hur han kunde ha samvete att vara präst utan att tro på uppenbarelsen etc. Men vem var jag, att jag skulle ge mig in i en diskussion med en teologie doktor!

- - -

Här kunde historien vara slut och ändå vara en på sitt sätt intressant historia. Men den har faktiskt en fortsättning som inte gör den sämre. Många år efteråt träffade jag av en slump en annan statskyrkopräst på ett bröllop ...; för honom berättade jag historien, sanningen att säga i den lömska avsikten att göra honom förlägen.

---

[2] "Och genast gol tuppen", vilket den enligt Evangeliet gjorde, då Petrus tre gånger förnekat Herren på översteprästens gård.

Men inte alls! Med den lugnaste min i världen svarade han endast:

-- Jahajaha ... Det var den gamla skolan!

Den gamla skolan!

I min okunnighet satt jag som fallen från skyarna. Att man kunde tro eller icke tro, det fann jag naturligt. Men att man kunde vara svensk statskyrkopräst och tro enligt den teologiska skola, som man händelsevis råkat bli fostrad i, det var sannerligen uppseendeväckande. Kunde dogmernas sanningsvärde vara föremål för olika tolkningar inom ett och samma kyrkosamfund? Detta yttrande om "den gamla skolan" tolkade jag emellertid så, att den "gamla" uppfattningen (den rationalistiska) av Kristus som Idealmänniskan, hade följts av en "ny" uppfattning av Kristus som Guds Son; alltså, så vitt jag kunde förstå, en ortodox renässans (renlärighetens pånyttfödelse). Det var ju lugnande! Härnösandsbispens (Torsten Bohlin, f. 1889, d. 1950) förnekande av dogmernas tidlöshet ingav mig senare tvivel på att "den gamla skolan" helt spelat ut sin roll. Hursomhelst, jag fann det då högst förbryllande.

Nu vill jag med detta mycket bestämt säga ifrån, att det ingalunda var denna upplevelse som fick mig att gå åstad och bli katolik. Det är möjligt, att det kan gå till på det sättet, så burdust, menar jag. För mig tog det drygt femton år ...

Orsaken till att jag berättat min upplevelse med teologen är, att den ger mig anledning påpeka det allmänt kända, men i vissa kretsar med indignation förnekade, faktum att tron på Uppenbarelsens sanning och på Bibelns gudomliga auktoritet har gått förlorad för de flesta människor i vårt land, inte endast för statskyrkopräster av "den gamla skolan". Jämsides med gammalprotestantiska och djupt religiösa kristna lever ett släkte, som betraktar kristendomens övernaturliga realiteter med en (i och för sig mycket roande) överlägsen nedlåtenhet eller med ett förakt, som i sin bottenlösa dumhet får ett nästan monumentalt uttryck i en konventionellt gudlig uppsyn vid barndop, bröllop, begravningar och konfirmationer.

Tacka vet jag en rejäl gudsförnekare!

För den konventionelle hycklaren är som bekant den kristna trons realiteter endast barnsliga legender, skrattretande kvarlevor av "en mörk medeltids vidskepelse". (Jag undrar, om historien någonsin kommer att uppvisa en mörkare tid än den tid vi själva nu lever i, den kroppsliga hygienens och andliga snuskighetens tidsålder?) Nej, allt prat om Gud, Jesus och jungfru Maria, vem tror på sånt? Det är ju så länge sen. Han dog ju för 2000 år sedan! Det gjorde han: och ändå lever han mitt ibland oss i denna dag!

Men det är inte flertalet, som tror så. Och orsaken? En ensidig påverkan av den på sin tid helt och alltjämt delvis självtillräckliga naturvetenskapen, präglad av rationalistiska grundsatser. Den nutida filosofien, som söker sanningen i människans eget jag, istället för i tingens realitet. Den moderna litteratur, som speglar rationalistisk livstolkning. Den personliga erfarenheten som har blivit den enda avgörande trosnormen. M.m., m.m.

Men tänk efter! Är detta verkligen riktigt?

Om det endast är mitt eget tänkande, mina egna erfarenheter, med ett ord mitt eget jag, som är normerande för moral och sanning, då är också allt som icke ryms där varken moraliskt eller sant. Allt som ligger utanför gränserna för mitt eget jag blir då värdelöst, och sålunda förlorar den gudomliga uppenbarelsen – liksom allt övernaturligt – allt livsvärde för människan. Den jagiska filosofien gör också den religiösa känslan jagisk, individualistisk. Och så försvinner varje tanke på ett religiöst samfundsliv, en kyrka. Envar överlåtes att leva och tänka och handla på egen hand, söka sin väg till Gud på egen hand – om han över huvud taget tror att det finns någon Gud.

Den moderna naturvetenskapen stöder sig uteslutande på iakttagelse. Det är därför inte alls underligt, att den fört till avfall. Det vetenskapliga tänkandet har undanträngt det metafysiska; man tror endast på det som äger realitet, som kan vägas, mätas och analyseras – och att världsalltet styres av inneboende fysiska energier. Materialismen gjorde livet till en brutal, tråkig, poesilös tillvaro, en banal jakt efter materiella värden och njutningar. Vare sig man vinner eller förlorar i denna kapplöpning, går man miste om det som man borde ha gått ut för att söka: kontakten med det översinnliga.

Det är sant, att naturvetenskapen fört med sig ett legitimt krav på säkra och sakliga undersökningsmetoder. Den har öppnat våra ögon för det omätliga avståndet mellan den synliga världen och den osynliga, den som vi alla bär inom oss, den som fordrar en högre realitet än den som naturvetenskapen kan skänka oss. För den intellektuella eliten – inte i vårt lilla land, för all del, men det finns kulturvärldar även utanför våra gränser! – är materialismen ett för länge sedan övervunnet stadium.

Vårt släkte söker efter realiteter att bygga på. De finnas, som under detta sökande nått fram till den romersk-katolska Kyrkan. Den moderna människan med sitt verklighetskrav har inte kunnat undgå att lägga märke till Kyrkans storslagna organisation, dess sega sammanhållning under skiftande politiska och sociala kriser, dess motståndskraft i och tack vare lidandet. Men framför allt har man fått upp ögonen för lärans väl avvägda sammanhang, där sten fogats till sten varv efter varv till en harmonisk helhet, ett arkitektoniskt mästerverk, obönhörligt konsekvent i sin ädla och stränga form. Denna lära präglas av många egenskaper med sanningens kännemärke. Vad jag – för att återkomma till den ursprungliga frågeställningen – för min personliga del värdesätter högst, är dess realism.

Den söker icke kontakt med det gudomliga genom själens irrationella krafter. Den är icke någon känslopjunkig hjärtesak.

Den vilar på realiteter; och den ger realiteter.

Vår religiösa tanke möter där överallt det som är: Gud är, Hans Son är! Han skall leva mitt ibland oss, där, i tabernaklet på altarbordet! Han är inte "någonstans" utan där! Och samtidigt är han i vårt hjärta.

Min förste undervisare i Kyrkans lära berättade för mig om en gammal fransk bonde, som dag efter dag sågs i byns kyrka, stilla betraktande altaret med dess tabernakel, där Eukaristien (Altarets Sakrament) förvaras i varje katolsk helgedom (som ju just därför också är en helgedom). Man frågade honom varför han var där så ofta, fast ingen mässa lästes, och han svarade: "Jag sitter här för att Han skall se på mig och jag på Honom."

- - -

Et verbum caro factum est[3] ...

Inkarnationen är det stora gudomliga svaret på den mänskliga själens stora trängtan till Gud, svaret på vårt instinktiva rop:

"Kom! Visa dig!"

... et habitavit in nobis: et vidimus gloriam ejus, quasi Unigeniti a Patre, plenum gratiae et veritatis.[4] */Ingick i radioföredragsserien "Vad jag tror på" 1948./*

*

1952 träder äntligen en mer modern religionsfrihetslag i kraft: varje svensk får utöva den religion han vill. Förbehållslös rätt att utträda ur Svenska kyrkan efter muntlig anmälan införes. Kloster får inrättas, men endast med Kungl. Maj:ts tillstånd. Begreppet "främmande" trosbekännare utmönstras. Därigenom har den katolska Moderkyrkan kunnat utvecklas till det näst största kristna samfundet i Sverige med flera hundratusen bekännare och närmare 40 församlingar. I praktiskt taget varje svensk stad av viss storlek finnes numera en katolsk kyrka. Efter alla år av förföljelse och diskriminering håller den gamla Kyrkan på att återerövra en självklar hemortsrätt i vårt land. Detta märks även på kulturlivets område. Av de 18 ledamöterna i Svenska Akademien är inte mindre än 3 katoliker, nämligen Gunnel Vallquist, Östen Sjöstrand och Torgny Lindgren.[5] År 2000 skiljes den lutherska kyrkan från staten, varigenom den katolska Kyrkan i princip blir likställd med denna. I samband därmed tror många, att betydande delar av Svenska kyrkans medlemmar och präster kan komma att söka nå en återförening med Rom och dess Kyrka. De kristnas återförening är ju ett av nästan alla sedan länge eftersträvat mål. En återförening av alla kristna kan ju omöjligt ske genom att de i varje land isolerar sig i en nationell kyrka, avsedd för bara ett folk, utan att de samlas i en världsvid katolsk (d.v.s. allmännelig) Kyrka, som omfattar alla folk på jorden.

---

[3] "Och Ordet vart kött."

[4] "Och han bodde ibland oss; och vi såg hans härlighet, en härlighet såsom den av Fadern Enfödde har, full av nåd och sanning." (Joh. 1:14)

[5] *[Redaktörens anmärkning:* Detta och det följande speglar läget 1999, då artikelns skrevs.]

Låt mer och mer en skingrad skara
Förenas i din sannings ljus
Att det må vara, evigt vara
En herde och ett fårahus

*

Någon, som haft förmånen att ha blivit döpt och ha växt upp i den eniga, heliga, katolska och apostoliska romerska Kyrkan, kan därför omöjligt ha några skäl att överge denna underbara och världsomfattande gemenskap. Fastmer bör denne av hela sitt hjärta instämma i följande psalm:

Fast stånda skall mitt dopförbund
Ty jag är redobogen
Och lovar Gud av hjärtats grund
Att bliva Kyrkan trogen,
I liv och död jag städse vill,
Den sanna Kyrkan höra till,
Från henne aldrig vika.

Se, samma löfte som nu jag
Guds helga Kyrka givit
Av fädrens ätt på stridens dag
Med blod beseglat blivit.
Ja, samma stora livsförbund
Förnyar jag i denna stund
Det vill jag aldrig svika.

PAX ET BONUM!

Roland Allnert (hösten 1999)

Roland Allnert: Notiser om det katolska Danmark

Inledning (av Erik Persson)

Nedanstående "notiser" och fotografier härrör från ett antal, av redaktören något reviderade och omstuvade, mejl och texter, som Roland Allnert i olika sammanhang författat om danska katolska platser och dansk katolsk historia och skickat till vänner med intresse för skandinavisk katolsk historia, bl.a. i *Katolsk historisk förening*. Föreliggande samling av dylika "notiser" utgör den första i en serie som kommer att omfatta alla de nordiska länderna utom Sverige, varvid det dock är att notera att notiserna innehåller många anknytningspunkter också till svenskt katolsk historia. De har något olikartade prägel; vissa ger en sammanhängande framställning av det behandlade ämnet, medan andra är litet mer rapsodiska till sin karaktär. Vi publicerar dem nu i *Skandinavisk Katolsk Tidskrift* först och främst, eftersom de är läsvärda, intressanta och trevligt skrivna, men också för att ge inspiration till våra läsare att fördjupa sig i nordisk katolsk historia och besöka de olika katolska sevärdheter som finns i våra norröna trakter.

Impulser från Danmark! (2011)

Religionsfriheten infördes tidigare i Danmark än i Sverige, nämligen vid enväldets avskaffande 1849 – i Sverige först 1860.

Ett par svenskar, som p.g.a. sin konversion till katolska kyrkan blivit landsförvisade från Sverige på 1850-talet, slog sig ned i Köpenhamn. Även efter 1860 föredrog en del västsvenskar, som önskade konvertera, att göra detta i Köpenhamn framför att göra det i Göteborg, där toleransnivån var avsevärt lägre.

S:t Andreas kyrka i Ordrup

Ingen, som ägnat nordisk katolsk historia under perioden 1870 – 1920 ett närmare studium, torde ha kunnat undgå att stöta på namnet och begreppet Ordrup, en förort norr om Köpenhamn.

S:t Andreas kyrka i Ordrup byggdes 1873 som Danmarks tredje katolska kyrka och den första, som uppfördes efter religionsfrihetens införande. Den blev uppförd av Polly Berling (1825-95), änka efter Carl Berling, som ägde tidningen Berlingske Tidende och fram till 1859 var kammarherre hos Fredrik VII. 1860 köpte Carl Berling lantstället Ordrupshöj. 1869 blev Polly Berling katolik. I samråd med ledaren för den katolska kyrkan i Danmark, prefekt Herman Grüder, beslutade hon att uppföra en kyrka, prästgård och skolbyggnad på platsen.

Figur 1. S:t Andreas kyrka i Ordrup

Genom den s.k. "kulturkampen" mellan stat och kyrka i Tyskland hade jesuitorden 1872 förbjudits att verka där och alla dess inrättningar hade upplösts. De tyska jesuiterna, vilkas ordensprovins nu hade sitt centrum i Holland, behövde således nya verksamhetsfält. Orden antog därför erbjudandet om kyrka och skola i Danmark och 1872 lades grundstenen till S:t Andreas Kollegium, som drevs av synnerligen kompetenta jesuitfäder 1873 – 1920. Det var en pojkskola med internat och utbyggdes med tiden till en mellan- och realskola samt gymnasium med 300 elever. Elva jesuiter skötte pojkarnas undervisning.

Den kärve Veinge-prästen Karl Karlén (1819-1903) kom 1874 i kontakt med de ganska nyanlända tyska jesuiterna i Köpenhamn, vilka året innan hade upprättat S:t Andreaskollegiet i Ordrupshöj utanför huvudstaden. Försommaren 1874 gjorde Karlén en reträtt hos jesuitfäderna i Ordrup. Denna blev avgörande för hans beslut att bli katolik.

Strax efter sin utnämning till apostolisk vikarie för Sverige den 1 september 1874 begav sig Johan Georg Huber (d. 1886) till jesuiternas nyupprättade residens i Ordrup vid Köpenhamn för att göra så kallade andliga övningar, d.v.s. ignatianska exercitier. Han fick därvid även tillfälle att besöka S:t Andreaskollegiet. Huber blev av allt att döma mycket imponerad och han kom snart att inrikta sig på att få jesuiter till Stockholm.

1912 upptogs den 20-årige professorssonen från Lund, Berndt David Assarsson (1892-1955) i katolska kyrkan av rektorn vid jesuitkollegiet i Ordrup.

En hel del katolska familjer i Sverige – även i Göteborg – sände en eller flera av sina söner till kollegiet i Ordrup för att tillförsäkra sig, att de fick sin utbildning i en garanterat katolsk miljö.

Att S:t Andreaskollegiets verksamhet upphörde 1920 torde bl.a. ha sammanhängt med meningsmotsättningar i fråga om examinationsrätten.

Polly Berling lät åren efter S:t Andreaskyrkans färdigställande också måla och utsmycka den med statyer och andra inventarier. Då dominikanerna, som efterträdde jesuiterna i församlingen, 1958 renoverade kyrkan, blev så gott som hela den gamla inredningen kasserad, medan enskilda delar skänktes bort. Berlings tidstypiska och mycket färgrika utsmyckning av kyrkans inre blev helt enkelt övermålad. Fyra av de bifogade texterna redogör för, hur man – trots till synes oöverstigliga svårigheter – till sist genom en varsam, men genomgripande, renovering, så långt det var möjligt och rimligt, lyckades återge S:t Andreaskyrkan något av dess forna färgrikedom och lyskraft. Återöppnandet av den med festmässa söndagen den 2 mars 2008 efter ett flerårigt renoveringsarbete var en glädjens dag för varje historiskt medveten nordisk katolik. De bifogade bilderna vittnar väl om ett resultat över all förväntan?

Källor

http://www.sa-st.dk/Docs/SktAndreasKirke.pdf

http://www.langgaard.dk/liv/kort/dkkort/charl-2.htm

https://web.archive.org/web/20070707233621/http://sanktandreas.dk/kirken/historie.htm

http://www.katolskorientering.dk/585/?tx_ttnews%5Btt_news%5D=3837&cHash=bd637dcf8a30d6d111344b8187cd2d85

https://www.katolsk.dk/aktuelt/single-news/?tx_ttnews%5Btt_news%5D=7891&cHash=75ee779f90b83475978e190dff8f8dfd

https://www.katolsk.dk/aktuelt/single-news/?tx_ttnews%5Btt_news%5D=7892&cHash=13be8997dccfa19d0eef745a383261ca

Minnesrikt Köpenhamnsbesök den 10 november 2007

Katolsk Historisk Förening i Göteborg företog lördagen den 10 november en endags studieresa till Köpenhamn för att bese vissa ur katolskt historisk synpunkt intressanta platser och byggnader i den danska huvudstaden. Elva personer deltog, nio från Göteborg och två från Skåne. För värdskapet svarade *Ælnoth, Katolsk historisk forening för Danmark,* vars ordförande sedan föreningens tillkomst, Jørgen Nybo Rasmussen, hade vänligheten att ställa sig till förfogande som vår synnerligen sakkunnige guide under besöket. Som framgår av förteckningen över föreningens skriftserie,[1] har vår guide bl.a. skrivit en bok om ”Franciskanerne i Norden”, utgiven 1994.

Jesu Hjerte Kirke i Köpenhamn

Dagsprogrammet inleddes kl. 11.30 med besök i en legendarisk kyrka i centrala Köpenhamn, nämligen jesuiternas nygotiska Jesu Hjerte Kirke på Stenosgade i Vesterbro, invigd 1895, i vilken åtskilliga kända konvertiter blivit upptagna i Kyrkan. Den kanske mest kände av dessa torde vara författaren

---

1 Se http://www.aelnoth.dk/category/udgivelser/skriftserie.

Johannes Jørgensen (1866-1956), som blev upptagen i den då tämligen nyinvigda Jesu Hjerte Kirke på fastlagssöndagen den 16 februari 1896. Kyrkan med sitt magnifika högaltare, sina vackra glas- och kalkmålningar, sina gyllene statyer av Guds Moder samt av S:t Ignatius av Loyola besågs och beundrades länge av oss, svenska gäster. Såväl vår värd som en av församlingens präster, p. August Ziggelaar SJ, visade oss runt och berättade om kyrkan. Besöket där avslutades med att vi samlades i en kort bön längst bak i kyrkan runt en byst av Niels Steensen /på latin: Nicolaus Steno, efter vilken gatan fått sitt namn/ (1638-86), född i Köpenhamn, en av sin tids mest ansedda vetenskapsmän, vilken räknas som grundläggare av den vetenskapliga paleontologin, geologin och kristallografin. 1667 konverterade denne till Katolska Kyrkan. 1675 mottog han prästvigningen och verkade sedan med all kraft såsom själasörjare. 1677 utnämndes han till apostolisk vikarie för missionerna i Skandinavien och blev inte långt därefter vigd till biskop med det tyska Schwerin som säte för sin verksamhet. Han saligförklarades 1988.

Figur 2. Jesu Hjerte Kirke i Köpenhamn

Med undantag för aktuella exteriörbilder är på nätet tillgängligt material om Jesu Hjerte Kirke tillräckligt acceptabelt för att länkhänvisningar dit bör förslå och därför rekommenderas i följande fall:

Den 'gamle' kirke. Se: http://www.jesuhjertekirke.dk/side104.html

Ombygningen... Se: http://www.jesuhjertekirke.dk/side105.html

Billeder... Se: http://www.jesuhjertekirke.dk/side600.html

Gamle billeder... Se: http://www.jesuhjertekirke.dk/side601.html

Virtuel rundvisning. Se: http://www.jesuhjertekirke.dk/side603.html

Kirkens glasmalerier... Se: http://www.jesuhjertekirke.dk/side604.html

Firande av Marie Upptagelse i Jesu Hjerte Kirke 2008 (Video 5.19 min.). Se: http://gloria.tv/?media=12875

Biskopsgården i Köpenhamn

Så styrdes kosan till den i samma kvarter som kyrkan belägna biskopsgården, där vi undfägnades med goda smörrebröd och därefter kaffe med gott danskt kaffebröd. I anslutning till måltiden gav vår utomordentlige guide oss en exposé över den Katolska Kyrkans situation i Danmark - i synnerhet efter den av Kristian III 1536 med tvång genomförda reformationen. Även Köpenhamns unika ställning som ärkebiskopens stad - ärkebiskop Absalon (1128-1201) fick denna plats i förläning av kungen 1167 och byggde en borg där - berördes, liksom den dragkamp om staden mellan Kyrka och kungamakt, som sedan följde, en dragkamp där Kyrkan i slutänden drog det kortaste strået. Från reformationens genomförande var den antikatolska lagstiftningen lika rigorös som i Sverige, men religionsfriheten infördes tidigare i Danmark än i Sverige, nämligen vid enväldets avskaffande 1849 - i Sverige först 1860.

Efter måltiden gick vi en trappa längre upp i biskopsgården och fick ta en titt på den danska historiska föreningens och biskopsämbetets synnerligen välskötta och med tekniska hjälpmedel väl utrustade arkiv, av vilket allt vi svenska besökare blev mäkta imponerade.

Rundvandring i den "Indre by"

Så var det då dags att påbörja den planerade vandringen genom Köpenhamns gamla innerstad, varmed man avser den del av staden, som ligger innanför de ursprungliga vallarna från tiden före Kristian IV (1577-1648), m.a.o. den stadsdel, som kallas den "Indre by", och som begränsas av Kongens Nytorv, Gothersgade, Nørre Voldgade och Vester Voldgade. Tanken med denna vandring var att upptäcka spår av det medeltida Köpenhamn.

Eftersom vi startade från Vesterbro, nalkades vi den aktuella delen av staden västerifrån och inträdde i den nära platsen för den gamla Vesterport. Det första besöksmålet blev Jarmers Tårn (= torn), som ligger precis där Vester och Nørre Voldgade möts. Det är en av de äldsta ruinerna i Köpenhamn och den enda synliga resten av stadens senmedeltida befästningar. Tornet ifråga har viss relevans i katolsk kyrkohistoria. Kung Christoffer I (1252-59) låg i bitter fejd med ärkebiskop Jacob Erlandsen i Lund (d. 1274), vilken med kraft inlett en kamp för Kyrkans oberoende av den världsliga makten. I februari 1259 hade kungen låtit fängsla ärkebiskopen. Vidare hade han tagit Köpenhamn från biskopen av Roskilde, Peder Bang. Därigenom ådrog han sig och sina undersåtar interdikt från Kyrkan (m.a.o. en sorts "kyrkostrejk"). Då fick man den vendiske furst Jarimar (Jarmer) av Rügen att i egenskap av bundsförvant stödja biskoparnas sak, bl.a. genom att återerövra Köpenhamn i april 1259. Rügen hörde sedan Absalons tid och under resten av medeltiden under Roskildes biskopsstol. Jarimar och hans vendiska styrkor bröt in i staden just vid Jarmers torn. Försvarsverket, som den gången utgjordes av träpalissader, bjöd endast ringa motstånd. Staden blev plundrad, husen nedbrända och biskop Absalons borg ödelagd. Omkring 1500 återuppbyggde man Jarmers torn i mursten och uppkallade det efter den man som 1259 ödelagt det.

Nästa mål blev Sct. Petri Kirke. Bakom en hög mur på Nørregade mitt emot Köpenhamns universitet ligger Sct. Petri Kirke, vars äldsta delar - kor, huvudskepp och tornrum - stammar från omkring 1450. Det är således Köpenhamns äldsta bevarade kyrkorum. Den har sedan gammalt gjort tjänst som tyskarnas kyrka.

Därifrån fortsatte vi till Vor Frue Kirke, Köpenhamns lutherska domkyrka. Denna har härjats av eld flera gånger. En kyrka i höggotik byggdes 1316, enligt uppgift inte olik S:t Petri kyrka från ungefär samma tid i Malmö på andra sidan sundet. Efter en brand 1528 byggdes den upp som barockkyrka. Efter engelsmännens bombardemang av Köpenhamn 1807, som ödelade kyrkan, byggdes den nuvarande kyrkan upp som ett nyklassicistiskt tempel, som f.ö. pryds av Bertel Thorvaldsens välkända Kristus- och apostlastatyer.

Därefter vandrade vi till Gråbrødretorv, som fått sitt namn efter det gråbrödra- eller franciskankloster, som fram till reformationen låg här. Ingenting återstår av detta mera än en vid torget belägen vinstuga, inrymd i en källare, som möjligen kan ha varit det gamla klostrets förrådsrum. På denna plats hade på sin tid även kung Kristian IV:s måg, greven och statsmannen Corfitz Ulfeldt (1606-64) en betydande gård. Sedan denne bl.a. på grund av att han gått i svensk sold - en på denna tid landsförrädisk handling - 1663 dömts för höggradigt majestätsbrott, nedrevs hans gård. I dess ställe restes där över Ulfeldt en skampåle, som numera finns att beskåda på stadens Nationalmuseum.

Sedan styrde vi våra steg till "Helligåndskirken" och det i anslutning till denna uppförda "Helligåndshuset" vid Strøget. Det är en rest av "Helligåndsklostret" från Kristian I:s tid (1448-81). Ursprungligen var det en sjukhusbyggnad, som en gång bildade västflygel i en fyrflyglad klosteranläggning - 1474 upprättad av Kristian I, vari kyrkan kom att utgöra sydflygeln. Idag är denna byggnad den enda bevarade representanten för gotikens arkitektur. I denna anläggning bedrevs liksom i helgeandshus på andra håll en behjärtansvärd kärleksverksamhet, där man som mål satte att se Vår Herre i sjuka, svaga och handikappade människor, förmodligen den enda sjuk- och socialvård som vid denna tid stod dessa olycksdrabbade människor till buds.

Vid Højbroplads kastade vi så ett öga på ryttarstatyn med Absalon (1128-1201), inflytelserik dansk ärkebiskop och Köpenhamns grundare. I bakgrunden ser man den mäktiga folketings- och regeringsbyggnaden, Christiansborg, under vilken rester av biskop Absalons borg grävts fram och kan beses.

Sista målet på denna vandring i Köpenhamns gamla innerstad blev slutligen Sct. Nikolaj Kirke. Av den ursprungliga medeltida kyrkan är endast tornet kvar. Resten av kyrkan lades - liksom stora delar av Köpenhamn - 1795 i ruiner av en omfattande brandkatastrof. Så småningom uppfördes visserligen en kyrkobyggnad, som stod färdig 1917. Den invigdes dock ej som kyrka, utan har tagits i anspråk för mera profana ändamål.

S:t Ansgars domkyrka i Köpenhamn

Figur 3. S:t Ansgars domkyrka i Köpenhamn

Klockan 15.45 var vår vandring genom Köpenhamns gamla innerstad avslutad och vi lämnade denna del av staden vid Kongens Nytorv, över vilket vi fortsatte till Bredgade för vidare promenad till Sct. Ansgars katolska domkyrka i den s.k. Frederiksstaden. Denna kyrka uppfördes 1840-42 och invigdes sistnämnda år. Ursprungligen byggdes den som kapell för den österrikiska ambassaden, men blev domkyrka 1892, då Danmark fick sin egen katolske biskop. Vi beság först själva kyrkan och uppsökte sedan det intill denna inrättade förnämliga domkyrkomuseet, som med hjälp av diverse sakrala föremål m.m. på ett ypperligt sätt speglar den Katolska Kyrkans utveckling i Danmark under efterreformatorisk tid. Museet förevisades för oss av den pensionerade Monsignore Dietrich Timmermann, som varit kyrkoherde i Sct. Ansgars domkyrka 1980-2004. Han firade sedan mässa i domkyrkan kl. 17.00. Deltagandet i denna blev slutvinjetten för en oförgätlig dag i förening med historiskt intresserade goda och vänliga trosfränder, som verkligen tog sig an oss på ett föredömligt sätt. Vi var på hemresan oerhört nöjda med vår dag och började så smått fundera på, vilka möjligheter vi har att åstadkomma en rimlig motprestation.

Även när det gäller S:t Ansgars domkyrka är på nätet åtkomligt material så förstklassigt, att länkhänvisningar dit är fullt tillräckligt. De viktigaste sådana förefaller mig vara följande:

Om kyrkan. Se: http://sanktansgar.dk/index.php?id=36

Det virtuella museet. Se: http://sanktansgar.dk/index.php?id=71

S:t Ansgar. Se: http://sanktansgar.dk/index.php?id=137

Domkyrka. Se: http://sanktansgar.dk/index.php?id=142

Om museet. Se: http://sanktansgar.dk/index.php?id=153

Historia. Se: http://sanktansgar.dk/index.php?id=199

Traditionell pontifikalmässa med biskop Kozon i S:t Ansgars domkyrka 10.01.10 (dels video på 8.56 min., dels fotogalleri med 51 bilder). Se: http://www.newliturgicalmovement.org/2010/02/pontifical-mass-in-copenhagen-denmark.html

Några reflexioner kring sorgliga förändringar i Sakramentskirken (1994)

Figur 4. Sakramentskirken i Köpenhamn jämte resterna av dess högaltare

Som ett beklämmande bevis på den vandalism, som även i Danmark drabbat förnämliga kyrkobyggnader, värda ett bättre öde, vill jag anföra Sakramentskirken (Ecclesia Sanctissimi Sacramenti) vid Nörrebro, en av Köpenhamns innerstads mera betydande katolska kyrkor vid sidan av S:t Ansgars domkirke på Bredgade och jesuiternas Jesu Hjerte kirke på Vesterbro. Grundstenen nedlades den 9/7 1915 (Figur 5) och kyrkan konsekrerades den 9/7 1917 av Danmarks dåvarande apostoliske vikarie, biskop Johannes von Euch. Församlingens grundare, som skaffat tomten, där kyrkan byggdes, och lett insamlingen av medel för dess byggande, var pastor Anton Neuvel, holländare till börden och på sin tid en lika välkänd som imponerande gestalt på Nörrebro.

Figur 5. Nedläggandet av grundstenen till Sakramentskirken

Denne valde namnet ”Sakramentskirken” och till dess skyddshelgon S:t Villehad (Figur 6), en dansk franciskanpater på 1500-talet. Efter att ha gått i landsflykt till Holland och där gått in i gråbrödraklostret i staden Gorkum, fängslades denne 1572 tillsammans med 18 andra katolska präster av upprorsmän mot det spanska herraväldet. Då dessa präster ej ville förneka sin tro, avrättades de efter mycken pina. Pastor Neuvel förklarade detta på följande vackra sätt: Han ville som holländare söka göra bot för, vad hans landsmän på reformationstiden hade gjort sig skyldiga till mot den danske franciskanpatern, den helige Villehad, som de lät lida martyrdöden i Gorkum, just för att han ståndaktigt bekände sin katolska tro på Altarets Allraheligaste Sakrament. - - Därför ville pastor Neuvel resa en kyrka i den helige Villehads fädernesland till ära för och som försoning mot detta Sakrament och med Villehad som kyrkans skyddshelgon. Som ovan nämnts, skedde både grundstensnedläggandet och kyrkans konsekration den

Figur 6. S:t Villehad

9/7, på vilken dag Danmarks katolska kyrka brukat högtidlighålla minnet av de heliga martyrerna från Gorkum 1572, d. v. s. bland andra S:t Villehad.

Figur 7. Sakramentskirkens exteriör

Högaltaret utgjorde ett verkligt smycke i den f. ö. av arkitekten Jan Stuyit från Amsterdam sparsamt dekorerade kyrkan, vars fasad mot Nørrebrogade med de två smäckra röda tornen på den höga granitsockeln, den breda romanska portalen med den mäktiga korsgruppen och rosettfönstret ovanför ej kan undgå att göra intryck på besökaren eller den förbipasserande (Figur 7). Ovannämnda högaltare har också sin egen märkliga historia.

I den kände danske silversmeden och konvertiten Mogens Ballins (1871-1914) gömmor fann hans judiska mor efter hans död en skriftlig önskan som hon uppfyllde, något som följande inskription på altarets epistelsida berättar om: "Til Aere for Alterets helligste Sacramente lovede Mogens og Grit Ballin att rejse dette Alter da deres aeldste Søn Jan blev født 19. Marts 1900." Jan Ballin blev f. ö. liksom en yngre broder katolsk präst i Danmark.

Med underlag av ekträ är altaret beklätt med förgyllda, drivna och ciselerade kopparplåtar, behandlade med den så kallade brunemaljtekniken, utförd av bildhuggaren Just. Andersen. Altaret är liksom hela kyrkan i romansk stil med de gamla katolska altarna på Nationalmuseet som förebilder. Några liknande altaren finnes ännu i gamla danska landsortskyrkor, i synnerhet på Västjylland. På antependiet (altarbordets framsida) är de tolv apostlarna samt den helige Villehad framställda (Figur 8).

Figur 8. Högaltaret i Sakramentskirken

På "plinten", som på bägge sidor flankerade tabernaklet, var tillbedjande änglar framställda.

På tabernaklets yttersida ses, vad som omedelbart föregick Israels uttåg ur Egypten: "Det felfria Lammet slaktas" (Förebilden på Kristus som Offerlammet), "Lammets Blod strykes på dörrposten" och "Dödsängeln går förbi" (pascha).

Bakom tabernaklet och över altaret böjde sig en halvcirkelformad bakgrund, vari det i ekträ är utskuret blomster och arabesker. Bågens yttersta ram är beklädd med förgylld driven koppar, som nedtill slutar med en större rosett på var sida, tidigare vilande på plinten, och som bär bilder bl. a. av den helige kung Knut och Absalon.

Ovanför tabernaklet höjde sig en baldakin över den tron, där monstransen utställdes. Baldakinen var likaså beklädd med förgylld driven koppar och kröntes av Kristus på Korset (Figur 9).

Figur 9. Högaltaret jämte baldakinen

I "sepulcrum" (altargraven, på vilken Herrens Lekamen och Blod är placerade under Mässan) nedlade biskopen relikerna med följande dokument (den latinska texten här i svensk översättning):

"I Herrens år 1917, juli månads nionde dag, har jag, Johannes von Euch, Apostolisk Vikarie för Danmark och Island, titulärbiskop av Anastasiopolis, konsekrerat denna kyrka och detta altare till ära för Eucharistiens heligaste Sakrament och till ära för den helige martyren Villehad, och jag har i detta inneslutit reliker av en av de heliga martyrerna från Gorkum, sannolikt av S:t Villehad, samt av martyren S:t Felicianus."

Eftersom en fackmannamässig undersökning har fastslagit, att de i altaret nedlagda relikerna från Gorkum härrör från en äldre man, och S:t Villehad var den ende äldre man, som vid detta tillfälle led martyrdöden i Gorkum, talar allt för, att dokumentets antagande är riktigt.

Detta högaltare med sitt tabernakel och sin ovan beskrivna överbyggnad utgjorde en enhetlig komposition av sällspord skönhet. Allt detta fick jag tillfälle att beundra vid mitt första besök i Sakramentskirken den 15/9 1955. Jag skall aldrig glömma den värme, med vilken jag och en protestantisk vän blev mottagna och visades runt av församlingens dåvarande kyrkoherde, Cay

Figur 10. Kyrkoherde Cay Benzon

Benzon (1896-1964), prästvigd 1924 och f. ö. den förste dansk som blev prästvigd i S:t Ansgars kirke i Köpenhamn. Han var Sakramentskirkens kyrkoherde 1940-64, men hade verkat där ända sedan 1924 (Figur 10).

Det kom att förflyta nästan fyra decennier, innan jag återsåg Sakramentskirken, men under denna långa tid bar jag med mig det ljusa minnet av kyrkan, dess oförlikneliga högaltare och dess vänlige och gemytlige kyrkoherde. Det var därför med både spänning och högt ställda förväntningar jag den 1/7 1993 ånyo styrde mina steg mot Nørrebro för att efter så många år återse kyrkan ifråga. Så mycket större blev besvikelsen – för att inte säga chocken – över att se den oförlikneligt sköna högaltarkompositionen totalt sönderhackad och därigenom helt spolierad. Själva altaret hade flyttats fram från korväggen. Dess yttre ändar hade kapats av, och av dem hade man förfärdigat en predikopulpet (Figur 11). Tabernaklet hade avlägsnats och murats in till höger i korväggen. Den tidigare beskrivna halvcirkelformade bakgrundsbågen var likaså skild från altaret och inmurad i väggen till vänster framme i skeppet. Plinten, baldakinen ovanför tabernaklet och det på denna stående krucifixet kunde jag överhuvudtaget inte upptäcka. Man har svårt att fatta, hur dylik pietetslös klåfingrighet – för att inte säga vandalism – kunnat tillåtas på ansvarigt kyrkligt håll eller kunnat accepteras av de troende (Figur 11).

Ytterligare en chock – helt i linje med den nyssnämnda – upplevde jag, då jag söndagen den 16/10 1994 bevistade en kvällsmässa på engelska just i Sakramentskirken. Denna mässa celebrerades av en präst utan mässhake. Han bar endast alba och stola. Mässdeltagarna höll varandra i händerna under vissa avsnitt av gudstjänsten. Helt plötsligt berättade prästen, att någon medhjälpare just den dagen råkade fylla år, varvid man sjöng "Happy Birthday To You". Därefter tog man upp en rungande applåd. – Allt detta inom ramen för mässan!

Min självklara undran inför allt detta är: Känner vanvettet och barbariet överhuvudtaget några gränser i den efterkonciliära Kyrkan?

Figur 11. Sakramentskirkens nuvarande interiör (foto: Wikipedia)

De i texten gjorda bildhänvisningarna avser bilder i två minnesskrifter, nämligen Sakramentskirken 1917 – 1942 och Sakramentskirken 1917 – 1992.

Figur 5. På framsidan av "1917-92";
Figur 6. Sid. 12 av "1917-42";
Figur 7. Sid. 30 av "1917-42";
Figur 8. Sid. 31 av "1917-42";
Figur 9. Sid. 22 av "1917-42";
Figur 10. Sid. 28 av "1917-92";
Figur 11. Wikipedia (jfr även sid. 46 och 54 av "1917-92").

Broder Jakob Den Danske (2008)

Under temakvällen den 20 oktober 2008 i Göteborg om franciskanerna i Norden under medeltiden lyfte föredragshållaren och hedersgästen Dr Jørgen Nybo Rasmussen bland många intressanta gestalter bl.a. fram den för många av åhörarna tidigare säkerligen okände Broder Jakob Den Danske, en omkring 1484 född dansk franciskan, som 1536 p.g.a. reformationen tvangs lämna Danmark för att efter en tids verksamhet i Mecklenburg fortsätta till Spanien, där han av konung (och kejsar) Karl V fick i uppdrag att bege sig till "Nya Spanien" som missionär. År 1542 anlände broder Jakob till Mexico, där han stannade fram till sin död 1566. Han lärde sig flera indianspråk och grundade flera konvent. Broder Jakob verkade bland indianerna och arbetade ihärdigt för att förbättra deras rättigheter. Han hävdade med kraft, att indianerna skulle ha samma rättigheter som spanjorerna i fråga om sakramentens mottagande - inklusive prästvigning. Han var i detta avseende mycket före sin tid, varför han mötte starkt motstånd hos sina samtida. Riktigheten i hans ståndpunkt har bekräftats av Kyrkan i vår tid.

Vår gästföreläsare Jørgen Nybo Rasmussen har länge hävdat, att denne Broder Jakob var son till den dansk-svensk-norske unionskungen Hans (1455-1513) och följaktligen bror till Kristian II /"Tyrann" eller "Den gode"/ (1481-1559), en uppfattning, som kraftigt bestridits av vissa andra historiker. En som dock blev övertygad om riktigheten i Nybos uppfattning var den danske författaren Henrik Stangerup (1937-98) - barnbarn till Hjalmar Söderberg f.ö. 1992 utkom Stangerups roman "Broder Jacob" med Jørgen Nybo Rasmussens forskningsresultat som huvudkälla. Vår hedersgäst var påtagligt nöjd med, att den danska drottningen och prins Henrik, då de tidigare i år företog ett statsbesök i Mexico, även besökte de delar av landet, där Broder Jakob varit verksam. Jørgen Nybo Rasmussen var också inbjuden att deltaga i resan dit.

Ytterligare information i ämnet finns att tillgå på de två länkhänvisningarna här nedan:

Subject: TV 2 Kongelig - Margrethe hædrer død munk i Mexico

http://nyhederne.tv2.dk/kongelig/article.php/id-10381693.html

liksom:

http://en.wikipedia.org/wiki/Jacob_Dacian

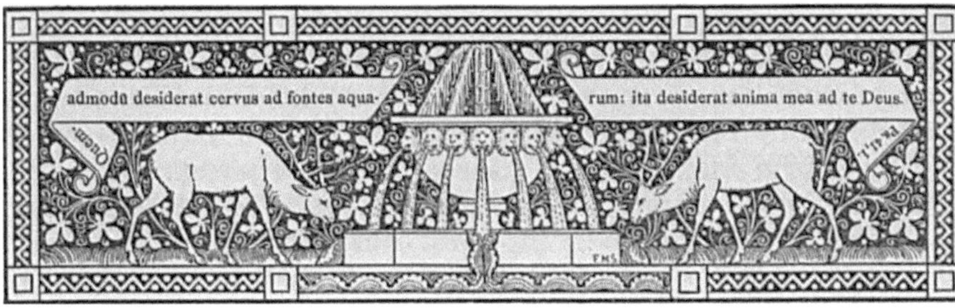

Ur helgonens liv och kult

Ingela Persson: S:ta Filomena, jungfru och martyr – helgonet som "vill vara med"

S:ta Filomena är ett helgon, genom vars medlande oräkneliga mirakler kommit till stånd. Detta påstående får sitt stöd i och är väldokumenterat av exempelvis S:t Jean Vianney, *le Curé d'Ars,* som uppgav, att de många underverk som skedde i Ars var en följd av Filomenas ingripande, och tillika av den vördnadsvärda Pauline Jaricot, som detaljrikt har beskrivit hur hon efter att ha lidit av en obotlig sjukdom blev frisk efter att ha vallfärdat till Mugnano, där Filomenas reliker finns bevarade i *Santuario di Santa Filomena*, samt av hundratals, kanske tusentals människor som blivit hjälpta av detta helgon i stort som smått. Vi skall senare i denna artikel återkomma till vad som hände med Pauline Jaricot.

Figur 1. Målning av S:ta Filomena i Ars som hon visat sig för S:t Jean Vianney

Vad som dock inte finns dokumenterat alls är uppgifter om Filomenas liv här på jorden. Det vi vet om Filomena känner vi till dels genom det hennes grav, återfunnen först år 1802 i Priscillakatakomberna i Rom, avslöjar för oss, dels genom privatuppenbarelser - inför tre av varandra helt oberoende personer, vars redogörelser överensstämmer.

Enligt privatuppenbarelserna led Filomena martyrdöden under den romerske kejsaren Diocletianus på 300-talet. Kejsar Diocletianus härskade åren 284 till 305 över det romerska imperiet. Under denna senare del av antiken var det nödvändigt med inte mindre än fyra kejsare, två kejsare och två underkejsare, för att kontrollera och administrera rikets enorma landområden. Diocletianus och hans underkejsare Galerius uppehöll sig i de östra delarna av riket och Diocletianus hade sitt kejsarresidens i Nikomedia (nuvarande İzmit) i västra Mindre Asien, medan kejsar Maximianus, med hov i Milano, inte i själva Rom, tillsammans med sin underkejsare, Constantius, styrde över imperiets västra delar. Det är ett historiskt faktum att Diocletianus och Galerius tillsammans stod för några av de värsta förföljelserna mot de kristna i det romerska riket; de heliga skrifterna skulle brännas, kristna fråntagas alla privilegier, fängslas eller dödas, kyrkorna skulle rivas m.m.

Figur 2. Bild av S:ta Filomena från Igreja da Conceição Velha i Lissabon (Foto: Wikipedia)

S:ta Filomena led martyrdöden i Rom under kejsar Diocletianus. Enligt privatuppenbarelserna var det han som dömde henne till döden och det av skäl som vi skall komma in på senare i denna artikel. I och med att vi från dessa vet att det var Diocletianus som utfärdade hennes dödsdom kan det faktiskt finnas ett sätt att fastställa året för hennes martyrskap till år 303. Det var nämligen så, att kejsar Diocletianus, som ju hade sin fasta punkt i Mindre Asien, enbart uppehöll sig under ett enda år i själva huvudstaden Rom, och det var just året 303, då han firade tjugoårsdagen av sitt trontillträde, sina *vicennalia*. Det är även belagt att Diocletianus och Galerius började sina kristendomsförföljelser år 303, varför året också av det skälet blir särskilt intressant när det gäller S:ta Filomenas öde.

Figur 3. S:ta Filomenas gravplattor (Foto: Universal Living Rosary Association, http://www.philomena.org/patroness.asp)

År 1802, den 25 maj, fann man således i Priscillakatakomberna i Rom, då man grävde nära det som kallades "Det grekiska kapellet", en s.k. *loculus* d.v.s. en grav som var uthuggen i stenväggen och vilken var förseglad med tre terrakottaplattor. På dessa plattor fanns en palmkvist, pilar, en lilja och ett ankare inristade. Man förstod att man funnit benen efter en jungfru och martyr, då palmkvistar symboliserar martyrskap och liljor jungfrudom. På plattorna fanns också skrivet i rött från vänster till höger LUMENA, PAXTE och CUMFI. En anatomisk undersökning av benen som man fann i graven visade att de tillhört en ung flicka, mellan tolv och tretton år gammal. Man fann också en liten flaska med torkat blod, vilket var urkyrkans typiska sätt att till eftervärlden förmedla, att det var en martyrs grav.

Monsignor Ponzetti, som vid denna tid var Vatikanens ansvarige för heliga reliker, flyttade om de tre terrakottaplattorna och fick då fram texten *Pax tecum Filumena* (Frid vare med dig, Filumena). Monsignor Ponzetti letade efter dokument som kunde styrka Filomenas identitet, men man fann inga, och man har aldrig funnit några senare heller trots upprepade och ihärdiga försök.

Figur 4. S:ta Filomenas basilika i Mugnano

S:ta Filomena själv ville dock att man skulle få veta något om henne ändå. Man kan kanske säga att denna hennes vilja att vara med och inte vara i skymundan började redan under transporten av hennes reliker till Mugnano, en plats belägen i bergen cirka två mil från Neapel. Det hade efter vissa stridigheter medgivits att kyrkan i Mugnano skulle få äran att bli platsen för denna jungfrumartyrs kvarlevor.

Man hade placerat skrinet med hennes ben under sätet i vagnen och stöttat det med andra saker för att skydda det. Nu hände det sig så att det under resan kom upprepade knackningar från skrinet, och en av resenärerna, biskopen av Potenza, fick små slag på sina underben flera gånger, vilket gjorde honom både irriterad och otålig, och han bannade först kusken för att ha slarvat med packningsarrangemangen, så att saker och ting åkte hit och dit. Man undersökte det som förvarades under sätena och upptäckte då det lilla svarta relikskrinet långt in och kom i och med det ihåg att man lovat Filomena en värdig plats under själva transporten av hennes reliker. Man tog upp skrinet och placerade det på själva sätet i vagnen. Knackningarna upphörde och de andra störningarna likaså.

När relikerna väl kommit på plats i kyrkan började det ske mängder av spektakulära mirakler för dem som sökte hjälp hos Filomena. Ryktet om allehanda underverk spreds snabbt och många vände sig till helgonet för att få hjälp.

Filomena ville, som sagt, vara med och att man skulle få kunskap om hennes liv och uppenbarade sig alltså för tre olika personer, berättade vem hon var och vad som hänt henne. Det första vittnet är tertiärdominikansystern Luisa av Jesus i Neapel. När hon i augusti 1833 höll på att be till Filomena, hörde hon plötsligt ord från statyn av helgonet. Enligt syster Luisa berättade Filomena nu i sammandrag följande:

Hon var grekisk prinsessa, född den 10 januari,[2] och hennes far var kung över en liten grekisk stat. Hennes föräldrar hade blivit kristna sedan deras

[2] Helgonet nämner inte årtalet i uppenbarelsen.

kristne livläkare vid namn Publius lovat att be för dem att de skulle få ett barn, som de så hett önskade. De blev döpta och fick så småningom en dotter – Filomena – Ljusets dotter.[3]

De älskade sitt barn så mycket att de tog Filomena, som då var tretton år gammal, med sig till Rom, när faderns rike hotades av angrepp av kejsar Diocletianus. Man ämnade utbe sig om nåd från kejsaren för att slippa krig.

Den kungliga familjen fick audiens hos kejsaren, som då han såg Filomena, blev förälskad i henne. Kejsaren lovade Filomenas fader att han inte skulle gå till angrepp mot hans rike och att han ville anhålla om Filomenas hand och gifta sig med henne.

När föräldrarna var ensamma med Filomena, bekände hon att hon redan hade trolovat sig med Kristus och att det därför inte var möjligt för henne att gifta sig med kejsar Diocletianus. Kungen och drottningen gjorde allt de kunde för att övertala henne, men Filomena stod fast och vägrade. Syster Luisa berättar vidare att kejsaren sedan han fått avslag på sitt frieri lät kasta Filomena i en av fängelsehålorna i kejsarpalatset och att han inte gav upp utan under en längre tid försökte få Filomena att ge efter för honom.

När hon hade varit fängslad i trettiosju dagar, fick hon i en syn se Jungfru Maria med Jesusbarnet i sina armar. Den heliga Jungfrun sade då till henne att hon bara skulle behöva uthärda ytterligare tre dagar i fångenskap, sedan skulle hon befrias och att hon under den tortyr som sedan väntade henne skulle få hjälp av både sin skyddsängel och av ärkeängeln Gabriel för att kunna lida för Kristus.

Diocletianus, som ännu inte gett upp, dömde nu Filomena till att undergå tortyr som ett sista försök att få henne på fall. Filomena gisslades oerhört grymt, men sedan hon återvänt till sin cell, kom änglar med balsam och helade hennes fruktansvärda sår, som läkte omedelbart. När sedan Filomena återigen avvisade Diocletianus, som menade att hon måste dyrka Jupiter,

---

[3] Man kan också härleda namnet till grekiskans *philouméne* – den älskade.

som Diocletianus var övertygad om var den som helat Filomena,[4] och hon vägrade att göra det, dömde kejsaren henne slutligen till döden, först på så sätt att man skulle dränka henne i floden Tibern genom att binda fast henne vid ett ankare, sedan genom att beskjuta henne med pilar. Filomena överlevde båda dessa försök till avrättning, och när människor såg miraklet med hur pilarna inte flög iväg från bågarna och hur hon lyftes upp ur floden av änglar, kom många till tro på Kristus. Slutligen halshöggs hon med svärd på order av kejsaren, och hennes själ kom till himmelen och förenade sig med Kristus.

Filomena talade om att hon dog den 10 augusti. Hon avslöjade också detaljer för syster Luisa från den resa under vilken hennes kvarlevor fördes till Mugnano.

Sedan hon hört denna berättelse kom syster Luisa i bryderi; kanske hade hon vanföreställningar? Hon ökade därför sina fastor och böner och tog reda på det hon kunde för att få bekräftat det som rösten sagt om reliktransporten. Syster Luisa kontaktade fader di Lucia som var en av dem som varit med på resan. Fader di Lucia bekräftade då allt som statyn hade sagt beträffande det som hänt under själva färden.

Det andra vittnet som Filomena uppenbarade sig för var en icke namngiven hantverkare, som bodde i en helt annan del av Italien än syster Luisa, och dessa två hade ingen som helst kontakt med varandra. Hantverkaren hävdar att han i en syn såg kejsar Diocletianus uppvakta en jungfru, och då hon vägrade gå med på hans frieri, dömde han henne i ett raserianfall till döden. Vittnet hörde kejsaren i förtvivlan ropa: "Ve mig, Filomena blir aldrig min gemål!"

Då kommer vi till det tredje och sista vittnet, som var en präst. Denne har berättat att han är övertygad om att han såg S:ta Filomena. Han mötte en ung flicka, när han var ute och gick en promenad. Han tyckte att hon verkade bekant, som om han sett henne någonstans förut. Hon frågade honom

[4] Kejsar Diocletianus kallade sig själv för Jovius "av Jupiter" och han fordrade *proskynesis*, d.v.s. enligt orientaliskt bruk knäfall inför härskaren som *dominus et deus* (herre och gud).

om det verkligen fanns en bild av S:ta Filomena i hans kyrka och vad han visste om henne.

Sedan prästen berättat det lilla han visste, förtäljde flickan honom att Filomena hade varit förtvivlad över att behöva sätta sig upp mot sin fars vilja och trotsa honom genom att vägra gifta sig med kejsar Diocletianus. Detta skulle kunna medföra krig mot hennes fars lilla grekiska kungadöme. Men Filomena hade inget val. Diocletianus var gift[5] och vad viktigast var, hon var redan förmäld med Kristus och hade avgett löfte om kyskhet inför Gud.

Prästen, förundrad över att flickan kunde känna till så många detaljer om helgonet, ställde flera frågor till flickan, som bekräftade att hon visste vad hon talade om. Flickan försvann och prästen var förbluffad över det som hänt. Han funderade hit och dit och det gick så småningom upp för honom varför flickan verkat bekant; hon liknade bilden av S:ta Filomena. Och prästen blev därmed övertygad om att han faktiskt mött helgonet självt.

Medan jag läste om Filomena blev jag naturligtvis nyfiken på vilken grekisk stat hennes far varit kung över. Enligt en artikel om henne i Wikipedia kom hon från Korfu, antikens Kerkyra,[6] men det anges inga källor för detta påstående. Innan jag kom i kontakt med ovannämnda uppgift hade jag försökt utröna vad kejsar Diocletianus hade för sig de intressanta åren. Han regerade ju över de östra delarna av det romerska riket. Jag lekte därför litet med tanken på att det kunde vara sannolikt att det var just i öst som Filomenas ursprung skulle stå att finna, i något av smårikena där, där det sedan länge hade bott och bodde greker, t.ex. i kuststäderna i Kolchis, vid Svarta havet, söder om Kaukasusbergen. Dessa städer koloniserades en gång från den grekiska staden Miletos och lydde vid denna tid under Rom samt styrdes av inhemska

---

[5] Diocletianus gemål var kejsarinnan Prisca, som var välvilligt inställd till de kristna och som själv kanske t.o.m. var kristen.

[6] Korfu är den nordligaste av de Joniska öarna utanför Albaniens kust. Den koloniserades på 700-talet från den grekiska staden Korint. Korfu kom så tidigt som 229 f.Kr. under romerskt herravälde, men fick bevara en del av sin autonomi mot att Rom fick fri tillgång till dess hamn.

lydfurstar - d.v.s. av greker. Städerna Phasis och Lazica exempelvis, i det nuvarande Georgien på sydsidan av Stora Kaukasus, grundades av greker från Miletos på 500-talet f.Kr. och kristnades på 300-talet e.Kr.

Man vet att det under Diocletianus' styre utövades ett starkt skattetryck på jordägare, och i dessa trakter fanns rika jordbruksbygder liksom ännu idag. Det blir frestande och - kanske aningen sannolikt - att tänka sig att man dignade under skattebördan och vägrade betala skatt och att kejsaren därför ämnade gå till angrepp. Diocletianus underkejsare Galerius förde krig i dessa trakter - exempelvis slöts fred med sassaniderna (Perserriket) år 299, freden i Nisibis. Under detta krig (år 298) hade Galerius efter att ha besegrat shahen Narseh, lagt beslag på dennes rikedomar, hans harem och hans hustru. Det finns paralleller, men, som sagt, detta är bara ett scenario sprunget ur ren nyfikenhet och helt och hållet hypotetiskt. En dag kanske helgonet själv berättar...

Figur 5. Pauline Jaricot (fr. Wikipedia)

Då kommer vi till Filomenas kanonisering. Den vördnadsvärda Pauline Jaricot, som nämndes helt kort i inledningen till denna artikel, föddes 1799 och dog 1862. Hon var nära väninna till S:t Jean Vianney och bl.a. en av grundarna till Den levande rosenkransens sällskap *(L'Association du Rosaire vivant).* Pauline var både from, vacker och begåvad, men drabbades vid trettiofem års ålder av en mycket svår hjärtsjukdom som hotade att ta hennes liv.

Pauline fattade beslutet att göra en pilgrimsfärd till Mugnano, till S:ta Filomenas reliker. Det blev en mycket svår och strapatsrik resa. Vid berget Cenis i Alperna gör man ett av många uppehåll för välbehövlig vila och beundrar därvid den strålande utsikten. Då framträder plötsligt som ur ingenstans en ung flicka. Hon ler mot Pauline och räcker fram en vit ros, som doftar ljuvligt. Flickan försvinner lika plötsligt som hon uppenbarat sig. Den typen av rosor har aldrig växt i dessa bergstrakter, det vet man. Vem kunde flickan som överräckt den underbara blomman vara...?

När man anländer till Rom för ett planerat uppehåll där på vägen till Mugnano, är Pauline medvetslös och senare också så svag att hon inte kan vara med på den audiens som påven Gregorius XVI beviljat. Påven besöker dock Pauline på hennes sjukbädd. Den sjuka frågar honom då om han skulle vara beredd att fatta ett slutgiltigt beslut angående Filomenas kanonisering, ifall hon, Pauline, sedan hon varit i Mugnano skulle komma gående till fots till Vatikanen. Övertygad om att han har att göra med en döende person och att ett sådant löfte skulle vara till tröst för kvinnan lovar påven henne detta.

Man fortsätter så resan och anländer till Mugnano den 8 augusti 1835. Den 9 augusti deltar Pauline i flera mässor och mottar den heliga kommunionen, men ännu sker inget mirakel. Pauline är avsvimmad och man tror att hon är död. Så återfår hon medvetandet och ber om att man skall föra henne till Filomenas grav. Det berättas att Neapel-borna knackade på Filomenas grav och påminde henne om att hennes rykte stod på spel. De skall ha sagt: "Hör du oss, Filomena? Om du inte botar denna fromma dam, kommer vi inte att be till dig mer. Vi tänker inte ha någonting mer med dig att göra! Giv henne hälsan åter omedelbart!" Senare på dagen den 10 augusti blir Pauline ögonblickligen och fullkomligt botad från sin sjukdom.

Pauline Jaricot promenerade verkligen till fots i Rom fram till Vatikanen Påven trodde att han såg en syn. Hon fick därefter stanna i Rom under ett år för att hennes mirakulösa tillfrisknande skulle bekräftas. Den 13 januari 1837 kanoniserades Filomena av påven Gregorius XVI, en helgonförklaring som hade sin grund helt och hållet i det faktum att oräkneliga mirakler inträffat genom hennes medlande. Mirakler, stora som små, inträffar oftast, för att inte säga alltid, då man förtröstar på och tyr sig till detta helgon.

En mycket allvarlig kontrovers när det gäller S:ta Filomena inträffade längre fram, in på 1900-talet. Flera påvar, Gregorius XVI, Pius IX, Leo XIII, Pius X m.fl., hyste en alldeles speciell tillgivenhet för Filomena. Gregorius XVI utnämnde henne till "1800-talets stora undergörerska". Särskilt påven Pius IX, som blev allvarligt sjuk då han var ärkebiskop av Imola, var mycket fäst vid henne. Bredvid hans sjukbädd stod en bild av Filomena och denna bild började plötsligt ge ifrån sig knackande ljud. Biskopen hade länge varit helgonets skyddsling och spridit hennes kult, och strax efter knackningarnas början visade han upp tecken på bättring och blev också helt frisk. Han blev alltså den sedermera saligförklarade påven Pius IX.

Likväl framträdde alltså en bit in på 1900-talet forskare, som menade att man inte kunde vara säker på att de ben man hittat i Priscillakatakomben verkligen var relikerna av en jungfru och martyr. Man menade att texten *Pax tecum Filumena* inte heller var ett säkert bevis för att benen tillhört en person med det namnet. Man hävdade bl.a. att den omständigheten att inskriften när man fann den var satt i en annan ordningsföljd skulle tyda på att man återanvänt stenar från en annan grav och därmed skulle hela bevisningen för att det rörde sig om en martyr falla, då ju palmkvistarna, liljan och pilen egentligen skulle kunna tillskrivas någon annan persons kvarlevor. I och med denna förvirring bleve det en omöjlighet att med säkerhet fastslå att hon verkligen funnits, ansåg man.

Andra lika långsökta argument mot helgonet framfördes också, och i enlighet med den tidsanda som rådde på 1960-talet tog kongregationen för riterna år 1961 bort S:ta Filomena från helgonkalendern, tveklöst en eftergift för den progressivism och modernism som under detta decennium och nu alltjämt successivt sticker upp sina hydrahuvuden. Filomena stod för allt som uppluckrades då - kyskhet, moral, fromhet - och därmed måste hon diskrediteras. Det är dock helt uppenbart att helgonet inte brytt sig om detta. Hon fortsätter att utföra oräkneliga mirakler som den undergörerska hon är och utnämndes till av påven Gregorius XVI.

Den 23 november 1980 ägde t.ex. en svår jordbävning rum i södra Italien. Skalven nådde även Mugnano. Mugnano-borna sprang ut ur husen och ut på gatorna och ropade: S:ta Filomena, hjälp oss", varpå det hände sig att alla människor oskadda kunde lämna sina hus innan byggnaderna föll samman. "Hon visade oss sin kärlek", sade man.

Året därpå, den 14 februari, var epicentrum i Mugnano. Världspressen skrev i samband med detta om "undret i Mugnano": 90 % av alla kyrkor i Nola-stiftet förstördes, men S:ta Filomenas helgedom stod kvar.

I avdelningen nedan följer några sätt att utöva fromhetsövningar riktade till detta mäktiga lilla helgon. Men kom ihåg att om du lovar henne något, måste du hålla det, annars säger hon ifrån på något sätt, kanske genom att rentav återta sina gåvor!

Novena till S:ta Filomena

S:ta Filomena, du trogna och ärorika martyr, som åstadkommer så många mirakler för de fattiga och de sörjande, ha medlidande med mig. Du känner alla mina många och olikartade behov. Se mig här vid dina fötter, full av bedrövelse, men full av hopp. Jag bönfaller dig om barmhärtighet. Du underbara helgon, bönhör mig nådigt och utverka av Gud ett gynnsamt svar på den bön jag nu ödmjukt ställer till dig... (precisera här din begäran).

Jag är fast förvissad om att jag, medelst dina förtjänster, genom det förakt och de lidanden du utstod och den död du led, förenade med Jesu, din Brudgums, död och lidandes förtjänster skall erhålla det jag ber dig om, och i mitt hjärtas glädje skall jag välsigna Gud, som är beundransvärd i sina helgon.

Amen.

S:ta Filomenas gördel

S:t Jean Vianney spred den fromhetsövning som utgörs av att man på sin kropp bär ett band gjort av röd och vit ull, linne eller bomull. I de två ändarna skall man knyta en knut. (Man kan virka bandet eller tvinna garntrådarna.) Färgerna vitt och rött är symboler för Filomenas jungfrulighet och hennes martyrskap. Bandet skall välsignas av en präst. Man bär det under sina kläder och uppmanas att be följande bön till helgonet:

S:ta Filomena, jungfru och martyr, bed för oss att vi genom ditt mäktiga medlande skall erhålla den själens och hjärtats renhet som leder till den fullkomliga kärleken till Gud. Amen.

Den 5 juni 1968 borttogs all avlat som tidigare givits vid bärande av gördeln. Fram till detta datum gavs plenär avlat första dagen man bar gördeln, den 25 maj, den dag då helgonets ben återfanns, den 11 augusti, hennes festdag, den 15 december, det datum då gördeln godkändes, och om man har den på sig i dödsstunden.

S:ta Filomenas rosenkrans:

Rosenkransen består av Filomenas medalj och ett krucifix, av tre vita pärlor - till ära för varje person i den heliga Treenigheten - och av tretton röda pärlor - en för varje år hon levde.

1. Vid medaljen ber man trosbekännelsen och om nåden att tro

2. Vid den första vita pärlan bes Fader vår till Faderns ära, vid den andra vita pärlan Fader vår till Sonens ära och vid den tredje vita pärlan Fader vår till den helige Andes ära i den heliga Treenigheten och som tacksägelse för all ynnest som erhållits genom Filomenas medlande.

3. Vid de röda pärlorna ber man tretton Ave Maria med anledning av de tretton år helgonet levde *eller* följande bön i stället för Ave Maria:

Var hälsad, du heliga Filomena, min kära beskyddarinna. Bed för mig nu och i min dödsstund, du som efter Maria är min förespråkerska inför din gudomlige Brudgum. Bed för mig nu och i min dödsstund. S:a Filomena, Jesu och Marias älskade dotter, bed för oss som tar vår tillflykt till dig. Amen.

Rosenkransen avslutas med följande bön:

Var hälsad, strålande S:ta Filomena, som med så stort mod utgöt ditt blod för Kristus, jag välsignar Herren för alla de nådegåvor Han skänkt dig under ditt liv och särskilt vid din död. Jag prisar och ärar Honom för den ära och makt han krönt dig med, och jag ber dig om att av Gud för mig utverka de nådegåvor jag ber om genom ditt ingripande. Amen.

Källor och litteratur

Mark Miravalle: *It Is Time to Meet St. Philomena,* Queenship Publishing Company, Goletag, 2007

Marian Horvat, Judith Mead, Ellyn Miller, Catherine Croisette: *The Marvellous St. Philomena,* Tradition in Action, Los Angeles, 2013

Fr. Paul O'Sullivan: *Saint Philomena, the Wonder Worker,* Tan Books and Publishers, Rockford, Illinois, 1993

Sister Marie Helene Mohr: *Saint Philomena Powerful with God,* Tan Books and Publishers, Rockford Illinois, 1988

Johann Darche, M. A. Ignis, Barbara Imhof: *Es war einmal... Das Einst und Jetzt der Philomena-Verehrung mit einem Lebensabriss von Pauline Jaricot,* Theresia-Verlag, Seewen, 1994

Gerd-Klaus Kaltenbrunner: *Geliebte Philomena: Kleiner Liebesbrief an eine wiedergefundene Heilige,* Theresia-Verlag, Lauerz, 1995

Georg J. E. Mautner Markhof: *Das unbequeme Wunder: Kirchenstreit um Philomena 1802-1981.* Poseidon Press, 1981

Tullia Linders: *Vem är vem i antikens Grekland och i Romarriket?* Prisma, 2003

Oxford Classical Dictionary, Oxford University Press, 1970

Alf Henriksson: *Antikens historier,* Bonniers, 1958

Wikipedia

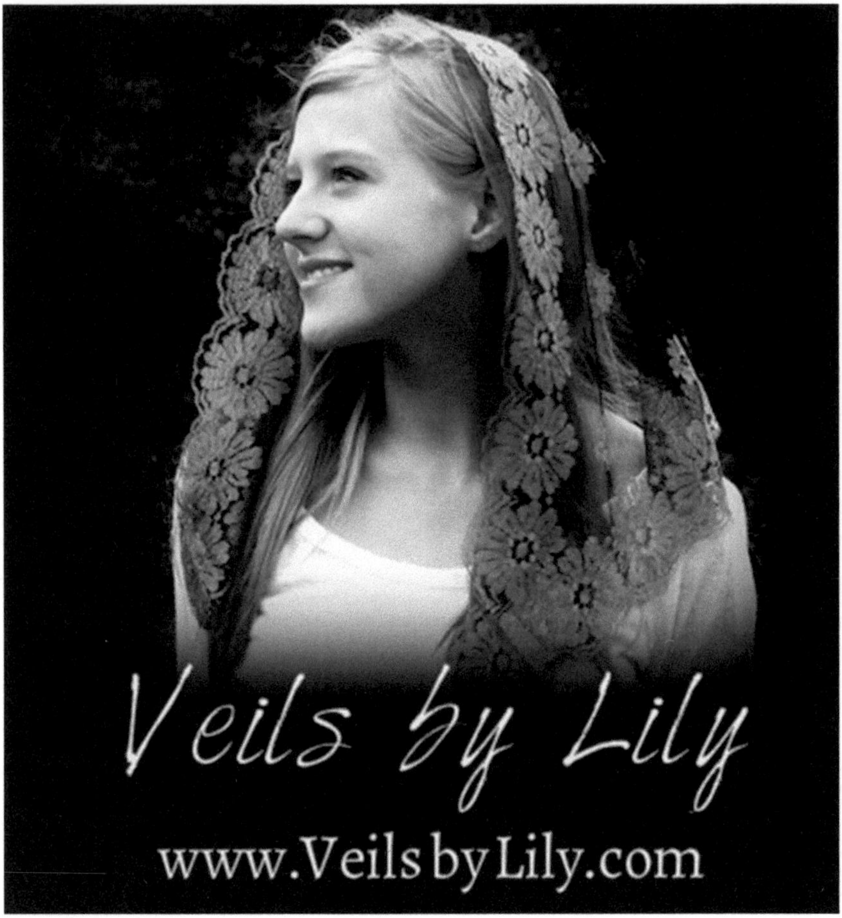
Veils by Lily
www.VeilsbyLily.com

Andlig läsning

Gammalsvenska julböner.

(ur *Credo: Katolsk Tidskrift,* N:r 12, december 1922, ss. 297-298)

Lov, heder och ära vare dig allsvåldige Gud, för alla dina gudoms och mandoms gärningar!

Enkannerligen tackar jag dig för den outsägliga kärlek du bevisade mig i det,

att du vart människa och tålde omak och bedrövelse

och tog till dig människornas krankhet och vansklighet,

som är gråt, köld, hunger, törst och trötthet. Pater noster.

Jag tackar dig för din heliga avlelse,

då du kom med hugnad och glädje till jungfruns kved,

och växte och ökades i längd i nio månader henne utan tunga

och föddes i Betlehem utan all smitta och bedrövelse med största glädje

i smäleks hus och åsnestall

och vart lagd i krubban för åsna och oxe i största fattigdom.

O, allrakäraste Herre Jesus!

Giv mig hjälp att hava och önska sann ödmjukhet och självvald fattigdom,

så att jag ingenting måtte vilja eller åstunda utom dig,

att du min Gud och Herre värdes födas i min själ och mitt hjärta med din nåd och misskund

och mildra min lekamliga glädje och bedrövelse, att jag ej mot dig må synda.

Jag tackar dig för din fattigdom och gråt,

och för den stygga lukt som du inandades i åsnans stall,

och du hade ej kläder i ymnighet att svepas i, utan skalv och darrade av köld,

ingen kostelig säng att läggas i, utan hård krubba.

Och du fostrades och föddes med din jungfruliga moders mjölk av hennes ljuvaste bröst.

O, käraste Jungfru Maria!

Jag beder dig för den största hugnad och glädje, som du hade,

då du födde din Gud, herre och skapare av din jungfruliga kved.

Giv mig sann ödmjukhet och fullkomlig Guds kärlek,

att jag med dygdiga gärningar dagligen må nalkas min Gud

och stadeligen i hans tjänst stånda.

Jag tackar dig för din heliga omskärelse

att du ville så arla utgjuta ditt helga blod och tåla sveda på den åttonde dagen

och lät dig namn giva och Jesum kalla.

O, mildaste Herre Jesus Kristus!

Giv mig genom ditt menlösa blod och tårars utgjutelse

och för den moderliga mildhet, som din käraste moder hugnade dig med,

då hon avtorkade bägges edra tårar,

att jag måtte andligen mig omskära i alla mina lemmar av all skör och ond lusta,

att jag ingenting tänker, talar eller gör, som är mot din vilja.

Jag tackar dig för den treggehanda glädje

som du hugnade din moder med i åsnestallet.

Först att du kallade till dig med dina helga änglar herdarna på marken,

som hon fick en stor glädje av, att hon såg dem ära dig.

Den andra, att du ledde de helga tre konungar med en stjärna till dig.

Den tredje glädjen var, att hon såg och hörde gladlig änglasång i största hjärtats hugnad.

O, hugneligaste Jesus!

Giv mig att jag av din mildhet må offra dig sann och besk ånger över mina synder,

och välluktande bön i din åsyn

och brinnande kärlek till dig hava

och dig evärdeligen hedra och ära nu och förutan all ända. Amen.

Jag tackar dig, att du vart, offrad i Salomos tempel

och mottagen av Simon profeten och av profetissan Anna.

De fröjdades och gladdes mycket över dig.

Och sedan flydde din käraste moder och sankt Josef till Egyptens land med dig

och där blev du uppfostrad i sju år med dem i allehanda arbete i fattigdom och brist.

O, ödmjukaste Herre Jesus!

Jag beder dig genom den ensamma tid, som Jungfru Maria levde i stallet

under de fyrtio dagarna som hon där med dig var och stod utan kyrka,

och genom den jungfruliga blyghet som hon kände,

då hon offrade dig den Allravärdigaste tvenne offer i templet.

Giv mig ensamhet och ro för alla djävulens ingivelser,

att jag må blygas att något tänka, tala eller göra, som mot dig är,

och undfly allt, som är mig skadeligt till liv och själ,

och vara alla till ödmjukhet och tjänst för din kärleks skull.

Och låt din moders bedrövelses svärd aldrig gå ur mitt hjärta.

Jag tackar dig för din heliga uppväxttid, i vilken du trivdes och ökades i längd liksom andra människor,

och för den glädje du beredde din moder,

då hon fann dig i Jerusalem i templet,

sedan hon tre dagar sörjande hade sökt dig

och för din ödmjuka lydnad, som du, sann Gud, visade och bevisade dina föräldrar.

O, käraste Herre Jesus!

Jag beder dig genom din menlösa barndom

misskunda dig över min barndoms synder

som jag gjorde i min fåvitsk-
het och i min barndoms dårskap,

att jag dig må finna och aldrig
mer från mig tappa med mina
synder. Amen.

Ur en i Vadstenaklostret sannolikt på 1470-talet utarbetad handskrift, vars sista svenska ägare var nunnan Kristina Petri, landsförvisad 1595. Den kallas därför av Schück "Den sista Vadstenanunnans bönbok".

Akt av bifall till ens dödssätt som kommet ur Guds hand

Enligt ett dekret utfärdat av S:t Pius X den 9 mars 1904[1] erhålles sju års avlat och en plenär avlat i dödsstunden, om man en gång i livet med hängivenhet gör denna akt under de sedvanliga villkoren (bikt, kommunion, bön för påvens intentioner). Akten måste utföras i en uppriktig anda av kärlek till Gud och med ett förkrossat hjärta (d.ä. med fullkomlig ånger av begångna dödssynder).

Min Herre och min Gud, redan nu ger jag mitt bifall i fullständig undergivenhet och beredvillighet till vilket dödssätt det vara må som det skall täckas Dig att skänka mig, med all dess ångest, lidande och vånda, såsom kommet ur Din hand.

[1] *The Raccolta: Prayers and Devotions Enriched with Indulgences,* Loreto Publications/Preserving Christian Publications, 2004 (ursprungligen publicerad 1957 av Benziger Brothers Inc.), nr 638 s. 510.

Litaniae in honore Sanctae Philumenae Virginis et Martyris

Recitatae in ecclesia Sanĉti Gervasii

Kyrie eleison.
Christe eleison.
Kyrie eleison.
Christe audi nos.
Christe exaudi nos.
Pater de coelis, Deus, miserere nobis.
Fili, Redemptor mundi, Deus, miserere nobis.
Spiritus Sanĉte, Deus, miserere nobis.
Sanĉta Trinitas, unus Deus, miserere nobis.

Sanĉta Maria, regina virginum et martyrum, *ora pro nobis.*
Sanĉta Philumena, cuius nativitas fidem parentum coronavit, ...
Sanĉta Philumena, inter spinas lilium, ...
Sanĉta Philumena, iam in iuventute Deo fidelis et accepta, ...
Sanĉta Philumena, quae virginitatem Christo devovisti, ...
Sanĉta Philumena, cuius cor vanitati iugiter obstitit, ...
Sanĉta Philumena, quae soli Christo perplacere exoptasti, ...
Sanĉta Philumena, carnis et mundi viĉtrix magnanima, ...
Sanĉta Philumena, rosa in martyrium silenter crescens, ...
Sanĉta Philumena, quae carissima Deo liberaliter immolasti, ...
Sanĉta Philumena, mediis in tormentis impavida, ...
Sanĉta Philumena, divinae gratiae innixa, ...
Sanĉta Philumena, quam in carcere Maria solati[o] levavit, ...
Sanĉta Philumena, tamquam Sponsus tuus divinus flagellata, ...
Sanĉta Philumena, innumeris transfixa telis, ...
Sanĉta Philumena, in catenis divinitus sanata, ...
Sanĉta Philumena, praeceps in Tiberim adduĉta, ...
Sanĉta Philumena, in litus ab angelis mire translata, ...
Sanĉta Philumena, igneis, Deo iuvante, telis invulnerabilis, ...
Sanĉta Philumena, quae mirabili constantia tormentorum testes ad Deum revocasti, ...
Sanĉta Philumena, quae caput gladio carnificum libenter obtulisti, ...

Litania till ära av S:ta Filomena, jungfru och martyr

I bruk i S:t Gervasii kyrka

Herre, förbarma dig.
Kristus, förbarma dig.
Herre, förbarma dig.
Kristus, hör oss.
Kristus, bönhör oss.
Gud Fader i himmelen, förbarma Dig över oss.
Gud Son, världens Frälsare, förbarma Dig över oss.
Gud, Helige Ande, förbarma Dig över oss.
Heliga Treenighet, en ende Gud, förbarma Dig över oss.

S:ta Maria, jungfrurs och martyrers drottning, *bed för oss.*
S:ta Filomena, vars födelse krönte dina föräldrars tro, ...
S:ta Filomena, lilja bland törnen, ...
S:ta Filomena, redan i ungdomen trogen och angenäm för Gud, ...
S:ta Filomena, som lovade Kristus din jungfrulighet, ...
S:ta Filomena, vars hjärta beständigt stod emot fåfänglighet, ...
S:ta Filomena, som önskade att behaga endast Kristus, ...
S:ta Filomena, köttets och världens storsinta besegrarinna, ...
S:ta Filomena, ros tyst växande i martyrskap, ...
S:ta Filomena, som ädelt som ett välbehagligt offer gav dig åt Gud, ...
S:ta Filomena, oförvägen mitt i plågorna, ...
S:ta Filomena, som förtröstade på den gudomliga nåden, ...
S:ta Filomena, som Maria med sin tröst höll uppe i fängelset, ...
S:ta Filomena, gisslad liksom din gudomlige Brudgum, ...
S:ta Filomena, genomborrad av oräkneliga pilar, ...
S:ta Filomena, i bojorna helad av Gud, ...
S:ta Filomena, huvudstupa kastad i Tibern, ...
S:ta Filomena, underbart förd av änglar till stranden, ...
S:ta Filomena, med Guds hjälp osårbar för eldpilarna, ...
S:ta Filomena, som genom förunderlig ståndaktighet kallade plågornas vittnen åter till Gud, ...
S:ta Filomena, som villigt erbjöd ditt huvud år bödlarnas svärd, ...

Sancta Philumena, potens in coelis, ...
Sancta Philumena, Ecclesiae triumphantis et militantis decus, ...
Sancta Philumena, nostri saeculi Thaumaturga, ...
Sancta Philumena, caeci ocule et pes claudi, ...
Sancta Philumena, morientium sanatio, ...
Sancta Philumena, dux peregrinorum, ...

A detrimento fidei, libera nos Domine.
A nefanda in religionem desidia,...
Ab animi remissione divinis in rebus, ...
A voluntatis imbecillitate in operibus bonis, ...
A mundi vanitatumque blanditis, ...
A superbia diabolica, ...
Ab immundo spiritu, ...
Ab amore nostro nimio, ...
A verecundia humanae opinionis, ...
Ab exemplorum corruptela malorum, ...
A cultu mundi, Dei servitio male praeposito, ...

Agnus Dei, qui tollis peccata mundi, parce nobis Domine.
Agnus Dei, qui tollis peccata mundi, exaudi nos, Domine.
Agnus Dei, qui tollis peccata mundi, miserere nobis.

Ora pro nobis, Sancta Philumena,
ut digni effeciamur promissionibus Christi.

Oremus.

Deus qui beatam Philomenam duplici corona virginitatis et martyrii decorasti, da nobis sic eius castitatem et fortitudinem venerari, ut perpetuis ipsius adiuti praesidiis, et mundum vincamus et coronam apprehendamus aeternam. Per Dominum.

(Källa: Gerd-Klaus Kaltenbrunner: *Geliebte Philomena: Kleiner Liebesbrief an eine wiedergefundene Heilige,* Theresia-Verlag, Lauerz, 1995, s. 61-64 med några obetydliga rättelser)

S:ta Filomena, mäktig i himmelen, ...
S:ta Filomena, du den triumferande och kämpande Kyrkans prydnad, ...
S:ta Filomena, vår tidsålders undergörerska, ...
S:ta Filomena, den blindes ögon och den lames fot, ...
S:ta Filomena, de döendes helande, ...
S:ta Filomena, pilgrimernas ledarinna, ...

Från trons förlust, *bevara oss, Herre.*
Från skändlig lättja i religionen, ...
Från själens förslappning i gudstjänsten, ...
Från viljans bräcklighet i goda gärningar, ...
Från världens och fåfängligheternas lockelser, ...
Från diaboliskt högmod, ...
Från orenhetens ande, ...
Från alltför stor egenkärlek, ...
Från människofruktan, ...
Från onda förebilders fördärv, ...
Från världens dyrkan illa satt före Guds tjänst, ...

Guds lamm, som borttager världens synder, förskona oss, Herre.
Guds lamm, som borttager världens synder, bönhör oss, Herre.
Guds lamm, som borttager världens synder, förbarma dig över oss.

Bed för oss, S:ta Filomena,
att vi må värdiga varda Kristi löften.

Låtom oss bedja!

Gud, Du som prydde den saliga Filomena med både jungfrulighetens och martyriets segerkrans, giv åt oss att på ett sådant sätt vörda hennes kyskhet och styrka, att vi hjälpta av hennes eget eviga beskärm både må besegra världen och vinna den eviga segerkransen. Genom Jesus Kristus, vår Herre.

(Översättning: Ingela och Erik Persson)

Jakob Söfting: Ad fideles Rosarium

De har liksom blivit tradition att jag i varje utgåva av denna ärevördiga publikation kåserar kring en boklunta eller två. Till detta sjätte nummer har jag dock inte förmått leverera något slikt och det är jag riktigt ledsen för. Andra kanske är glada. Det må vara hur som helst med den saken; jag anser mig behöva prestera åtminstone en bortförklaring.

Under hösten läste jag en bok om Mariauppenbarelser i vår moderna och – av "ljusbringaren" Lucifer – upplysta tid. Ett avsnitt som fäste sig i minnet var ett där Vår Fru förklarar varför hon bönhört en av sina döttrar: Hon hade åkallats under titeln Vår Fru av den heliga Rosenkransen. Och Himladrottningen underströk: "Det namnet är mig speciellt kärt". Ytterligare en av många himmelska hänvisningar till Rosenkransen som människans avgörande andliga vapen i denna ytterligt hälsovådliga tid.

Under ungefär samma tid insjuknade mitt yngsta barn, min nio månader gamla pojke, i ett mycket allvarligt tillstånd. Han hade infekterats av en elakartad, giftproducerande typ av E. coli-bakterie vilken hos honom orsakade ett tillstånd kallat hemolytiskt uremiskt syndrom. Giftet leder till idel förstörelse och kaos i inre organ – många gånger med kroniska skador. Hos min son var det främst njurarna som attackerades. Han var tvungen att befinna sig i ett sjukhus under en hel månad, fick blodtransfusioner, näringshjälp och en slang inopererad i magen för en dialysbehandling som skulle komma att pågå i tre veckor. Det var svårt att undvika att se, att läkarna var väldigt oroliga (vilket de naturligtvis delvis försökte dölja), så vi var följaktligen också mycket oroliga. Vi lade vår sons öde i Vår Frus händer. Vi har lyckan och nåden att tillhöra en stor katolsk församling – så Himlen bestormades med Mässor, Rosenkransar och andra böner, uppoffringar och goda gärningar.

Så kom oktober, den heliga Rosenkransens månad. Direkt under dess första dag började min sons tillstånd markant förbättras. Den processen fortsatte tydligt och oavbrutet tills dess att han den sjunde, dvs. under den heliga Rosenkransens festdag, helt sonika utskrevs från sjukhuset! Ingen mer dialys, ingen mer behandling. Inga indikationer på att han skulle ha några kroniska skador. Läkarna var uppenbart överraskade.

Jag och min fru vill se på saken som en upprepning av vad som ovan redan sagts: som ytterligare en av många himmelska hänvisningar till Rosenkransen som människans avgörande andliga vapen i denna ytterligt hälsovådliga tid.

Må vi aldrig glömma eller underskatta Rosenkransens mäktiga kraft för den enskilda människans frälsning och hälsa såväl som för mänsklighetens tillfrisknande ur det allvarliga tillstånd som vi aldrig får tro är kroniskt – oavsett hur allvarligt sjukligt det blir. Summa: den läxa vi lärt oss från vår sons sjukdom – var Rosenkransen trogen. Då skall till sist Hennes Obefläckade Hjärta triumfera.

Fråga prästen

P. Håkan Lindström: Är den nutida ekumeniken kärleksfull? Kan den leda till enhet?

Framförallt två skäl brukar framföras som grund för den moderna ekumenik, som inte längre söker verka för omvändelser till den katolska tron, utan främst söker uppnå förbrödring mellan kristna genom att betona det man har gemensamt och nedtona skillnader. Det ena argumentet är att detta är det kärleksfulla sättet att förhålla sig till sin icke-katolska nästa; det andra att det är det bästa sättet att uppnå den enhet bland dem som tror på Kristus, vilken Herren själv bad för "...att de alla må vara ett..." (Joh. 17, 21).

Vilka är då skillnaderna som i ekumenikens namn skall nedtonas? Dessvärre finns bland dessa ett flertal av de i sig säkra medel för att nå saligheten i himlen, som endast den katolska tron och religionen erbjuder. Den som troget och uppriktigt genom ett helt liv håller sig till katolska Kyrkans sakrament, morallära och religiösa praktik når med säkerhet den eviga belöningen i himlen. Det är just detta som är de "Kristi löften", som vi så ofta ber den heliga Jungfrun hjälpa oss att bli värdiga. En nedtoning av skillnaderna medför alltså en nedtoning av betydelsen av de i sig säkra medlen för uppnåendet av människans eviga lycka. I praktiken leder ekumeniken till att dessa medel döljs och undanhålls för vår icke-katolska nästa och att katoliker själva blir förvirrade och inte kan undgå risken att själva börja ifrågasätta hur viktiga dessa typiskt katolska företeelser egentligen kan vara om de ständigt i ekumenikens namn obehindrat kan nedtonas. Att dölja de säkra medlen till lycka för somliga och att få andra att tvivla på desamma är inget annat än att utsätta dem för stor risk att gå miste om denna lycka. Vad kunde vara mindre kärleksfullt?

All mänsklig erfarenhet visar att enhet förutsätter auktoritet. Människans bräcklighet och föränderlighet leder oundvikligen till att, om var och en skall tänka och handla helt enligt eget huvud, ingen enhet kan uppnås. Samtidigt kan ingen auktoritet vara verkligt beständig, som inte står för sanningen. Det ligger i människans natur som förnuftig varelse att söka sanningen, och därför kommer förr eller senare någon del av mänskligheten att göra någon form av uppror mot en ordning som avviker från sanningen. Verklig och varaktig enhet kräver därför en auktoritet som är högre än den enskildes mening och samtidigt låter sig igenkännas som varande i harmoni med människans naturliga strävan efter sanning. Det är just detta som den katolska tron, vilken bygger på Guds ofelbara auktoritet och samtidigt låter sig prövas av förnuftet och då finns vara trovärdig och sann, kan erbjuda. Om man, för att nedtona skillnader mellan trossamfunden väljer bort vissa av Guds uppenbarade sanningar såsom mindre väsentliga, har man genast börjat välja efter eget huvud, och har inte längre stöd av Guds auktoritet. Var och en skulle genast kunna ställa sig frågan: Varför skulle just detta av människor träffade urval av "väsentliga sanningar" vara förbindligt? Den nedtoning eller rentav förnekande av bindande auktoritet på religionens område som den moderna ekumeniken innebär är därför raka motsatsen till det som kan leda till verklig enhet.

Bokligt och litterärt

John Jensen: Melville og Guds død

"The Castaway"; Kap. XCIII fra Herman Melvilles "Moby Dick".

I 1851 publicerede Herman Melville[1] sin store filosofiske og symboltunge roman, *Moby Dick or the Whale.* Melville havde på dette tidspunkt opnået pæn litterær anerkendelse for romantiske maritime fortællinger mest fra Stillehavet[2] delvist baserede på egne oplevelser som sømand *"before the mast"* i handelsflåden, et hvalfangerskib og US Navy. *Moby Dick* blev imidlertid en dundrende litterær fiasko i Amerika, hvor kritikerne fandt bogen ligeså uformeligt stor, intimiderende og utilnærmelig som kaskelothvalen, der havde lagt navn til bogen. En lettere revideret udgave blev dog relativt vel modtaget i England. Men først senere tider skulle vide at yde værket retfærdighed som ét af de absolutte hovedværker i den moderne postkristne litteratur, hvor den kristne Gud anses for død og afguder, "Moder natur", Kaos og det absurde indtager den tomme plads.

---

[1] Født i 1809 i New York City og død 1891. Han nedstammede fra en gammel købmandsfamilie, der havde kendt bedre dage. Han var samtidig med Walt Whitman, Nathanael Hawthorne og New England transcendentalisterne, Ralph Waldo Emerson og Henry David Thoreau.

[2] Romanerne *Typee* (1845), *Omoo* (1846), *Mardi* (1849), *Redburn* (1849), *White Jacket* (1850).

Historien fortalt af *con amore* sømanden, "der kalder sig Ishmael",[3] handler på overfladen om kaptajn Ahabs begivenhedsrige hævntogt efter den hvide hval i hvalfangerskibet "Pequod", som under et tidligere togt havde berøvet Ahab det ene ben til knæet. En hændelse som Ahab tilskriver det umælende dyrs rene ondskabsfuldhed, der nedkalder Ahabs hævn og straf i mangel af Guds straf. På et dybere niveau ser Ahab sig selv som en "civilisationsheros" og om nødvendigt en martyr, der ved at slå den bibelske Leviathan i skikkelse af den hvide hval ihjel, befrier menneskeheden fra selve det onde princip, der ødelægger dens tilværelse. Men herved kommer hans grænseløse hovmod til syne; som om et menneske og ikke kun Gud kan eliminere uhyret i dybet!

Hver person i værket viser forskellige måder, hvorpå mennesket kan møde og imødegå, ignorere eller forsone sig med det, som Melville ser det, vældige formålsløse univers, som det er kastet ind i, symboliseret ved havet, det kaotiske element med dets usete dybder og dets os mere eller mindre fremmede, fjendtlige og uhyggelige skabninger. Vi møder, udover Ahab, viljesmennesket, forskellige religiøse typer, i form af den kristne og diverse hedninger, men også kynikeren, livsnyderen, den vise (men vanvittige) m.fl. blandt besætningen.

Ishmael er den søgende evigt utilfredse sjæl, der lider af kedsomhed og melankoli over tilværelsen på landjorden med dens banale forventninger og småborgerlige bekymringer, dens angiveligt bornerte moral og bigotte religion, og som søger katarsis og helbredelse på havet. Han er den eneste, som overlever togtet og kan fortælle om det. Han må formodes ligesom tildels Ahab og Pip, at være Melvilles *alter ego*.

En episode fra *Moby Dick*, kaster et sjældent gennemtrængende lys over det moderne menneskes situation, der på overfladen stadig tænker og taler i kristne kategorier, men som reelt har forladt "Kirkens skib" som redningsbåd i tilværelsen og Kristendommen som fortolkningsnøgle. Når det fra tid til

---

[3] Sætningen, der indleder hele romanen. Ishmael i Biblen var søn af Abraham og slavekvinden Hagar. Han blev sammen med sin mor forstødt og forvist til ørkenen ved Beer Sheba, da Isak blev født, der jo arvede pagten med Gud fra sin far. Ishmael i Melvilles roman, følte sig også som en hjemløs, arveløs og fremmed på landjorden og søgte tilflugt i havets "ørken".

anden autentisk og intellektuelt redeligt bringes til at anskue sin situation, ser det sig kastet hjælpeløst ud i nye skræmmende uendeligheder og dybder, hvor ganske anderledes hjerteløse guder huserer.

Hos den stille, ængstelige afro-amerikanske skibsdreng, Pip, når denne indsigt *via* et uheld sit højdepunkt. Efter uheldet tager Ahab den forvandlede Pip under sine vinger. Pip agerer herefter både nar og advarende stemme overfor Ahab, ligesom narren i *King Lear*. Den sidste, den laveste i skibets hierarki, skulle blive den første!

Men lad os nu se på teksten! Sprunget i havet i et anfald af panik fra en hvalbåd under en af Pequods mange hvaljagter, er Pip nu ladt alene tilbage på det umådelige hav, mens han ser bådene med harpunérerne, der stadig forfølger de flygtende hvaler, forsvinde i horisonten.

Det var en smuk, gavmild, blå dag; det glitrende hav strakte sig roligt og køligt og plant hele vejen rundt til horisonten, som en guldslagers skind hamret ud til det yderste. Pips ibenholtagtige hoved sås hoppe op ned i det hav...Ud fra dette centrum i havet vendte stakkels Pip sit krusede, krøllede sorte hoved mod solen, en anden ensom skibbruden, endskønt den mest ophøjede og klareste.

Nu er det jo lige så let for en trænet svømmer at klare sig på det åbne hav i roligt vejr, som at blive kørt i en affjedret hestevogn tillands. Men den skrækkelige ensomhed er uudholdelig. Den intense koncentrering af selvet midt i sådan en hjerteløs uendelighed, ved Gud! Hvem kan beskrive det?

Bemærk når sømænd bader i vindstille vejr, hvordan de holder sig tæt til deres skib og kun bevæger sig langs skibssiden.
.....

Ved et rent tilfælde reddede skibet ham til sidst; men fra det øjeblik gik den lille negerdreng rundt på dækket som idiot; det var i hvert fald, hvad de sagde, han var. Havet havde hånligt holdt hans endelige krop oppe, men druknet hans uendelige sjæl. Imidlertid dog ikke fuldstændigt druknet. Snarere trukket den ned til forunderlige dybder, hvor sære former fra den ufordrejede oprindelige urverden gled frem og tilbage for hans passive øjne, og gnier havmanden Visdom afslørede sine sammensparede skatte. Og blandt de muntre, hjerteløse, evigt-unge evigheder, så Pip de mangfoldige, Gud-alleſtedsnærværende koralinsekter, som løftede de kolossale kloder op fra vandenes firmament. Han så Guds fod på vævens trædebræt, og forkyndte det; og derfor kaldte hans skibskammerater ham gal. Således er menneskets dårskab himlens forſtand; og idet han vandrer bort fra al dødelig fornuft, kommer han til sidſt til den himmelske tanke, der for fornuften er absurd og afsindig; og føler sig så på godt og ondt ubøjelig, ligeglad som sin Gud.

Den følgende tolkning prætenderer ikke at være litterær og lærd, da forfatteren til den hverken er litteraturhistoriker eller Melville-kender, men udtrykker blot, hvad en katolik og filosof skolet i traditionel filosofi og kritisk overfor moderniteten kommer til at tænke på og gætte sig til vedrørende Melvilles filosofisk-teologiske bagtanker og intentioner, ved at læse dette kapitel.

Det første afsnit, hvor Pip føler sig helt forladt og fortabt i det uendelige ocean, kunne tolkes som et billede på den "cartesianske splittelse",[4] menneskets *qua* selvbevidsthed uhjælpelige hjemløshed og ensomhed i et rent materielt (uendeligt udstrakt) og nivelleret univers, hvor der godt nok stadig er dybder at synke ned i (det vender vi tilbage til!), men ingen højder at stige op til. Det selvbevidste menneske er ganske vist så "promoveret" til at være det bevidste centrum i en bevidstløs materiel verden omsluttet af sin egen individuelle horisont. Så den centrale position ophøjer os i virkeligheden ikke, for vi er omfattet, omringet, opslugt af det, som ikke er os, det som er os ikke bare er fjendtligt, men endnu værre virker som ligeglad med os og ligegyldigt for os. Hvis vi har accepteret denne moderne gnosis,[5] må vi fremover

[4] René Descartes, "den moderne filosofis fader", forkastede den skolastiske filosofis hylomorfisme, hvor værende "ting", også mennesket udgøres af en enhed af stof og form, hvis adskillelse medfører deres destruktion og hævdede, at der kun fandtes to slags substanser: 1) den udstrakte substans, alle de rent materielle ting i universet incl. planter, dyr og menneskets krop bevæget af rent mekaniske påvirkninger; og 2) den tænkende substans, som Descartes identificerede med menneskets sjæl forstået som tænkende, villende forestillende bevidsthed. Begge substanser iflg. Descartes eksisterer fuldstændigt uafhængigt af hinanden, hvilket førte til de klassiske moderne dilemmaer som sjæl-legemeproblemet, det fremmedpsykiske problem og omverdensproblemet.

[5] Fra græsk. Betyder "indsigt", men referer her til et kætteri, der findes i flere gamle og nyere versioner, som i grove træk dog har det tilfælles, at det lavere fysiske kosmos anses for et ondt

altid opleve os selv som værende i Pips situation, alene på "dybt vand", med hovedet lige knap og nap holdt over overfladen, tæt på at "drukne", selvom vi ikke bogstaveligt talt er faldet over bord.

Det fysiske univers opfattes jo ikke længere af det moderne menneske, oplyst af den nye naturvidenskabelig gnosis, som et sammenhængende Gudskabt kosmos, en formålsbestemt skøn og god *ordo,* et hierarki af substanser, hvori mennesket har sin faste plads og sit særlige formål. Verdensaltet, symboliseret ved havet hos Melville, er på overfladen smukt i stille vejr og tilsyneladende os venligt stemt, når naturkræfterne slumrer, men dødsensfarligt når de vågner. Et tvetydigt og bedragerisk element! For det rationelle blik er det blot et goldt, meningsløst, lovbundet materielt system af udstrakte ting i bevægelse, der blot for en tid tolerer os og nedladende bærer os oppe, men ikke for vores egen skyld. Vi er alle udkastede i dette nådesløse determinerede kaos. Selv Solen er som Pip blot en "skibbruden", et ganske vist strålende fragment af den kosmiske diaspora.

Pascal udtrykte som bekendt allerede i 1600-tallet det moderne menneskes grundstemning overfor det uendelige fysiske univers, sådan som den frem-spirende moderne fysik præsenterede det: *"Le silence eternel de ces espaces in-finies m'effrais".*[6] Sfærernes harmoni er forstummet! Himlen er blevet tavs! Grundstemningen for det moderne menneske er angst, når det reflekterer over sin kosmiske udsathed mellem det uendeligt store og ufatteligt små.

Dette er imidlertid kun vores situation "på overfladen". Det endnu dybere blik afslører de langt mere rædselsvækkende *arkhai*[7] bag det fysiske univers, der blot har magt over vort legeme, ikke sjælen, der stadig kan rejse sig i trods

---

og bedragerisk sted, skabt af en ond "Demiurg", som mennesket, der bærer en guddommelig gnist i sig fra den højere Lysets sfære, er blevet "kastet" ned i og ofte blevet opslugt og forført af. Gennem "gnosis", der bl.a. desillusionerer det i forhold til denne verden og vækker længslen efter den højere verden, kan det imidlertid hæve sig op igen til det tabte guddommelige stade. Eric Voegelin har blandt andre forsøgt at påvise at gnosticisme lever videre i forvandlet form i den moderne filosofi, videnskab, teknologi og politik.

[6] "Disse uendelige rums evige stilhed skræmmer mig." fra Fragmenter: *Transition 7.*

[7] Fra græsk. Filosofisk term, der betegner Universets/naturens første styrende årsager/grunde.

mod den fysiske overmagt og meningsløshed, som kaptajn Ahab forsøger. Men hvad sker der så med sjælen, når den som hos den ængstelige og følsomme Pip, oplever på intens og ufrivillig vis at være udkastet i denne uendelighed?

Det andet afsnit af teksten kan tolkes som en parodi på Platons hulelignelse.[8] Ligesom dér, drejer det sig her i *Moby Dick* om vækkelse, omvendelse og initiation til den sande erkendelse af det virkeligt værende. Men hvor er dog alt forandret og diabolsk vendt på hovedet i Melvilles moderne nihilistiske perspektiv!

I hulelignelsen er omvendelsesprocessen skildret som en besværlig opstigning fra hulens bund, hvor menneskerne er lænkede og blot passivt betragter overfladiske skygger, som de antager for virkeligheden, til lysets land, en overnaturlig virkelighed hinsides sansernes og meningernes flygtige skinverden, hvor tingenes evige former kan beskues, og "det godes idé" indirekte skimtes, da den gør alt andet synligt, ligesom Solen i den forgængelige verden. Mennesket realiserer gennem denne omvendelse og opstigning sine højeste muligheder som fornuftssjæl både intellektuelt og moralsk.

Hos Melville derimod er omvendelsen betinget af en nedstigning, et fald. Sandheden om "det højere" findes i "det lavere", i en for det almindelige blik skjult "infranatur". Havet bliver nu "firmamentet", en antihimmel, himlen vendt på hovedet. Det er i dybderne, frem for højderne, urguderne bor. Pip går billedligt talt til bunds af ekstatisk angst og sjæleligt set til grunde og skuer de primale sandheder i form af marine billeder og allegorier.

Bemærkelsesværdigt er det, at omvendelsen er øjeblikkelig, ufrivillig og brutalt desillusionerende, et "chok" udløst tilfældigt af en ulykke! Hos Platon er der tale om en gradvis opløftende erkendelsesproces, sat i gang ved at lænkerne til skinnets verden løsnes ved en "guddommelig tilskikkelse", og hvor mennesket langsomt vænner sig til lyset.

---

[8] Platons *Staten*, bog VII: 514a – 520a

Men i *Moby Dick* forudsætter initiationen til sand erkendelse, at man skubbes ud over kanten af den overfladiske verden og ned i den mørke afgrund, hvor altings "okkulte" førsteårsager alene findes og kan opleves. Men prisen for denne gnosis er, at man går fra forstanden og mister sin menneskelighed. At miste sine illusioner og se virkeligheden i øjnene er i Platons og i kristen optik godt, helbredende og forløsende, men i Melvilles, det modsatte!

Både hos Platon og Melville indebærer omvendelsen og vejen til visdom ganske vist et *"Stirb und werde"*, en afdøen fra det gamle menneske for at kunne genfødes som nyt menneske, det essentielle menneske hos Platon, hvor den rationelle sjæl styrer, og mennesket er blevet vist, mådeholdende, tappert og retfærdigt, men det umenneskelige, vanvittige menneske hos Melville, hvor fornuften er sat ud af spillet og viljen er lammet. Man kommer uvilkårligt til at tænke på Nietzsches berømte aforisme *"Der Tolle Mensch"*,[9] hvor det gale menneske alene forstår konsekvenserne af Guds død!

Den cartesianske dualisme er stadig tilstede i fortællepersonen Ishmaels ironiske betragtning over, at havet hånligt holder Pips krop oppe (den hører jo til den udstrakte materie), mens sjælen er gået til bunds. Kroppen, det mindre værdifulde, fungerer mekanisk videre selvom det mere værdifulde, sjælen, går i stykker netop ved at påtvinges indsigt i den ubarmhjertige sandhed om tilværelsens dybeste grunde, der som synet af Medusa, mentalt, viljes- og følelsesmæssigt forstener den, som frivilligt eller ufrivilligt skuer dem.

Pip bliver vis, men kun ved at ende som en dåre, for som fortællepersonen i afsnittet "alvidende" forkynder med en nærmest diabolsk fordrejning af Paulus' *"Thi denne verdens visdom er dårskab for Gud"*:[10] *"Således er menneskets dårskab himlens forstand."* og den "himmelske tanke" (*logos?*) er absurd og afsindig for den menneskelige fornuft!

Den dybeste sandhed om virkeligheden er altså irrationel og uforenelig med såvel den platoniske som kristne opfattelse af en logos, en fornuft i tingene, fordi der er en fornuft bag alting. Det vise eller i sandhed oplyste menneske

---

[9] *Die fröhliche Wissenschaft*, aforisme 125

[10] *1. Brev til korintherne, 3:19*

må derfor miste sin fornuft for at kapere de irrationelle guder og som konsekvens af indsigten i deres natur, også miste ethvert motiv til kærlighed og taknemmelighed overfor de første årsager, der har frembragt ham og verden, og ethvert motiv til at ville forbedre sig selv og verden.

Fornuften søger årsager, også finalårsager bag det hele, det universelle bag det partikulære og enhed i mangfoldigheden, og viljen motiveres af det gode. Men selvom verden i Melvilles optik ganske vist har grunde, der bevidstløst og uudgrundeligt genererer den, så har den intet formål og den afspejler ikke universelle evige former, dens skønhed er et bedragerisk skin, der snarere viser væk fra de egentlige principper bag den, ej heller er den eller dens grunde gode. Kun på overfladen kan der af og til se ud til at være en enhed af "det sande, gode og skønne". Men *"Det skønne er kun det skrækkeliges begyndelse, som vi lige knap og nap udholder, og vi beundrer det fordi det forsmår at ødelægge os"* som Rainer Maria Rilke digtede[11] to generationer efter *Moby Dick* blev publiceret.

Ligesom Platons privilegerede hulemenneske, når Pip frem til at betragte "oprindelige former", men her er der ikke tale om idéernes lysverden, men en "urverdens sære ufordrejede former", inkommensurable for fornuften, og endnu ikke forvanskede af menneskers rationalistiske eller religiøse ønsketænkning. De fremføres for hans passive blik, som de belyste figurer, der fremkalder skygger for de lænkede i Platons hule. Ingen *anamnesis*[12] her, ingen gen(er)kendelse som hos Platon, hvor sjælen vender tilbage til dens sande ophav, men mødet med det radikalt fremmede, der strider mod al fornuft, konventionel visdom og kristen tradition.

Melvilles "Visdom" er allegorisk fremstillet som en tvetydig og dæmonisk skikkelse, en havmand, der nidkært vogter sine skatte af sandhed! Evighederne (i flertal!) er "hjerteløse" og "evigt unge"; heller ikke særligt betryggende karakteristika! Ungdom, ansvarsfuldhed og visdom går ikke i spænd. Man

---

[11] *Duineser Elegien I*

[12] Term hos Platon for ihukommelse af fænomenernes evige former.

tænker uvægerligt på børns hjerteløse grusomhed og uskyld og unges grænseoverskridende kådhed i ét, som hermed tilskrives de uforgængelige "urprincipper" bag alt, som bliver til. Nietzsches *"Unschuld des Werdens"*[13] er foregrebet her.

Verdenerne, de "kolossale kloder" fremdrages fra det kaotiske "firmament" af de "Gud-allestedsnærværende" koralinsekter, som selv tilhører "de evigtunge evigheder". Selvom koraller er smukke, gælder det næppe insekterne, der bygger dem op. Insekter associerer til det groteske og uhyggelige og til Beelzebub,[14] Fluernes herre. At de beskrives som "allestedsnærværende" giver en ubehagelig "krible-krable" fornemmelse. Det er det invasivt små, snarere end det overvældende store, der her virker ængstende.

Insekterne skaber ikke kloderne, men fremdrager dem af "vandenes firmament", af Kaos. At der netop er tale om mange kloder, ligesom der er mange "evigt-unge evigheder", er måske billedlig tale for, at der må findes uendeligt mange forskellige universer, ikke blot det, vi mennesker befinder os i og kender? Måske en overfortolkning!

Hypotesen om uendeligt mange universer der fødes af kaos over uendelig tid i det uendelige rum, kan Melville dog være støt på hos den antikke filosof, Epikur. Hypotesen er i den moderne "Big Bang"-udgave blevet meget populær hos en del af vore dages kosmologer under den kryptiske betegnelse *"The Landscape"*. Teoriens funktion er at bortforklare, at vores univers er så *"fine-tuned"* i dets fysiske konstanter, så at liv kan opstå, som et rent statistisk tilfælde, ikke produktet af en guddommelig designer. Mange universer, i princippet uendeligt mange, får dette univers til at tage sig billigt ud, dets love, orden og skønhed som tilfældig.

Gud selv med stort "G" er i Pips vision blot en væver, der knytter skæbnens tråde sammen i et intrikat mønster. Dette billede leder jo tanken hen på de

---

[13] "Tilblivelsens uskyld" oprindeligt planlagt som titlen på et værk, men kan ses som et ledemotiv i hele Nietzsches "antiplatoniske" forfatterskab.

[14] Satan i Det nye Testamente.

ubønhørlige Moirer,[15] der spinder skæbnens tråd! Man må slutte ud fra dette, at denne "Gud" ikke er en alkærlig forudseende fader, men upersonlig og indifferent tilfældighed og nødvendighed, *fatum*. Denne overgud hverken skaber ud af intet, ej heller ordner han det foreliggende uskabte kaos ud fra et overskud af godhed, så det kommer til at ligne det virkeligt værende mere, som Platons Demiurg,[16] men han er blot en mekanisk "faktor" blandt andre i frembringelsen af klodernes og deres beboeres determinerede livsløb. At mennesket ikke har nogen særstatus, men blot er ét af uendeligt mange forskellige væsner på én af de "kolossale kloder" er ikke udtrykkeligt sagt i teksten, men står mellem linjerne. Hvis guderne er at ligne med koralinsekter, må det vel være den grumme og groteske insektverden, der mest afbilder det guddommelige ophav, ikke menneskeverdenen?

Alt i alt er Universets og naturens urgrunde for den oplyste og desillusioneredes blik så langt, som man kan komme fra Den treenige Gud, der alvis, algod og almægtig skaber én verden frit motiveret af kærlighed, og hvor mennesket ikke blot har et naturligt mål i denne verden, men også et overnaturligt mål i Gud selv.

Ligesom hos Platon, så bliver den, der opnår visdom gud-lig om ikke identisk med gud, idet han bringer sig selv, såvidt som det er menneskeligt muligt, i overensstemmelse med det guddommelige paradigme. Men hos Melville er gudlighed hinsides "godlighed", hinsides kærlighed, barmhjertighed og medfølelse og tværtimod kendetegnet ved ubøjelighed og ligegyldighed. Også dette er en slags parodi på antikke dyder som *phronesis*, *ataraxia* og *apatheia*.[17]

Saligheden for de frelste består jo netop kristent set i beskuelsen af Gud, men Pip bliver hverken salig af at skue urprincipperne, hans egen og altings begyndelse og ophav, ej heller bliver han munter som de "hjerteløse evigt unge-

---

[15] De tre skæbneguder, der i den græske mytologi tildeler enhver, selv guderne, deres livslod og som selv Zeus intet formår i mod.

[16] "Håndværkerguden", som optræder i den filosofiske myte om verdens skabelse i Platons Timaios.

[17] Besindighed, urokkelighed og lidenskabsløshed.

evigheder". Han forbliver i den henseende menneske og kan jo heller ikke udfylde gudernes rolle, der evigt lystigt leger med kloder som bolde. Han forvandles heller ikke til Nietzsches overmenneske, der skaber nye værdier og destruerer gamle i dionysisk ekstase. Hans gudlighed består i ligegyldigheden, hvor der ikke længere er godt og ondt, skønt og hæsligt, sandt og falsk at vælge at kæmpe for og imod, en tilstand, hvor der ikke længere er noget håb, nogen kærlighed, længsel eller savn. Men netop også derfor en "sublim" tilstand af frihed for den altfor menneskelige skuffelse, lidelse og smerte!

Ligesom i Platons hulelignelse vender den omvendte og oplyste tilbage til skinnets verden, men ikke motiveret af godhed, for at føre andre op til lyset, men i kraft af et tilfælde: en af hvalfangerbådene finder Pip og samler ham op. I hulelignelsen bliver den tilbagevendte betragtet som "guddommeligt gal"[18] af de endnu uoplyste, og i *Moby Dick* bliver Pip af mandskabet anset for i menneskelig forstand gal og vandrer herefter hvileløst rundt på dækket som en idiot uden at være til noget gavn. Kun Ahab synes at have forståelse for og medlidenhed med Pip og tager ham til sig.

Kaptajn Ahab, den egentlige protagonist i "Moby Dick", er ellers modstykket til den passive, viljesløse Pip. Han har måske anet lidt af, hvad Pip har "set", men han er ikke blevet "vis" (ligeglad). Han forholder sig aktivt handlende; han vil dræbe den hvide hval, som han ser som inkarnationen af det onde, selvom den i lyset af Pips dybe indsigt blot selv må være et produkt af virkelighedens absurde, hjerteløse, indifferente grundprincipper.

Monomant fixeret på hvalen, der berøvede ham benet, forsøger Ahab at trodse og hævne sig på den, som repræsenterer, hvad han ser som årsagen til al "kosmisk" uret og menneskets hjemløshed og fremmedhed i verden. Men selvom han skulle kunne få dræbt Moby Dick ændrer det intet. Det er blot "symptombekæmpelse". Et dødeligt væsen kan ikke besejre de "evigt unge evigheder", de uforanderlige principper, der hele tiden spontant genererer nye monstre. Ahabs mission ender nødvendigvis i en katastrofe. Moby Dick

[18] En galskab/mani, der kommer fra guderne, som kan være god eller dårlig ikke at forveksle med den filosofiske indsigt, der opnås ved menneskets egen indsats.

torpederer hvalfangerskibet og Ahab bliver filtret ind i en harpunline og trækkes ned i afgrunden af hvalen, der søger tilbage til dybderne, hvor den kom fra.

Ahab kan således tolkes som et billede på den moderne revolutionære humanist, der vil frelse menneskeheden fra det radikale onde, der står i vejen for dets lykke. Og som så mange andre fanatiske verdensforbedrere, så tror han, at Paradis' porte åbner sig, når blot dette ene onde elimineres, hvad enten dette onde så udnævnes til at være kapitalisme, fattigdom, ulighed, nationalisme, religion, global opvarmning, kødspisning, alkohol, rygning eller som i Ahabs tilfælde, det vældigt overvældende fjendtlige fysiske univers symboliseret ved Moby Dick.

Som nævnt er for Melville såvel som for Nietzsche, den platoniske transcendens og den kristne Gud død. Afvisningen af de kristne svar bygger Melville imidlertid ikke på rationelle argumenter eller på moderne videnskab, men på en "stemning", der udspringer af hans morbide fokus på alt tvetydige og dunkle i skaberværket og menneskesjælen. Opgiver man dogmet om syndefaldet, har man jo mistet nøglen til at forstå netop disse sider af tingene!

Platonisme og Kristendom, troen på en grundlæggende rationel og "god" verdensorden skabt af en algod, alvis og almægtig Gud, der ofrer sin søn for menneskets frelse, har så blot været en episode i menneskets historie; en trøstende om end også undertrykkende og fremmedgørende illusion, der ikke længere ærligt kan opretholdes af den, der som sømanden prisgivet elementerne og, åben overfor deres hemmelige budskab, sat uden for det borgerlige samfunds anskuelser og normer, mere autentisk oplever tingenes virkelige natur.

Men det betyder ikke, at Melville bekvemt tror, som så mange andre i hans samtid, at den kristne moral kan overleve de kristne dogmers fald. Ej heller forfalder han til plat og studentikos ateisme og menneskelig selvforgudelse som "de nye ateister". *Moby Dick* udfolder intet mindre end en ny mytologi, eller et dysangelium, som det moderne postkristne menneske kan spejle sig i. Ifølge denne mytologi kan mennesket ikke træde i stedet for den gode Gud, påtage sig det job, som nu med Hans bortgang er blevet ledigt: skaber og opretholder af et humant Kosmos, for som Ahabs eksempel viser, kan det onde og destruktive, der dybest set udspringer af altings grundprincipper, ikke besejres.

Denne pessimisme stak noget ud i "Den nye verden", der i endnu højere grad end "Den gamle verden" var præget af troen på fremskridtet og menneskets endeløse muligheder med eller uden den kristne Gud. Optimismen prægede det meste af den amerikanske litterære scene i samtiden ikke mindst i form af skikkelser som Walt Whitman og Ralph Waldo Emerson.

I stedet for altså at tro som så mange andre i samtiden på de politiske, videnskabelige og de teknologiske landvindinger som nye sakramenter, så fristes Ishmael/Melville til at tage et kæmpe tilbageskridt. Dette i forening med at den platonisk-kristne tolkning har mistet al troværdighed forfører let til at regrediere til hedenskabets angiveligt mere autentiske og dybere, men triste visdom, der skuer enheden af godt og ondt, skønt og skrækkeligt i naturen, og hvor guderne er synes meget mere sublime og ophøjede i kraft af deres muntre hjerteløshed end den kristne Gud, som ofrer sig for noget så usselt som mennesket.

Det er ikke en tilfældighed, at nogle af de centrale personer i *Moby Dick* er *natives,* der dyrker sære og inhumane idoler. I hedenskabet er guderne årsag til både godt og ondt, og gennemgående ligeglade med mennesket, selvom de dog kræver ofre og anerkendelse. Og hedningen lever på og afspejler selv denne tvetydighed i sin væremåde, pessimistisk og fatalistisk når det gælder de store ting i tilværelsen, optimistisk og frimodig, når det gælder de små ting.

De nye/gamle evigt-unge guddomme, guderne før Gud, er altså ifølge Melville tvetydige, et træk, der kan genkendes i hedenskabets myter: skønne og skrækkelige, hvor det skønne er et overfladisk skin, der skjuler det skrækkelige i kernen af alting. Vores forhold til det guddommelige, hvis vi tør se det an, bliver dermed også tvetydigt: fascination og gru, tilbedelse og afsky.

Melvilles fortællerperson, Ishmael, ender med at omfatte den hvide hval med næsten religiøs ærefrygt, mens Ahab dør i det håbløse forsøg på at hævne sig på den stumme skabning, som til gengæld gør oprør mod mennesket, der i Ahabs skikkelse hovmodigt og fejlagtigt anser sig som skabningens krone og herre. Rollerne som hævnende og skyldig byttes om! Men "de som bøjer sig for nødvendigheden er vise", som Aischylos sagde,[19] og Ishmael var da også den eneste overlevende fra det gode skib Pequods mytiske togt!

For Nietzsche er Dionysos, den tvetydige gud, billedet på sandheden, det værendes grundprincipper, for Melville er det den hvide hval, Moby Dick, der symboliserer "urgrunden", der sjældent viser sig på overfladen, monsteret i dybet: vældig og overvældende, men ren og hvid, uskyldig men iskold, generøs og grusom, skøn og skrækkelig, livgivende og ødelæggende, moderlig og stedmoderlig, retfærdig og uretfærdig (efter menneskelig målestok) i ét.

Gør man oprør mod denne "pantheos", denne tvetydige gud-natur, altings ophav og altings ophør, synes Melville at konkludere, at skibbruddet er uundgåeligt. Men identificerer man sig med "ham", bliver gudlig vis, vil man blive vanvittig som Pip. Man kan sagtens forestille sig langt mindre harmløst gale end Pip, hvilket Melville også senere gjorde. Har man imidlertid blot set spejlbilledet af Medusa, så vil man være mærket på livstid. Ishmael så kun spejlbilledet i Pips ord og adfærd efter han blev gal.

Nietzsche blev gal, og Melville var uden tvivl selv en "mærket mand". Som opfølgning på den mytologiske *Moby Dick* lodede han yderligere nihilismens dybder i senere værker som *Pierre, Bartleby the Scrivener, Billy Budd* og digtet *The Berg*. Efter sine egne eventyr ned i den frafaldne morbide sjæls afgrunde, der vel nærmest kostede ham hans egen sjæl, henlevede Melville resten af sine dage udramatisk som "kedelig" toldinspektør i New Yorks havn.

JMJ

[19] Fra tragedien *Eumeniderne*.

Recensioner

Ralph de Toledano: *Cry Havoc! The Great American Bring-down and How It Happened,* Anthem Books, 2006

Hur har det kristna Västerlandet med dess en gång så storslagna kultur och innerliga fromhet kunnat sjunka så lågt som vi ser idag? Överallt tycks bottenlös depravation, blasfemiska provokationer och moral- och samhällsupplösande handlingssätt, idéer och tendenser ha tagit överhanden, och vi tvingas maktlösa åse hur i den s.k. politiska korrekthetens namn den mest monstruösa dumhet, dekadens och ondska ständigt och på alla områden flyttar fram sina positioner med våra makthavare som tanketomma, robotliknande exekutorer av en gudsfrånvänd och neurotisk kulturradikal "intelligentsias" förvirrade agendor inför en närmast hypnotiserad, till synes helt viljelös och desorienterad allmänhet utan Gud eller mål i världen. Men varifrån kommer då dessa agendor, ja, denna stinkande kloaktsunami? Hur har detta vanvett kunnat koppla ett sådant järngrepp på vår civilisation?

Många konservativa och kristna tänkare har gett sig i kast med frågan och försökt finna svar, men problematiken är mångbottnad och låter sig inte enkelt besvaras, vartill kommer att den också har metafysiska, apokalyptiska och demonologiska dimensioner som ofta glöms bort eller ges en alldeles för enkelspårig behandling - och i sanning är ju dessa dimensioner för dödliga ändliga varelser inte särdeles lätta att tränga in i eller få grepp om! Icke desto mindre finns det studier som ger oss viktiga pusselbitar, varigenom vi kan börja förstå och se den större bilden.

Denna bok är just en sådan och blev dessutom den flitige författaren och journalisten Ralph de Toledanos (1916-2007) sista, då den kom ut lagom till hans 90-årsdag 2006. I amerikanska konservativa kretsar var Toledano en ganska välkänd profil, bekant som ivrig antikommunist och en av grundarna till *National Review,* den amerikanska konservatismens kanske mest kända publikation. Den typ av konservatism som denna tidskrift representerar har förvisso också sina begränsningar och särskilt vissa skygglappar och tabun, som dock denna bok i viss mån sätter sig över, något som kanske var möjligt då författarens ålder gjorde att han inte längre behövde ta några hänsyn och hans judisk-sefardiska etnicitet dessutom gav honom vissa frihetsgrader. Någon större spridning verkar boken trots - eller tack vare - sitt explosiva innehåll dock inte ha fått, kanske delvis också beroende på att den endast kan köpas genom amerikanska Amazon och tidvis inte alls gått att beställa. Den har icke desto mindre recenserats positivt i många amerikanska konservativa tidskrifter och pryds på baksidan av uppskattande omdömen från kända konservativa profiler som William Buckley och Paul Gottfried.

Boken handlar om en plan, ja om man så vill en "konspiration", som vid ett möte på Marx-Engelsinstitutet i Moskva i slutet av 1922 på Lenins uppdrag koncipierades av en grupp kända, ledande bolsjeviker, först och främst Komintern-organisatören Willi Münzenberg och ideologen György Lukács, men också bl.a. yrkesrevolutionären Karl Radek och Tjekans grundare Felix Dzerzjinskij. Enligt Toledano kan dagens "kulturmarxism" och "politiska korrekthet" och dess hegemoni över Västerlandet i mångt och mycket ses som slutresultatet av denna plan. Bakgrunden till mötet var att försöken att efter första världskrigets slut sprida bolsjevikrevolutionen i Europa till bl.a. Tyskland och Ungern nesligen misslyckats, varför Lenin och hans kumpaner nu önskade utarbeta en ny strategi för sin revolutionära verksamhet.

Planen utgick enligt Toledano från vissa skriverier och uttalanden av Karl Marx 1843 om "det hänsynslösa förintandet av allt existerande".[1] Som det stora hindret för sina revolutionära planer identifierade konspiratörerna den Västerländska civilisationen och framför allt då själva dess grundvalar, Gud och familjen. För att bereda vägen för "proletariatets diktatur", vilket ju enligt Lenins teorier i själva verket borde vara den bolsjevikiska elitens diktatur, gällde det att via utbildningssystemet, kulturen och massmedia religiöst och moraliskt bryta ner Västerlandet och framför allt dess intelligentsia så att

[1] De märkliga, närmast satanistiska tankegångar som återfinns i vissa av den unge Marx' poem och skrifter har mestadels förbigåtts med tystnad av historieskrivningen. En av de få som vågat ta upp ämnet är den från judendomen omvände, rumänske evangeliske pastorn Richard Wurmbrand i sin lilla pamflett *Var Karl Marx satanist?*, 1976. Jfr även *Skandinavisk Katolsk Tidskrift*, Nummer 4, 2014, fotnot 10, ss. 13-14.

denna kunde vinnas över för revolutionen eller åtminstone inte ställa sig i vägen för denna.

Genom Willi Münzenbergs nätverk av frontorganisationer och Komintern-kontakter[2] etablerades med ekonomiskt stöd från "socialt medvetna" kapitalister som Felix Weil *Institut für Sozialforschung* i Frankfurt 1923 under ledning av först Carl Grünberg och sedan Max Horkheimer och med Theodor Adorno och Herbert Marcuse som några av sina mest kända medarbetare och *Psychoanalytische Institut* i Berlin som nära allierad samarbetspartner. Inom de kretsar som var verksamma vid dessa institutioner, sedermera kända som "Frankfurtskolan" och i själva verket en del av Komintern-apparaten, utvecklades den beryktade s.k. "kritiska teorien", i vilken marxismen kombinerades med en form av radikal pansexualistisk "neofreudianism" utvecklad av bl.a. Wilhelm Reich och Erich Fromm som en korrosiv häxbrygd riktad mot all traditionell religion, moral och kultur, där sexuell och kulturell emancipation från den "auktoritära" patriarkala, monogama familjen och all "repressiv" religion och moral predikades. Sedan alla bestående värden och normer kritiserats sönder och samman enligt Marx' recept om "en hänsynslös kritik av allt existerande" skulle genom den stora "kulturrevolutionen" dessa jämte bl.a. religionen och familjen kastas på skräphögen. För det revolutionära ändamålet skulle alltså särskilt människans lägsta drifter exploateras - och perverteras. Så här skall Münzenberg ha yttrat sig till den österrikisk-tyska kommunistiska aktivisten Ruth Fischer:

We must organize the intellectuals, and use them to make Western civilization stink... Only then, after they have corrupted all its values and made life base, can we impose the dictatorship of the proletariat. (s. 13)

---

[2] En nyckelterm här är "transmission belt", "drivrem", en leninistisk bild för de olika organisationer och grupperingar, t.ex. de s.k. frontorganisationerna, som den bolsjevikiska eliten använde för att leda "proletariatet" och "det arbetande folket" i önskad riktning. Münzenberg var som Kominterns ledande organisatör expert på att locka in naiva idealister ("nyttiga idioter", "fellow travellers") av olika slag i sådana organisationer och skapa vittförgrenade nätverk genom vilka den kommunistiska saken direkt eller, kanske oftare, indirekt kunde promoveras.

Sedermera kopplades denna häxbrygd ihop med en på Pavlovs - av Lenin hyllade - idéer om betingning utvecklad strategi för indoktrinering och manipulation via massmedia för att åstadkomma den åsyftade totala sociala, moraliska och sexuella revolutionen i Västerlandet. I bilden ingick också element som feminism, normupplösning genom bl.a. normalisering av sodomi och andra perversioner och propaganda för s.k. sexualupplysning och sexualundervisning, som Lukács introducerat i Ungern redan 1919 under Béla Kuns 133 dagars bolsjevikiska skräckvälde, varunder Lukács tjänstgjorde som kommissarie för utbildning och kultur. Frankfurtskolan var tveklöst en viktig faktor i Weimar-Tysklands moraliska dekadens, där Berlin alltmer framstod som "det nya Babylon", och även en bidragande orsak till antisemitismens tillväxt i Tyskland vid denna tid.

Via Münzenbergs och Otto Katz' Komintern-nätverk och antifascistiska frontorganisationer knöts band till andra radikala stödjepunkter runt om i världen, t.ex. *The London School of Economics,* Bloomsbury-gruppen, *the Cambridge Apostles*, varur de kända Cambridge-spionerna ("Homintern") rekryterades, *Tavistock Institute* och *Fabian Society* i England. En del av forskarna i skolan, som Richard Sorge och Hede Massing blev betydligt mer kända som spioner än som vetenskapsmän, men i nätverket ingick också kända författare och dramatiker som Thomas Mann, Franz Kafka, Franz Werfel, Erwin Piscator och Bertold Brecht, vilka gav skolans idéer litterär och dramaturgisk form - Theodor Adorno skall för övrigt ha varit förebild för Manns Dr. Faustus.

Efter Hitlers maktövertagande överflyttades - efter ett kort mellanspel i Genève - med stöd från Rockefeller Foundation institutet till Columbia University i New York på tillskyndan av radikala amerikanska universitetsmän som John Dewey, Robert McIver och Robert Lynd. Här kom skolan att få ett utomordentligt kraftigt inflytande bl.a. över Columbias Teacher's College, en nyckelinstitution inom amerikanskt utbildningsväsende och pedagogiskt tänkande, varifrån flumpedagogikens evangelium kom att spridas över USA och världen. Andra av skolans företrädare etablerades med hjälp av de amerikanska vänsternätverken vid prestigeuniversitet i USA som

Princeton, Berkeley och Brandeis, varifrån de snabbt utbredde sig till de övriga betydande universiteten i USA.

I USA skulle skolans krig mot Gud och den traditionella familjen, moralen, bildningen och utbildningen komma att få oanade konsekvenser och dess idéer ett enormt inflytande på amerikanskt intellektuellt liv och undervisningsväsende. Bl.a. Hollywood och de amerikanska lärarorganisationerna som det beryktade *NEA (National Education Association)* bringades genom manipulationer och infiltrationer och med enorm ekonomisk uppbackning från av radikala "fellow travellers" kontrollerade stiftelser som Rockefeller Foundation, Ford Foundation m.fl. snabbt in i Frankfurtskolans trollkrets, varigenom dess idéer kunde prånglas ut till en större allmänhet och så sakteliga vinna det järngrepp som de idag har över vår kultur.

På grundval av Freuds systerson Edward Bernays' teorier om propaganda utarbetades metoder för masspåverkan inom det av Frankfurt-skolans forskare drivna s.k. radioforskningsprojektet, i vilket Paul Lazarsfeld och Kurt Lewin utvecklade en form av "persuasion science", en social ingenjörskonst för att med "vetenskapliga" metoder manipulera och styra människors åsikter och attityder genom massmedial påverkan via t.ex. radio, TV, press och film. Med hjälp av den av Marcuse utarbetade teorien om den s.k. "repressiva toleransen", genom vilken "felaktiga" åsikter förbjuds och marginaliseras i debatten, hade man funnit formeln för en formellt demokratisk åsiktsdiktatur, d.v.s. den form av velourkommunism eller "demokratur" som vi idag ser omkring oss.

Frankfurtskolan fick också från början ett unikt inflytande över *OSS (Office of Strategic Services),* d.v.s. föregångaren till *CIA,* till vars led ett inte ringa antal kommunister och andra vänstersympatisörer hade rekryterats. *CIA* kom efter kriget att domineras av, ofta mer eller mindre ex-kommunistiska eller ex-trotskistiska, "liberaler" eller "neokonservativa" med ganska snarlika idéer. *CIA:s* manipulationer av massmedia och kulturliv liksom t.ex. organisationens experiment med "mind control" och droger var i hög grad i Frankfurtskolans anda och leddes av psykologer och sociologer skolade av denna. Efter andra världskriget återupprättades också institutet i Frankfurt am Main i Tyskland och kom med sina teorier om "den auktoritära personligheten" att spela en utomordentligt viktig roll i de från USA dirigerade försöken att omprogrammera tyska folket i antiauktoritär, "demokratisk" riktning.[3]

Sambandet mellan Frankfurtskolan och fenomen som feminism, familjeplanering, modern musik, antirasism, multikulturalism, drogliberalism, miljörörelsen och 1960-talets "New Left", studentprotester, "sexuella frigörelse" och terroristiska vänsterorganisationer som de Svarta pantrarna och "the Weather Underground" behandlas också mer eller mindre utförligt av Toledano. Boken är försedd med namnindex, ett 50-tal fotnoter, en kort litteraturlista, en lista över personer som Toledano intervjuat eller varit i kontakt med och ett antal appendix, varibland särskilt märks en annoterad bibliografi över litteraturen om Frankfurtskolan.

Det är uppenbart att Toledano i denna delvis synnerligen rafflande bok sammanfattar ett helt livs forskande och reflektion över den religiösa, moraliska och estetiska katastrof som drabbat Västerlandet i vår tid. Hans identifikation av Frankfurtskolan och den därur sprungna kulturmarxismen som en nyckelfaktor i denna är han inte ensam om,[4] men däremot är hans huvudtes att denna skola har sin grund i en via Willi Münzenbergs och Otto Katz' Komintern-nätverk och från Moskva initierad konspiration för att destabilisera Västerlandet originell och delvis bestickande. Hans framställning är i många stycken övertygande och ger många starka indicier på att en sådan organiserad "konspiration" verkligen var för handen, men när det gäller själva kärnpunkten, mötet i Moskva 1922, hänvisar han ganska vagt till nya

---

[3] Se också Se Franz Neumann, Herbert Marcuse, Otto Kirchheimer (utg. Raffaele Laudani): *Secret Reports on Nazi Germany: The Frankfurt School Contribution to the War Effort,* Princeton University Press, 2013.

[4] Se t.ex. Paul Gottfried: *The Strange Death of Marxism: The European Left in the New Millennium,* University of Missouri Press, 2005, Patrick J. Buchanan: *The Death of the West: How Dying Populations and Immigrant Invasions Imperil Our Culture and Civilization,* Thomas Dunne Books, 2002, s. 78ff, William S. Lind (red.): *"Political Correctness:" A Short History of an Ideology,* The Free Congress Foundation, November 2004 och Rolf Kosiek: *Die Machtübernahme der 68er: Die Frankfurter Schule und ihre zersetzenden Auswirkungen,* Hohenrain-Verlag, 7:e uppl. 2009, 1:a uppl. 2001.

dokumentära bevis i Komintern/KGB-arkiven och till sina egna konversationer med nyckelpersoner och "insiders" som Ruth Fischer, Karl Wittfogel, Alexander Kerenskij, Boris Souvarine och Boris Nicholaevskij (s. 116 samt not 25).[5] Även om det är uppenbart att författaren på grundval härav är helt övertygad om riktigheten av sin tes, skulle man önska att han hade lagt fram litet mer handfast bevisföring, t.ex. i form av utdrag ur intervjuer, korrespondens eller texten från något relevant Komintern-dokument e.d. Det är dock känt att Lenin, Münzenberg, Radek och Fischer i slutet av 1922 vistades i Moskva i samband med den fjärde Komintern-kongressen, varför Toledanos uppgifter om det ödesdigra mötet på Marx-Engelsinstitutet ingalunda kan avfärdas utan vidare.[6] Det finns t.o.m. ett gruppfoto från denna kongress där Fischer och Münzenberg syns tillsammans (se *Figur 1*).[7]

Figur 1. Willi Münzenberg, Max Barthel och Ruth Fischer vid Komintern-kongressen i Moskva 1922

[5] Förutsägbart och till synes utan att ha studerat Toledanos bok närmare avfärdar Martin Jay, en av Frankfurtskolans hovhistoriker, utan vidare spisning Toledanos tes som ett "crackpot claim"; se Martin Jay: *Dialectic of Counter-Enlightenment: The Frankfurt School as Scapegoat of the Lunatic Fringe*, Salmagundi, Fall 2010-Winter 2011, s. 168–169.

[6] De finns alla med i talarlistorna i John Riddell (utg.): *Toward the United Front: Proceedings of the Fourth Congress of the Communist International, 1922*, Historical Materialism, Vol. 34, Brill, 2012. Dzerzjinskij var ju baserad i Moskva, men om Lukács, som vid tiden var bosatt i Wien, kan ha befunnit sig där vid denna tidpunkt har jag i skrivande stund inte lyckats fastställa, men då han deltog i den tredje Komintern-kongressen 1921 är det ingalunda otänkbart att han begett sig till Moskva även för 1922 års kongress, även om intet nämns därom i Riddell. Det förefaller som om en av Toledanos viktigaste källor varit Ruth Fischer, den tysk-österrikiska kommunistikonen som blev ivrig antikommunist på 1940-talet, men senare åter orienterade sig mot socialismen. Hon har varit föremål för två biografier, varav en utomordentligt utförlig, av Mario Keßler, en tysk forskare skolad i DDR med egna ganska tydliga kommunistsympatier. I den längre av dessa Mario Keßler: *Ruth Fischer: Ein Leben mit und gegen Kommunisten (1895-1961)*, Böhlau Verlag, 2013 s. 109ff. kan man läsa en del om vad som avhandlades vid den fjärde Komintern-kongressen, vid vilken Fischer deltog som en av 504 delegater. Även om Keßler inte nämner det av Toledano som så kritiskt identifierade mötet, ger hans framställning vid handen att den problemställning som Toledano hävdar låg bakom mötet, nämligen att försöken att sprida revolutionen utanför Ryssland efter första världskriget misslyckats, också var en central frågeställningen för Komintern-kongressen.

[7] Detalj av foto publicerat i Hannes H. Gissurarson: *Twists and Turns in the History of the Icelandic Communist Movement: From Copenhagen via Moscow and Reykjavík to Havana*, The

När det kommer till den känsliga frågan om den överväldigande judiska dominansen inom Frankfurtskolan liksom bland bolsjevikerna i största allmänhet blir Toledano ganska vag och skyller på "rotlösa" judar som övergivit sina judiska rötter:

A catalogue of those who launched the Institute for Social Research or who contributed heavily to the development of Critical Theory – Herbert Marcuse, Leo Lowenthal, Walter Benjamin, Franz Neumann, Julian Gumpertz, Hanns Eisler, Henryk Grossman, inter alia – has led to the conclusion by some that Marxism, Freudianism, and Critical Theory were an outgrowth of Judaism and the Talmud – an accusation embodied in Mein Kampf, and Nazism hate literature. In point of fact, those listed above were deracinated and psychologically-warped anti-Jews who like Karl Marx violently hated Judaism and their Jewish roots. Marxism and the Institute's Critical Theory ran profoundly against the Mosaic law and the teachings of the Talmud – as any study of the Pentateuch and the Talmudic writings reveals. The historical fact, moreover, is that the Frankfurt School took little notice of or exception to Hitler's anti-Jewish racism until it had moved to the United States and discovered that anti-anti-Semitism could be most lucrative.[8]

Reykjavík Grapevine, Issue 2, 2012, s. 14, https://www.academia.edu/6568229/Twists_and_Turns_in_the_History_of_the_Icelandic_Communist_Movement. Keßler a.a. s. 111f fotnot 197 fastslår att fotot är taget vid den fjärde Komintern-kongressen och inte vid den andra som Gissurarson felaktigt uppger.

[8] Som förklaring verkar detta ju ganska torftigt och lättvindigt, och man kan ju fråga sig om Toledano inte lurar sig själv här: En naturlig följdfråga blir i så fall också varför just dessa rotlösa figurer blivit psykiskt förvridna "anti-judar" - som sekulariserad New York-baserad jude passar ju t.ex. Toledano själv ganska väl in på beskrivningen av en "rotlös jude" som övergivit sina fäders tro, men blev ju för den skull inte kulturmarxist. Diverse teorier kring den tabubelagda frågan finns: Så har den katolske författaren och debattören E. Michael Jones i sitt magnum opus *The Jewish Revolutionary Spirit and Its Impact on World History*, Fidelity Press, 2008, gjort gällande att judarnas i historien ständigt återkommande revolutionära och subversiva tendenser, som han i sin bok ger otaliga exempel på, har sin grund i deras avvisande av Jesus som Messias, varigenom de kommit att leva i ett ständigt revolutionärt uppror mot det gudomliga Logos och den av Detta bestämda ordningen i världen. Bekanta och kontroversiella är också de "gruppevolutionära" - eller kanske man snarare borde kalla dem socialmachiavelliska - förklaringsmodeller som Kevin MacDonald framför i *The Culture of Critique: An Evolutionary Analysis of Jewish Involvement in Twentieth-Century Intellectual and Political*

I egenskap av sekulariserad jude och f.d. socialist som brutit med socialismen och blivit konservativ antikommunist till följd av kommunismens och ff.a. Stalins skräckvälde var Toledano en ganska typisk skribent för *National Review.* Ett av huvudmålen för den konservatism som efter kriget lanserades av *National Review,* enligt envisa rykten med betydande pekuniärt stöd från *CIA,* där chefredaktören William Buckley tidigare hade varit anställd, tycks ha varit att befrämja högerns och konservatismens frigörelse från de antisemitiska attityder och det antisemitiska tankegods som tidigare ofta präglat den.[9] Toledano sympatiserade säkerligen med denna strävan, men genom att

---

Movements, 1st Books Library, 2002 och flera andra verk, enligt vilka "kritikkulturen" och även vänsterideologien i största allmänhet är att betrakta som en form av judisk gruppstrategi för att gynna egna kollektiva intressen genom att t.ex. stigmatisera antisemitism och annat som står i vägen för dessa. Andra åter, t.ex. antydningsvis den kände judiske kabbalaforskaren Gershom Scholem och mer explicit mer konspiratoriskt inriktade skribenter som t.ex. den lärde Louis de Maistre (pseud.) i *L'Énigme René Guénon et les "Supérieurs Inconnus",* Archè, 2004 och ganska många andra mer populärt inriktade "konspirationsteoretiker", bl.a. rabbi Marvin S. Antelman i *To Eliminate The Opiate,* Vol. I, Zahavia Ltd., 1974, Vol. II, Zionist Book Club, 2002 och i Sverige frikyrkopastorn Kjell Sjöberg i *Låt varna er!,* eget förlag, 1993, har satt fingret på den judiska messianismen och ff.a. på de gåtfulla frankistiska och sabbatianska grenarna härav med deras anomiska och inverterade moral - som ju nu plötsligt via kulturmarxismen tycks ha blivit högsta norm! Till detta kan läggas att enligt den judiske historikern Yuri Slezkines tes i *The Jewish Century,* Princeton University Press, 2004 alla modärna människor mer eller mindre har blivit "judar", d.v.s. rotlösa, kosmopolitiska o.s.v., och freudianismen, marxismen, den ryska bolsjevismen och den amerikanska liberalismen är naturliga uttryck för detta judiska, rotlösa, "merkuriala" predikament. Det bör slutligen också påpekas att Toledanos rosiga syn på Talmud, en i många avseenden djupt antikristen och amoralisk skrift, inte är hållbar; se t.ex. Peter Schäfer: *Jesus in Talmud,* Princeton University Press, 2009.

[9] I *CIA* fanns en betydande judisk kontingent, i vilken också ingick många tidigare kommunister, inte sällan trotskister. Den omfattande verksamhet *CIA* på 50- och 60-talet bedrev för att påverka opinionen, t.ex. genom pressen och kulturlivet, understödde dock mest liberala och särskilt gärna icke-kommunistiska socialistiska, t.ex. socialdemokratiska, ståndpunkter. Se t.ex. Hugh Wilford: *The Mighty Wurlitzer: How the CIA Played Ameriga,* Harvard University Press, 2008, Peter Coleman: *The Liberal Conspiracy: The Congress for Cultural Freedom and the Struggle for the Mind of Postwar Europe,* The Free Press, 1989, Frances Stonor Saunders: *Who Paid the Piper? The CIA and the Cultural Cold War,* Granta Books, 1999, Giles Scott-Smith: *The Politics of Apolitical Culture: The Congress for Cultural Freedom, the CIA and Post-war American Hegemony,* Routledge, 2002 och David A. Wemhoff: *John Courtney Murray, Time/Life, and the American Proposition: How the CIA's Doctrinal Warfare Program Changed the Catholic Church,* Fidelity Press, 2015. Jfr också Michael Collins Piper: *The Judas Goats–*

klargöra det överväldigande judiska inslaget inom Frankfurtskolan och kommunismen har han ändå, lagom till sin 90-årsdag, tillåtit sig att svära ganska rejält i kyrkan.

Även om Toledanos framställning sträcker sig över synnerligen vida fält och på ett högst intressant sätt kopplar samman olika tendenser och fenomen som pekar i samma riktning, är den på intet sätt heltäckande. T.ex. nämns överhuvud taget inte sådana kända och i sammanhanget till synes relevanta radikala koryféer som Antonio Gramsci och Saul Alinsky, vars recept för hur de röda skall vinna hegemoni över kulturen genom att ta kontroll över media, utbildningsväsende o.s.v. via "den långa marschen genom institutionerna" respektive mobilisera folk - och särskilt då medelklassen - i subversiva vänsterorganisationer genom att provocera fram konflikter och missnöje ju också utgör viktiga trådar i det kulturmarxistiska spindelnätet. "Gramscivänsterns" hegemonianspråk har ju för övrigt i Sverige varit föremål för återkommande behandling i olika artiklar i Jan Gillbergs tidskrift *DSM,*[10] medan Saul Alinskys betydelse som revolutionär teoretiker har kommit i rampljuset och diskuterats ivrigt p.g.a. hans roll som "mentor" för både Hillary Clinton och Barack Obama[11] – och p.g.a. hans beryktade dedikation av programskriften *Rules for Radicals* till den "förste radikalen" Lucifer. Självklart finns det en uppsjö av andra nedbrytande tänkare, krafter och tendenser som Toledano inte går in på och inte kan gå in på i sin till omfånget ganska kompakta (254 s.) skrift.

Bortsett från vissa nödvändiga tillbakablickar låter Toledano sin historia börja 1922, vilket ju också är rimligt med tanke på det ämne som han har valt att behandla, men det finns ju också en för detta relevant förhistoria. När det gäller denna skulle jag särskilt vilja peka på J. H. Billingtons *Fire in the Minds of Men: Origins of the Revolutionary Faith* (Basic Books, 1980) som

---

The Enemy Within, American Free Press, 2006, som innehåller mycket intressant material, men som ganska uppenbar partsinlaga får läsas med viss försiktighet.

[10] Se http://www.dsm.nu/gramscivanstern_index.html.

[11] Se t.ex. David Horowitz, Richard Poe: *The Shadow Party: How George Soros, Hillary Clinton, and Sixties Radicals Seized Control of the Democratic Party,* Nelson Current, 2006, s. 56ff.

delvis är mycket klargörande när det gäller kommunismens historiska rötter, konspiratoriska natur och faktiska kopplingar till frimureri och illuminism.

Om 1960-talet och särskilt 1968 i mångt och mycket innebar ett triumftåg för Frankfurtskolans kulturrevolutionära propaganda, kan man också fråga sig hur detta hänger samman med katolska kyrkans egen kulturrevolution, det andra vatikankonciliet.[12] Under konciliet pågick ett intensivt lobbyarbete[13] om vilket vi fortfarande inte vet allt, särskilt inte när det gäller hur diverse maktspelare utanför kyrkan, t.ex. olika nationer, intressegrupper och underrättelseorganisationer, försökte influera detta.[14] Vänsterkatolicismens framväxt är en komplicerad historia som bl.a. är intimt förknippad med den s.k. katolska personalismens historia, vars mest kände representant jämte Emmanuel Mounier och Johannes Paulus II är Jacques Maritain, som vid konciliets slut erhöll ett märkligt triumfartat mottagande av påven Paul VI. Maritain var mycket nära vän med den ovannämnde Saul Alinsky och hade också 1958 introducerat denne för sin beundrare, ärkebiskopen av Milano,

---

[12] Se Arnaud de Lassus: *The Frankfurt School: Cultural Revolution,* The Angelus, July 2006 och Rudolf Willeke: *Die „Kritische Theorie" der „Frankfurter Schule" und ihre kulturrevolutionären Auswirkungen in Wissenschaft, Gesellschaft, Staat und Kirche von 1968 bis 2009,* Mitteilungsblatt Priesterbruderschaft St. Pius X, Nr. 375, April 2010, ss. 20-47; jfr även uppföljningsartikeln Pater Mura, Pater Steiner: *Vom Mauerfall zur Diktatur: Der Weg Europas nach 1989,* Mitteilungsblatt Priesterbruderschaft St. Pius X, Nr. 376, Mai 2010, ss. 24-43 och även Timothy Matthews: *The Frankfurt School: Conspiracy to Corrupt,* Catholic Insight, March 2009, först publicerad i The Wanderer, December 11, 2008

[13] Se t.ex. Ralph M. Wiltgen: *The Rhine Flows into the Tiber: A History of Vatican II,* TAN Books and Publishers 1985, först publicerad av Hawthorne Books, 1967.

[14] Diverse fragment är kända, t.ex. överenskommelsen i Metz mellan kardinal Tisserant och den sovjetiske metropoliten Nikodim om att fördömanden av kommunismen inte skulle tillåtas under konciliet liksom kardinal Beas omfattande mellanhavanden med olika judiska lobbyorganisationer, t.ex. den mytomspunna judiska frimurarorganisationen B'nai B'rith, vars audienser hos påvarna alltsedan Johannes XXIII:s tid varit återkommande inslag i spelet i Vatikanen. Se t.ex. Jean Madiran (pseud. Jean Arfel): *L'accord de Metz ou pourquoi notre Mère fut muette,* Via Romana, 2006, Vicomte Léon de Poncins: *Judaism and the Vatican: An Attempt at Spiritual Subversion,* Britons Publishing Company 1967 och John Connelly: *From Enemy to Brother: The Revolution in Catholic Teaching on the Jews 1933-1965,* Harvard University Press, s. 238 ff. Se också Wemhoff a.a. och min recension därav i *Skandinavisk Katolsk Tidskrift,* Nummer 4, 2015, ss. 399-428.

Msgr. Montini, den blivande Paul VI.[15] Den idag så omtalade, ofta öppet marxistiska befrielseteologien började inte få verklig vind i seglen förrän efter konciliet och är enligt den i juli 1978 avhoppade Securitate-generalen Ion Pacepa väsentligen resultatet av en av Nikita Chrusjtjov på 1950-talet först beordrad KGB-aktion.[16] Om detta är riktigt, har vi här en intressant parallell till den av Toledano skildrade historien om Frankfurtskolan.

Som svensk kan man inte låta bli att fråga sig hur kulturmarxismen fått ett sådant unikt starkt grepp över just Sverige. Utan att gå in på frågan i detalj, vilket skulle kräva omfattande studier, torde det väl vara ganska klart att den i huvudsak nådde vårt land genom det enorma amerikanska inflytande som efter kriget satt sin prägel på svensk politik, kulturliv och akademisk verksamhet. Den amerikanska vänsterns influenser på ff.a. svensk socialdemokrati har ju sedan kriget varit många och svåröverskådliga: T.ex. har de ledande amerikanska vänsterpropagandisternas skrifter översatts en masse till svenska, medan knappast något enda av den väl så livaktiga amerikanska högerns verk gjorts tillgängligt på svenska språket, för att nu inte tala om den i svensk kulturdebatt så förhånade **kristna** högern. Sådana för Sveriges utveckling olycksbringande gestalter som makarna Myrdal och Olof Palme blev ju också vänsterradikala under stipendievistelser vid amerikanska lärosäten.

Som vi konstaterade inledningsvis finns det ju också andra dimensioner av ämnet - metafysiska, apokalyptiska, demonologiska o.s.v. Dessa lyser med sin frånvaro i denna bok, som helt håller sig på det inomvärldsliga planet och ju är skriven av en allmänkonservativ, till den "judisk-kristna" religionen och traditionen vänligt inställd, men själv uppenbart ganska sekulariserad person. Man behöver dock inte vara någon överspänd evangelikal apokalyptiker för att tycka att det den egentligen handlar om är något som går utöver det

---

[15] Se Philippe Chenaux: *Paul VI et Maritain: Les rapports du « montinianisme » et du « maritainisme »*, Istituto Paolo VI – Brescia, Saggi/3, Edizioni Studium-Roma, 1994 s. 72ff. och Bernard Doering (utg.): *The Philosopher and the Provocateur: The Correspondence of Jacques Maritain and Saul Alinsky*, University of Notre Dame Press, 1994.

[16] Se Ion Mihai Pacepa: *The Kremlin's Religious Crusade*, FrontPage Magazine, June 30, 2009, http://archive.frontpagemag.com/readArticle.aspx?ARTID=35388 och Ion Mihai Pacepa, Ronald J. Rychlak: *Disinformation*, WND Books, 2013 s. 106ff.

rent inomvärldsliga, ja, kanske snarast Antikrists välde och "mysterium iniquitatis", den ondskans hemlighet, som i de yttersta tiderna skall sätta sin prägel på världen (II Thess. 2:7).

Trots en viss tendens till förenkling och ensidighet som delvis hänger samman med bokens tesdrivna karaktär och vissa andra brister som påpekats ovan är detta en bok som varmt kan rekommenderas och som dessutom är ett nöje att läsa tack vare författarens briljanta stilkonst och bokens nervkittlande upplägg och myriader av intressanta uppgifter, omständigheter och detaljer. Den torde också vara synnerligen lämpad för studiecirklar, då dess innehåll väcker många frågor och i hög grad inbjuder till debatt och diskussion. Köp den, läs den och begrunda dess innehåll!

Erik Persson

Boktips

***Novene zu Maria, Mutter von der Immerwährenden Hilfe,* Fe-Medienverlag, 4:e uppl. 2013 (imprimatur 1990)**

Detta lilla häfte på 32 sidor återger texten av en på 1800-talet i flera upplagor tryckt, men sedan bortglömd novena till Vår Fru av den ständiga hjälpen.

Författaren är en okänd katolsk präst med en särskild devotion till den berömda nådebild som befinner sig i redomptoristernas kyrka *Sant' Alfonso di Liguori all' Esquilino* i Rom. Novenan är ovanlig såtillvida att den inte endast består av böner, utan för varje dag också ett längre stycke med undervisning om Vår Fru som sammantaget ger en formlig "grundkurs" i mariologi med många ytterligt värdefulla insikter och påpekanden om hur Jungfru Maria kan och vill hjälpa oss i vårt andliga liv och i våra timliga bekymmer. Dessa betraktelser utgör också ett utmärkt underlag för meditation för den som ytterligare vill fördjupa läsningen av novenan. Rekommenderas å det varmaste!

Erik Persson

St. Francis de Sales: *The Catholic Controversy: St. Francis de Sales' Defense of the Faith,* TAN Books and Publishers, 1989, tidigare publicerad som *Library of St. Francis de Sales: Works of this Doctor of the Church Translated into English,* Vol. III, Burns and Oates/Catholic Publication Society, 1886

Biskopen av Genève S:t Frans av Sales (1567–1622) är väl för många mest känd som författare av *Filotea,* den klassiska vägledning i det andliga livet som helgonet och kyrkoläraren skrev för S:ta Jeanne de Chantal och andra som stod under hans andliga vägledning. Föreliggande verk författade han i sin ungdom i form av en serie pamfletter, då han företog sig att till den sanna tron återföra de till kalvinismen i stort sett mangrant avfallna invånarna i provinsen Chablais, belägen i Savoyen i sydöstra Frankrike, strax söder om Genève. Till att börja med hade han föga framgång i detta värv, då de envisa kalvinisterna inte ens ville lyssna på hans predikningar, men sedan han börjat skriva de pamfletter som ligger till grund för detta verk och sätta upp dem på väggar och sticka in dem under dörrar, tog konversionerna fart och efter fyra års envetet arbete hade till sist så gott som hela befolkningen i Chablais, 72 000 själar, återvänt till katolicismen. Boken ger en utomordentlig och än idag aktuell översikt över skillnaderna mellan katolsk och protestantisk tro och visar med slående argument varför den katolska tron är den sanna och protestantismen idel irrläror. Den kan med fördel studeras av alla som då och då argumenterar med protestanter om tron och är särskilt lämplig att ge som gåva till ärliga protestanter som börjat fundera på om inte till äventyrs katolicismen erbjuder ett bättre alternativ än ärkebiskoparna Hammars och Jackeléns svenska kyrka. Själv studerade jag den som en förberedelse inför min konversion och fann den då mycket klargörande.

Erik Persson

Msgr. Patrick F. O'Hare, LL.D.: *The Facts about Luther*, rev. uppl., TAN Books and Publishers, 1987, 1:a uppl . Frederick Pustet Co., 1916

Inför det kommande reformationsjubileet kan det vara lämpligt att läsa på litet om heresiarken Martin Luther i något pålitligt katolskt verk i ämnet. Det finns faktiskt en hel del att välja på, men det kanske lämpligaste för den vanlige läsaren som inte har tid att plöja igenom något av de tyska lärdomsgiganternas Janssens, Denifles, Grisars och Evers jätteverk i åtskilliga band är förmodligen föreliggande, litet mer lättsmälta och hanterliga översikt (378 s.), som på sätt och vis utgör en syntes av den äldre, teologiskt pålitliga tyska katolska forskningen på området.[1] Boken ger en grundlig genomgång av såväl heresiarkens levnadslopp och karriär som hans irrläror och innehåller mängder med intressanta och ofta häpnadsväckande citat och för de flesta föga kända faktauppgifter om Luther och reformationen. Den är därtill skriven i en medryckande och elegant stil som gör den svår att lägga ner, när man väl börjat läsa. Det enda man saknar är ett index, som verkligen skulle vara till nytta i ett verk av denna karaktär.

Erik Persson

---

[1] Se Leo X: *Två bullor mot Martin Luther: Exsurge Domine och Decet Romanum Pontificem*, Acta Academiae Catholicae Suecanae X/Svenska Katolska Akademiens handlingar 10, BoD, Stockholm, 2016 fotnot 9 s. 18f.

C.S. Lewis: ***The Discarded Image – An Introduction to Medieval and Renaissance Literature,*** **Cambridge University Press, 1964.**

Dette værk skulle blive det sidste fra den store kristne apologet, forfatter og Cambridge don, C.S. Lewis. Det blev publiceret i året efter hans død. Lewis var professor i Middelalder- og Renæssancelitteratur, og dette værk, af nogle anset for hans bedste, er da også et smukt vidnesbyrd om hans viden om, indlevelse i og sympati med disse tiders tanker og forestillinger om universet og menneskets placering i det. "The Discarded Image" refererer nemlig til det middelalderlige "verdensbilllede" og dets "Great Chain of Being", der jo blev kasseret med den moderne naturvidenskabs gennembrud og kanoniseringen af den heliocentriske eller acentriske og ikke-hierarkiske model af universet.

Derfor er middelalderens og renæssancens litterære og kunstneriske værker svære at forstå for moderne mennesker uden et grundigt kendskab til det "forkastede billede". Dette gælder ikke mindst Dantes Guddommelige Komedie. Ofte er moderne menneskers opfattelse af den gamle geocentriske model præget af klichéforestillinger og propaganda. Således tror mange, at det middelalderlige verdensbillede placerer Jorden og dermed mennesket i universets ikke blot fysiske, men også ontologiske centrum, mens, som Lewis påpeger, det omvendte er tilfældet: Jorden, det foranderliges sfære, er det laveste ontologiske niveau i det hierarkisk ordnede univers, mens periferien, der grænser til den ubevægede bevæger uden for rum og tid, Gud, er det højeste.

En anden udbredt fordom er også, at Jordens lidenhed dels i forhold til andre himmellegemer, som solen eller stjernerne, dels til universet som helhed ikke var kendt og forstået før det moderne naturvidenskabelige gennembrud. Angiveligt skulle de nye opdagelser have ført til et voldsomt slag mod menneskets selvforståelse, som det vigtigste væsen i universet og dermed også have lagt grunden for en senere tids opgør med Kristendommen. Også dette viser Lewis er en myte. Det er en misforståelse, at middelalderens verdensbillede bygger på primitive hjemmestrikkede forestillinger fra de mørke århundreder eller på Kristendommen. Nej, de kommer fra klassiske antikke forfattere som

Platon, Aristoteles, Ptolemaios, Cicero, Lucan, Apuleios, Makrobius, Boethius m.fl. Middelalderen havde en enorm respekt for bøger af de antikke auctores og tømrede et mere eller mindre sammenhængende verdensbillede af materiale fra disse meget forskellige kilder.

Dette middelalderlige verdensbillede, understreger Lewis, var nogenlunde kompatibelt med Kristendommen, men på ingen måde afledt af den, tværtimod havde det hedenske rødder. Derfor står og falder Kristendommen altså ikke med dette verdensbillede iflg. Lewis, som mange både kristne og foragtere af Kristendommen ellers bekvemt har ment. Verdensbilledet i alle dets detaljer og aspekter har da heller ikke spillet den store rolle i middelalderens filosofi, teologi og åndelige litteratur. Uanset dets sandhedsværdi gør det netop universet selv til en smuk ikon, et sted, hvor mennesket kan føle sig hjemme, og hvor metafysiske og teologiske sandheder afspejles i universets opbygning.

Iflg. Lewis blev dette verdensbillede ikke forkastet, på grund af nye opdagelser, men nye opdagelser kom, fordi man ville noget nyt! Paradigmeskiftet var ikke så meget fra geocentrisme til heliocentrisme, som fra et stationært, hierarkisk og frem for alt afgrænset univers til et univers som er ontologisk set "fladt", uendeligt og frem for alt i konstant udvikling og ekspansion. Men også dette moderne verdensbillede vil iflg. Lewis også nok en dag blive kasseret, som det middelalderlige blev det, når nye generationer får andre åndelige visioner og mål. Det kunne næsten lyde som Lewis lige havde nået at få læst Thomas Kuhns videnskabsteoretiske bombe under positivismen og scientismen, *The Structure of Scientific Revolutions,* der udkom i 1962!

Der er meget mere at komme efter i Lewis' værk, end hvad jeg her kort har skitseret. På de kun 223 sider værket består af, kommer Lewis ind på stort set alting fra alfer til de fire temperamenter og de syv frie kunster! Alt i alt er bogen en tankevækkende og underholdende miniencyklopædi til almendannelse. Værket kan fås i nyere udgaver og være hermed varmt anbefalet SKTs læsere!

John Jensen

K. Arne Blom: *Klosterstaden,* Föreningen Gamla Lund, Årsbok 83, Lund, 2001

Före reformationen fanns det i Lund inte mindre än 27 katolska kyrkor och åtta kloster, varav endast två kyrkor, Lunds domkyrka och S:ta Marias och S:t Peters Klosterkyrka, överlevde reformationen. I denna bok, författad av den kände katolske deckarförfattaren K. Arne Blom, ges i översiktlig form sakkunnig information om vad vi vet om dessa och deras öden. Boken är illustrerad med äldre kopparstick av några av de diskuterade byggnaderna, kartor och på dator gjorda rekonstruktioner av bl.a. en del av klosteranläggningarna. För den som vill ta sig en rundtur i eller bara bekanta sig närmare med ett svunnet katolskt Lund kan denna trevliga bok varmt rekommenderas!

Erik Persson

Gunilla Gardelin: *Kyrkornas Lund,* Archaeologica Lundensia, Vol. XII, Kulturen i Lund, 2015

Denna nyutkomna volym behandlar delvis samma ämne som K Arne Bloms bok, ehuru betydligt utförligare och med rikare illustrationer ff.a. i form av väl valda fotografier, ehuru den inte inskränker sig till de katolska och förreformatoriska kyrkorna, utan också tar upp alla församlingskyrkor som idag finns i och omkring Lund, men ironiskt nog inte de katolska kyrkorna och kapellen. Verkets utgångspunkt är alltså snarare arkeologisk-lärd än katolsk och det innehåller t.ex. ett längre avsnitt om byggnadsteknik, som uppenbart är något som särskilt intresserar författarinnan, men det utgör ändå också för oss katoliker ett värdefullt komplement till K. Arne Bloms på det katolska mer fokuserade behandling av ämnet och för också fram skildringen i tiden och låter oss få del av de senaste forskningsrönen och teorierna på området.

Erik Persson

Birgitta Jönsson: *Gisela Trapp,* GAudete förlag, 2016

Konsulinnan Gisela Trapp (1873-1958) är tveklöst Sveriges förnämsta katolska konstnärinna i modärn tid och var därtill en storslagen donator som bl.a. skänkte Fredriksdals herrgård till Helsingborgs stad och marken till S:t Clemens kyrka i Helsingborg till Katolska kyrkan jämte betydande penningsummor till denna kyrkas byggnation, vars utformning hon därför också hade ett avgörande inflytande på och vars utsmyckning hon till stora delar utförde själv. I denna trevliga lilla bok får vi av den katolska konsthistorikern Birgitta Jönsson en sakkunnig redogörelse för Gisela Trapps levnad och gärning, illustrerad med talrika och väl valda fotografier från hennes liv, ett betydande antal, ibland undersköna målningar av hennes hand och jämväl många intressanta utdrag ur hennes dagboksanteckningar och efterlämnade papper. Då endast föga tidigare skrivits om Gisela Trapp utgör i själva verket denna bok en sannskyldig pionjärinsats.[2]

Boken ger förutom en tämligen heltäckande bild av Gisela Trapp och hennes levnad och måleri, i sig en ganska egensinnig och särpräglad syntes av nordisk nationalromantisk stil och klassisk katolsk kyrkokonst, en hel del intressant information om Katolska kyrkans historia i Sverige och Skåne under föregående sekel och inte minst om Msgr David Assarsson, under många år katolsk kyrkoherde i Helsingborg; det finns för övrigt på s. 22 ett fascinerande foto av denne, iförd sutan och romersk hatt, utanför porten till S:t Arilds kapell och på s. 87 ett annat av honom framför högaltaret i S:t Clemens kyrka med Gisela Trapps målningar i fonden. En sak som däremot inte belyses närmare i boken är det nidingsdåd som efter det andra vatikankonciliet begicks i S:t Clemens kyrka i Helsingborg, då denna renoverades i den för konciliärkatolicismen karakteristiska brutalmodärnistiska stilen och bl.a. Gisela Trapps unika väggmålningar i helgedomen 1966 överkalkades av de neomodärnistiska bildstormarna.

Erik Persson

---

[2] Viktigast är väl artikeln Karin Gustavsson: *Gisela Trapp: Glimtar ur en konsulinnas liv,* Kring Kärnan Vol. 26, Årsbok 1997 från Helsingborgs Museiförening och Helsingborgs Museum, 1997, ss. 43-63.

Inaktuellt

Förstörelseverkets fyrahundraårsminne.

(osignerad artikel ur *Credo: Katolsk Tidskrift,* n:r 7, juli 1924, ss. 176-177)

Fyrahundraårsminnet av den stora kyrkliga tragedi som avspelade sig härup-pe i våra länder under 1520-talets nedrivningsperiod har redan börjat kasta sin skugga över samtiden. Det genomgripande förstörelseverket som gav grundskada åt den under sekler mödosamt uppbyggda nordiska katolicismen började på allvar förberedas redan år 1523. De båda medelpunkterna för nedrivningsarbetet voro Stockholm och Köpenhamn, dess bägge huvudledare Gustaf I och Fredrik I, vilka ju båda samma år (1523) bestego tronen i respektive Sverige och Danmark. Huvudmotivet för deras radikala antiklerikalism var lusten att komma åt Kyrkans rikedomar och därigenom vinna ökad makt. De lyckades också bägge bra med detta sitt förehavande. Då det är få avgöranden som så djupt ingripit i vår historia som detta, som för århundraden framåt berövade oss den sanna, allmänneliga kristna tron och i stället tvang oss in i trångt och villfarande sektväsende, vilja vi också i Credo följa det stora sorgespelets gång, allt eftersom de större eller smärre minnesdagarna komma.

I Sverige började mycket tidigt orostecken att skönjas. Redan i juni 1523 beslöts på ett rådsmöte i Stockholm att upptaga ett stort *silverlån* av kyrkor och kloster. Ungefär samtidigt uppsatte dekanen i Strängnäs doktor Nils en hel lista på särskilt anstötliga ställen ur Olaus Petris predikningar, vari denne typiske nedrivningsman bland annat påstod, att ingen hade predikat sanningen i Sverige förrän han. Förgäves sökte biskop Brask med outtröttlig iver förhindra dylik omstörtningsförkunnelse. Och på hösten 1523 hade den nyvalde konungen redan hunnit avbryta varje förbindelse med den heliga Stolen, till vilken han riktade de oförskämdaste avskedsskrivelser.

Också följande år fortsattes det hotande förberedelsearbetet för den stora kyrkorevolten. Vadstena kloster hade fått släppa till en mängd silver för kungens "silverlån". Nu planerades nämligen ett nytt krigståg till Gottland, och därför behövdes ännu mer penningar. Men man förstår, att det fromma klosterfolket i birgittinernas moderhus med en viss harm sågo konungens utskickade utan vidare ceremonier taga med sig silver därifrån, som varit bestämt för ett relikskrin åt den heliga Katarina. Med anledning av deras misstämning skrev konungens nyutnämnde kansler, den lutherske Laurentius Andreae ett strängt förmaningsbrev till klosterfolket i Vadstena, daterat Örebro den 21 februari 1524. Detta är i teologiskt avseende ett kuriöst aktstycke, vari det framhålles, att man icke med Kyrkan menar klerkerna eller kyrkobyggnaderna utan blott de troendes samfund (!) Kyrkans pengar äro därför folkets pengar och måste därför användas till folkets (d. ä. kungens) behov. I slutet på denna underliga skrivelse tillrådes munkarna att fördjupa sig i Luthers skrifter. Samtidigt trakasserades biskop Brask på allehanda sätt. Denne fortsatte emellertid modigt kampen mot den övermäktige fienden. Till Vadstena kloster sände han ett faderligt förmaningsbrev, daterat den 26 mars, vari han med kraft gendriver Laurentius Andreaes alla sofismer.

Trots allt gjorde lutherdomen snart i kungamaktens skydd ett viktigt steg framåt. Olaus Petri blev utsedd till Stockholms stads sekreterare och predikant vid Storkyrkan en av de första dagarna i maj. Att detta skulle gå den vaksamme Linköpings-biskopen djupt till sinnes förstår man lätt. I ett brev till Gustaf av den 21 maj besvär han denne att icke protegera Luthers lära och lärjungar. Ty "de tyske hava ingen tro anammat för vår skull. Ej heller vilja vi kasta vår för deras skull." Vidare skyndar han att utsända ett nytt plakat mot lutherdomen i Linköpings stift, speciellt i Söderköping (2 juni), påminner om att han redan förbjudit kringspridandet av Luthers böcker och klagar över de utlänningar, som utan vidare överträda detta förbud. Också till kungens fogde på Stegeborg och till legaten Johannes Magnus vänder han sig för att få deras hjälp från försvarsarbetet mot de inträngande nya lärorna. I Gustaf I själv finner han emellertid intet stöd. Denne längtar endast ädelmodigt att få "beskydda" alla sina undersåtar också de lutherska. Stenen som snart skulle växa till en lavin rullar alltså ostört vidare.

Undervisning om liturgi

Roland Allnert: Kyrkans intryck på tre svenskar

Inledning (av Erik Persson)

I vår serie av litterära skildringar av den heliga mässan - och mer generellt av katolicismen och Kyrkan - presenteras här i urval av Roland Allnert passager från tre svenska litteratörers verk.

August Strindberg om katolicismen.

Vad beträffar min hemlängtan till Moderkyrkans sköte är det en lång historia, som jag skulle vilja förtälja i kort sammanhang.

I det Swedenborg lärt mig, hurusom det icke är tillåtligt att övergiva sina fäders religion, har han riktigt avkunnat domen över protestantismen, som utgör ett förräderi mot modern. Eller bättre sagt: protestantismen är en bestraffning, som ålagts Nordens barbarer; protestantismen är landsflykten, den babyloniska fångenskapen, och återkomsten tyckes stunda, återkomsten till det utlovade landet. De ofantliga framsteg, som katolicismen gjort i Amerika, i England och Skandinavien, profetera om den stora försoningen, däri inbegripen den grekiska kyrkan, som på senaste tiden räcker ut handen mot Västerlandet.

Där ha vi socialisternas dröm om återupprättandet av Västerlandets Förenta Stater, men tolkad i andlig mening. Nu ber jag er icke tro, att det är politiska funderingar, som återföra mig till romerska kyrkan. Det är icke jag som sökt katolicismen: det är den, som har smugit sig på mig efter att ha förföljt mig i åratal.

Mitt barn, som uppfostrats till katolik, och det mot min vilja, har lärt mig hur vacker en kult är, som bevarats oskadd alltifrån sin uppkomst, och jag har alltid föredragit originaler framför kopior. Min förlängda vistelse i min dotters hemland har kommit mig att beundra uppriktigheten av ett religiöst liv, som yttrar sig i handling. Lägg härtill vistelsen på Saint-Louissjukhuset, och slutligen vad som hänt mig de sista månaderna

\- - - - - -

Den 18 maj. En vän, som jag ej sett på sex år, har anlänt till Lund och hyr en lägenhet i samma hus som jag bor i. Man kan tänka sig min sinnesrörelse, då jag erfar, att han nyss blivit omvänd till katolicismen. Han lånar mig den romerska bönbok, som jag hade förlorat förra året, och när jag omläser de latinska hymnerna och lovsångerna, finner jag mig likasom återkommen till hemmet.

/August Strindberg: Inferno, Samlade skrifter, A. Bonnier 1919, s. 199-202. – CREDO Nr 6 1922.

*

Den vackra medeltiden, då människorna förstodo att njuta och lida, då styrkan och kärleken, skönheten i färg, i linjespel och harmonier uppenbarade sig för sista gången, innan den dränktes och nedsablades genom den hedendomens renässans, som kallas protestantismen.

\- - - - - -

Sex ljus äro tända vid altaret: prästen i vitt, rött och guld talar intet, men hans hand fladdrar med en fjärils graciösa rörelser över en bok. Bakom träda två vitklädda barn fram och knäböja. Det ringer i en liten klocka. Prästen tvår sina händer och bereder någon handling som är mig obekant. Det sker något sällsamt, skönt, högt där framme i fjärran bland guld, rökelse och ljus … jag förstår intet, men känner en oförklarlig vördnad och bävan, och en känsla slår ner i mig: detta har du upplevat och medlevat förr …

Men så kommer skamkänslan hos hedningen, den utstötte, som icke hör hemma här. Och så står hela sanningen klar: protestanten har ingen religion, ty protestantismen är fritänkeri, revolt, söndring, dogmatik, teologi, heresi. Och protestanten är bannlyst. Det är bannet, förbannelsen, som vilar över oss och gör oss otillfredsställda, trista, irrande. Och i denna stund känner jag bannet, och jag förstår, varför segraren vid Lützen "föll på sin gärning" och huru hans egen dotter dementerade; förstår varför det protestantiska Tyskland härjades under det att Österrike förblev orört. Och vad blev vunnet för oss? Friheten att vara utstötta, friheten att söndra och avsöndra, för att sluta som konfessionslösa.

/August Strindberg: Legender, Samlade skrifter, A. Bonnier 1919, s. 347, 386. – CREDO Nr 7 1922.

*

Py Sörmans skildring i "Hjärta och pil" av ett besök i en katolsk kyrka.

Py Sörman om den unga romanfiguren Marie Kolmans första besök i en katolsk kyrka i sällskap med sin katolska väninna Celie du Tiens. (Py Sörman, författarinna och konvertit, f. 1897, d. 1947.)

De kom in i kyrkan, som utifrån alls inte liknat någon kyrka utan ett helt vanligt bostadshus. Men knappt hade svängdörrarna tyst öppnats och glidit igen bakom dem, förrän Marie tyckte sig förflyttad till en annan värld. Hon såg Celie sänka fingrarna i vigvattensskålen och göra korstecknet samt därpå gå fram mot mittgången. Men själv blev hon stående strax invid dörren, orörlig, förvirrad och gripen.

Det första som slog henne var den ovana stillheten därinne. Intet sökande efter platser, puffande, viskande och skrapande med fötter. Människorna rörde sig så mjukt och stilla, och Marie tyckte att alla ansikten, hon skymtade, hade något av samma förandligade skimmer, som hon iakttagit hos lilla Celie. En efter en gick de fram mot mittgången, knäböjde och hälsade.

--- Varför hälsade de? ... På vem? ...

Hon följde blickarnas riktning och såg den röda evighetslågan lysa över altaret och tabernaklet där. Och i detsamma greps hon av något, som var skräck och lycksalighet på en gång – en slags förfärad hängivelse, som lät gamla, förgätna bibelord eka i hennes minne:

"Här bor visserligen Gud." - "Herren är i sitt heliga tempel." – "Gud bor i sitt tabernakel bland människorna …"

Aldrig hade hon anat, att man kunde få en så tydlig förnimmelse av Guds närhet som här. Detta måste vara ett rum, där himlarnas konung mottog de sina i audiens. Och alla, som kom, var presenterade för honom, de kände honom och hälsade på honom. – Endast hon stod obehörig och okänd. Hon var inte presenterad, hon kände inte det höga hovceremonielet och var en stackars tafatt utomstående …

Det höga hovceremonielet? … Ju längre mässan fortskred, desto fastare blev hennes övertygelse, att allt som här skedde, hade sin höga och djupa mening, ofattbar för den icke invigde. Gudomen själv måste ha stigit ned bland människorna och lärt dem hur den rätt skulle dyrkas. – För henne, som stod här ovetande, var både ord och rörelser obegripliga, men till och med hon kunde märka, vilken höghet och helgd, de utstrålade – en helgd, i vilken hela den knäböjande församlingen inneslöts som i en sky av gyllne rökelse.

Plötsligt var där någon, som rörde vid hennes arm, och hon ryckte till, som om hon väckts upp ur en dröm, mera verklig än verkligheten. – En liten, vithårig tomte stod bredvid henne, och med ett leende, visade han henne mot en bänk, där det fanns plats för henne. Rörd och tacksam satte hon sig ned och kände knäna skälva, precis som om hon gått och gått, tills hon blivit helt uttröttad.

Nu stod en gestalt uppe i predikstolen, klädd i vit kåpa och med en svart mantel över axlarna. Hans bleka ansikte lyste i kyrkans halvdunkel, det tycktes stråla av styrka och godhet – ett slags trygg glädje, som Marie aldrig förr mindes sig ha sett i ett människoansikte.

Allra först stördes hon av hans utländska brytning, men efter en kort stund hade hon glömt den och lyssnade spänt …

--- Jag är viss, sade han, och det var tydligt, att han läste ur bibeln – jag är viss, att varken död eller liv, varken änglar eller furstendömen eller något, som nu är, eller skall komma, varken någon makt i höjden eller i djupet, ej heller något annat skapat, skall skilja oss från Guds kärlek i Kristus, Vår Herre.

Han talade vidare, och Marie drog andan djupt, i det hon tänkte:

--- En så underlig predikan! – Han säger inte ett ord om synd och fördärv? Inga beskrivningar på världens uselhet och vår allmänna försumlighet ... allt det, som vi borde göra men inte gör.

Nej. Prästen, som liknade en ängel i sin vita dräkt och med sitt lysande ansikte, tycktes helt enkelt utgå ifrån, att lyssnarna var hängivna kristna, som till varje pris ville leva ett fullkomligt liv. Han anklagade inte – i stället tröstade han, och förklarade för dem, hur de skulle övervinna svårigheterna, som mötte dem på fullkomlighetens väg. – Marie krympte plötsligt samman, där hon satt och kände sig frysande ofullkomlig och feg, då hon hörde honom säga:

--- Vi vill nog gärna offra vårt liv för Kristus med ens, i en ärofull martyrdöd ... Inte ville hon det! "Kristus" var ett begrepp, så främmande och så – ärligt talat – osympatiskt, att hon absolut inte ville offra sitt liv för honom. För hennes syn framsteg den "milda Jesus", som presenterats henne vid konfirmationen i en serie äckliga vykort, omgiven av krusiduller och bibelspråk. – Skulle hon vilja dö för en sådan figur? – Å, nej, sällan!

Men här var det tydligen fråga om något helt annat. – Här var det fråga om Gud – och en Gud, som var det högsta, vi kunde sträva emot, alltings fulländning och mål – vår själs och vårt hjärtas hemliga längtan ...

Och visst hade hon längtat. Visst hade hon drömt och strävat, utan att verkligen veta, vart hon strävade. – NU började hon fatta det hela. Livet och sig själv.

Ja, när man såg i det ljuset, ville hon nog gärna bli martyr. – Att dö för det, som man höll högst och heligast i livet, det ville hon vara med på!

--- Men sade prästen, så är inte vår lott. Kanske är den i stället att ge ut vårt liv och vårt blod, droppe för droppe, i vardagens möda och slit. Även detta räknar Gud oss till godo som ett storverk, ty han känner oss – han vet, vad verk vi äro, och vet att vi äro stoft.

Marie satt och lyssnade, och plötsligt tyckte hon, att hon såg Gud förvandlad inför sina ögon. Allt det vardagliga försvann, varje föreställning, hon hittills gjort sig, upplöstes i dimma och gled bort. Gud själv steg ned från sin himmel, oändligt mycket större och heligare, än hon vågat tänka sig honom, och ändå så gripbart nära, så fylld av kärlek och förståelse, att hon tyckte, det var som om hon bara behövt falla på knä och sträcka ut händerna för att kunna gripa tag i hans mantelfåll ...

Som ur en dimma, hörde hon prästens röst:

--- ... och jag har kungjort för dem ditt namn, och jag skall kungöra det, på det att den kärlek, varmed du har älskat mig, skall vara i dem, och jag i dem. Amen.

Den ljusa gestalten var borta, och Marie satt förvirrad i den plötsliga tystnaden. – Var det möjligt, att dessa ord stod i bibeln? Den samma, gamla vanliga bibeln, som mamma varje kväll brukat läsa högt ur? – Hur kunde de ha undgått henne i alla dessa år? – Nu fick de hela själen att vibrera i en ny och ofattbar lyckokänsla.

På nytt hördes sång, men denna gång tyckte Marie, att hon med sina egna öron kunde höra de himmelska härskarorna instämma i kören – när människornas jubel steg mot valven i kyrkan, då möttes det av himlarösternas eko, blandades med det och blev till ett.

"Gloria in excelsis Deo", de orden hade sjungits och förklingat – nu var det "Credo", som höjdes ur hundratals strupar. – Credo – trosbekännelsen. – Och hon tänkte, upprörd i sin nyfödda lycka:

--- Dessa kristna sjunger sin tro! De sjunger den i glädje!

Ja, nog var det något annat, än de församlingar, hon hittills mött, där man stod och mumlade fram sin bekännelse, som om man skämts för den.

Sen gick Mässan mot sin höjdpunkt, den heliga förvandlingen, förebådad av klockringning och mött av en andlös stillhet i församlingen.

När det var slut, började människorna gå mot dörren, sen de tagit avsked på samma sätt, som de hälsat vid sin ankomst – och inte heller nu blev det minsta ansats till trängsel, fastän bänkarna varit fyllda av folk. Marie reste sig och erinrade sig Celie, som hon hittills totalt glömt bort. Hon spanade efter henne, men i detsamma såg hon henne tätt vid sin sida och tillsammans gick de ut på gatan.

/Py Sörman: HJÄRTA OCH PIL, Medéns, Stockholm, 1941, s. 147-152.

*

Augustin Kock (konsertsångare och konvertit, f. 1886, d. 1956.)

Kristi Kyrka.

1. Skön och helig står vår Kyrka,
på en evig klippas grund,
Kristus själv är hennes styrka,
fast hon står i Hans förbund.
Som en moder för hon folken
samman vid sitt hjärtas härd,
hon är ensam sanningstolken
i en blind, förvillad värld.

2. Ur det avgrundslika fallet
stiger hon i ljus gestalt
och förkunnar mitt i svallet
modigt himmelrikets allt.
Hennes röst kring jorden ljuder
lik en kärlekens cymbal,
som med änglatunga bjuder
nådens skatter utan tal.

3. Intet tidens skede bryter
hennes spiras allmakt ner,
fastän ondskan väpnad ryter,
reser hon sitt korsbanér.
För Guds rike mark hon röjer
mitt bland våld och tyranni,
och sitt Majestät hon höjer
lik ett eldkrönt Sinai.

4. Andens svärd är hennes prydnad,
ljusets segrande symbol,
hennes rustning Kristi lydnad,
världens räddning hennes mål.
Hånad för sin tro och slagen,
krönt hon står, sin Konungs brud,
blickande mot herredagen,
smyckad i sin renhets skrud.

5. Med sin härlighet hon bländar
solen i dess högsta glans,
famnande kring jordens ändar
upp hon lyfter sin monstrans.
I den gyllne bröllopsdräkten
vakar hon vid himlens port
trogen in i sista väkten
dem förbund med henne gjort.

6. Släkten födas, släkten bärgas
i sin tröstarinnas famn,
samvetet som kväljs och härjas
har hos henne hägn och hamn.
Under Kyrkans modershänder
går en fallen skapelse,
förrn till Gud den återvänder
fram mot sin förnyelse.

/Augustin Kock: EN KONVERTITS BEKÄNNELSER, Almqvist & Wiksell, Uppsala, 1927, s. 27-31.

Niclas Andersson: Tre katolska juldagsmässor i svunnen tid

Förord

Finns det något som är mer typiskt och nostalgiskt skimrande för svenskt julfirande än den traditionella julottan med bjällerklang, fackelsken och slädfärd på väg till den lilla upplysta sockenkyrkan under juldagens tidiga morgontimmar? Inte minst Jenny Nyströms klassiska vykort har bidragit till den romantiska bilden kring denna gamla, ursprungligen katolska tradition. Som väl alla katoliker känner till utmärker sig juldagen för att vara en dag med hela tre mässor, eftersom det storslagna faktum att Ordet har blivit kött inte kan låta sig begränsas till att firas i enbart en mässa. Så har därmed juldagsfirandet delats upp i tre mässor: en vid midnatt, en före gryningen och slutligen en den vanliga mässtiden på förmiddagen.[1] Men redan under medeltiden skulle man komma att inse och uppmärksamma de problem som existerade kring de tre julmässorna. Ett av dem var givetvis hur folk skulle orka ta sig fram och tillbaka till kyrkan under juldagsmorgonen. Särskilt svårt blev det i det kalla Skandinavien, där det isande vintervädret förhindrade folket att slå sig ner kring kyrkan och vänta mellan de olika mässorna. Så kom med tiden den andra mässan, d.v.s. julottan, och den ordinarie högmässan att slås ihop så att förmiddagsmässan firades direkt efter ottemässan.[2]

Den ödesdigra reformationen kom inte oväntat att skaka om julfirandet på samma sätt som den skakade om resten av det medeltida, katolska livet i Skandinavien. Där det katolska julfirandet under medeltiden oftast kretsade kring offentliga processioner och liknande kom Luther att istället försöka reformera julfirandet till en ren familjehelg. Visserligen fanns det redan här

[1] Bland annat kan man notera skillnaderna mellan de tre mässorna rörande evangelietexten, där de två första mässorna behandlar Lukas' julevangelium, medan den tredje mässan istället behandlar inledningen av Johannesevangeliet ("I begynnelsen var Ordet...") som ju annars brukar avsluta den traditionella mässan.

[2] Den här seden följde också med länge på vissa håll och vi kommer även se bevis på detta i den tredje julotteskildringen.

en skillnad mellan Skandinavien och kontinenten, återigen på grund av vädret, då det kalla och snöiga klimatet inte var särdeles gynnsamt för långa processioner. Men den lutherska reformationen var ändå revolutionerande, och då särskilt på andra punkter. På den katolska tiden hade hela advent varit en lång, utdragen fastetid då det var förbjudet att äta kött. Juldagen blev då den stora fastebrytaren då man äntligen fick möjlighet att äta och dricka i mängder. Men Luther betraktade i stort dessa fasteregler som obibliska och onödiga och därför kom de att tonas ner efter reformationen. Ja, i många fall försökte man visa upp sitt klara avståndstagande från katolicismen genom att istället äta och dricka så mycket man kunde under julaftonen, som ju annars var en fastedag. Förmodligen är det just detta lutherska oskick som är orsaken till att det är julaftonen, och inte juldagen, som har blivit den stora festdagen i de nordiska, lutherska länderna.

Eftersom den tidigare så tydliga övergången mellan advent och jul således suddades ut hos lutheranerna, kom också midnattsmässan - som ju annars signalerar julens inledning - att med tiden försvinna. I Danmark-Norge gick man även åt julottan och år 1555 förbjöds den totalt i dessa länder. En av orsakerna till detta var det onyktra tillstånd som många av församlingsmedlemmarna befann sig i efter julaftonens festande,[3] och man beslöt därför att begränsa sig till att enbart fira den vanliga högmässan. Det här förblev länge fast rotat hos församlingarna i Danmark-Norge, och i Lunds stift kom man att hålla fast vid detta julottemotstånd flera hundra år efter att Skåne blev svenskt. I Sverige däremot kom julottetraditionen att leva vidare och kom också att kodifieras och definieras genom bland andra 1686 års kyrkolag. Den officiella tidpunkten för att fira julotta var klockan sex, även om man på flera håll, och då framför allt i Småland, kom att hålla fast vid den äldre tidpunkten som var klockan fyra på morgonen.

Eftersom de katolska juldagsmässorna alltså var tre till antalet lämpar det sig särskilt väl att vi här presenterar tre julotteskildringar från en svunnen katolsk tid. Den första kommer från Danmark anno 1871, ifrån Sankt Ansgars Kirke

[3] En annan orsak till denna onykterhet vid juldagsfirandet var att man var tvungen att styrka sig själv med brännvin för att hålla kroppen någorlunda varm i den kalla kyrkan.

i Köpenhamn. Mannen som beskriver den katolska juldagsmässan är till synes inte katolik, men likväl en person som djupt beundrar den vackra liturgin och inramningen kring den katolska mässan. Faktum är att det var ganska vanligt vid den här tiden att icke-katoliker var trägna mässbesökare i de katolska kyrkorna, eftersom de beundrade och fascinerades av den urgamla, sakrala liturgin med dess gregorianska hymner, processioner, vaxljus, rökelsekar m.m.[4] Vi får också via det här referatet veta att den andra och tredje juldagsmässan i det här fallet ändå trots allt firades på det ”riktiga sättet”, på olika tidpunkter.

Den andra texten är ett utdrag ur en riktig guldgruva av information rörande den katolska kyrkans verksamhet i gamla dagar. Det är dåvarande biskopen Albert Bitter som på sin ålders höst minns tillbaka i *Credo* hur han 50 år tidigare, år 1874, anlände till Stockholm som ung präst för att påbörja sin verksamhet i detta nya, totalt främmande land. Vi får alltså en näst intill unik beskrivning av hur katolska präster levde och verkade i Sverige under de första decennierna efter att det blev lagligt att konvertera till katolska kyrkan. Denna skildring är också särskilt värdefull eftersom den i princip är det enda som finns bevarat av biskop Bitter om hans gärning. Han lät nämligen förstöra hela sitt arkiv, komplett med en inte liten brevsamling, strax före sin död. Man kan ganska snabbt notera att livet som katolsk präst knappast var någon dans på rosor vid den här tiden, och att kvaliteten på login lämnade en hel del att önska. Slutligen kan något häpet också noteras att Eugeniakyrkans kyrkoherde, den ärevördige Anton Bernhard, enligt Bitter valde att inte ägna någon del av juldagspredikan åt det glada julbudskapet, utan istället lyfte fram en tidningsartikel som för en gångs skull gav en positiv bild av den katolska kyrkan. Kanske var detta en så pass sensationell nyhet i det svenska, anti-katolska klimatet att det således förärades högsta prioritet?

---

[4] I Sverige, som var betydligt mindre liberalt i synen på ”dissidentsamfund” än Danmark, hade man också problem med en alltför katolikintresserad allmänhet som ofta gick i Eugeniakyrkans mässa. Detta ledde till att myndigheterna slutligen kom att sätta upp ett plakat vid ingången som uttryckligen förbjöd icke-katoliker att besöka kyrkan; något som dock bara tycks ha eggat folk ännu mer att bevista det ”förbjudna templet”.

Slutligen får vi oss till dels ytterligare en katolsk julotteskildring, den här gången ifrån den katolska konvertiten Esther Adèle von Gegerfelt. Hon konverterade år 1904 och var då en av endast fem katoliker i hela Lund. Hon kom från en adelsfamilj och hennes far mottog nyheten om konversionen med att stämpla henne som en "vanära för familjen". Gegerfelt kom under åren att upprätthålla en ihållande korrespondens med andra katolska skåningar, särskilt med den unge prästen och konvertiten Berndt David Assarsson. Hon öppnade flera gånger sitt hem för Assarsson så att den katolska mässan även kunde firas i den gamla stiftsstaden. Annars var skånska katoliker hänvisade till Jesu heliga hjärtas kyrka i Malmö, och det var också dit som Gegerfelt reste varje söndag för att bevista mässan.[5]

Så var det också den tidiga juldagsmorgonen år 1907, då hon tog morgontåget till Malmö för att gå i den tidiga morgonmässan. Vi får i den här skildringen ytterligare en idyllisk beskrivning av den traditionella katolska liturgins härlighet. Något som också var synnerligen ovanligt när den här episoden ägde rum, var att kyrkorummet var dekorerat med en julkrubba. Idag är det knappast något att reagera på, när nästan varenda kyrka har en sådan stående i närheten av altaret inför julen, men då fanns det inte en enda luthersk kyrka i Sverige som anammat denna tradition. Detta eftersom att bruket av julkrubbor var en helt och hållet katolsk uppfinning, som lutheranerna därmed motsatte sig tvärt. Den hade också riktigt gamla anor. Redan år 1804 beskrev herrgårdsfrun Märta Helena Reenstierna i sin dagbok en populär sevärdhet i Stockholm under julhelgen.[6] Den katolske, apostoliske vikarien Paolo Moretti hade inför trettondagen låtit uppföra en julkrubba med Jesusbarnet, och jämte den också prytt väggarna i lokalen med 168 silhuetter föreställande bibliska motiv. För 2 skilling fick man beskåda både silhuetterna och julkrubban. Den blev en stor succé hos stockholmarna och kom därmed att fortleva in i framtiden (Moretti dog samma år som detta ägde rum). Moretti hade varit noggrann med att uppmuntra den katolska

---

[5] Barbro Lindqvist *En drottnings bikt - och andra berättelser om katolskt liv i 1800-talets Sverige* (Ängelholm 2014) ss. 257-272.

[6] Märta Helena Reenstierna *Årstadagboken: journaler från åren 1793-1812* (publicerad Stockholm 1993).

ungdomens studier i deras religion och lät införskaffa flera konstverk som skulle användas som undervisningsmaterial. Således var det alltså han som blev pionjären för den svenska julkrubbetraditionen. I räkenskapsböckerna under de kommande decennierna framgår det att det var just julkrubban som var katolska kyrkans allra största ekonomiska succé i Sverige under 1800-talets första hälft. Den var oerhört populär, även hos icke-katoliker, och drog stora skaror åskådare. Men från lutherskt håll höll man sig undan ända in i det längsta från den här sortens papistiska påfund. År 1929 kom slutligen den första svenskkyrkliga julkrubban att ställas ut (även den i Malmö, för övrigt) av kyrkoherde Albert Lysander, som fick mottaga hård kritik från sina kollegor på grund av detta.

Efter denna presentation och inledning återstår det således bara att hoppas att dessa tre texter också skall bidraga till att skänka läsarna den rätta dosen av traditionell katolsk julstämning och att det förhoppningsvis inte skall dröja alltför länge innan den traditionella julmässan återigen firas på alla håll i våra länder, så att alla på ett riktigt sätt kan fira Inkarnationens faktum till orden: ”Lux fulgebit hodie super nos: quia natus est nobis Dominus: et vocabitur Admirabilis, Deus, Princeps pacis, Pater futuri sæculi: cujus regni non erit finis.”

Niclas Andersson

"Christianus": Julemorgen i Ansgariuskirken

(ursprungligen publicerad i *Katholsk Kirketidende* 1872)

Vi have nogle Dage efter Festen modtaget nedenstaaende anonyme Brev med Posten, som det er os en Fornøielse at meddele vore Læsere:

"Tillad, Hr. Redacteur! at jeg udbeder mig Plads i "Katholsk Kirketidende" for nogle Bemærkninger i Anledning af et Besøg, jeg idag, første Juledag, aflagde i katholsk Kirke i Bredgade. Jeg overværede her Messen baade Kl. 5 og Kl. 10 idag Form., og jeg maa tilstaae, at jeg ved denne Leilighed kunde godt forstaae, hvorledes selv en frivol Fritænker som Frederik II. af Preussen, efterat have bivaanet en høitidelig Gudstjeneste i den katholske Kirke, kunde føle sig dybt greben og udbryde: "De Reformerte behandle Gud som deres Undergivne, de Lutherske som deres Ligemand, kun de *Katholske behandle ham som Gud*". Ja, hvilken Majestæt, hvilken underfuld Høitidelighed ved en saadan festlig Messe! Jeg maa vel indrømme, at mange af Cæremonierne ved Alteret ere mig endnu noget gaadefulde; men man ahner ligefuldt, at der maa ligge noget Overmenneskeligt, noget Overjordisk til Grund for dem; de bære alle Præget af en vidunderlig dyb Ydmyghed og Ærefrygt for Guddommen, men parret med en mageløs Inderlighed, Andagt og barnlig Fromhed. Og, hvor er det smukt, og tillige i psychologisk og pædagogisk Henseende overordentlig correct, at lade de uskyldige Børnesjæle gjøre Tjeneste ved Alteret i Forening med de indviede Herrens Tjenere? Og her i katholsk Kirke i Bredgade udføres alle disse cæremonielle Handlinger med en exemplarisk Præcision, Værdighed og Andagt, som jeg rigtignok tidt har maattet savne i andre Kirker i Udlandet. Til Handlingen ved Alteret svarer her ogsaa fuldkomment den accompagnerende Musik. Fornemmelig var det idag den herlige Messe Kl. 10, som har vakt hos mig en sand himmelsk Begeistring. Det er dog en ganske eiendommelig Sang, mageløs smuk, henrivende, opløftende, Gud og hans Huus værdig; saa himmelvidt forskjellig fra den Slags Musik, der vel ogsaa kan kaldes smuk, men smuk udenfor Guds Huus, i Saloner, Theatre o. l., nemlig verdslig smuk, sandselig smuk, jordisk smuk. Den Sang derimod, jeg idag hørte i katholsk Kirke, var himmelsk reen og stjøn, aandig stjøn, den er just ikke nogen blot sandselig Nydelse for Øret, men en reen

Nydelse for Aanden, som paa Andagtens Vinger hæves høit over det Sandselige og Materielle, op til Himmelens rene Sjælsudlydelser. Jeg er ingen Musiker af Profession; men saa meget kan jeg dog godt forstaae, at den Slags Musik hører til den vanskeligere, og hvis Udførelse og Direction paa Grund af sine complicerede Harmonier vistnok maa være ualmindelig svær; og derfor maa jeg tilstaae, at jeg beundrer, at den kan udføres med et Chor af almindelige Skolebørn i Forening med Herrer og Damer, som ei heller ere Sangere af Fag, men Dilettanter, tildeels selv af den arbejdende Klasse! Kjærlighed til Sagen formaaer virkelig Stort. Kun Eet savnede jeg ved Chorets Præstationer, nemliig de finere Nuanceringer og en vis blødere Afrunding i Foredraget; et Par enkelte mindre heldige Intonationer bleve nok hørlige, men rettedes hurtig uden at førstyrre det herlige Ensemble, der var en sand Ære for et saadant Sangerchor og for en saadan Componist! Naar man faaer saadan Musik at høre, og seer en saadan Gudstjeneste, da er det ikke til at undres over, at hele Menigheren røber den dybeste Samling i Gudshuset, og finder sin største og egentlige Festglæde i *selve Gudstjenesten*, en Glæde, som ifølge min egen Erfaring ikke kan andet end virke formildende, luttrende og forædlende paa hele Sindet, og skjenke ny Kraft og Freidighed til et christeligt Liv og til al christelig Gjerning. Og jeg har da netop ogsaa grebet Pennen, for om muligt ved disse Linier at bringe alle dem, der have medvirket til at forskaffe mig denne værdige Festglæde paa nærværende Juledag, min varmeste Tak og bevidne dem min taknemlige Anerkjendelse af deres fortjenstfulde Præstationer."

Ærebødigst

Christianus.

Kjøbenhavn d. 25de Decbr. 1871.

Til Redactionen for "Katholsk Kirketidende".

Albert Bitter: En jul för femtio år sedan

(utdrag ur artikeln ”För femtio år sedan”, ursprungligen publicerad i *Credo,* nr 12, 1924, ss. 287-291)

Till Stockholm anlände jag på lördagen och mottogs på stationen av Mgr Huber. ”Nu för jag Eder först till de damer, där Ni skall läsa mässan”, sade min nye chef strax vid ankomsten. Först fördes jag sålunda till madame Slavon, som på Badstugatan förestod en katolsk flickskola. Därifrån begåvo vi oss ”chez les dames là haut”, som Josefssystrarna uppe på Kungsbacken, Drottninggatan 108 skämtsamt kallades av Badstugatans katolska lärarekrafter. Till slut nådde vi vårt mål, prästgården vid Norra Smedjegatan, där jag innehade de rum de rum som nu bebos av pater Meyer. Där fick jag äntligen litet kaffe och presenterades för kyrkoherde Bernhard, en ärevördig gestalt med vitt hår.

Sedan började ett arbetsamt liv. Varje dag måste jag kl. halv 7 på morgonen i djupt mörker vandra omväxlande till Badstugatan och Kungsbacken, där jag läste mässan kl. 7. Efter min första högmässa i Eugeniakyrkan svimmade jag i sakristian. Mademoiselle de Bogen, kyrkoherdens hushållerska, återkallade mig till livet med ett glas sockervatten. Min frukost bestod i café au lait och torrt bröd. Sedan måste jag på apostlahästarna begiva mig ner till Götgatan 46, där skolan började kl. 10 f.m. och pågick till kl. 2 e.m. Sedan följde middagen, som serverades i det rum i Biskopsgården, som nu är gossarnas matsal. En halv timme varade denna frugala måltid, vari också uppfostringsanstaltens gossar deltogo. Efter middagen gingo vikarien och jag ut på gården och promenerade. Härunder fick jag mottaga min första praktiska undervisning i svenska språket. Aldrig skall jag glömma, huru svårt det var för mig att uttala ordet ”många”. Den ena gången efter den andra upprepade jag det högt för mig själv, men alla ansträngningar syntes till en början fruktlösa. Däremot lärde jag mig genast att säga ”var så god” och ”jaså”, mina speciella hjältebragder i uttalets svårlärda konst. Denna dagliga språkpromenad med Mgr Huber varade till klockan 4. Sedan kunde jag gå hem till mina rum på Norra Smedjegatan.

Där var kallt och kusligt, ty tjänsteandarna i prästgården voro slarviga med att elda. Jag måste därför själv söka sköta en brasa, men tyvärr förstod jag mig icke på spjället. Den andra natten efter min ankomst till Stockholm hade jag i min iver att fördriva köldens makter skjutit det för tidigt och vaknade på natten under ångest halvkvävd av röken. Klockan 7 skulle jag äta kvällsmat hos Mademoiselle de Bogen, kyrkoherdens hushållerska, en eterisk och estetisk dame, som föga förstod en så materiell sak som en ung mans aptit. Hennes aftonvard bestod endast av litet te, litet sylt och några små smörgåsar. Detta betydde för mig den verkliga svälten. Syster Solina, som då härskade i vikariens kök i Götgatan 46, uppträdde som min räddande ängel. Jag ordnade ett matskåp, vari lades proviant från köksregionerna på Söder. Och så åt jag min kvällsvard för mig själv och behövde ej mera anlita Mademoiselle de Bogens frugala bord. Sedan satt jag och studerade på kvällen. Jag träffade aldrig någon av församlingens medlemmar, och det ansågs icke lämpligt, att jag besökte dem. Mitt enda umgänge utgjordes av skräddaren Ducke, som bodde i prästgården och betraktades som en till Eugeniakyrkan hörande personlighet.

Men tiden gick i alla fall fort, och snart randades min första jul i Stockholm. I veckor hade det talats om den julgran, som skulle stå och ståta i skolsalen på Götgatan 46. Jag var också mycket intresserad att få se den, men tyvärr förunnades mig icke detta nöje på själva julafton. Otåligt väntade jag både till 5 och 6 på eftermiddagen, men den efterlängtade julgranen var ännu icke färdig. Jag måste således vandra min väg utan att få se den tänd. Sålunda gick jag i dystra tankar den långa vägen till Norra Smedjegatan. På den tiden stod Biskopshuset på Götgatan omgivet av kåkar och från berget där nu Rosenlunds ålderdomshem är uppbyggt blickade sju väderkvarnar ner på de promenerande söderborna.

När jag kom hem till min bostad fann jag den alldeles iskall och måste därför strax försöka elda en brasa. Av fruktan för nya äventyr lät jag emellertid spjället stå öppet. Jag kvävdes därför ej men frös i stället så mycket mera. Men en hälsning från en varmare värld nådde den unge ensamme prästen t. o. m. denna kalla julafton. Vid hemkomsten fann jag ett paket på rummet. Det innehöll en sked, en gaffel och en kniv av äkta silver, jämte de upplysande raderna: "Pour le jeune abbé Bitter. Bon Noël. Josephine." [= Till den unge abbé Bitter. God jul. Josefina.] Det var alltså den ädla änkedrottning Josefina, som kommit ihåg den hemlöse med en vacker julgåva. Klockan 11 på kvällen avbröts min sömn, ty klockan 12 måste jag hålla midnattsmässa hos madame Slavon. Men halv 2 var jag åter i min sängkammare och ställde väckaren på 5. Klockan 6 på morgonen skulle jag nämligen läsa min andra julmässa på Kungsbacken. Då jag halv 8 återkom till mitt isiga sovrum, måste jag åter elda i kakelugnen. Och denna gången lyckades det bra, jag fann den gyllene medelvägen, undvikande både rök och köld.

Klockan 9 läste jag den stilla mässan i S:ta Eugeniakyrkan, som på den tiden hade ungefär samma utseende som nu. Blott väggarna voro annorlunda, vitmenade och utan alla dekorationer. Vid 10-tiden fick jag omsider styrka mig med en kopp café au lait; dagen till ära bestod mademoiselle de Bogen några briocher till kaffet. Klockan 11 hölls levitmässa i samma kyrka. Den celebrerades av kyrkoherden, diakon var Popp, den blivande kyrkoherden i Malmö, och jag var subdiakon. Fader Bernhard predikade för den fullsatta kyrkan. I sina händer höll han ett nummer av Dagens Nyheter och uppläste ur detsamma en mycket förståndig artikel, vari försäkrades, att de franska skolorna visst inte voro så oävna som man på den tiden ansåg i Sverige. Denna ovanliga text utlades sedan med stor värme av den ivrige apologeten. Om julens glädje talade han däremot icke alls. I sin loge satt änkedrottningen med resignerad min.

Efter högmässan måste jag åter vandra den långa vägen till vikariens bostad vid Götgatan. På grund av högtidsdagen inställdes emellertid språkundervisningen. Klockan 5 på eftermiddagen skulle jag åter vara i S:ta Eugenia Kyrka för att där hålla aftonsång. Och efter denna gudstjänst följde så en särskild aftonsång i madame Slavons kapell. Det var knappast undvikligt, att jag efter en sådan arbetsdag icke gick till sängs utan snarare föll i sängen. Sådan var emellertid min första jul i Sverige, julen för jämnt femtio år sedan.

Albertus Bitter

Esther Adèle von Gegerfelt: Ett julminne

(ursprungligen publicerad i *Credo,* nr 12, 1924, ss. 312-314)

"Den snöiga Nord är vårt fädernesland" — — de spröda tonerna av den gamla väckareklockans speldosa förkunnar att klockan är halv fem och tiden inne att stiga upp för att hinna till juldagens tidiga mässa i grannstadens lilla katolska kyrka. En blick ut genom fönstret visar mig sanningen av orden: den snöiga Nord, höga drivor, snötyngda grenar. Melodien frammanar städse för mig bilden av min farmors lilla sirliga gestalt; så ofta den ståtliga marschen spelades upp brukade hon resa sig och taga några taktfasta steg. Ända till sin död vid 87 års ålder iakttog den energiska lilla damen denna sedvana för att därigenom ägna en hedersbetygelse åt fäderneslandet och minnet av sin man som under de eggande tonerna av finska rytteriets marsch kämpat med i Sveriges sista krig.

Alla bilder av blodiga fejder förjagas dock snart av tanken på dagens betydelse och i mitt av smärtsamma inre strider sargade hjärta genljuder nu änglarnas lovsång den första julnatten: "Ära vare Gud i höjden och frid på jorden åt människorna som hava en god vilja."

Därute har nattens starka snöfall över gatans smuts höljt en matta, som det nästan gör mig ont att märka med mina steg. Husen stå mörka och tysta, men högst uppe i den ärevördiga domen lyser väktarens lampa. Därovanför den strålande stjärnehimlen.

Först vid den sparsamt upplysta järnvägsstationen synas människor, och spärrvakten besvarar förvånad och med en viss tvekan min hälsning: "god jul", — — för honom oväntad från det tidiga morgontågets passagerare.

Dunk, — dunk, — dunk, — dunk, — Trots maskineriets enformiga vaggvisa, tågets sövande gungning och den stora tröttheten efter julbrådskan kan jag ej såsom medpassagerarne taga en liten slummerstund i kupéhörnet. Jag lutar ansiktet mot fönsterrutan och drar tillsammans gardinerna bakom nacken för att avstänga ljuset från taklampan. Månen har gått upp. Den vida, vita slätten fångar mitt sinne.

Här och där i de små stugorna så väl som i de välbyggda bondgårdarne längs järnvägen börja ljus tändas och då tåget stannar vid en station hör jag t. o. m. bjällerklang från landsvägen och från en liten bykyrkas torn ljuder klockringningen, som med sitt högtidliga bing, bång, — bing, bång, — kallar till ottesång.

Visst glädes jag över och beder för de fromma, som trots midvinterköld samlas för att sjunga sin gamla julpsalm: "Var hälsad, sköna morgonstund", — men ack, huru vemodigt är det dock ej att tänka på huru mycket dessa sakna av vad deras fäder en gång i svunnen tid ägde i samma gamla guds-hus.

Nu stannar tåget vid slutstationen och de få passagerarna skingras i mörkret därutanför. Ett vänligt vägledande ljus skimrar även här från fönstret under en smäcker tornspira. Också denna helgedom tillhörde en gång våra fäders kyrka.

Därbortom ligger målet för min tidiga färd. Ack, huru oansenligt till det yttre är ej det lilla kapellet, — huru fattigt till sin utsmyckning, — och dock, huru rikt. Konungarnas Konung, Frälsaren själv. Han, vars födelsefest vi nu fira, möter oss där, kommer i sitt allraheligaste Sakrament lika verklig, lika personlig som Han en gång i barnets ödmjuka gestalt kom i Betlehems fattiga stall. På knä i tillbedjan inför Honom som är kärleken, — ljuset, — vägen, — sanningen, — livet.

Den första stilla mässan slutar och prästen försvinner in i sakristian. Det dröjer en minut innan en annan träder för altaret för att på nytt börja den heliga handlingen.

Tätt bredvid mig inom kyrkodörren står en man, synbarligen tillhörande "den högre, bildade klassen". Allvarligt och ogillande betraktar han de små barnen, som med fromt knäppta händer gå fram och knäböja framför det på ett sidoaltare ordnade "Betlehemstallet", vars sydländska brokiga bilder för dem framställa julens stora mysterium, Jesusbarnet i krubban, Guds Moder, Jungfru Maria, den helige Josef, och herdarne däromkring och ovanför en ängel.

Av hjärtat beklagar jag den stackars mannen, som synbarligen våndas vid tanken på de katolska barnens fostran till "bilddyrkan" och "helgontillbedjan". Kanske skulle han förstå det han nu ser om han förut sett den lilla flickan kyssa sin döda moders porträtt och viska: "Tack, kära mor för det du alltid var så snäll, och förlåt mig att jag den där gången svarade dig så styggt och trotsigt och var så olydig och sprang ut och smutsade ned min vita klänning och rev sönder den, så att du fick så mycket besvär med att tvätta den och laga den åt mig".

Klockan ringer åter. Företrädd av ministranterna skrider den gamle kyrkoherden fram till altaret för att börja ottesångsmässan. Hans röst ljuder så mäktig då han intonerar: "Gloria in excelsis Deo", och kören fortsätter i jublande takt: "et in terra pax hominibus bonae voluntatis — — ".

Det är sångmässa och församlingen sjunger den ena vackra hymnen efter den andra, följande mässans heliga handling. Efter körens "Sanctus" tystnar sången, det heligaste ögonblicket nalkas: konsekrationen. Under djupaste tystnad tillbedes Frälsaren, dold under Sakramentets slöja. Vid kommunionen har jag den stora lyckan att få emottaga honom, julens största gåva. Ack, kunde jag dock rätt tacka honom därför, — i hjärtat, — med ord, — i gärning.

Gärna ville jag ännu längre dröja kvar i hans tempel, men plikten kallar mig till hemmet, där en sjuk ligger och väntar på mig. Jag reser mig och går ut ur kyrkan just när den tredje mässan börjar. Störd av mitt hastiga uppbrott ser mannen vid min sida förvånad och ogillande på mig. Synbarligen finner han min brådska opassande. Ack, om jag haft tillfälle att säga honom några ord till förklaring. Av allt att döma är han en uppriktigt troende man, varmt mån om Guds ära. Själv konvertit och fortfarande bosatt i ett protestantiskt hem, förstår jag så väl denne främling. Såsom lutheran har han ju lärt att katolsk religion blott är ytligt formväsen, ja, har sjunkit ned till hednisk bilddyrkan, och han tycker sig nu se sanningen av sin uppfattning bevisad genom de små barnens bön framför krubban och den i hans tycke så vanvördiga hast varmed en nattvardsgäst lämnar kyrkan. Många av de fördomar goda protestanter hysa mot moderkyrkan grunda sig på bristande kunskap om och missuppfattning av hennes lära och praxis.

Minuterna äro räknade. Jag hastar fram genom de ännu nästan folktomma gatorna och hinner ned till stationen i sista ögonblicket före tågets avgång. Ett par minuter därefter befinner jag mig utom stadens gräns. Det börjar ljusna och under det tåget rusar framåt ser jag i väster en skymt av havet, ännu icke bundet av isbojan, i öster den vida slätten, längst bort vid horisonten då och då en glimt av den bleka vintersolen.

Åter sjunga vagnarnas hjul sin monotona sång. Den ger rytm åt min tacksägelse och bön:

> Gud vare tack för vart band oss
> binder vid fädernas kyrka,
> Dag gånge fram i vårt land med
> ljus att vi känna och dyrka
> än i vår mörka och snöiga Nord
> sanningens solklara ord.

E[sther] A[dèle] v[on] G[egerfelt]